KB261960

# 박정희 정권기 경제개발

## :민족주의와 발전

김보현 지음

국립중앙도서관 출판시도서목록(CIP)

국립중앙도서관 출판시도서목록(CIP)
박정희 정권기 경제개발 : 민족주의와 발전 / 김보현. -- 서울 : 갈무리, 2006
 p. ; cm (카이로스총서 ; 9)

참고문헌과 색인수록
ISBN 8986114925 04300 : ₩15000
ISBN 8986114631(세트)

322.11-KDC4
338.9519-DDC21                    CIP2006002083

# 박정희 정권기 경제개발

지은이 김보현

펴낸이 장민성, 조정환
책임운영 신은주 편집부 오정민 마케팅 정현수

용지 화인페이퍼 인쇄·제본 한영문화사 출력 경운출력
펴낸곳 도서출판 갈무리 등록일 1994. 3. 3. 등록번호 제17-0161호
초판인쇄 2006년 9월 29일  초판발행 2006년 10월 22일

주소 서울 마포구 서교동 375-13호 성지빌딩 101호
전화 02-325-1485 팩스 02-325-1407
website http://galmuri.co.kr  e-mail galmuri@galmuri.co.kr

ⓒ 김보현, 2006

ISBN 89-86114-92-5 04300 / 89-86114-63-1 (세트)
도서분류 1. 정치학 2. 사회과학 3. 사회학 4. 경제학 5. 역사학

값 15,000원

박정희 집권기 경제개발

: 민족주의와 발전

김보현 지음

# 차례

# 책머리에

이 책은 필자의 박사학위논문[2005년]을 일부 수정하고 보완한 것이다. 논문을 거칠게나마 처음 구상한 때가 어언 8년이 되어 가니, 이 책은 그 내실을 떠나 상당한 고투(苦鬪) 끝에 내놓는 결과물이다. 좋게 이야기하면 필자의 진중함에 따른 결과라 평하겠지만, 냉정하게 말해서 그것은 필자가 '공부를 업으로 삼은 사람' 치고 과히 명민하지 못한 까닭에 초래된 일이다. 그러니 여기 감히 독자들에게 내미는 필자의 책이 어떤 '대작'의 면모를 갖추었을 리는 만무하다. 그러나 운수 좋게도 출판의 기회를 얻은 것에 감사드리고 기뻐하는 가장 큰 이유는 이 책의 문제의식과 해석, 주장 등이 독자들에게 결코 사소하지만은 않은 의미['새로운 사고'의 계기 내지 매개가 되어 주리라 믿기 때문이다.

이 책의 출발점은 '한국 근대[새]'와 관련된 '진보담론'의 내적 성찰을 시도해 보고픈 욕구였다. 그리고 그것은 필자가 1987년 대학이란 곳에 처음 발을 디딘 이후 10여 년간 공부하고 토론한 일체의 텍스트들, 또한 '한국사회'라는 현실 자체에 대해 근본적으로 재고하는 시점(始點)이기도 하였다.

한국사회는 과연 신식민지 상태에서 헤어나지 못하였나? 가장 '맑스주의적'이라는 논자들조차 종속의 지속을 넘어 종속의 심화를 이야기하고, 그것이 한국자본주의의 물적 토대에 기본적 한계를 부과한다는 주장을 하였는데, 이는 타당한 분석의 결과인가? 기존 논자들에게 종속이란 곧 저발전, 사회적 생산력의 저위 및 정체를 의미하였다. 그렇다면 '진보'와 '보수' 간의 주요 쟁점은 한국사회의 '발전' 여부 및 정도를 둘러싼 것인데, 결국 양측의 결정적 차별성이 사실판단의 수준에서 드러날 뿐 그 둘의 기본 발상들은 내용 면에서 상당정도 비슷하지 않은가? 상대방과 크게 다르지 않은 문제설정을 견지하면서 표명하는 그들에 대한 사회-정치적 극복의 의지는 어떤 의미를 지니는 것일까? '우리'의 문제의식이 '사회해방'['사회관계' 차원의 겟이라면 '발전'이란 실상의 긍정을, 그리고 '경제자립화'라는 실상의 긍정을 두려워해야 할 이유가 무엇인가? 발전과 경제자립은 결코 아무런 문제가 없는 과정이 아닐뿐더러, 종전의 그것과는 다른 '새로운 모순'의 국면으로 이행함을 뜻하지 않는가?

필자는 이러한 질문들을 던지고 또 그 질문들에 답하고자 '박정희 정권기 경제개발'을 논구대상으로 택하였다. 당시 제도정치권과 보수언론을 일차적 발원지로 하는 소위 '박정희 신드롬'이 회자되었지만, 그 분위기가 필자의 선택에 직접적 영향을 준 것은 아니다. 필자가 박정희 정권기 경제개발을 논구대상으로 삼은 이유는 '진보'를 표방한 기존 논자들 가운데 한국 근대사 전체에서 '박정희 시대'가 점하는 위상을 제대로 짚어낸 이가 없으며, 그렇기 때문에 정확히 '사회관계로서의 자본주의'를 비판하는 관점에서 '박정희 시대'를 연구하고 평가한 이가 역시 없다는 판단을 하였기 때문이다.

애초에 필자는 필자 자신이 지금처럼 이렇게 민족주의를 근본적으로 회의하는 사람이 될 줄은 몰랐다. 그러나 작업의 진척을 볼 때마다 '아, 민족주의는 아니야'라고 생각하게 되었으며, '우리'가 '사회해방'['새로운 사회관계'의 구성을 향한 부단한 실천들]이란 문제설정을 살려나가려는 한에서, '민족주의라는 강박관념'으로부터 탈주하지 않으면 안된다는 결론을 내렸다. '우리'가 앞으로도 오랫동안 민족국가[국민국가]라는 사회-정치적 실체 안에서 살아갈 것이 거의 확실하지만 민족주의를 '우리의 깃발'로 삼을 수는 없다, 민족주의를 사고 및 행동의 중요한 조건 또는 환경으로서 이해하고 고려할 수 있지만 그것이 결코 '우리의 깃발'일 수는 없다는 판단에 이른 것이다. 결국 필자는 책 전반에 걸쳐 '본격적인 민족주의 비판'의 시선들을 담아내게 되었다.

거기에서 필자는 박정희 정권기 저항진영의 가장 체계화된 이론들 중 하나이자 이른바 '비자본주의적 발전론'의 잠재적 형태였던 '민족경제론'을 비판적 평가의 대상에 포함시킴으로써, 비록 암시적 수준이기는 하나 민족국가들 간의 발전경쟁동학 안으로 흡수·통합되어버린 '역사적 사회주의' 기획에 대한 성찰과 필자의 문제의식을 연계시키고자 하였다.

　　독자들이 이 책에서 한국사회의 현재와 미래에 관련된 뚜렷한 '해답'을 얻을 수 없다는 점은 명백하다. 그러나 최소한 잘못 알았으며 잘못 생각해왔던 역사를 깨닫고 수긍하는 성찰의 기회, 동일한 사실관계일지라도 새롭게 달리 바라보는 전환의 계기를 구할 수는 있을 것이다. 이러한 기회 내지 계기는 비록 '약소한 시작'이나 '창대한 끝맺음'으로 나아가는 실마리가 될지도 모른다.

　　주변 분들에 대한 감사의 말들은 접고자 한다. 아마도 그 끝을 알 수 없을 것이기에. 지금까지 고마움과 사랑의 뜻을 담은 '변변한 선물'을 한 번 드리지 못한 부모님께, 역시 그에 값하지 못하는 것일 테지만, 이 책을 제일 먼저 드리고자 한다. 두 분들은 항상 필자의 선택이 많은 생각 끝에 내린 신중한 결정이었음을 믿어주셨고 또 그 만큼 가치 있는 것이라 평가해주셨다. 소박하게 표현한다면, 이 책은 어려서부터 두 분들께 배운 '바르게 살라'는 가르침을 나 나름대로 실천한 결실이다.

가을이 다가서니 담뿍 정들 것만 같은 항동골에서

2006년 9월 22일

김보현

제1장

# 문제의식과 구성

# 문제의식과 구성

박정희 정권기 경제개발은 한국 근대사 전체에서 중요한 전환국면을 낳았다. '자본주의'라는 특수한 사회관계가 현재 우리에게 대단히 익숙해져 있지만, 그것이 한국사회에 급속히 확산·일반화되기 시작한 시기는 바로 박정희 정권기이며 당시 권력블록(power bloc)[1]이 주도한 경제개발에 의해서 그 전환점이 마련되었기 때문이다. 물론 한국사회가 박정희 정권기 이전부터 이미 자본주의적 상품−화폐관계 속으로 포섭되기 시작한 것은 사실이다. 그러나 경제개발이 본격적으로 추진되기 직전까지만 하여도 전(前)자본주의적 영세소농경영에 의존하여 살아가는 사람들이 전체 사회구성원들 중 7할이나 되었다. 그렇다고 도시 거

---

1. 이후 계속 사용할 "권력블록" 개념은 "복수의 지배계급들"로 구성된 "모순적 통일체"를 뜻한다(Poulantzas 1978 : 229~245; 296~303). 그러나 권력블록 내의 역학이나 헤게모니 관계 등은 이 책의 주요 관심사가 아니다.

주자들이 전반적으로 오늘날 우리의 상식 영역에서 자연스럽게 떠올리는 임금노동자 생활을 한 것도 아니다. 그 만큼 사회관계로서의 자본주의가 전면화하는 추세는 박정희 정권기에 비로소 새롭게 조성된 현실이었다. 박정희 정권기 경제개발의 이 같은 특수한 위상에 대한 주목이야말로 '박정희 시대'에 대한 이해 및 평가에서 필수적으로 요청되는 사항이다.

반면 박정희 정권기 경제개발에 대한 기존 논의들은 다수가 '민족주의'라는 문제설정 안에서 개진되었다. 그리하여 주요 쟁점들은 당시의 경제개발이 민족주의 기획이었는가 아니면 반민족주의 기획이었는가, 또 한국경제의 발전 및 자립화를 진전시켰는가 아니면 반대로 저발전과 종속의 심화를 초래하였는가 등과 같은 것들이었다. 기존 논자들은 당대 사회구성원들이 경험한 삶의 방식들과 내용들을 긍정적으로든 부정적으로든 경제개발의 민족주의적 성격 여부와 직접적으로 연계시켜서 파악하였다. '맑스주의'를 표방한 소수 연구자들이 여타 논자들과 달리 계급관계를 천착하고자 하였지만, 박정희 정권기 경제개발에 대한 그들의 비판은 대체로 민족주의라는 문제설정을 탈피하지 않았고, 또 민족주의라는 프리즘을 통해서 유실되었다. 요컨대 지금까지 대부분의 연구자들은 그들 스스로가 특정한 민족주의의 입장을 취하는 가운데, 박정희 정권기 경제개발의 '자본주의 형성 = 자본/임노동관계의 일반화'란 측면, 그리고 이것이 내포한 사회–정치적 모순과 그 의미를 논의지형에서 주변화하였다.

그런데 박정희 정권기 경제개발은 권력블록에 의해 민족주의 기획으로 주장되었을 뿐만 아니라 실제로 민족주의 기획의 특수한 한 형태였다. 당시 경제개발은 여타 선례들을 통해 확인할 수 있는 민족주의적 면모들을 담론 차원에서 또 정책 차원에서 보여주었다. 박정희 정권기 경제개발은 국민경제의 발전과 자립화를 의도하였음은 물론 촉진시켰다는 점에서도 민족주의의 구체적 사례로 간주될 수 있다. 그러므로 박정희 정권기는 반민족주의가 아니라 민족주의의 시대였던 것이며, 그 시대의 소산들 다수가 바로 민족주의의 결과물들이었다. 당시 특정 사회구성원들에게 집중된 삶의 고통들과 희생들 또한 박정희 정권기 경제개발의 민족주의적 속성들과 분리시켜 생각할 수 없다. 그들의 고통들과 희생들이 박정희 정권기 경제개발의 모순을 상징한다고 할 때, 그것들은 바꾸어 말하자면 '민족주의의 모순'이자 '발전의 모순'이었고, 이 중앙에 전술한 '새로운 사회관계 = 자본주의'가 놓여 있었던 것이다.

한편 1990년대 초중반과 근년에 이르러 일부 연구자들이 민족주의의 특정한 입장이 아니라, 민족주의 비판의 관점에서 박정희 정권기 경제개발을 논의한 바 있다. 그러나 그들은 '진보적 민족주의' 성향 연구자들의 입쟁한국 근대사에 대한 단편적·속류적 인식]을 반증하는 데에 몰두한 나머지, 당초의 문제의식에 역행하는 논술들을 제시해 놓았을 뿐이다. 그들은 박정희 정권기에 국민경제의 분업연관 혹은 재생산 연관 차원에서 자립화가 진전되었다는 사실만을 확인하는 데에 그치거나, 당시 권력블록이 추진한 경제개발이 대중적 자발성 위에서 추진되었다는 요지의 발언만을 반복하였다. 특히 후자의 경우 자본주의라는 새로운 사회관계를 주목하지 않으며 역설적이게도 민족주의조차 거의 문제시하지 않는다. 민족주의의 역사−구체적 형태로서 경제개발이 오히려 아무런 고통도 모순도 산출하지 않는, 사회-정치적으로 당연시되는 기획으로 묘사된다. 그것이 확보한 헤게모니의 내용 및 조건, 또 그 변화 여부, 이에 따른 경제개발 기획의 균열 여부나 정도 등은 주요 논제들로 취급되지 않는다. 박정희 정권기 경제개발을 민족주의 기획의 특수한 한 형태로 이해하되 정녕 민족주의 비판의 문제의식 하에 한다면, 그에 대한 역사적 고찰은 위 논자들과 달리 민족주의에 내재된 문제성, 즉 그 기획의 긴장과 모순, 불안정성 등을 구체화할 때라야 논리적 일관성은 물론 현실 변화에 대한 전망을 구할 수 있을 것이다.

역사는 논리적으로 보면 분명히 과거 어느 시점에 단 하나의 사실이었다. 그러나 실제로는 현실화된 순간부터 직접적·간접적 당사자들에 의해 복수의 다른 내용들로 이해·평가·전파되는 것이 바로 역사이다. 그리고 이 같은 상황은 단지 개별자 수준의 견해차에 머물지 않고, 사회-정치적 차원으로까지 확장되어 복합적인 권력관계들과 내재적으로 결부된다. 따라서 하나의 역사담론은 어떤 시기 및 지역에 관한 것이든, 현재의 구체적 권력관계들 안에서 자신을 위치 짓고(positioning) 특정한 선택 및 비전을 유도하거나 최소한 거기에 동참한다. 그 점에서 역사에 대한 논쟁은 결코 단순하게 객관적 지식을 확보·축적하려는 경합(소위 사실관계에 충실한 역사서술들)이 아니라, 상이한 정치적 전략들과 세계관들이 대립·분쟁하는 또 하나의 지형이다. 그렇기에 해당 논쟁은 과거의 일들에 대해 잘잘못을 따지는 사후적 공과론의 지평에 머물지 않는다. 이 점은 '박정희 시대' 논쟁에서라고 예외일 수 없으며 필자의 입장도 마찬가지이다. 이 책은 박정희 정권기 경제개발을 민족주의 기획의 한 형태로서 고찰하고 평가한다. 특히 그것이 갖고 있던 민족주의적 특징들 그리고 그 존립과 균열의 사회-정치적 핵심기반을 논의한다. 이러한 작업은 종전의 연구들과 달리 민족주의를 문제시하고 박정희 정권기에 그 민족주의의 내용을 구체화한 자본주의를 비판하는 논지들로 전개된다.[2]

　필자가 경제개발을 기본적으로 자본주의의 문제였다고 이해하면서도, 논의를 이렇게 민족주의와 깊이 결부시키는 까닭은 두 가지이다. 첫째, 과거의 연구들이 박정희 정권기 경제개발을 민족주의로 이해하든 반민족주의로 규정하든, 민족주의자의 입장에서 보든 비민족주의자의 시선으로 포착하든, 모두가 민족주의와 밀접히 연계시켜 왔다. 현 시점에 기왕의 논쟁지형을 외면하기 어렵거니와 거기에 의식적으로 개입하려는 한에서, 필자 역시 민족주의와의 관련을 떠나서는 당시의 경제개발에 대해 말하기가 용이하지 않다. 둘째, 박정희 정권기 경제개발은 분명히 민족주의 기획의 역사-특수적 형태였다. 그것은 세계사적 관점에서 볼 때 민족주의가 흔히 지니는 발상들과 표현양식들의 범주 안에 있었다. 더욱이 그것은 결과 면에서 국민경제의 발전과 자립을 촉진하였다. 박정희 정권기 경제개발은 민족주의 기획의 한 형태로서 한국자본주의의 프로모터(promoter)였다.

　이 책은 크게 박정희 정권기 경제개발을 민족주의 기획의 한 형태

---

2. 따라서 이 책의 목적이 박정희 정권기 한국사회의 문제상황들 및 모순들 전반을 논하는 것은 아니다.

로 파악하는 사실 판단의 차원과, 민족주의 기획으로서 그것이 가졌던 사회-정치적 내용을 비판적으로 고찰하는 규범적 차원으로 구성된다. 그리고 이 두 차원들의 논의들은 기존 논자들이 전제해둔 민족주의관에 대한 비판 위에서 전개된다.

우선 바로 이어질 제2장은 필자의 문제의식들이 제기되는 맥락에 대해 좀 더 상술하고 이 책이 점하는 독자적 지위를 강조하려는 취지에서, 기존 연구들에 대한 비판적 검토를 할 것이다. 그리고 그 이하의 고찰을 위한 기초적 논의 차원에서 필자의 민족주의론을 개진한다. 앞에서 밝혔듯이 필자는 박정희 정권기 경제개발을 민족주의 기획의 한 형태였다고 본다. 그러므로 제2장은 필자와 달리 당시의 경제개발을 반민족주의 기획이었다고 인식하는 연구자들, 그리고 이들과 친화적인 여타 논자들의 민족주의관들을 먼저 제시하여, 이들에 대해 비판하는 방식을 경유함으로써 논지 전달의 효율화를 기하고자 한다. 즉 민족주의 이해를 둘러싼 주요쟁점들을 확인하고, 지구적 근대화과정들과 맞물려 나타난 민족주의의 실제 사례들, 또한 이들을 연구한 국내외의 성과들에 비추어, 기존 민족주의론들의 편견과 오해를 적시한다. 그리고 이로부터 다음 장들의 논의에 필요한 수준에서, 민족주의의 개념적 내포를 몇 가지 명제들로 정리할 것이다.

제3장은 먼저 박정희 정권이 주도한 경제개발이 하나의 민족주의 기획으로 성립할 수 있었던 조건들로서 '해방 8년사'가 낳은 복합적 결과들을 논술한다. 즉 정치적 독립, 봉건적 사회관계들의 침식, '분단국가'의 형성, 내전을 동반한 냉전의 심화, '국민' 정체성의 형성 등으로

인하여, 박정희 정권 성립 전후의 상황이 일제침략기 이후 존립해온 민족주의들과는 다른 형태의 민족주의가 성립·활성화될 수 있는 국면이 었음을 밝힐 것이다. 다음에는 '새로운 민족주의'의 구체적 등장과 관련하여, 4·19시위 전후의 최대 문제상황이었던 대중적 빈궁화란 조건을 고찰하고, 그 안에서 자유당, 민주당 등 제도권 정치집단들과 저항엘리트들이 취한 전략들, 그리고 5·16쿠데타의 주역들이 취한 선택을 대비한다. 당시 빈곤 탈피라는 대중적 열망에 가장 적극적이고 인상적으로 대응한 그룹은 바로 정치화된 군부였다. 그들의 등장은 대중들에게 일견 두렵지만 다른 한편으로 '희망'의 징후였다. 경제개발이 자본축적의 산업적 측면('가치이전'과 대비되는 '가치생산'의 측면을 확대하면서 빠른 속도로 '일자리'를 창출하였기 때문이다. 그것은 종전까지 빈곤과 빈곤이 동반하는 고통들 및 속박들에 시달린 대중들이 환영할만한 사태 진전이었다. 따라서 박정희 정권 성립 이후 본격화된 경제개발의 귀결로서 임노동기회의 증가추세를 확인하고, '모범근로자' 유형의 노동자들을 통해 당시 권력블록의 프로젝트를 존립케 한 지지기반의 주요측면을 논술한다.

제4장은 앞의 조건들과 기반 위에 성립하고 존속한 박정희 정권기 경제개발 프로젝트를 담론 차원에서 분석한다. 우선 당시 권력블록이 생산해낸 담론들 속에서 '민족'과 '개인'을 동일화하여 전체주의−기능주의의 경향을 띠게 되는 민족주의적 사유의 핵심적 특징을 확인한다. 그리고 이러한 사고방식을 전제로 하여 전개된 '민족사 이야기' 형태의 담론인 '민족중흥론'에 대해 논의한다. 여기에서 필자는 '민족중흥'이 '조국

근대화'로, '조국근대화'가 '공업화'와 '수출입국'으로 제시되었다는 사실과 함께, 민족주의의 여타 사례들에서 어렵지 않게 볼 수 있는 '전통'과의 선택적 단절론('전통'의 선택적 계승론), 정신혁명론, 권력정치론 등을 공유했다는 사실에 주의를 기울일 것이다. 그 다음에는 권력블록이 사회구성원들을 국민적 생산력증강에 매진하는 단일한 질서체계로 편성하기 위하여 산출한 담론들을 논의한다. 이로부터 박정희 정권기 경제개발이 지녔던 경제민족주의의 면모가 좀 더 분명하게 인지될 수 있을 것이다. 당시 권력블록이 생산한 개발담론들의 핵심은 일체의 사고 및 행동 준거를 국민적 생산력향상 여부에 두어야 한다는 요구–명령이었다. 제4장의 마지막 부분은 권력블록의 개발주의가 냉전주의, 그리고 '일민족 일국가'라는 민족주의의 원칙과 접합된 '승공통일론'을 볼 것이다. 승공통일론은 통일을 준비하는 사전작업으로서 무엇보다 경제발전을 통한 국력배양을 강조하였다. 승공통일론이 하나의 억압담론으로 기능하였음은 분명하지만, 그렇다고 반민족주의의 징표였다고 해석될 수는 없다. 승공통일론은 규범적 타당성 여부와 별개로 1990년대 이후 실현 가능성이 높아진 '흡수통일론'의 원형이었다.[3]

　　제5장은 박정희 정권기 경제개발을 국가의 정책차원에서 고찰한다. 기존 논자들은 모두가 최소한 제1차 경제개발계획 '원안'에 대해서 민족주의 구상으로 평가해왔다. 그렇게 볼 수 있는 사람이라면 동 계획의

---

3. 기존 연구들 가운데 박정희 정권기를 소시기들로 구분하여 매 시기마다 상이한 담론 및 이데올로기를 대응시키면서 민족주의의 변화에 주목한 예들이 있다(이우영 1991; 진덕규 1992; 전재호 1997; 김정훈 1999). 그러나 필자는 박정희 정권기 전체에 걸쳐 권력블록의 민족주의가 그다지 주목할 만한 변화를 보여줬다고 생각하지 않는다. 기존 연구자들의 시기 구분은 오히려 당시의 민족주의 지형을 이해하는 데에 방해가 된다.

'수정안'과 이후 정책들을 마찬가지로 민족주의적 범주들 내에서 평가하지 못할 이유가 없다는 것이 제5장의 논점이다. 박정희 정권기 국가의 경제정책들은 '외세'의 영향권 속에서 일부 변경되지만, 애초의 복합적 방향성들을 많은 부분 유지하고 심지어 극대화하는 가운데 추진됐다. 그리고 당시 자본축적의 국내 동학은 '진보적 민족주의' 성향 연구자들 다수의 생각처럼 '외세'의 논리가 전개되는 말단부에 불과했던 것이 아니다. 제5장은 먼저 제1차 계획 '수정' 전후의 계속성과 관련하여 네 가지 사항들을 논의한다. 첫째, 박정희 정권기 경제개발은 외자의존형으로 단순화될 수 없다. 그것은 줄곧 내자와 외자를 불문한 '자본 총동원론'에 입각하여 추진되었다. 둘째, 박정희 정권기 경제개발은 당초부터 불균형발전전략이었다. 다만 그 불균형이 제2차 계획의 입안 및 시행 그리고 특히 1970년대 중화학공업화를 통해 극대화되었다. 셋째, 수입대체공업화는 1964~65년경부터 본격화된 수출공업화드라이브에도 불구하고 일관되게 중요한 정책목표였다. 수출공업화가 박정희 정권기 경제개발정책의 중요한 요소였지만 그 전체를 포괄하는 것은 아니었다. 넷째, '외세'가 가장 경계하였던 것은 국민경제의 거시적 불안정성이었는데, 박정희 정권은 그것을 의식적으로 감수하는 성장드라이브 노선을 대체적으로 고수하였다. 박정희 정권은 국가엘리트들의 위광효과(威光效果)에 대한 집착과 자본가들의 강렬한 이윤욕구를 반영하여, 중요한 시점마다 직면한 모순을 조절·완화하려 하기보다 더욱 증폭시킴으로써 위기를 돌파하고자 하였다. 제5장의 마지막 절은 개발계획들의 이행 결과로서 그 기간 동안 국민경제의 발전과 자립화가 진척되었음을 확인할 것이다.

　제6장은 박정희 정권기 경제개발의 지지기반이 균열되어간 경향에 대해 논술한다. 제3장에서 확인하듯이 박정희 정권기 경제개발이 민족주의 기획으로서 유지될 수 있었던 핵심적 기초는 자본축적의 성격변화와 결부된 ‘일자리’의 빠른 증가였다. 그러나 ‘일자리’의 증가는 단지 취업자 수의 증가만이 아니라, 자본주의적 임노동관계의 일반화 추세를 의미하였다. 따라서 경제개발의 가속적 추진은 자본/임노동관계 특유의 문제상황(‘빈곤’을 포함하지만 그것으로 환원될 수 없는 ‘새로운’ 문제상황을 초래하는 과정이었다. 즉 자본축적의 산업적 측면 확대와 자본/임노동관계의 일반화가 자본축적의 노동 의존성을, 더 나아가 경제개발 전체의 노동 의존성을 현격히 확대하였고, 그 만큼 자본가들과 국가로 하여금 매순간 소요되는 노동력 비용의 수준과 생산과정 내에서 노동력이 운용·관리되는 실태에 민감하게 대처하도록 만들었다. 그리하여 비대칭성이 두드러졌던 당시의 노-자관계 속에서, 자본가들과 국가는 노동자들을 ‘회사’와 ‘국민경제’란 시스템들의 단순한 기능물들로 취급하였다. 제6장은 그 점을 논의하는 가운데 1970년대부터 민중부문들 내에서 권력블록의 담론들을 상대화하는 경향이 점증해갔음을 확인할 것이다. 이 때 기존 연구들이 드러낸 인식론적·방법론적 문제점들을 염두에 두어 ‘평범한 사람들’의 일상에 좀 더 주의를 기울이고자 하며, 민주노조운동을 비롯한 ‘저항’들을 포함하여 ‘충성’하지 않은 범주의 사람들이 보여준 생활전략들(‘탈출’, ‘공상’, ‘관망’, ‘일탈’ 등)이 가지는 의미들에 대해 논술할 것이다.[4]

그리고 제6장 마지막 절은 당대 저항엘리트들의 발상 및 실천이 지녔던 이중성과 이로부터 초래된 역설에 주의를 기울인다. 당시 저항엘리트들의 대항은 권력블록의 헤게모니 재생산과 관련하여 중대한 의미를 가졌던 사고 및 행동의 패러다임들 안에서만 전개됐다. 따라서 저항엘리트들의 담론들과 활동들은 대중들이 그 패러다임들에 대해 의문시할만한 기회들을 제약하고 있었다. 또한 그들은 자신들의 주요 요구사항이었던 '경제발전 = 자립경제'의 진전과 함께 저항진영에서 점차 이탈해갔다. 여기에서 필자는 그 같은 이중성 외에 역시 저항엘리트들의 역설을 낳은 주관적 요인들로 민중들을 적극적 의미에서 주체화하지 않는 소극성 내지 편협성, 변화의 요구들을 헌법개정운동으로 회수하는 편향, 종교적 상징에 의존한 도덕주의와 추상성 등을 함께 언급할 것이다. 당시 저항엘리트들이 드러낸 문제점들은 이후 점차 가시화될 저항진영['진보적 민족주의' 또는 '저항민족주의']의 내적 긴장과 균열을 시사하며, 아울러 김대중 정권기 이후 '개혁'을 주도한 정치그룹들의 역사성을 확인하여준다.

마지막 결론인 제7장은 앞에서 고찰·논의한 바들을 요약하고 이 책의 핵심 주장들과 그 의미들을 정리한다.

---

4. 이렇게 '박정희 시대'의 위기를 민족주의적 과제의 실현에 따른 자본관계의 일반화와 그 모순이라는 지형으로부터 찾는다는 점에서, 필자는 그 위기를 독재자의 권력욕에 맞선 도시 중간층의 반대활동들이나 경제발전의 자연적 귀결로서 시민사회가 성장한 데에 따른 추세로 인식하는 근대화론자들과 다르다. 또한 경제학 전공자들이 흔히 그렇듯이 그 위기를 협의의 경제-기술적 차원들로 귀속시키는 경우와도 다르다.

제2장

# '민족주의'라는 신화와 '박정희 시대'

# '민족주의'라는 신화와 '박정희 시대'

## 제1절 '진보적 민족주의'의 민족주의관

지구적 수준에서 볼 때 '근대화'가 낳은 사회–정치적 산물들 가운데 민족주의만큼 다양한 궤적들을 남긴 예도 드물다.[1] 민족주의의 세계사는 일견 적대적으로 여겨질 법한 사회–정치적 실체들까지 공히 '민

---

1. 민족주의는 근대화의 단순한 기능적 필요물이 아니다. 민족주의의 각 사례들을 출현케 한 요인들이 하나 같이 근대적인 것들만도 아니다. 그러나 근대화가 포괄하는 조건들과 사회관계들을 사상하고서 민족주의를 논한다는 것은 전적으로 불가능하다. 역사 속에서 확인된바 어느 경우이든 민족주의가 등장한 지형이 바로 근대화였기 때문이다. 오랫동안 공유해온 혈연·영토·문화 등의 중요성을 인정한다 해도, 그것들 자체가 곧 민족과 민족주의는 아니다. '민족적 정체성'이 전근대의 어느 시점부터 지속된 현상일 수 있지만 그것은 '민족주의'와 구별되어야 한다(Llobera 1994 : xii). "여타의 사회적 결속들과 마찬가지로 에스닉한(ethnic) 유대들"도 "경제적·사회적·정치적 요인들에 종속"되고, 따라서 "상황들에 따라 동요하며 변화한다"(Smith, Anthony 1995 : 33). 그것들은 과거 그대로 전승되기보다 흔히 "재구성", "재해석"되고 새로이 "발명"되기까지 한다(Hobsbawm 1983; Smith, Anthony 1991; 工藤光一 1998).

족주의'로 불려왔음을 보여준다. 그러므로 정형화된 하나의 모델 또는
극히 소수의 유형들만을 상정할 때, 사람들은 그 만큼 민족주의의 '진
실'과 멀어진다. 그런데 또 외연을 넓게 보면 볼수록 민족주의의 내포
가 모호해지기 마련이다. 관심 대상들 간의 차이들을 하나하나 찾아내
면서 각각이 가지는 개별성들을 강조하면 할수록, 우리는 그들을 같은
하나의 개념으로 포착해야 할 이유를 잃는다. 따라서 민족주의의 이해
에서 관건은 다양성에 유념하면서도 상이한 형태들로 실현된 제반 사
례들을 동일하게 '민족주의'라 말할 수 있게 하는 일반성을 시야에서 놓
치지 않는 것이다. 한국의 어떤 사례를 '민족주의'라 명명할 수 있다면,
이 특수한 사례는 민족주의의 다른 형태들과 구별되는 개별적 측면들
을 가지면서, 아울러 동일화를 가능하게 하는 일반적 측면들을 지니고
있는 것이다.

한국사회 지식인들의 민족주의관들 가운데 주류(主流)에 해당하는
입장의 특징은 '오해'로 요약된다. '오해'는 앞에서 말한 민족주의의 일
반성과 개별성, 이 양자의 구체적 결합물인 현실로서의 특수성에 대한
인식과 결부되어 있으며, 공교롭게 민족주의자 자신들, 그리고 그 중에
서도 '진보적 민족주의' 성향의 논자들에게서 가장 선명하게 예시된다.
명도와 채도가 높은 만큼 '오해'는 적지 않은 경우 '신화화'로 이어진다.

그들은 민족주의의 외연을 상당히 협소하게 보는 한편, 박정희 정
권기를 포함한 한국 근대사 전반에 대해 '민족주의의 억압과 패배, 좌
절' 국면들로 평가한다. 이 경향은 중립적 의미에서 개념화를 엄격히
한 결과라기보다, 논자가 스스로 선호하는 [소속감을 가지는 민족주의

의 한 형태를 특권화하여, 이것만을 민족주의라 주장하고 규범화하는 독단이다. 이 독단은 비교적 최근 제기된 논술들 속에서 아래와 같은 양상을 띠고 있다.

조야하지만 자주 보게 되는 경우로, 하나의 역사국면에 대한 이해를 특정 인물의 성향으로 환원하면서, 그 인물의 과거를 집중적으로 문제 삼는 이들이 있다(박세길 1993 : 157~167; 서중석 외 1993 : 80; 이준식 2002; 역사문제연구소 편 2003). 박정희는 그들의 논리를 따를 때, 친일경력이란 과거사로 인하여 줄곧 반민족주의자로서 살도록 운명지어졌고, 또 그렇기 때문에 박정희 정권기는 반민족주의의 시대일 수밖에 없다.

관심 대상인 역사국면을 인물 중심으로 접근할 때 이해의 내용은 단편화된다. 그것은 역설적이게 그들이 공식적으로 부정하는 영웅사관의 거울 이미지이다. 또한 그 같은 과거사 기원론은 특정 인물과 이 인물을 둘러싼 조건들의 변화, 그리고 양자 간 상호관련의 변화를 도외시한다는 점에서 타당하지 않다. 과거에 반민족주의자였던 이가 어느 시점부터인가 민족주의자로 살아갈 수 있고 그 반대의 경우도 가능하다. 현재와 미래는 과거의 단순한 결정물이 아니다. 민족주의/반민족주의는 사회-정치적 실체인 만큼, 한 인물의 과거 경력으로 소급될 수 있는 논의 대상이 아니다.

특정 인물에게 역사의 결정력을 부여하지는 않지만, 민족주의를 엘리트들이 일련의 원칙들을 구현하려는 사고들과 행동들, 또는 이들이 낳은 결과들로 단순하게 파악하는 경우가 있다. 이러한 경향은 구체적

언명을 통해 표현되기보다 사건들과 정황들을 서술하고 평가하는 방식에서 드러난다. 그 논자들은 권력블록과 저항블록을 불문한 엘리트들의 민족주의적 발상들과 실천들이 대중들에 의해 어떻게 해석되고 수용·굴절·저항되는가, 즉 대중들이 이해하는 '민족적인 것'에 대해서 진지하게 검토하지 않는다. 암암리에 대중들은 민족주의 엘리트들과 일체화되거나, 일체화를 예정해놓은 단계에서 '시대적 한계'를 안고 있는 사람들로 가상된다.

민족주의가 형태의 상이함을 떠나 기본적으로 '위로부터' 구성되어 온 것은 사실이다. 대중들을 동원화하는 방식에서 일정한 차이들을 드러냄에도 불구하고, '민족' 혹은 '조국'과 관련된 담론·운동·정책 등이 엘리트들의 주도 아래 구체화되었다는 점을 부인할 수는 없다. 그러나 엘리트들의 의도는 대중들에게서 나타난 결과와 항상 일치했던 것이 아니며 일치했다 하더라도 잠정적이었다. 대중들은 규모와 실질성 정도를 떠나 엘리트들의 프로젝트에서 "이탈"하려는 시도들을 끊임없이 벌였다. 또 대중들은 엘리트들의 프로젝트를 자신들의 방식으로 "소비"하고 "재전유"하곤 하였다. 따라서 민족주의의 특정 사례에 대한 이해는 "평범한 사람들의 생각들과 희망·욕구·갈망·이익들에 근거하여 아래로부터 분석하지 않으면" 충분한 것이 될 수 없다(Guha 1982 : 1~8; Certeau 1988 : xi~xxiv; Hobsbawm 1992 : 10~11).

민족주의의 실제를 무매개적으로 엘리트들의 동향과 동일시하는 이들은 보통 논자 자신의 주관적 규범들을 평가준거들로 두고서, 그것들의 충족 여부에 따라 해당 상황 및 인물, 세력 등을 민족주의적/반민족주의적이라고 규정한다.

첫째, '비도구성'의 원칙이 그것들 중 하나이다. 즉 그들이 상정해 둔 민족주의적 과제들 이외의 다른 목적에 맞추어 도구화가 시도된 담론들은 표면상으로 '민족'과 '조국'을 강조할지라도, 실질적으로는 반민족주의적이라고 주장한다. 이 입장은 실체로서의 민족이익을 가정하는데, 그러면서 박정희 정권기 권력블록이 만들어낸 민족주의 담론들을 "집권의 구실", "국민동원의 방편", "통치와 지배의 중요한 도구"였다는 이유로 '허구적 민족주의'의 산물에 불과했다고 말한다(이우영 1990 : 228, 237; 서중석 외 1993 : 76, 110; 박호성 1997 : 73~74; 김영곤 2005 : 594).

앞서 언급했듯이 민족주의가 엘리트들의 일방적 주조물 혹은 정신적 전기(傳記)일 수 없다고 한다면, 그것은 민족주의를 단순한 도구로 파악할 수 없음을 동시에 의미한다. 민족주의는 엘리트들과 대중들 사이의 잠정적 관계, 즉 일정한 긴장과 모순이 내포된 양자 사이의 특정한 관계를 응축하고 있기 때문이다. 엘리트들과 대중들 각각의 내부에 존재할 차이들 또는 분열들까지 고려하면, 그 관계는 상당히 복합적이라고 생각되지 않을 수 없다. 이 점에서 민족주의는 하나의 헤게모니적 구성체로 파악된다(Poulantzas 1980 : 115~117; Gramsci 1983 : 52~120; 이혁구 1993).[2]

그러므로 진정한 의미의 '민족적인 것', 고정된 의미의 '민족적인 것'은 실재하지 않는다. 현실에서 주장되는 '민족적인 것'은 사회-정치적

---

2. 이러한 이해와 관련하여 특히 그람시(A. Gramsci)는 19세기 이탈리아의 정치사 속에서 권력블록의 엘리트들, 저항진영의 엘리트들, 그리고 민중들 간의 동적 관계들을 분석하는 가운데 '민족적인 것'이 헤게모니적 구성물임을 잘 예시해주고 있다.

당파성을 내포하며 그 당파성을 중요한 내용으로 가지는 복수의 프로젝트들이 경합한 국면적 결과물이다.[3] 근대 세계사를 통해서 순수하게 민족주의적 원칙들만을 추구한 민족주의의 사례는 실제로 찾아보기가 용이하지 않다. 반대로 민족주의가 특정 인물·집단·계급의 개별 이해관계들과 결부된 경우를 발견하기란 어려운 일이 아니다.

민족주의의 당위적 목표들로 여겨지곤 하는 단일 민족국가의 건설, 민족경제의 발전, 민족구성원들의 안전보장 및 복지증진 등은 그 자체들만으로 볼 때 대단히 추상적이다. 그것들의 내용은 자본주의와 가부장주의를 비롯한 중립성이 보장되지 않는 사회관계들의 규정 속에서, 그리고 해당 민족주의 프로젝트를 주도하는 사람들의 개별적 이익이나 여타 이념과 결합함으로써만 구체적 상을 드러낸다. 바로 여기에 민족주의의 모습이 다양하게 나타나는 중요한 이유가 있다. 민족주의를 "야누스" 또는 "히드라", "카멜레온"에 비유하거나, "2차적 이데올로기"로 명명하는 까닭이 바로 거기에 있다(Nairn 1975; 엔서니 스미스 1986 : 358; 임지현 1994 : 539~540; 藤原歸一 1998 : 77~80; 전재호 2000 : 30~34; Benner 2001 : 155).

박정희 정권기 권력블록의 담론들이 지녔던 도구성은 민족주의로의 규정 여부를 판가름하는 결정적 기준일 수 없다. 엘리트들의 측면에 주목하는 경우, 도구화의 시도는 오히려 민족주의의 일반적 요소들 중

---

3. 민족주의자들과 이들의 기획 속에서 "민족은 … 현실의 불평등과 착취에도 불구하고 … 공동체로 상상된다"(Anderson, B. 1991 : 7). 바꾸어 말하면 민족주의자들과 이들의 기획 속에서 민족이 공동체로 상상됨에도 불구하고, 현실은 다양한 수준의 불평등과 착취를 포함한다.

하나이다(Breuilly 1982; Greenfeld 1992).[4] 유념할 것은 그러한 도구화 노력들이 전술한 유동적 '관계들'로 인해 완결되지 않는다는 점이다. 마치 자본주의 사회에서 자본가들이 국가를 끊임없이 도구화하고자 하지만 궁극적으로 국가가 도구로 되지 않는 경우와 흡사하다. 민족주의는 도구가 아니다. 그러나 민족주의를 구성하는 제반 측면들로부터, 그것을 도구화하려는 특정 집단의 의도 및 전략을 논외로 둘 수는 없다.

둘째, '탈냉전주의'의 원칙이다. 다시 말해 냉전주의[반공산주의]는 민족주의와 양립할 수 없다는 생각이다(이우영 1990 : 227; 김동춘 1994 : 13, 15; 최장집 1996a : 189, 191; 김민철 2000 : 220; 임대식 2000; 조희연 2004a : 165~173; 서중석 2004). 이 경우 "분단국가의 수립은 곧 민족주의의 좌절을 의미"하고, "국가의 행동이 '민족의 이익'에 바탕을 두는 것이 아니라 냉전적 이데올로기, 즉 체제대결의 논리에 따라 움직인" 것이라고 본다. 박정희 정권의 "반공"은 "민족공동체의 다른 일방을 적대시하는 지향"이었으며, 따라서 "통일을 지향하는 민족주의적 지향"과 "대립"했다는 것이다. 통일지향성을 인정하는 경우에도, "자신의 체제를 상대방에 확대하려는 통일노선"이었기 때문에 반민족주의라고 주장한다. 이런 견해들 속에서 박정희 정권은 경제개발과 관련하여, "미국"이 주도한 냉전전략[체제경쟁]에 부합하는 발전노선의 "충실한 수용

---

4. Breuilly(1982)는 민족주의의 여타 요소들과 조건들을 시인하면서도, 민족주의가 "정치의 한 형태"로서 가지는 특징들과 동학들에 주목한다. 그는 많은 사례들을 통일운동 · 개혁주의 · 분리주의 등으로 유형화하여 비교 분석하는 가운데, 민족주의가 "국가권력의 획득과 이용", 이를 위한 "조정, 동원화"와 "정당성" 확보에 활용되었음을 논술한다. Greenfeld(1992)는 영국 · 프랑스 · 러시아 · 독일 · 미국 등에서 최초로 민족주의가 등장하여 활성화되는 역사들을 고찰한다. 그녀에 의하면 지배계급들과 중간층 엘리트집단들의 이해관계들이 민족주의를 대두시키는 중요한 동인이었다.

자"로 간주된다.[5]

민족주의 과제들의 추상성과 민족주의의 유동적 과정에 유의한다면, 단일한 민족국가에 반하는 현실['분단국가']이 곧바로 민족주의의 "좌절"이었다고 단정할 수는 없다. 민족주의의 과제들이 추상적이니 만큼, 이에 비례하여 그것들의 현실화 경로들, 내용들은 다양하기 마련이다. 단일 민족국가의 성립은 평화적 교섭을 통해서도 폭력적 강압에 의해서도 가능하다. 성립된 민족국가의 사회구성은 자본주의일 수도 사회주의일 수도 혹은 또 다른 어떤 것일 수도 있다. 자본주의 내에서 국가형태에 주목하면, 그것은 법치주의적 사회국가일 수도 권위주의적 신자유주의 국가일 수도 있다. 단일 민족국가가 성립하는 전 과정들 속에는 우호적 교류 및 협력의 국면이 있는가 하면, 당사자들 간의 치열한 공방과 갈등이 펼쳐지는 국면도 존재한다. '통일'은 사회주의로든 자본주의로든, 냉전과 봉쇄의 논리를 따르는 중장기적 체제경합을 거쳐서도 얼마든지 실현될 수 있다. 냉전논리는 궁극적으로 체제들 간의 흡수-통합을 겨냥하지 분할-대립의 고착화를 기도하지 않는다(김영호 1998). 그것에 대한 규범적 평가와 별개로 냉전주의가 곧 반민족주의는 아니다. 오히려 한국에서 냉전은 민족주의의 특수화 조건이자 결과라 할 수 있다. 냉전은 상호 경쟁적인 민족주의 노선들의 공존을 뜻한다. '민족의 당위'가 실현되지 않은 상태로 이해되는 한, 냉전은 남한과 북한에서 공히

---

5. 이러한 입장은 탈냉전 국면과 관련해선, 냉전체제의 와해가 한반도에서 "체제대결의 논리" 대신에 "민족주의의 논리"를 "부활"시키는 결정적 분기점으로 작용했다고 서술한다. 남북한 양측에 "국가의 논리"를 대체하여 "민족의 논리"가 우선시되는 객관적 조건을 조성하였다는 것이다(김동춘 1994a : 15).

민족주의 담론들과 프로젝트들의 재생산을 더욱 추동하는 중대한 기초였다(박명림 1996a : 65~67; 김정훈 1999).

민족주의는 근대 세계사 속에서 확인되듯 일반적으로 복수의 프로젝트들이 공존하고 경합하는 형태로 존재하였다.[6] 또한 역사국면마다 정의된 '민족적인 것'에 의거하여, 특정한 계급들 및 계층들을 규율하고 억압했던 것이 민족주의의 별나지 않은 모습이었다. 때문에 하나의 민족주의는 잠재적·현재적으로 그 자신과 다른 민족주의들을 '가짜'로 규정하고 배척해왔으며, 당파적 기준들에 근거하여 특정한 부류의 사람들을 사회-정치적으로 배제하곤 했다. 요컨대 "민족공동체의 다른 일방을 적대시"하는 양태는 민족주의의 많은 사례들, 많은 국면들에서 목격되어 왔던 것이다.[7]

미국 측 냉전전략에 편승했다는 사실은 박정희 정권기 경제개발을 반민족주의로 단정하는 충분조건일 수 없다. 민족주의가 전후 몇몇 탈식민지 나라들에서 '서방'과 '동방' 어느 편에도 귀속되지 않는 경제개발

---

6. 그 예들을 들자면 프랑스 혁명기 '애국파', '산악파', '상퀼로트', '지롱드파' 간의 대립(최갑수 1999 : 127~134; 로저 프라이스 2001 : 126~161), 이탈리아 리소르지멘토 시기 '온건당'과 '행동당' 간의 대립(Gramsci 1983 : 52~120), 인도에서 1930~40년대 '반산업주의'[간디]와 '산업주의'[네루] 간의 대립(Chatterjee 2000 : 4~7), 조선에서 3·1운동 후 분화되어 경합한 민족주의운동들(한국역사연구회 1995 : 426~542) 등이 있다.

7. 이 점은 국내 논자들 다수가 도덕적으로 규범화하는 시민적 민족주의(civic nationalism)와 반식민주의(anti-colonialism)의 역사들에서도 확인된다. 민족주의 엘리트들이 '동질성'과 '통일성'의 요구 아래 혹은 그것에도 불구하고 배제·규율한 대상들은 무산계급들, 여성들, 이교도들이었다(Chatterjee 1993 : 110~115; Halperin 1997 : 54~55; Calhoun 1997 : 84~85, 111~113; 최갑수 1999 : 116~134; 로저 프라이스 2001 : 134~135; 프라풀 비드와이 2002; 임지현 2002 : 187~188). 선거권의 역사만 보더라도 민족주의가 민족의 특정 구성원들에 대한 배제와 양립했던 것임을 잘 알 수 있다. 제1차 세계대전 전까지 '보통선거'가 제도화된 곳은 유럽에서 오직 노르웨이 뿐이었다(Halperin 1997 : 187).

을 추진하는 노력으로 표출된 바 있음은 주지의 사실이다. 그러나 '제3세계 민족주의'가 탈냉전의 지향과 결합한 형태로만 구현된 것은 아니다. '민족의 생존과 번영'은 대립하는 양 블록들 중에서 한 진영을 선택하는 방식으로도 추구됐다. 그 때 공산주의[사회주의]와 자본주의는 각기 '민족적인 것' 혹은 '반민족적인 것'으로 규정되었다(Nairn 1975 : 23~25; 末廣昭 1994 : 218, 1998 : 25~28; 藤原歸一 1998). 한반도의 경우 '남조선해방론'이나 '승공통일론'이 그 같은 냉전주의적 민족주의 노선의 구체적 형태들이었다.[8]

셋째, '비국가주의'의 원칙이다. 즉 민족주의는 국가주의(statism)와 다르며 국가주의와 양립할 수도 없다는 견해이다(서중석 외 1993 : 113; 김동춘 1994a : 13, 18; 김민철 2000 : 221; 허은 2003; 서중석 2004). 이 원칙에 준거하여 논의를 펴는 경우, 역시 박정희 정권이 "민족 개념"을 "동원"했을 뿐 민족주의 정권은 아니었다고 주장한다. 박정희 정권은 "민족이란 미명을 내세운 국가주의적인 성격을 지닌" 체제였다는 것이다. 해방 후 한국 근대사를 총괄하여 평가할 때에도, "남북한의 역사"가 비록 "민족주의의 언술을 사용"했다지만 "실제로는 '국가주의'의 원칙하에 '민족주의'를 억제해온 역사였다"고 본다. 북한에서 "그것은 내

---

8. 사회주의 운동들 및 체제들은 민족주의와 결합되었을 뿐만 아니라 민족주의[특히 발전경쟁에 의해 지배되었고, 이것은 그 운동들 및 체제들이 '사회해방'이란 당초의 문제설정을 상실해가는 중요한 요인들 중 하나였다(Wallerstein 1984b; 차문석 2000 ; Anderson, P. 2002 : 15, 20~22). 한편 민족주의와 냉전주의의 조합 가능성을 부정하는 이들은 스스로 이율배반을 드러내면서 자신들의 기준이 자의적임을 입증한다. 예컨대 반공산주의자 장준하를 투철한 민족주의자로 묘사하는 것이다(백기완 1993; 서중석 1997). 당시 저항엘리트들의 헤게모니 분파를 구성했던 인물들, 집단들은 모두가 반공산주의자들이었다. 이 점은 제6장 제3절에서 상술된다.

부의 단결을 위한 통치이데올로기"였으며, 남한의 경우 "최상위의 지배
논리"가 "국가질서의 유지"였고 "국가질서의 유지에 반하는 민족주의 =
통일, 민족자주성은 부정"됐다는 것이다.

　민족주의는 국가주의와 동의어가 아니다. 그러나 민족주의는 '민족
적인 것'을 근대 영토–행정국가라는 거대 단위 안에서 실현하고자 한
다. 민족주의는 '민족적인 것'의 구현을 위해 모호하게 정의된 어떤 '공
적 영역'을 확보하려 하는 게 아니라 바로 구체적인 '하나의 국가'를 건
설·장악하고자 한다. 민족주의는 '하나의 국민'[일민족 일국가]을 지향
하며 '국민으로서의' 자기 결정성, '국민으로서의' 복지·번영·명예 등
을 목표들로 삼는다. 그러므로 '민족적인 것'의 현실적인 주요 담지자
또는 구현자는 잠재적·현재적으로 국가가 아닐 수 없다. 민족[국민]
내외를 향해 '분할될 수 없고 유일무이한 권력'으로 선포·주장되는 주
권성은 결국 국가에 의해 총괄된다. 이 점은 국가를 최상위에 둔 전체
주의화 경향 그리고 특정한 사회구성원들의 규율과 배제, 억압 등을 낳
는다.9 역사적으로도 전후 탈식민지 나라들 상당수에서 민족주의가 국
가자본주의 혹은 국가사회주의 노선들로 현실화됐음을 확인할 수 있
다(Kautsky 1962 : 49; Thomas 1978; 임지현 2001 : 126~128; Ruccio

---

9. 민족주의는 개인들을 일단 독립된 주체들로 '선언'한다 하여도, 균등한 개인들과 민족국
　가 사이에서 민족국가로 총괄되는 사회적 유대를 최우선시하기 때문에, 즉 개인들과 민
　족국가 사이의 무매개적 연관을 상상하기 때문에 항상 전체주의화 경향의 위험에 노출
　된다(Calhoun 1997 : 42~48; 고자카이도시아키 2003 : 169~182). 개체성의 인정은 근대
　민족국가를 전제로 하는 것인 한에서 전체주의화 경향과 대립한다고만 볼 수 없으며,
　이른바 시민적 민족주의 또한 그 경향에서 자유롭지 않다. "근대적 특수 현상으로서 전
　체주의가 가지는 기초들"은 "근대 민족국가로 구체화된 공간적 메트릭스 속에 각인되어
　있다"(Poulantzas 1980 : 107).

2003). 라틴아메리카에서 전전·전후 등장한 민중주의(populist) 운동들 및 정권들을 제3세계 민족주의의 대표적 사례들로 드는 경우가 많은데, 그 예들 또한 국가주의를 중요한 특징으로 갖고 있었다(Kitching 1982 : 103~141; 미구엘 조린·존 마르츠 1985; Cox 1987 : 235~236; 스티븐 해거드 1994: 238~258; 이성형 2000 : 611~614).

그런데 국내의 많은 논자들은 그 같은 속성을 특정 유형의 것, 즉 '시민적 민족주의'(civic nationalism)와 대비되는 '혈연-문화적 민족주의'(ethnic nationalism)만 가지는 개별성으로 취급한다. 민족주의의 시민적 유형은 민족 구성원들['시민사회']의 '자율적 선택' 위에서 성립했고 존립한다고 보기 때문이다. 역사적으로 상이한 민족주의들이 등장했으며 이들 사이에 중요한 차이들이 존재하였음을 부인할 수는 없다. 그러나 두 유형들을 극적으로 대비시키면서 전자를 규범화하는 입장은 '시민적 민족주의'에 대한 "그들만의 신비적 관념" 혹은 "희망 어린 생각"이라 할 수 있다(Kymlicka 1999 : 132~135; Yack 1999).[10]

엄밀한 의미의 '시민적 민족주의'는 사실상 성립할 수 없다. 왜냐하면 민족주의가 기본적으로 하나의 정체성을 전제하거나 지향하는 이념이요 운동인 반면, 자율적 선택이란 필연코 사회구성원들 사이에서 다원성을 동반하지 않을 수 없기 때문이다.

역사와 현실 속에서 '시민적 민족주의'는 한국 학계의 통상적 관념과

---

10. 필자의 비판대상인 논자들은 설령 민족주의가 국가주의의 양상을 띨 수 있다고 시인한다 하더라도, 그 경우를 극단적 형태에 국한시킴은 물론 '시민적 민족주의' 이외의 유형에서만 가능한 것인 양 논술한다. 그럼으로써 그들은 '시민적 민족주의'를 윤리적으로 이상화하고, 공공연한 국가주의로 귀결된 민족주의를 실질적으로는 민족주의의 범주에서 제외시킨다. 일례로 박의경(1995)을 참고.

달리 하나의 정치공동체가 '자율적 선택' 뿐만 아니라 그 이전부터 '주어진 기반' 위에서 결정되었다고 상상한다. 이 점은 민족 또는 민족주의와 관련하여 '선택'의 요소를 강조할 때 흔히 인용하는 르낭(E. Renan)의 정의에서 잘 표현되고 있다. 그는 민족주의를 "매일 매일의 투표행위"에 비유하면서, 19세기 독일의 민족주의론을 반박한다. 그러나 르낭은 민족과 민족주의의 또 다른 한 측면에 대한 언급을 빠트리지 않는다.

> 두 가지 측면들 … 하나는 과거에 다른 하나는 현재에 있다. 전자는 대대로 전승된 많은 기억들을 함께 간직하는 것이다. 반면 후자는 실제적 동의, 즉 함께 살아가려 하는 욕망, 공통적으로 전수 받아 온 유산을 계속해서 소중히 간직하려는 의지이다. 인류는 일순간 만들어지지 않는다. 개인과 마찬가지로, 민족은 희생과 헌신에 찬 오랫동안의 그리고 지난한 과거가 낳은 산물이다(Renan 1996[1882] : 57~58).

더욱이 그는 이렇게까지 말한다.

> 망각 … 은 하나의 민족이 형성되는 과정에서 필수적 요소이며, 따라서 역사연구의 진전은 종종 민족적 정체성에 위협적일 수 있다. 실제로 역사연구는 … 모든 정치적 구성물들이 등장할 당시 발생한 폭력행위들을 들춰낸다. 통일은 언제나 야만성에 의하여 실현된다. 예컨대 프랑스 북부와 프랑스 남부 간의 통일은 근 1세기 동안 계속된 말살행위들과 공포의 결과였다(ibid. : 50).

이념형들에서 확인되는 '시민적 민족주의'와 '혈연-문화적 민족주의' 간의 명징한 분할은 현실에 존재하지 않는다. 현실의 민족주의들은 대부분 양자의 요소들을 공유한다. 민족주의의 구체성은 그 요소들의 특정한 상호작용과 조합이며, 사실상 시민적 유형과 혈연-문화적 유형이란 것들은 복합적 현실을 추상화한 결과들이다(Greenfeld 1992 : 11~12; Smith, Anthony 1998 : 212~213; Nikolas 1999; Özkirimli 2000 : 24~25, 42~43; 2005 : 24~28).

'시민적 민족주의'의 전범으로 혹은 근대 정치사의 '순수하고 고전적인 단계'로 이해되곤 하는 프랑스 혁명기의 상황이 그 점을 잘 시사한다(Balibar 1991a : 65). 혁명을 주도한 세력들은 '민족자결 = 인민주권'뿐만 아니라 '민족의 통일성 = 국가의 중앙집권성'을 강조하였다. 그들은 민족과 국가를 동일시하였고, 1791년 제헌의회가 성립된 이래 국가의 불가분리성을 주장하였다. 동기간의 헌법에도 명시된 그 같은 발상은 점차 '일반의지로서의 민족/국민'을 억압해갔다. 1793년경에 이르면 일체의 연방주의적 견해들을 허용하지 않았고 잔혹하게 탄압하기조차 하였다. 민족의 통일성은 협의불가의 명령으로 전환된 것이다. 그리고 그 귀결은 고도의 중앙집권적 정치체제였다(Llobera 1994 : 189~190; Benner 2001 : 161~162). 이 같은 경향에 주목해보면 프랑스 혁명기의 "국민통합"은 비서구권의 근대화 과정과 대조적이라기보다 오히려 "유사"했던 것이다. 조건들과 타이밍, 세부 면들의 차이에도 불구하고 양자는 기본적으로 "국가의 논리"에 의해서 규정된 과정들이었다(니시카와나가오 2002 : 217~222).[11]

---

11. 프랑스 혁명기의 국가주의 강화는 '보호무역론'과 같은 경제민족주의의 조류가 권력블록 내에서 지배적 입지를 획득한 상황과도 연계되어 있었다(神武庸四郎 1991 : 59~61; 이매뉴엘 월러스틴 1999 : 150~153).

한편 '시민적 민족주의'는 미국의 예에서 역시 국가주의적 양상을 띤 것이었는데, 특히 "민족적 소수자들에 대한 정복과 식민화, 영어를 상용하는 법정들과 학교들의 강요", 또 이들에 대한 "정당화"와 같은 사실들로 볼 때 그렇다(Kymlicka 1999 : 134~135). 그리고 국내 논자들 중 누구도 민족주의자임을 부정할 리 없을 공화파 마찌니(G. Mazzini)의 경우 또한 참고할 만하다. 그는 시민권의 예외 없는 적용뿐만 아니라 국가에 의한 의무교육 실시를 강조하였다. 그때 그는 "교육이 국가적 신념을 고취해주는 것이고 … 한 국민을 읽어 매주고 조화 있게 해주는 위대한 요소이며, 개인의 뜻을 전체의 합의 속에 용해시키고 당파싸움, 계급투쟁 및 종파분규를 없애주며, 신의 뜻에 따라 통일된 국가로 일로 매진하게 해주는 요소"라고 믿었다(볼튼 킹 1980 : 202).

따라서 우리가 말할 수 있는 것은 민족주의의 원칙들이 상이한 조건들 속에서 구현된 세부적 양태들, 그리고 이 양태별로 확인되는 국가주의의 강약이지 유무는 아니다.

넷째, '내향적(inward-looking) 공업화 = 민족주의'란 원칙이다. '내향적 공업화'전략의 유무를 민족주의 판별의 절대적 기준으로 삼는 이 입장은 박정희 정권기 경제개발을 반민족주의의 사례로 평가하는 논자들에 의해 공유된다. 박정희 정권기 경제개발은 국외 저축과 시장에 크게 의존하여 부문들 간 분업연관의 부재 속에서 생산력 정체와 불균형 발전을 낳았으며, 따라서 반민족주의적이었다는 것이 그들의 합의된 견해이다. 이것은 1970년대 이후 사회비판적 지식인들에게 압도적 헤게모니를 행사해온 '민족경제론'(조용범 1973; 박현채 1978, 1982[1969],

1988; 김윤환 외 1981)의 연장선상에 있는 생각이다.

'내향적 공업화 = 민족주의'란 원칙을 내세우는 이들은 분석 및 대안의 준거를 서구 근대사에 대한 특정한 이해에서 구한다. 그들은 특히 영국의 경우를 '내향적 공업화'[국내자본의 투입과 국내시장의 성장에 의한 분업연관의 심화 및 균형발전]와 이를 통하여 민족경제의 자립을 실현한 '고전−정상적 유형'이라고 본다. 자본주의적 발전의 지향을 전제하자면 영국이 경제민족주의가 좇아야 할 공업화의 전형이라는 것이다. 이 때 영국은 18~19세기 동안 시민사회의 자생적 과정을 거쳐 민족국가 단위의 균형 있는 내향적 공업화와 경제자립을 이룬 경우로 파악된다. 그런데 전후 한국을 비롯한 탈식민지−후후발 자본주의사회들은 영국과 상이한 내외 조건들 위에 놓여 있었으므로, 구체적 방법론 면에서는 영국과 다른 선택을 해야 했다고 본다. 특히 시민사회에 내생적 발전동력들이 주어져 있지 않았기 때문에, 국가의 다양하고도 적극적인 활동들을 통해 그 동력들을 인위적으로 창출해야 했다는 것이다. 그러나 이렇게 상이한 방법론에 의존하여 내생적 발전동력들을 육성한다 해도, 지향점을 '고전−정상적 유형'으로서의 영국['내향적 공업화']과 달리 생각하지는 않는다. '자본주의를 넘어선' 비전을 지향했던 논자들도 그 '고전−정상적 유형'을 현실비판의 중요한 기준으로 제시하여 왔다.[12]

우선 확인해둘 것은 그들이 민족경제의 종속적 상황을 진단할

---

12. '내향적 공업화 = 민족주의'의 입장을 취하는 이들의 역사관은 민족주의적이면서 동시에 '서구 중심적'이다.

때 염두에 두는 내향적 공업화모델, 즉 '영국모델'이 실재하지 않았다는 사실이다. 영국경제의 18~19세기 상황을 보면, "급속한 경제적 진보"는 "해외 무역"과 "해외 대부자금"에 의존하면서 "특정 부문들에 투자를 집중"하고 "규모의 경제"를 추구하는 활동들에 의해 성취됐다. 그리고 그 속에서 농촌 부문의 "순성장률은 하락"국면을 맞이했다(Streeten 1959 : 170~171; Hobsbawm 1990[1968] : 56~78; 135~136; Michie 1994 : 14~15, 17; Brezis 1995; Wright 1997).[13] 이러한 과정은 동시에 "보호주의적 조치, 중상주의 정책의 특권과 독점 부여" 같은 "국가"의 "광범위한 역할"을 전제하거나 혹은 수반하였다(폴 망뚜 1987[1927] : 84~92; 미셸 보 1987[1981] : 99 ; 디이터 젱하스 1990[1982] : 82~87; Deane 1996 : 21). 그 외에 오늘날 '선진자본주의'라고 불리는 다른 유럽사회들에서도 자본과 시장, 기술의 대외의존 그리고 부문들 간의 불균형은 민족경제 형성의 중요한 조건들이자 결과들이었다(辻忠夫 1987 : 101~107; Michie 1994 : 51~52; Halperin 1997 : 115~142). 그러니까 설사 '영국모델'의 역사적 존재를 인정한다 할지라도, 그것은 오히려 예외적 케이스이지 '고전-정상적' 경제발전의 유형은 아니다(Crouzet 1996; 福井憲彦 1998 : 19~24). 요컨대 민족경제 형성의 '고전-정상적' 모델은 민족경제론을 계승하는 논자들의 관념과 많이 다를뿐더러, 내향적 공업화로든 외향적(outward-looking) 공업화로든

---

13. O'Brien(1993)이 소개하는 영국의 산업혁명에 관한 영미권 사학계의 논쟁을 보면, 적어도 농업과 공업의 불균형발전이란 사실에 대해선 이견이 없다(19~25). Bairoch(1991)에 의하면 영국에서 산업혁명 기간 중 나타난 기술혁신 발생의 집중도는 도시가 농촌보다 10배 이상 높았고 도시들 가운데서도 대도시가 한층 높았다(167).

양자택일적으로 범주화하기가 쉽지 않다.

　통상 내향적 공업화의 요체들 중 하나로 생각되는 '균형발전'은 자본주의의 어떤 시공간적 경우에서도 현실이 아니었으며, 자본관계의 논리상으로 볼 때는 희망사항일 뿐 기본적으로 가능하지 않은 비전이다. 궁극적으로 조절되지 않는 자본축적의 동학, 부불-잉여노동의 최대 전유와 이를 위한 생산과정 안팎의 지배력 강화를 기도하는 자본가들의 전략, 독점과 과점을 수반하는 자본가들 간의 사활적 경쟁 등은 자본주의가 성립한 이래로 각양의 불균형들을 생산-재생산하는 과정들이었다. 더욱이 서구에서 자본주의적 발전 초기의 그 불균형은 극도로 폭력적이고 공공연했다. 흔히 "영국의 산업화"는 " '서구적' 자본주의 산업화의 원형"으로, 탈식민지-후후발 자본주의사회들의 경우와 대극을 이루는 정상적 상태(normality)로 간주·서술된다. 그러나 그 때 종속성과 후진성 등 비정상적 상태(abnormality)로 지목되는 현실들, 즉 지역들 간의 불평등, 노동시장의 이중화, 한계계급들로 전락한(marginalized) 인구의 형성, 도시 비공식부문들(informal sectors)의 팽창 등은 "현재의 선진자본주의 나라들"이 "발전 초기 단계"에서 이미 경험했던 바들이다. "제3세계라는 거울에 비추어 본 근대 유럽"은 양자 간의 차이들뿐만 아니라 많은 공통점들을 확인해준다(Kitching 1987 : 35~43; Halperin 1997; 이영석 2003 : 158~166).

　자본주의의 세계사와 대비하여 볼 때 내향적 공업화/외향적 공업화 개념들이 유의미하다면, 그것은 분석의 편의를 위해 인위적으로 조작해 낸 이념-도구적 차원에 한정된다. 이념-도구적 개념과 현실을 동일시해서는 안 된다. 현실에서 내향적 공업화와 외향적 공업화는 흔히 상호 배합된 혼성-복합형태로 존재하였다. 이것은 해당 주체들이 양자의 구성요소들을 주어진 조건들과 그 조건들의 이해 내용들에 따라 혼용하고 변형할 수 있음을 뜻한다. 그것은 두 전략들의 양립성과 함께 '민족경제의 자립과 번영'을 추구하는 다양한 방식들을 함의한다(디이터 젱하스 1990[1982]). 그 둘은 무엇보다 '민족[국민]단위의 생산성과 생산력 증강, 발전의 가속화'란 동일한 관심사를 저변에 깔고 있다(神武庸四郎 1991 : 80~83; 박동철 1993 : 107; 박영호 1995; 原洋之介 2002 : 45).[14]

이 점과 관련하여 4·19정세 때 '혁신정당들'이 표방했던 경제분야의 정강정책들, 현 시기에 민족경제론을 긍정적으로 평가하는 연구자들의 입장, 그리고 프리드리히 리스트(F. List)의 정치경제학 등을 참고하는 것이 유익하다. 첫 번째의 경우는 적어도 필자의 비판대상인 논자들에 의해 [일정한 한계의 보유에도 불구하고] 민족주의 세력으로 평가되어온 예에 해당하며, 두 번째의 경우는 그들 스스로가 내향적 공업화의 문제의식을 지지해온 논자들이다. 또 리스트는 민족경제론자들을 포함한 많은 논자들에 의해 경제민족주의를 이론과 정책 차원에서 정초한 인물로 인정받고 있다.

4·19정세 당시 통일사회당은 "기계공업을 주축으로 하는 생산재 생산부문의 중점적 건설에 의한 산업구조의 근대화"를 주장한 반면, 사회대중당은 "기초산업보다 가공공업에 종래 이상의 중점을 둔다"는 입

---

14. 두 전략들을 배타적으로 대립시키는 발상의 유용성은 "이데올로기 분류"의 차원에 한정된다(Streeten 1979 : 29~30).

장을 밝혔다. 사회대중당은 "무역자유화에 대응하여 한국산업의 국제경쟁력을 배양하고 8개년 후 수출 20억 불 달성에 노력한다"고까지 언명하였다(박희범 1967 : 16~17). 통일사회당은 수입대체를 의도한 중공업 육성을 우선시한 반면, 사회대중당은 다분히 외향적 수출공업화 노선에 가까운 입장을 제시했다. 즉 그들은 공히 민족주의 그룹이면서도 산업화전략에서 상당히 다른 입장들을 취하였다.[15]

그리고 오랫동안 민족경제론의 발상 안에서 활동해온 조석곤은 다음과 같이 언급한다.

민족경제론의 경제분석이 이제 시의성을 상실한 것은 분명하다. 자립과 종속의 문제가 해외의존도의 크기, 자본형성의 원천의 문제 등의 지표로 완전하게 측정되기에는 지금 자본주의의 세계화가 너무도 크게 진전되었기 때문이다. 즉 이들은 종속성 측정의 지표로서의 유의성을 상실[했다] … (조석곤 2001 : 37~38).

그는 여전히 박정희 정권기 때만큼은 내향적 공업화론이 민족주의 정치경제학의 정통이었다고 평가한다. 그러나 아울러 자본의 지구화라는 조건을 강조하면서 "이제" 민족주의의 문제의식이 내향적 공업화론과 다른 것으로도 구체화될 수 있음을 긍정한다. 그런데 자본의 지구화가 국면별로 다른 특징을 보였다거나 최근 심화국면에 이르렀다는 말을 할 수 있을지언정, 근년 들어 갑작스럽게 도래한 "지금"의 새로운 현실

---

15. 후술하겠지만 혁신정당들은 위와 같은 정강정책들과 상관없이 실제 정치의 장에서는 통일운동에 전력을 기울였다.

이라 볼 수는 없다. 기실 자본주의는 처음부터 그리고 언제나 지구화 경향을 띠고 있었고(辻忠夫 1987; Holloway 1995 : 123ff.; Bonefeld 2000),[16] 이 책의 관심국면 중 특히 1970년대는 이른바 선진자본주의의 진영에서 기존 포드주의-케인즈주의적 축적체제가 한계를 드러냄에 따라 상품·생산자본은 물론이고 화폐자본의 지구적 운동이 일층 활성화된 시기였다(미셸 보 1987 : 289~291; 알랑 리피에츠 1991 : 101~153; 황병덕 1992 : 268~274; Bonefeld 1995; 김수행 외 2002 : 215~221).[17] 따라서 조석곤의 판단은 내향적 공업화가 여러 민족주의적 발상들 가운데 하나로 상대화되어야 하고, 이념형으로서의 그것과 이러저러한 정도 괴리된, 그러나 역시 민족주의적인 또 다른 정치경제학들과 개발주의들이 존립할 수 있음을 결과적으로 시인하는 것이다.

한편 많은 논자들이 탈식민지-후후발 사회들에 부합하는 내향적 공업화의 경로를 예시한 사례로 19세기 독일의 경우를 언급한다. 또한 같은 맥락에서 당시 영국경제를 주도한 세력들의 자유무역론을 비판하고 보호무역론 및 유치산업보호론을 제시하는 가운데 국가의 적극적 역할을 중요시한 리스트를 경제민족주의자들의 전범으로 삼는다.[18] 그

---

16. "상품시장의 끊임없는 팽창요구는 부르주아들에게 지구상의 모든 곳들을 뛰어다니도록 한다. 부르주아들은 어디라도 가며 어디에서든 정착하고, 모든 곳들에서 관계를 맺어야만 한다"(Marx & Engels 1978[1848] : 476).
17. 박정희 정권기 한국경제의 '외채위기'나 동시기 라틴아메리카에서 '다국적 기업들'이 초래한 문제들은 해당 권력블록이 채택한 특정 산업화전략의 귀결일 뿐만 아니라, 지구적 자본운동의 확장 경향을 반영한 사태였다.
18. 민족경제론자 정윤형은 리스트와 관련하여 이렇게 말한 바 있다. "전후 신생독립국들의 경제발전문제 … 해명의 역사적 원형을 … 리스트 … 에서 찾는 것은 극히 자연스러운 일[이다] … 리스트의 경제사상을 뒷받침하고 있는 국민주의가 오늘 후진국 민중의 자립화 요구에서 뜨거운 공감을 얻고 있다"(정윤형 1974 : 230). 그리고 저명한 정치경제학자 길

것은 독일의 경우 영국과 달리 상대적으로 내생적 발전동력들이 주어
져 있지 않은 상태, 즉 후진성과 후발성이란 조건들 위에서, 국가가 내
향적 공업화를 의식적으로 추진했다고 보기 때문이다. 이 같은 평가에
는 스미스(Adam Smith)류의 자유주의를 민족주의적 발상들과 적대적
인 것으로 간주하는 견해가 동반된다.

그런데 리스트는 당대 영국의 자유무역론자들을 일컬어 "개인"과
"인류"를 매개하는 "민족"의 가치를 도외시한 "코스모폴리티칼"한 집단
이라 지칭함에도 불구하고, 그들에 대한 비판 속에서 도리어 그들 또한
민족주의자들이었음을 진술한다.

> 영국인들은 독립적이고 개별적인 하나의 민족[국민]으로서 민족이익만을
> 유일한 정책지침으로 삼았다. 영국인들은 가능하다면 언제나 자신들의 힘
> 과 자본을 토착산업의 발전에 쏟았다. 그리고 자유무역 시스템은 그 산업
> 의 영국 제조업자들을 위한 시장을 모든 나라들에서 확대함으로써 그들의
> 기회를 도모하였다(List 1999[1885]a : 18).

더욱이 리스트의 자유무역론 비판은 어디까지나 조건부적 · 상대적
인 것이었다. 그에 따르면 보호무역론은 고정된 비탄력적 원리가 아니
라 도구적 규범이다. 그것은 민족경제 전체는 물론 각 산업의 발전단
계, 조건 및 기능 여하에 따라서 달리 적용되어야 했다. 그래서 그는
산업부문마다 적용 여부와 수준, 기간 등을 다르게 해야 한다고 생각했

---

핀(R. Gilpin)에 의하면, 리스트는 20세기 경제민족주의들에 지대한 영향을 미쳤으며,
"독일의 성공은 경제민족주의의 독트린을 무역정책과 경제발전의 지침으로 정당화했
다"(Gilpin 1987 : 182).

으며, 공업화 국면에선 농업을 별도로 보호할 필요가 없고, 아직 관련 부문이 충분한 발전을 이루지 못한 경우 기계류의 수입을 자유화해야 한다고 주장했다. 요컨대 리스트는 자유무역론과 보호무역론을 배타적 선택지들로 간주하지 않았다(*Ibid.* : 226~234).

> 보호시스템은 … 그것이 대외 경쟁성을 단번에 모두 배제한다면, 그리하여 보호되는 민족을 여타 민족들로부터 격리하는 것이라면, 오히려 그 민족 자신의 이득과 부합하지 않을 수 있다. … 모든 산업 부문들이 동일한 정도로 보호되어야 하는 것은 아니다. 단지 … 가장 중요한 부문들이 특별한 보호를 받아야 한다. … 이들 주요 부문들이 적정하게 보호되고 발전된다면, 여타 덜 중요한 제조업 부문들은 낮은 수준의 보호 아래서도 그 주요 부문들의 주변에서 성장해갈 것이다(*Ibid.* : 75~76).

> 어떠한 조건들 아래에서도 부분적인 그러나 주의 깊게 제한된 대외경쟁성이 독일인들의 제조업을 진보케 하는 데에 실질적 이득을 줄 것이다(*Ibid.* : 86).

우리가 리스트의 입론을 의심할 나위 없이 민족주의적인 것으로 볼 수 있다면, 동시에 그의 발상을 따라 상이한 경제민족주의의 형태들이 해당 민족경제의 대내외적 상황별로 성립 가능하다는 점을 긍정할 수 있을 것이다.[19]

---

19. 리스트에게 큰 영향을 미쳤으며 그와 함께 경제민족주의 논자들의 '원조'로 꼽히는 알렉산더 헤밀턴(A. Hamilton)은 보호무역론 및 유치산업보호론을 펴는 다른 한편으로, 특정한 산업들의 육성을 위해서는 '해외자본의 도입'을 촉진시킬 필요가 있다고 주장하였다(Gilpin 1987 : 181). 이상으로 볼 때 스미스의 자유주의 또한 특수한 컨텍스트 속에서 평가해야 하며 고정된 비탄력적 원리였다고 생각해서는 안 된다. 문제는 동시기에 독일과 달랐던 영국의 조건들이었고 그 조건들에 대한 스미스 자신의 이해였다(神武庸四郎 1991

민족주의의 역사 및 논리와 배치되는 앞의 원칙들을 인식의 토대로 두고 한국 근대사를 조망하는 논자들과 관련하여, 마지막으로 지적할 점은 '종속 = 반민족적 상태'에 대한 정태적 이해이다. 그들은 '종속'이 통시적(diachronic) 지평에서 봤을 때 변화했는가의 여부 그리고 그 정도에 대해 숙고하지 않는다. 그래서 예를 들면 민족경제 차원의 총투자 자본 중에서 국외저축이 차지하는 비중이 높지만 그런 가운데서도 점차 낮아지는 추세라든가, 자본재 부문이 전체 민족경제 안에서 차지하는 비중이 작지만 그런 가운데서도 점차 커지는 경향 등의 의미를 무시한다. 즉 '자립'이 아니라면 단지 '종속'만이 있을 뿐, '종속의 약화 경향이라든가 '자립화 경향'은 실질적으로 인정하지 않는다. 해당 논자들은 역설적이게 자립화 경향이 점증할수록 종속 개념을 더욱 엄격하게 정의하고, 어떠한 경험적 지표들도 자립성을 입증할 수 없도록 하는 관성을 띤다. 그리하여 결국 종속/자립 개념들은 현실과 유리된 도그마 혹은 이데올로기가 되고 만다(Bernstein 1979 : 90~94; 양우진 1991 : 389~390; Kiely 1995 : 6).[20]

민족주의는 계속되는 종속의 상황 아래서도 존재할 수 있다. 특정

---

: 81~82). 리스트와 스미스는 서로 다르면서도 '민족적[국민적] 생산력의 강화'를 추구했다는 점에서는 같은 민족주의자들이었다(유아사다케오 1981 : 112~115; 김광수 1984 : 180~181; Crane 1998 : 68~70; Greenfeld 2001 : 29~33; 다케시마젠야 2004[1968] : 82~94; 신정완 2006 : 107).

20. 예컨대 이런 식이다. "우리는 온전한 자주독립국인가 … 제국주의적 본질은 기본적으로 관철되지만 작동과 지배방식에서 부분적 전환이 있었을 뿐이다"(임대식 2000 : 135). '종속심화-독점강화' 명제를 제기했던 '신식민지국가독점자본주의론' 역시 근본적으로 다르지 않다. 그것은 종속의 핵심지표를 '낮은 생산력' 내지 '생산력 발전의 한계'로 보면서도, 동일 차원의 현실 변화가 가지는 의미를 폄하하고 종속을 "법칙"으로 인식하였다(서울사회과학연구소 1991 : 379~395).

한 민족주의 프로젝트의 국면적 결과가 규범화된 자립의 상과 반드시 그리고 정확히 일치할 수만은 없다. 또한 '자립화 추세 = 종속 약화'란 변화는 기존 종속의 상황과 완전한 단절을 이루지 못한다 해도, 규범화된 자립의 상에 좀 더 접근했다는 점에서 평가기준으로서의 민족주의에 견주어 보면 국면적으로 유의미한 것이다.

이처럼 민족주의의 구체적 형태들은 역사와 논리에 비추어 볼 때 매우 다양하다. 반면 박정희 정권기를 반민족주의가 지배한 국면으로 평가하는 연구자들, 그리고 이들과 친화력을 가지는 논자들의 민족주의관은 편협하다. 그들은 민족주의 일반론을 펴면서 다양한 형태들로 존립해온 민족주의의 세계사를 언급하다가도, 한국의 사례들을 논할 때면 거의 예외 없이 엄격한 기준들을 적용하여 민족주의의 여부를 가른다. 특히 부정적으로 평가되는 사회관계들, 즉 억압과 착취·불균등·배제·특권 등의 측면들은 민족주의와 관련이 없다고 본다. 그들은 사실상 '사회-정치적 해방'의 측면만이 '진정으로' 민족주의적인 것이라고 주장한다. 여기에는 논자들 스스로가 민족주의자들이라는 사실이 개재되어 있다. 그러나 불행하게도 필자의 비판 대상들이 채택하는 기준들을 그대로 따른다면 민족주의의 세계사 서술이 가능하지 않으며, 민족주의란 지구적 근대사를 통틀어 아직 온전하게 구현된 적이 없는, 다만 그들의 관념 속에 존재할 뿐인 '이상'이 될 것이다.[21]

---

21. 민족주의자들이야말로 민족주의의 역사를 잘 알지 못하며 의식적으로 왜곡하기까지 한다. "진지한 역사가라면 어느 누구도 … 민족주의자가 될 수 없다. … 민족주의는 실상이 그렇지 않은 것들에 대해 너무도 많은 믿음을 요구한다"(Hobsbawm 1992 : 12~13).

앞의 논의들을 기초로 삼아 이 책의 분석과 논술의 전제가 되는 민족주의의 속성들을 간략히 정리하면 다음과 같다.

① 민족주의가 실제로 존립하는 형태는 다양하다. 민족주의의 과제들[목표들]이 그 자체로서만 보면 대단히 추상적이기 때문이다. 그것은 그 만큼 민족주의가 조건들과 맥락들에 따라 상이한 양상들로 구체화될 가능성이 폭 넓게 열려 있음을 의미한다. 여기에 해당 조건들 및 맥락들의 복잡성을 고려하면, 유사한 정황 속에서도 다른 궤적, 다른 외양으로 현실화될 가능성까지 생각할 수 있다. 그러므로 민족주의의 특정 유형만을 '진정한 민족주의'로 간주하고, 그것에 긍정적으로든 부정적으로든 도덕적 가치를 부과하는 접근은 타당하지 않다. 또한 두 가지 혹은 세 가지 이념형들을 다만 분석의 편의를 위한 도구로서 활용하는 수준을 넘어, 그것들이 현실의 민족주의들을 전체적으로 포괄하는 양 논술하는 것 역시 적절치 않다.

② 민족주의가 다양한 형태들로 나타난다는 사실은 달리 표현하면, 민족주의가 '경합하는 복수의 민족주의들'로서 존재한다는 것을 뜻한다. 그리고 그 경합성은 국제적 수준에서뿐만 아니라 국내적 수준에서도 마찬가지이다. 오히려 단 하나의 프랑스 민족주의, 단 하나의 인도 민족주의란 역사적으로 실재했던 적이 없다. 한국 근대사를 전체적으로 조감해보아도 민족주의는 언제나 최소한 두 개 이상의 민족주의들이 경합하며 공존하였음을 알 수 있다.

③ 경합하는 민족주의들은 서로 다른 요소들을 지님에 따라 항상 대

립하는 듯하지만, 실은 그것들을 모두 민족주의라 이를 만큼 공통성들을 보유하기 때문에 상호 수렴하고 흡수·통합하는 경향을 보이기도 한다. 그 구체적인 양상은 그람시가 개념화한 '수동혁명'(passive revolution)이나 '변형주의'(transformism)(Gramsci 1983 : 58~60; 96~114)를 비롯하여 여러 갈래들로 실현될 수 있다.

④ 민족주의의 다양한 형태들은 모두가 민족주의의 고유한 담론을 생산·공유·유포한다. 어떤 사례에서든 민족주의자들은 공통된 특징들을 가지는 '민족주의 담론'을 생산한다. 그들은 그렇게 함으로써 사회 구성원들로 하여금 '민족'이란 프리즘을 통해 세상을 해석하고 '민족'이란 관념 안에서 자신들의 이해관계들과 욕구들을 정의·추구하도록 유도한다. 이 시도의 성공 여부 및 수준은 미리 결정되어 있지 않다. 그러나 날카롭게 대치·갈등하는 민족주의들도 그 점에선 서로 다르지 않다. 민족주의의 수다한 형태들을 '민족주의'라고 아울러서 칭할 수 있는 유력한 근거는 바로 '민족주의 담론'의 생산에 있다(Calhoun 1997 : 21~22; Özkirimli 2000 : 229~230; Benner 2001).

⑤ 민족주의 담론은 사회–정치적 운동들이나 국가정책들로 전화할 때 더욱 현재적이고 가시적인 영향력을 가지는 한편, 그 영향력이 커질수록 미시적 일상의 영역을 포함한 사회–정치적 영역들 전반에서 구성원들의 사고와 행동에 대해 가치판단을 하는 '평가기준'으로 작동한다. 즉 하나의 민족주의 사례는 세 가지 차원들로 존재하는데, 그 하나가 '담론'이고 또 하나는 '프로젝트'[운동 또는 정책]이며 다른 하나가 '평가기준'이다(Calhoun 1997 : 6).

⑥ 민족주의는 기본적으로 사회 - 정치적 억압성을 내장한다. 민족주의라면 예외 없이 민족구성원들에게 사고와 행동 면에서 '민족적인 것'을 최우선 순위에 놓도록 규범화한다. 그런데 '민족적인 것'이 구체화되는 지형은 자본주의와 가부장주의, 그리고 다양한 차이들(differences)로 짜인 모순적 사회관계들의 장이다. 따라서 현실의 '민족적인 것'은 항상 당파성을 내포한 헤게모니적 구성물로 존재한다. '민족적인 것'의 추구와 실현은 중립적일 수 없으며, 특정한 사회구성원들의 희생들과 고통들을 동반한다. 이 희생들과 고통들은 '민족적인 것'을 추구하는 과정이 낳은 불가피한 부산물들로서, 혹은 '민족적인 것'이 실현되고 나면 원상회복될 값진 헌신들로 간주된다. 그들이 희생들과 고통들의 수용을 거부한다면, 국가 입법 및 강권을 통한 규율과 처벌, 사적 수단들에 의존한 도덕적 비난과 린치 등이 그들에게 가해질 수 있다. 요컨대 민족주의는 통상 민족구성원들 밖에서만이 아니라, 그 안에서 외부인 - 타자들을 만들어낸다. 그리하여 그것은 특정한 긴장과 모순을 배태하면서 언제고 문제시될 수 있는 불안한 기획과 이념의 형태들로 존립한다.

⑦ 경제민족주의는 그것 역시 민족주의인 한에서 전술한 일반적 속성들을 공유한다. 동시에 경제민족주의는 민족단위의 총합적 생산력 증강과 생산성 제고를 민족의 생존 · 번영 · 영광 등으로 표현되는 '민족적인 것'의 실현 그 자체로 보거나 '민족적인 것'의 실현을 위한 결정적 기초라고 주장한다. 그러므로 경제민족주의적 발상들은 '생산력주의'의 색채를 농후하게 띤다. 이것은 '분배'를 중요시하는 경우라고 해서 상대적 차이가 있을지언정 예외가 아니다. 흔히 그렇듯이 그들이 경제

를 일회적일 수 없는 투입과 산출의 기술적 확대-순환과정들로 단순하게 파악한다면, '분배'는 '생산'을 전제하지 않고서는 취할 수 없는, 그 자체로서 고유한 의미와 가치를 가지기보다 '생산'과의 기능연관('생산'에 기여하는가 혹은 얼마나 기여하는가 라는 관점] 속에서 평가되어야 하는 조치로 여겨지기 때문이다. 그러므로 경제민족주의적 기획 하에서 '공정한 분배'는 민족구성원들을 향한 더 많은 내핍과 헌신, 생산성 증대 등의 요구들과 얼마든지 양립할 수 있다. 심지어 전자를 이유로 후자를 더욱 강력히 요구하고, 후자의 동향 여하에 따라 전자를 철회할 수조차 있다. '민족적인 것'이 당파성을 내포한다는 점에서, 그러한 요구들 또한 사회적으로 중립성을 띨 수 없음은 물론이다.

## 제2절 박정희 정권기 경제개발을 둘러싼 논쟁

'박정희 시대'가 물리적으로 종료된 이후 박정희 정권기 경제개발에 대한 국내 연구자들의 평가는 크게 네 가지 유형들로 분열되어 나타났다. '비판적 평가'의 상이한 두 유형들[이하 '비판적 평가 A', '비판적 평가 B']과 '긍정적 평가', 그리고 '절충적 평가'가 그것들이다.[22]

'비판적 평가 A'는 '진보적 민족-자유주의' 성향의 논자들과, 자본주의 비판이란 문제설정을 자기 내용의 한 부분으로 가지지만 역시

---

[22] 이하의 검토는 기존 논의들 전체를 포괄하지 않는다. 본 절의 목적은 모든 논의들을 열거하는 것이 아니라 논쟁지형의 기본 윤곽을 드러내면서 필자의 문제의식을 명료히 하는 데에 있다.

'진보적 민족주의' 성향을 견지한 연구자들에 의해 제기됐다. 그들에 따르면 박정희 정권기 경제개발은 반민족·반민중적 성격이 뚜렷한 기획이었다. 이 때 '반민족'은 경제개발이 자본동원[소재보전]과 상품시장[가치보전] 양 측면들에서 국민경제의 대외의존성을 심화시켰고 부문들 간의 불균형을 확대함으로써, 국내에서 생산된 잉여를 다량 대외로 유출하고 국민적 생산력의 정체 혹은 '허구적 발전'을 초래하였다는 판단에 의거한 규정이다. '반민중'은 민중부문들에 대한 분배의 결여 혹은 노동력 착취, 그리고 그 현실의 개선을 위한 법−제도적 통로의 봉쇄 등을 이유로 한 평가이다. 이 '반민중'은 '반민족'의 필연적·직접적 귀결로 이해되거나, '반민족'에 의해 심화되는 기본 조건으로 파악된다(서울사회과학연구소 1991 : 163~232; 이광일 1992 : 24~57; 손호철 1993; 김대환 1993a, b; 김인걸 외 1998 : 260ff.; 조희연 1999; 신용옥 2000).[23]

'비판적 평가 B'는 박정희 정권기 경제개발이 반민중적이었다고 본다는 점에서 '비판적 평가 A'와 견해를 같이 하지만, 동시에 '비판적 평가 A'를 문제시한다. 이들의 주목할 만한 특징들은 '민족주의 비판'의 시각에서 고찰한다는 사실, 그리고 박정희 정권기 경제개발의 반민중성 비판을 많은 부분 사상한 상태에서 '비판적 평가 A'를 비판하는 데에 더

---

23. 손호철(1993)은 독특한 '종속성' 지표를 제시한다. 그에 의하면 "국제분업 상의 위상" 측면에서 실현된 "지위상승"을 인정하지만, "훨씬 더 큰 폭"으로 "국제분업체계"에 "편입" 되었기 때문에 박정희 정권기는 한국경제의 "종속심화" 국면이었다는 것이다(38). 그러나 미국경제나 일본경제 또한 국제분업체계 속에 깊숙이 편입되어 있었고, 따라서 국민경제들 간의 위계관계에 좀 더 중요성을 부여해야 한다는 입장에서 보면 결국 그는 박정희 정권기 한국경제의 자립화 진전을 인정한 것이다.

무게를 두었다는 점이다. 이 '비판적 평가 B'는 1990년대 초중반에 걸쳐서 '자립경제의 실현 여부'란 쟁점과 관련하여 국가의 산업정책 및 금융정책, 그리고 이들의 결과를 확인하는 일에 전념한 경제학 전공자들과, 2000년 이후 지금까지 '파시즘에 대한 새로운 관점'[자칭 '합의독재론' 또는 '대중독재론']을 제기하면서 박정희 정권기에 대해 논의하여 온 역사학 전공자들로 나뉜다.

전자에 따르면 '비판적 평가 A'는 "자기 완결적인 재생산구조를 이상형으로 하는 고전자본주의에 대한 잘못된 평가를 기초로 민족주의 일반의 갈망"을 표출하여, 경제개발이 낳은 귀결과 그 의미, 즉 "부르주아적 자립경제로의 이행"과 이에 따른 "민족민주적 과제의 부차화"를 파악하지 못한다. 자립경제라는 민족주의적 과제는 기본적으로 토착 부르주아의 기획이며, 박정희 정권기 경제개발이 한국에서 그 과제를 좌절시키지 않고 특수한 방식으로 실현하는 과정이었다는 것이 그들의 '박정희 시대' 인식이다(양우진·홍장표 외 1991; 박동철 1993; 양우진 1994 : 49~77).

반면 후자는 '비판적 평가 A'가 제시하여온 '저항하는 민중', '변혁주체로서의 민중'이라는 관념, 또 '헤게모니 없는 테러독재'라는 파시즘론이 박정희 정권기의 실제와 부합하지 않는다고 보면서 이들을 정정하는 데에 노력을 기울인다. 그들에 의하면 박정희 정권기 경제개발은 국가가 주도한 민족주의 프로젝트로서 분명히 반민중적이었지만, 광범위한 대중적 합의 위에서 성립·존속하였다는 것이다. 이 같은 논지가 단순히 실증성이란 문제설정의 산물은 아니다. 그들은 파시스트 체제기는 물론이고 오늘날에 역시 존재하는 '협력·충성하는 민중들'의 실체를 긍정하면서, 그렇게 권력블록의 가치들이 민중들에게 내면화된 과정과 경로를 분석하고 해명하는 일이 중요하다고 말한다. 이러한 작업을 통해서 정권[집권 세력]의 교체만으로는 청산되지 않는 '박정희 시대'의 유산들, 특히 대중들의 일상생활 속에 스며든 국가주의['훈육권력']를 지양해내갈 수 있다는 것이 그들의 문제의식이다(임지현 2000; 황병주 2000, 2004a, 2004b; 임지현·이상록 2004).

'긍정적 평가'는 보수주의 성향을 띠는 연구자들에 의해, 외국 학자들이 발표한 기존 개발국가론과 후발 및 후후발 산업화론 등(Johnson 1982, 1987; Amsden 1985, 앨리스 암스덴 1990; Wade 1990; 스티븐 해거드 1994; Gerschenkron 1962; 나카무라사토루 1991; 무라카미야스스케 1994)을 수용·발전시키는 형태로 제출됐다. '긍정적 평가'는 비판적 평가들과 대립하지만 박정희 정권기 경제개발이 낳은 부정적 결과들 일체를 부인하지는 않는다. 다시 말해 개발이 초래한 부정적 결과들을 시인하는데 시대적 조건들을 고려할 때 불가피하였다고 보며, 주어진 상황강제 아래서 권력블록이 한 선택은 오히려 바람직하였다는 것이다. 이렇게 '정치적 현실주의'(Realpolitik)를 표방하는 '긍정적 평가'는 제도와 인물 수준에서 박정희 정권의 발전지향성과 대내적 자율성을 강조하는 한편, 기회와 제약으로서 동시에 작용한 동북아 냉전관계에 유효적절하게 대응한 측면을 중요시한다. 이들은 '박정희 시대'를 국민국가 단위의 자본주의적 산업화에 성공한 국면이라고 평가하면서, 성공의 표지들과 요인들을 실증하는데에 집중한다(박광주 1992; 김일영 1995, 1996; 김창남·와타나베토시오

1997; 김세중 2005; 김형아 2005; 이완범 2006).

　'절충적 평가'는 긍정적 평가의 중요 부분을 승인한다.[24] 즉 1960～
70년대 경제개발을 토대로 한 공업화와 국민경제 수립의 성공, 생산
잉여의 국민적 확산, 국제분업에서의 지위 상승 등을 시대적 성취로
서 긍정하는 것이다. 그리고 이 때문에 박정희 정권기 경제개발을 더
이상 반민족주의[또는 '허구적 민족주의']라고 생각하지 않는다. 그러면
서도 '절충적 평가'는 당시의 경제개발이 낳은 부작용들, 냉전주의와
국가주의, 패권세력화한 재벌들처럼 지금까지 민주화와 개혁의 진전에
장애물로 기능한다고 여겨지는 박정희 정권기의 부정적 유산들을 열
거·비판한다. 경제개발의 '비용과 수단'을 문제 삼는 대신, 경제자립
화의 진전이란 '결과'만은 긍정적으로 평가하는 것이다(이우영 1991;
임현진·송호근 1994; 김호기 1998; 최장집 2002 : 67~94; 이병천 2003;
백낙청 2005).

　전술한 유형들 중 어느 것도 박정희 정권기 경제개발이 사회적 고
통들과 희생들의 동반과정이었음[경제개발의 '반민중성'과 '반민주성']을
사실관계 차원에서 부인하지는 않는다. 이 점은 '긍정적 평가'의 경우조
차 논의 지평을 평균임금의 증감정도로 단순화하고 여타 발전도상국들
과 그 수치를 대비함으로써 상대화하려 애쓸지언정 부정하려야 할 수
없는 당대의 명백한 실상이었다. '긍정적 평가'는 자신들의 논술 과정에
서 '고통과 희생'을 추상하거나, 언급할 경우 근대화의 피할 수 없는 산

---

24. 따라서 '절충적'이란 수식어는 편의적 차원에서 선택한 것이지 사전적 의미 그대로 사
　　용한 단어가 아니다. 절충적 평가론자들은 1980년대 내지 1990년대 초반까지 '비판적
　　평가 A'의 성원들이었다.

물들로 다룬다. 또한 '긍정적 평가' 이외의 어떤 입장도 그 시대의 '고통과 희생'에 대해 이해하는 방식 및 부여하는 중요도 면에서 일치하지 않지만, 그것들을 가공된 이야기라고 주장하지 않는다.

한편 박정희 정권기 경제개발이 민족주의였는가 아니었는가 하는 쟁점과 관련해서는, 네 유형들을 두 개의 진영들로 구분할 수 있다. '비판적 평가 A'는 당시의 경제개발을 반민족주의적 기획으로 규정하는 반면, '비판적 평가 B'와 '긍정적 평가', '절충적 평가' 등은 민족주의의 한 형태로서 이해한다. 후자의 세 유형들은 박정희 정권기 경제개발에 대한 규범적 평가에서 견해를 달리 하지만 그것이 민족주의적 기획이었음은 공히 긍정한다.[25] 그리고 '비판적 평가 A'는 박정희 정권기 경제개발에 대한 규범적 인식 면에서 대단히 부정적임은 물론, 사실 판단 차원에서도 '허구적 민족주의'였다고 본다. 이 같은 논쟁지형에는 민족주의 자체에 대한 상이한 이해들이 중첩되어 있다.

'비판적 평가 A'와 '긍정적 평가', '절충적 평가'는 박정희 정권기 경제개발을 민족주의의 한 형태로 볼 수 있는가 하는 쟁점과 관련하여 사실 판단을 달리하지만, 판단의 척도인 민족주의를 '진보＝좋은 것'으로 이해한다는 점에선 서로 일치한다.[26] 따라서 이들에게 박정희 정권

---

25. '긍정적 평가' 중 김일영(1995, 1996)과 김창남 · 와타나베토시오(1997)는 '민족주의' 라는 표현을 직접적으로 사용하지 않는다. 그러나 박정희 정권을 포함한 "발전국가"를 "부국강병" 추구형 국가로 생각하며, 또 "부국강병"에 대해 "후발 내지 후후발 산업화국가들" 이 "선발국가들을 추격"하고 "선발들의 정치경제적 팽창으로부터 자국을 보호"하기 위한 "국가적 목표"라고 정의한다(김일영 1996 : 495~496, 2000 : 43). 그리고 박정희 정권기 경제개발을 통해 국민경제적 분업연관의 확대 · 심화가 이루어졌음을 논하고 있다(김창남 · 와타나베토시오 1997). 반면 박광주(1992)와 김세중(2005), 김형아(2005) 등은 박정희 정권기 경제개발이 민족주의의 발로였다고 명시한다.

기 경제개발을 민족주의로 인정한다는 사실 판단은 그 만큼 당시의 경제개발을 규범적으로 긍정한다는 의미를 지닌다. '비판적 평가 A'의 비판은 많은 부분 박정희 정권기 경제개발이 반민족주의적이었다는 이유로 제기되는 것이며, '긍정적 평가'나 '절충적 평가'의 전면적·부분적 시대 긍정은 당시의 경제개발이 의도와 결과 모두에서 민족주의적이었다는 판단 아래 하는 것이다.

반면 '비판적 평가 B'는 자신들 특유의 계급론 혹은 근대성 비판론에 따라 형태를 불문하고 민족주의는 궁극적으로 지양의 대상이라고 본다. 이 때문에 그들에게 박정희 정권기 경제개발을 민족주의로 인정한다는 사실 판단은 그 경제개발에 대한 규범적 긍정으로 이어질 이유가 되지 못한다.

이상에서 다음의 지점을 확인할 수 있다. 즉 박정희 정권기 경제개발을 민족주의 기획으로 볼 수 있는가 없는가 하는 쟁점이 그 경제개발에 대한 규범적 평가를 크게 좌우한다.[27] 이 점은 우선 전술한 바처럼 '비판적 평가 A'와 '긍정적 평가'의 대립에서 확인된다.

특히 박정희 정권기 경제개발을 구성하는 주요 측면이었던 '고통과

---

26. 그들의 민족주의 이해들이 세부 면들까지 같지는 않다. 그러나 민족주의를 상대화하여 본다는 이들[특히 맑스주의자들]조차 선호하는 민족주의의 특정 형태를 진보하는 한 사회가 필수적으로 통과해야 하는 단계라고 생각한다. 그들은 공히 '진정한 민족주의'와 '허구적 민족주의'의 대립이라는 문제설정 속에서 한국의 근대[사]를 평가한다.

27. 박정희 정권기 경제개발을 "산업화 민족주의"로 분류하면서도 그에 대한 규범적 평가를 자제한 예로서 박명림(1996a : 68ff.)이 있다. 그러나 이 경우 역시 랄프 다렌도르프(R. Dahrendorf)가 나치즘 경험과 관련하여 개진한 독일의 '예외적 길(Sonderweg)'이란 인식, 그리고 최장집이 식민지 경험과 관련하여 개진한 한국의 '천연(遷延)된 근대화'란 인식을 충실히 따랐다는 점에서, 경제개발에 내포된 '고통과 희생'의 상당 부분을 후발 근대화 혹은 탈식민지 근대화의 불가피한 비용들로 간주하는 관점에 무게를 둔 것으로 보인다.

희생'에 대한 인식과 관련해선, '절충적 평가'의 주요 논자이자 한 때 맑스주의적 문제의식을 표명했던 이병천의 변화가 그 같은 상관관계를 잘 보여준다. 그는 과거에 "종속적 재생산구조상의 위기" 및 "세계자본주의에의 종속적 편입형태"를 시야의 중심에 놓고 박정희 정권기 경제개발을 논하였으며, 당시 이루어진 "비약적 발전"의 핵심은 자본의 "고도축적 = 고도수탈"이라고 주장하였다(이병천 1987). 이병천은 1980년대 중반 경부터 이미 한국자본주의의 종속약화 경향을 언급한 바 있다. 그러나 그 때에는 "재생산구조상의 종속성"이 "70년대의 중화학공업화 추진에도 불구하고 질적으로 변화되지 않았다"고 주장하였으며, 무엇보다 "종속적 동맹의 틀 자체"를 깨지 않는 "자립화"를 인정하지 않았다(이병천 1989 : 584~590, 605~606). 반면 최근에는 박정희 정권기 경제개발을 "자본의 입장"에서뿐만 아니라 "국민"의 관점에서 역시 "성공"한 것으로 평가한다. 그는 경제개발이 "고용기회와 빠른 임금상승을 통한 잉여의 국민적 확산"으로 이어졌다고 강조하는 한편, "고도수탈"의 측면을 전체 논의에서 주변화시킨다. 1990년대 중반 경만 하여도 자본가들의 노동력 착취와 억압적 노동규율 등을 비중 있게 언급하였으나(이병천 1995), 이제 그것을 노동자들의 "희생적 헌신"에 대한 사후적 평가로 대체한다(이병천 2003 : 50~51). 그는 "해방60년"을 재고한 한 글에서 박정희 정권기 민중들의 삶에 대해 "비교적 낮은 소득불평등"으로 축약한 후, 논의의 초점을 박정희 – 전두환 정권기 이후의 즉 "성장"에 뒤이은 "후분배"의 실현여부와 정도에 맞춘다. 이병천의 생각에 "개발독재"는 "후발산업화 이행을 위한 역사조건상 필요"했던 것인데, 박

정희 정권의 경우 문제시되는 점은 그 체제를 "국가물신 독재로 변질,
타락"시켰다는 사실에 있다(이병천 2005b).[28]

　　자유주의적 문제설정 안에서 박정희 정권기 경제개발을 비판했던
최장집과 김호기의 변화 역시 동일한 상관성을 드러낸다. 최장집은 당
초 박정희 정권기 경제개발을 반민족주의적인 것으로 비판하는 데에 열
중하지 않았지만, 그것이 "극도로 불균등한 발전"과 함께 "외적 종속의
강화"를 낳았다고 평가한 점에서 '비판적 평가 A'와 동일한 입장에 있었
다(최장집 1989 : 187, 194). 그는 박정희 정권의 노동통제를 "대외 의
존적 자본주의 경제발전"이 필요로 하는 통합양식이었다고 분석하였으
며, 그 양식의 위기를 또한 "외국 자본과 수요에 기반을 둔 수출지향적
산업화전략"과 결부시켜 이해하였다. 그러면서 "노동자들의 물질적 박
탈"이 "전적으로 강권적 정책의 산물"이라고 주장하였다(최장집 1988 :
310~313). 그러나 최근에는 박정희 정권기 경제개발이 "권위주의적"이
지만 "의심의 여지없이 … 민족주의적"인, "더욱 자립적인 경제를 창출"
하려는 기획이었다고 말한다. "경제성장과 수출증대라는 보다 야심 찬
목표의 추구는 민족주의적 열정으로 전환되고 애국주의적 열기로 이루
어질 수 있었다"는 것이다(최장집 1996a : 163). 그리고 급속한 산업화
가 "한국의 위치를 신흥공업국(NICs) 가운데 가장 앞선 나라로 상승시

---

28. 이 변화는 이율배반적으로 결합·공존했던 이병천의 두 측면들인 '자본주의 비판'이란
　　문제설정과 '자립경제 건설'이란 문제설정 가운데, 전자가 후자의 지배성 아래 사라져 감
　　을 의미한다. 이병천(1995)은 양립 가능하지 않은 논술들을 다수 병렬시킴으로써 두 측
　　면들의 '모순'이 극한에 이르렀음을 보여준다. 경제발전에 기여했다는 뜻에서 박정희 정
　　권기 노동자들의 '헌신과 희생'을 사후적으로 평가하는 것은 당시 권력블록의 주구성원
　　이었던 이들조차 오늘날 어렵지 않게 하는 일이다. 그러한 예들로 오원철(1999), 조성식
　　(2004) 등을 참고.

키면서 선진자본주의 국가를 따라잡을 수 있는 가능성을 앞당겨 주었다"고 평가한다(*Ibid.* : 144). 그는 더 나아가 당시의 경제개발이 "위로부터 주도"된 것이지만 "열렬한 대중적 호응"에 의해 밑받침됐음을 강조하고, 산업화를 통한 지지기반의 "광범위한" 획득이 박정희 정권의 중요한 특성이었다고 주장한다(최장집 2002 : 81~84). 최장집은 과거에도 박정희 정권기 민중들 다수가 국가에 도전하지 않고 오히려 국가가 제시한 목표에 순응·헌신하였다고 보았다. 하지만 그 때는 민중들의 순응과 헌신이 대체로 권위주의적 통제의 결과였다고 해석한 반면(최장집 1988), 이제 사회구성원들 전반이 개발주의 체제에서 입은 수혜들과 그들의 개발주의적 열정, 권력블록의 헤게모니 등을 강조한다.

김호기는 애초 박정희 정권기 경제개발을 평가할 때 '종속적 발전론'의 입장('종속'이 사전적·필연적으로 '발전'을 봉쇄하는 것은 아니다)[29]을 취하면서도, "외자의 급속한 증대와 외채의 점진적인 누증"을 근거로 그 주요 결과들 중 하나가 "대외의존의 심화"였다고 지적했다. 그리고 박정희 정권의 민족주의를 "하나의 레토릭"에 가깝다고 평가하였다(김호기 1985 : 216~217; 서중석 외 1993 : 114). 그러나 이제는 당시 상황을 여전히 "종속적 발전"이라 지칭하지만 "종속"보다는 "발전"에 큰 의미를 부여한다(김호기 1995; 1998; 2003). 물론 종전에도 박정희 정권이 초기에 잠시 민족주의 성향을 보여줬다고 인정하였으나, 그 성

---

29. '종속적 발전론'은 발전도상국들 내부의 분화('NICs' 또는 '반주변부'의 형성 및 부상)에 주목하였다는 점에서 종전의 종속이론과 구별됐지만, 그 분화를 종속성의 재생산으로 이해하였다는 점에서 여전히 종속이론의 한 변종으로 범주화되곤 하였다. Cardoso & Faletto(1979)와 Evans(1979) 등이 대표적인 예들이다.

향을 계속된 것이라고까지 보지는 않았다(김호기 1985 : 192~193). 반면 최근에는 "내포적[내향적] 공업화 전략의 좌절"을 "민족주의적 경향" 그 자체의 좌절이 아니라, "정치적·문화적 민족주의"와 "발전주의"가 결합된 "산업화 민족주의"로 "변화"한 것이라고 이해한다(김호기 1998 : 105). 근대화 과정이 일반적으로 "명암"을 동시에 갖기 마련인바, 박정희 정권기에 양산된 "근대성의 그늘", 즉 "억압적 감시체제, 반공병영사회의 반정치주의, 그리고 이기적 가족주의"를 비판하되, 동시대의 긍정적 성취인 "기술적 근대성"의 진전과 이에 따른 "어느 정도의 물질적 보상"을 인정·평가해 주어야 한다는 입장인 것이다. "박정희 모델"은 그에게 "애증의 병존"을 느끼게끔 하는 역사적 국면이다(김호기 1998, 2003).

이렇게 '절충적 평가'는 민족주의를 '진보 = 좋은 것'으로 보는 가운데, 과거와 달리 박정희 정권기 경제개발을 민족주의적 기획이었다고 판단하면서, 긍정적 평가가 말하는 당대의 고통과 희생에 대한 시대적 불가피론에 사실상의 동의를 표한다(이병천 2003 : 37; 최장집 2002 : 91; 김호기 1998 : 100).

그러면서도 이들은 박정희 정권을 여전히 비판하는데, '유신헌법'의 선포와 함께 정치적 독재가 더욱 강화되고 중화학공업화가 본격적으로 추진된 1970년대를 주로 겨냥한다(이병천 2003 : 55~59; 최장집 2002 : 87; 김호기 1998 : 106). 물론 1970년대의 문제상황이 전적으로 1960년대의 사회-정치적 과정에서 기원하는 산물이라고 말할 수는 없다. 하지만 두 시기들 간의 긴밀한 관련을 부인할 수 없다면 그러한 평가 방식은 타당하지 않다. 본인들이 주관적으로 어떻게 생각하든, 1960년

대의 많은 부분들을 규범적으로 긍정한다는 것은 역사-논리적으로 19
70년대 상황에 대해서 또한 마찬가지임을 뜻하지 않을 수 없다.[30]

　　이들의 1970년대 비판 속에서도 '고통과 희생'에 대한 불가피론을
읽을 수 있다. 이병천의 경우 1970년대에 이르러서는 "성장·안정·분
배의 조화를 도모할 수 있는" 길이 존재했다고 주장한다. 그런데 그는
기이하게 가능했던 대안으로 "타이완 모델"을 비중 있게 취급하고 강조
한다(이병천 2003 : 57~59). "타이완 모델"이 "한국 모델"보다 나은 정
도를 떠나, 그가 '장개석에 의해 걸러진 삼민주의'를 염두에 둔다는 것
은 박정희 정권기 '고통과 희생'에 대해 과거 1980년대의 자신과 얼마
나 달리 생각하는지를 충분히 드러내준다. "타이완 모델"과 "한국 모델"
이 꼭 같다고만 말할 수 없음은 물론이나, 전자 역시 "기본적으로 억압
적이고 폭력적"인 노동통제에 의존한 개발주의 체제였다(김준 1993 :
187~311; 윤상우 2002 : 118~121).[31]

---

30. 이병천은 같은 글에서 스스로, "70년대의 개발독재 모델"이 이전 시기의 "모순 속에서
　　싹이 잉태되었"다고 말한다(이병천 2003 : 43). 그리고 이병천·최장집·김호기 모두가
　　현 시점에 민주화 진전의 핵심 장애들로서 거론되는 주요인들을 지금으로부터 25년 이
　　상이 경과한 박정희 정권기의 "유산"으로 간주한다. 다시 말해 박정희 정권기 안에서
　　1960년대와 1970년대의 질적 차이를 강조하는 것은 일차적으로 그들의 논리 내부로부
　　터 기각되고 있다.
31. 이병천(2003)은 또 하나 가능했던 대안으로 1971년 대통령선거 당시 김대중이 제시한
　　'대중경제론', 다시 말해 내향적 공업화론을 든다(57). 그러나 그는 그에 앞서 이미 내향
　　적 공업화에 근접하였다고 논의되는 타국 사례들을 '실패'라고 규정하였으며, 박정희 정
　　권기 경제개발에 대해 긍정적으로 평가할 수 있는 중요한 이유를 그러한 '실패'의 회피에
　　서 찾았다(ibid. : 48). 이병천의 종잡을 수 없는 논조는 '민족경제론'에 대한 비평에서도
　　드러난다. 그는 박현채의 '민족경제론'이 지녔던 한계와 관련하여, 후발산업화 국가라는
　　상황을 천착하지 않고 처음부터 선진자본주의적인 자립적 국민경제 나아가 민주적 국민
　　경제를 대안으로 상정했다고 지적한다(이병천 2001 : 74). '대중경제론'은 '민족경제론'의
　　주요 부분들을 카피한 것이었으므로 이러한 지적은 '대중경제론'에 역시 적용되지 않을

최장집의 경우 "유신체제라고 하는 권위주의의 강화"만을 비판한다. 그 자체로서는 "상대적으로 적은 비용을 치르고 … 대단히 짧은 시간 내에 근대화를 이룰 수 있었다는 점에서 긍정적 평가를 내릴 수 있"는 "산업화"가 별달리 문제시되지 않는다. "권위주의적 노동통제"를 비판적으로 언급하나, 박정희 정권기의 "유산"이자 산업발전 "안정기"의 장애로서만 다루고, "권위주의적 노동통제"가 시효기한을 넘어서까지 존속하고 있다는 점에 대해 지적할 따름이다. 즉 "현대적 생산체제로의 전환을 통해 국제시장에서 경쟁해야 할 시점"에는 "더 이상 순기능적으로 작동될 수 없"는 "권위주의적 노동통제"가 계속되는, 박정희 정권기 이후의 상황을 비판하는 것이다. 바꾸어 말하자면 박정희 정권기[낮은 생산력 단계로 국한해서 보는 한, "권위주의적 노동통제"를 긍정할 수 있다는 논지가 된다(최장집 2002 : 87, 90).

김호기는 박정희 정권의 민족주의가 "적어도 60년대에는 헤게모니를 창출하는 데에 성공했던 것으로 보인다"고 말한다.[32] "하지만 3선 개헌에서 10월 유신에 이르는 일련의 정치변동 속에서 민족주의 담론의 수사적이고 이데올로기적인 성격이 점차 가시화되었으며, 그 결과 박 정권과 대중의 헤게모니적 접합은 내적으로 균열될 수밖에 없었다"고

---

수 없다. 더욱이 그러한 지적 저변에 깔린 발상은 사실상 '긍정적 평가론'[보수주의적 연구자들]의 생산력주의에 근접하는 것이며, 결국 그는 스스로 박정희 정권기에 대한 비판적 고찰 및 성찰의 인식론적 지반을 허물어버리고 있다.

32. 김호기는 1993년 한 토론회에서 시기구분 없이 박정희 정권을 "헤게모니 없는 독재"로 규정한 바 있다. 박정희 정권이 시민사회에 대한 높은 침투력을 보여줬지만, 그 침투력은 시민사회의 자발적 동의 위에서 실현된 것이 아니었다는 입장이었다(서중석 외 1993 : 82).

주장한다. 그는 최장집과 비슷하게 '경제'와 '정치'를 분리시킨다. 그에게 문제시되는 대상은 박정희가 내세운 "한국적 민주주의"에서 "한국적"이란 "특수주의"가 "과잉"될 때 나타나는 민족주의의 "변질"이며 그에 따른 "정치적 억압"과 민주주의의 "후퇴"이다. "높은 성장률"이 내포하는 생산과정 속의 착취와 전제는 박정희 정권의 헤게모니 변동과 관련하여 언급되지 않는다(김호기 1998 : 106~107).

박정희 정권기 경제개발을 민족주의로 볼 수 있는가 라는 쟁점은 '비판적 평가 B'에서 사뭇 다른 각도로 반향된다. 그들 가운데 경제학 전공자들은 민족주의 일반을 기본적으로 '부르주아적 기획'이라고 간주하는 동시에 박정희 정권기 경제개발을 민족주의의 한 형태였다고 본다. 때문에 그들은 당대의 경제개발 과정에서 조성된 사회-정치적 지형의 한 축이었던 저항엘리트들['저항민족주의' 또는 '진보적 민족주의']에 대해서도 비판의 논점을 개진한다. 그들은 경제개발을 통한 사회변동을 단지 권력블록의 일방적 행위들에 의한 소산이라기보다, 역설적이게 저항엘리트들에 의해서 보완·정비된 결과로 파악한다. 다시 말해 그들이 박정희 정권기 경제개발을 비판함으로써 일면 권력블록의 위기를 가중시키는 경향을 가지지만, 상대방과 질적으로 크게 다르지 않은 패러다임들 안에서만 비판을 전개함에 따라, 다른 한편으로는 권력블록의 기획에 흡수·통합되거나 그것을 사회-정치적으로 지지해주는 효과를 함께 산출하였다고 보는 것이다(박동철 1993 : 74; 양우진 1994 : 86).

'비판적 평가 B'의 역사학 전공자들도 박정희 정권기 경제개발을 민족주의의 한 형태로 포착하는데, 전술한 이들과 달리 권력블록의 담론

정치에 주의를 기울인다. 그러면서 그들은 민중들이 권력블록의 프로젝트에 순응하고 충성하였던 실상을 강조한다. 이 때 민중들은 권력블록이 담론 수준에서 호명한 그대로 '조국근대화의 기수들', 즉 권력블록의 프로젝트를 능동적으로 수행한 '주체들'이며, 더 나아가 권력블록의 '공모자들'이었다고 지칭된다. 요컨대 그들의 주장은 박정희 정권기 권력블록의 민족주의가 결코 허구적인 것이 아니었을 뿐만 아니라, 광범위한 헤게모니의 확보 위에서 현실화되었다는 것이다(임지현·이상록 2004 : 313ff.; 황병주 2004a, 2004b).

결국 앞서 정리한 논쟁의 지형 안에 개입하여 박정희 정권기 경제개발을 논하려는 경우, 두 가지 문제의식들 속에서 접근할 필요가 있다. ① 그 경제개발을 민족주의[또는 반민족주의] 기획으로 볼 수 있는가? ② 민족주의[또는 반민족주의] 기획의 한 형태로서 그것이 지녔던 사회-정치적 내용과 의미는 구체적으로 무엇인가?

필자는 박정희 정권기 경제개발을 민족주의 기획으로서, 그러나 '민족주의 비판'과 '자본주의 비판'의 관점에서 고찰한다. 박정희 정권기 경제개발은 지구적 근대화의 역사 속에서 확인 가능한 민족주의의 특유한 양상들을 띠고 있었을 뿐만 아니라, 자본관계에 기초를 둔 국민적 분업연관의 진전과 생산력의 비약적 증대를 낳았다. 이 점에서 박정희 정권기는 분명히 '민족주의의 시대'였다. 그리고 박정희 정권기 경제개발은 심대한 사회적 고통들과 희생들을 필수적 구성부분들로 요구하는 기획이었다. 다시 말해 당대의 '고통과 희생'은 민족주의의 좌절 또는 굴절에 따른 결과가 아니라, 반대로 민족주의가 실현되어 가는 국면의 소산이었던 것이다. 그 때 국민적 분업연관의 진전과 생산력의 제고 자체는 사회구성원들 일반의 자동적이고 순차적인 생활개선과 자율성 확대를 예정해두지 않았다.[33] 또한 '현실 사회주의'의 몰락이 자본관계의 모순을 역사-논리적으로 정당화해주는 것은 아니다. 그러므로 박정희 정권기 경제개발은 지구적 자본주의라는 탈냉전의 조건에도 불구하고, 여전히 자본주의 비판의 문제설정 아래 논구되어야 한다. 당시의 '고통과 희생'은 근대화(민족주의적 과제)의 완결을 향한 도정에 감수해야 했던 '비용', 또는 다만 사후적으로 시인하고 찬미하면 되는 '헌신성'으로 평가될 수 없다.

그렇게 볼 때 이 책은 앞의 '비판적 평가 B'와 어느 정도 공통성을 가진다. 그러나 동시에 그것과 분명한 차별성을 드러낼 것이다.

'비판적 평가 B'의 경제학 전공자들은 '비판적 평가 A'의 '저발전-종속심화론'에 대한 반증작업에 몰두한 나머지, 연구 성과 그 자체로서는 '긍정적 평가'나 '절충적 평가'와의 질적 차이를 제대로 보여주지 못하였다. 대표적 논자인 양우진 스스로가 지적하였듯이 자신들은 "사실에 입각"하여 "민족경제론적 문제설정"을 "기각"하는 식, 다시 말해 "민족경제론적 입장"이 "고집하는 대표적 명제들을 현실의 변화에 비추어 비판"하는 내용이 핵심이었다. 그러다 보니 "자립경제의 달성" 추세만을 강조하

---

33. 인류사를 통틀어 자본주의적 근대화가 특정한 사회구성원들의 심대한 고통들과 희생들을 양산하지 않은 예는 없다. 그러나 그 고통들과 희생들의 완화 내지 조절이 자본주의적 근대화의 진전에 따라 자연스럽게 실현되어간 경우 역시 전혀 없다. 흔히 민주주의의 심화와 인권의 확대 등으로 표현되는 자본주의사회의 변모는 어느 경우에서도 기존 권력블록의 지배기획에 맞서서 그것을 정정하고 지양하려는 수다한 노력들의 인위적 산물이었다.

게 됐다. 엄연한 현실변화의 한 측면을 확인했을 뿐 전제해둔 문제의식을 논외로 한다면, 연구 및 논술의 귀결은 역설적이게 그들이 당초 "극복하고자 한 입장과 동일한 지평"이었던 것이다(양우진 1996 : 127~128, 132~133). 양우진의 다른 표현을 빌면, 그들의 성과는 "민족경제론의 의미를 재생산구조의 맥락에 한정해서 '시효상실' 선언"을 한 데에 지나지 않는다(양우진 1994 : 105).[34]

논의의 저변에 푸코(M. Foucault)의 담론 및 주체 개념, 또는 알튀세(L. Althusser)의 이데올로기 및 주체 개념 등을 깔아둔 것으로 보이는 역사학 전공자들도 결과 면에서 비슷하다. 이들에 의하면 박정희 정권기 민중들은 대다수가 각종 의례 및 의식과 교육기관·문화매체·노동과정 등을 통해서 훈육되어 국가가 하는 일상적 호명처럼 '조국근대화의 주체들'로서 사고하고 행동하였다. 이 점에서 박정희 정권기는 특정한 형태의 민족주의가 실현된 국면이다. 그런데 논의가 거기에서 종결되기 때문에 독자들로서는 '시대 비판'의 의미를 발견하기가 어렵다. 그들은 근대성과 민족주의 비판을 표방하지만, 국가기획의 관철이란 사실 확인 외에 다른 분석지평을 전개하지 않은 채 오로지 국가와 개인 사이의 관계만을 논술함으로써, 도리어 국가를 물신화하고 민족주의와 근대성마저 물신화하는 혐의까지 드러낸다. 더욱이 전제로 삼은 주체 개념[근대 국가의 전략들에 의해 '만들어진 주체']과 충돌을 일으키며, 민중들에게 권력블록과 대등한 '공모자들', 즉 사실상 '완전한(integral)

---

34. 이 지적은 특히 이재희(1990)·홍장표(1991, 1993)·김용복(1991, 1995) 등을 염두에 둔 것이다. 그들의 '한국자본주의 자립화론'은 대체로 국민경제적 분업연관이 더욱 진전된 1980년대에 시선을 모았다.

개인들'로서의 주체들이란 위상까지 부여한다. 그들은 국가의 담론정치 또는 상징동원이 낳는 효과들을 서술하다가도 결국 민중들의 자발적 선택을 강조한다. 그들에게 박정희 정권기 경제개발은 사실상 별달리 심각한 문제를 안고 있지 않았던 기획이다. 민족주의 비판을 화두로 삼는 그들이지만, 그들의 논술들 속에서 민족주의는 도리어 아무런 모순이 없는, 사회구성원들 모두에 의해 너무도 당연시되는 기획으로서만 존재한다. 그들이 전망하는 '박정희 정권기의 유산 = 일상화된 국가주의'의 극복은 그들의 논술들 내에서 결코 단서를 찾을 수 없다.

'비판적 평가 B'의 모든 논자들은 '비판적 평가 A'가 해온 '박정희 시대'의 반민중성 비판을 진전시키기보다 도리어 사장하는 효과를 초래하였다. '경제자립의 진전' 또는 '민중들의 협력과 참여'에만 몰입하기 때문에, 그들은 공히 경제개발 당시의 특정한 사회관계 및 그 변화, 이속에서 증폭됐던 모순의 현재적 의미를 충분히 고찰하지 못한다. 이와 달리 필자는 경제개발의 민족주의적 면모를 밝히는 데에 머물지 않고, 그것에 현존해 있던 사회관계 및 그 변화를 시야의 중심에 놓을 것이다. 그렇게 함으로써 민족주의의 실현 과정이었던 박정희 정권기 경제개발이 상이한 계급들 및 계층들에게 달리 또는 유사하게 이해되었던 상황들을 고찰하고, 이로부터 그 경제개발에 대한 비판적 평가의 논점들을 도출할 것이다.

필자가 박정희 정권기 경제개발을 민족주의의 특수 형태로 범주화하여 논의하는 이유가 관련 연구들의 현황과 당대의 사실관계 때문만은 아니다. 민족주의는 한국 근대사를 연구하는 대부분의 사람들에게 거의 절대적인 규범과 같았다. 한 마디로 연구자들 스스로가 민족주의자들이었다. 따라서 그들은 한편으로 이론과 방법상의 다양성을 보여주면서도, 공히 민족주의가 가지는 '평가기준'으로서의 위상, 그리고 '미완의 프로젝트'로서 부여받은 가치를 회의하지 않았다. 이미 말했다시피 민족주의의 단일한 전형을 세계사 속에서 찾는 일은 가능하지 않다. 민족주의는 대단히 다양한 형태들로 현실화되어 왔다. 그러나 각양의 민족주의들 속에서 몇 가지 일반적 특징들을 포착하는 것이 불가능하지 않은데, 필자는 특히 민족주의에 내재된 문제성을 염두에 두고 있다. 이른바 '좋은 민족주의' 또한 놓이게 되는 컨텍스트에 따라 언제고 '나쁜 민족주의'로 전화할 수 있다는 것, 더 나아가 '좋은 민족주의'조차 이미 사회적 차별과 배제를 내포하고 있다는 것이 필자의 생각이다. 필자의 문제의식은 박정희 정권기 권력블록이 지녔던 민족주의적 면모들을 밝히는 동시에, 도덕주의적 평가의 장막 뒤에 은폐됐던 저항엘리트들['저항민족주의' 또는 '진보적 민족주의']의 문제성을 조명함으로써, 그 동안 많은 연구자들이 당연시한 '민족주의의 신화'를 해체하려는 데에까지 이른다.[35]

---

35. 이 책이 박정희 정권기 권력블록의 민족주의와 저항엘리트들의 민족주의가 지녔던 각각의 사회-정치적 위상들을 완전히 무차별화하려는 것은 아니다. 그러나 필자는 기존 논자들과 달리 다음의 지점들에 유념하고자 한다. 첫째, 민족주의의 기본적인 문제성을 감안할 때 '나쁜 민족주의'와 '좋은 민족주의'의 경계선을 확정하기 어렵다. 우리가 규범적으로 수용 가능한 '좋은 민족주의'가 있다면 그 외연은 도대체 어디까지일까? 둘째, '나쁜 민족주의'와 대비되는 '좋은 민족주의'의 차별성은 사실 민족주의 내적인 측면의 산물이 아니라 민족주의와 결합한 그 외적 요소에 의한 것이다. 앞에서 밝혔듯이 민족주의는 '2차적 이데올로기'이다. 셋째, 박정희 정권기 이후 현 시기까지 한국사회는 분명히 변화하였고 그 변화의 내용을 고려할 때, 이제 과거와는 달리 당시 서로 대립하면서도 중요한 공유지대를 가졌던 두 민족주의들의 면모에 주목할 필요가 있다.

제3장

경제개발의 개시 조건과
지속 기반

# 경제개발의 개시 조건과 지속 기반

기존 연구들은 정치적 성향 여하를 떠나 대부분이 박정희 정권기 경제개발을 국가정책의 차원 그 자체, 혹은 국가담론의 차원 그 자체에 국한시켜 다루었다. 또 사회-정치적 관계의 차원을 고려한 논자들은 권력블록의 강권적 지배와 착취를 주목하든 민중들의 능동적 참여 내지 지지를 주목하든 복합적 현실의 일면만을 부각시키는 경향이 강하였다. 그리고 이렇게 사회-정치적 관계를 분석의 시야에서 탈락시키거나 이분법적 단순화 논법에 빠진 연구들은 사회-정치적 변동의 기초인 '모순'(contradictions)을 충분히 고찰하지 않음으로써, 박정희 정권기 뿐만 아니라 1980년대 이후의 사태 진전을 제대로 이해·설명하지 못하였다. 기존 논자들의 문제점은 그들이 대체로 엘리트층에게 편중된 시선을 돌리고 '평범한 사람들'의 사고 및 행동을 그 만큼 고려하지 않는 까닭에 한층 가중되었다.

경제발전을 포함한 민족주의적 과제들은 그 자체들로만 보면 추상적 원칙들 내지 규범들일 뿐이며, 그것들이 구체적 현실로 되는 것은 언제나 모순을 내장하는, 그리하여 갈등과 적대를 동반하게 마련인 비중립적 사회관계들[자본주의·가부장주의·지역주의·인종주의 등등] 안에서이다. 따라서 실재하는 민족주의 기획들은 당파성을 함축한 헤게모니적 구성물들이며, '민족적인 것'의 추구와 실현은 특정한 집합적·개체적 구성원들의 편익과 고통·희생을 낳는다. 또한 그러한 관계들의 지형이 가변적이니만큼 현실화된 민족주의의 구체적 형태 역시 고정불변일 수 없고 더욱이 유한한 생명력만을 가진다.

박정희 정권기 경제개발 역시 예외가 아니었다. 박정희 정권기 경제개발을 민족주의의 역사-특수적인 한 형태로서 평가하려면, 담론이나 정책 차원은 물론이고 상이한 사회구성원들 간의 관계 차원에서 그것의 형성과 존립을 논의하지 않으면 안 된다. 이하 제3장은 박정희 정권기 경제개발을 민족주의 프로젝트로서 존속케 한 사회-정치적 기반의 핵심 내용을 고찰한다.[1]

## 제1절 '해방8년사'의 이중적 귀결

주지하다시피 '해방8년사'[1945~1953]는 '분단국가'[2개의 국민국가

---

1. 필자는 국가의 담론들과 정책들이 '사회'와 '주체'를 특정한 방향으로 구성해내는 측면들을 부정하지 않는다. 그러나 그 같은 구성 효과들은 사회 내적 관계들의 변동에 대한 분석을 매개로 하였을 때에야 더욱 충실하게 이해될 수 있다. 상응하는 사회-정치적 조건들이 없다면 담론과 정책의 그 구성 효과들은 크게 제약되지 않을 수 없다.

들의 성립 및 안정화로 귀결됐다. 그것은 남북한 양측의 민족주의자들
에게 민족과 근대 영토-행정국가의 외연들을 일치시켜야 한다는 자신
들의 규범에 위배된 반민족주의적 현실이었다. 게다가 필자의 논의 대
상인 남한의 경우 미 군정기는 물론 〈대한민국〉의 성립 후에도, 미국
정부의 무상원조에 크게 의존해야할 정도로 국민국가로서의 독자성을
충분히 확보하지 못하였고, 국가정책들의 운용이 원조를 지렛대 삼은
미국 측의 관리체계 하에서 자유롭지 못한 실정이었다. 남한의 사회구
성원들이 '해방8년사'를 통해 또 그 이후 대면한 사회-정치적 상황은
민족주의의 관점에서 볼 때 분명히 '반민족적인 것'이었다. 그리고 이로
인하여 민족주의 담론들과 프로젝트들이 계속 재생·활성화될 개연성
은 컸다.

그런데 '해방8년사'가 민족주의적 과제들의 미완이란 측면만을 귀결
시킨 것은 아니다. 아울러 민족주의자들이 추구한 과제들의 진전이 있
었던 것도 사실이다. '해방' 이후 한국의 사회-정치적 상태가 '해방' 이
전과 아무런 질적 차이 없는 식민지 상황의 연속은 아니었다. 따라서
추후 형성·존립하는 민족주의의 형태들이 종전과 같을 수만은 없었다.

우선 '일제치하'나 '미군정치하'와 동일시될 수 없는 '해방'과 '건국'이
성취되었다. 남한지역의 많은 사람들에게 〈대한민국〉은 분단국가였음
에도 불구하고 역시 '조국'이었으며 "민족자율성"이 "증진"된 결과였다.
그래서 분단국가 수립을 반대했던 민족주의 엘리트들 중 상당수가 기정
사실로 굳어진 〈대한민국〉에 대해 단일한 민족국가 건설의 좌절로만
받아들이기보다는, "평화적 통일론자들이 통일을 위해 활동할 수 있는

공간"이란 적극적 의미를 부여하였던 것이다(한상구 1995 : 257~259).

물론 '김구'로 상징되는 일군의 우파 민족주의자들은 분단국가 성립을 되돌릴 수 없는 상황임이 분명해진 순간에조차 남한 측의 '단독선거'[1948. 5. 10.]에 반대하고 불참하였다. 그러나 남한지역 민족주의자들의 행보가 그렇게 단일하지는 않았다. 사회주의 성향의 민족주의자들은 대부분 '북한을 선택'하여 월북함으로써 그들의 방식대로 분단국가 성립을 승인했다. 그들 가운데 자의로든 타의로든 남한에 잔류한 부류는 국가의 농지개혁과 토벌대 전개란 양면작전 하에서 대중적 기반을 상실하여 정치활동을 제대로 전개하지 못하였고, 한국전쟁의 발발 및 경과에 따라 추가로 월북하였다. 뿐만 아니라 '하나의 민족국가' 건설을 위한 '남북협상'이 1948년 상반기에 걸쳐 추진되었지만, 주도 집단들이었던 〈한국독립당〉과 〈민족자주연맹〉을 포함한 민족주의 진영은 단독선거에 대해 일관된 입장을 견지하지 않았다. 김규식은 비록 김구와 함께 북한에서 열린 '남북연석회의'에 참석하였으나 사실 남북협상에 소극적이었고 조소앙은 김규식보다 훨씬 더 부정적이었다. 조봉암과 김약수는 단독선거에 입후보하였으며, 안재홍의 경우 단독선거에 참여하지 않았지만 〈대한민국〉의 정당성을 인정하였다(ibid. : 254~255).

분단국가 형성의 한편에는 단독선거 반대활동을 적극적으로 벌이다가 탄압을 피하여 은신한 후, '4·19정세'[1960. 4.~1961. 5.] 속에서 통일운동이 활성화될 때까지 "동지들을 버리고 내 살길을 찾아"간 것에 대한 "양심의 고통"으로 시달렸던 민족주의자 안재구가 있었다(안재구·안영민 2003 : 28~29). 그러나 그 다른 한편에는 "대한민국의 수

립"을 "민족투쟁의 결정(結晶)"으로 평가하는 조소앙 같은 민족주의자
가 있었다.

> 대한민국은 … 단계적 성장 발전을 내포한 독립운동의 최고기관인 것이다.
> … 급속히 국토완정과 주권통일과 민족신앙을 확립하기에는 어느 정도의
> 시일을 요할 정세이다.[2]

기독교계이자 우파 민족주의자로서 월남하여 정착한 문재린 목사
[문익환 목사의 부친] 같은 이는 "제헌국회 선거"를 앞두고 "사석에서도
강단에서도" 그것의 "중요성을 강조"하였고 "자질 있는 사람들이 나서
지 않는 것을 안타까워했다"(김형수 2004 : 271~272). 과거 〈조선공산
당〉의 주요 인물이기도 했던 정치인 조봉암은 이미 말했다시피 분단국
가 수립의 불가피성을 시인하고 단독선거에 참여하였다. 그는 인천에서
무소속으로 출마하여 당선됐으며, 이후 헌법기초위원, 농림부장관, 무
소속구락부 선전위원, 국회부의장, 〈진보당〉 당수 등을 역임한다(조봉
암 1985[1957]). 이들 또한 분단국가의 성립을 원칙적으로 바라지 않았
다. 그러나 그들의 정세판단으로는 당시 상황에서 단독선거에 참여하는
길이 민족주의 과제들의 추구와 부합했다.

> 협상파 정치인들은 … 명분론에 구애됨이 없이 적극적으로 계획적으로 5·
> 10총선거에 대거 참가하여야만 옳았을 일이었다. … 만일에 그들이 … 현실

---

2. 조소앙(1948), 「대한민국 수립은 민족투쟁의 결정」, 『대조』, 12월호, 34쪽. 한상구(1995
   : 261)에서 재인용.

타당적으로 행동할 수가 있었다면 아마도 그들은 이 선거에서 승리하여 과반수의 의석을 차지할 수도 있었을 것이며 … 이승만 독재정권의 출현을 방지하는 동시에 … 6 · 25동란도 좀처럼 일어나지 않았을지도 모른다.[3]

대중들 수준에서도 〈대한민국〉은 많은 사람들에 의해 수용되었다. 이 점 역시 그들이 단독선거에 대해 취한 태도에서 알 수 있다. 공식집계에 의하면 전체 유권자의 98.3%가 선거인 등록을 하였고 전체 유권자의 85.6%가 투표를 하였다. 물론 유권자 산출에 사용한 인구센서스의 문제점이라든가 기관원들에 의한 "상당 정도"의 강요활동 등을 고려하면, 실제 등록률과 투표율은 그보다 낮게 추산돼야 할 것이다(정해구 1995 : 154~158). 그러나 공식적으로 집계된 결과의 대부분을 '거짓'이라고 생각하기는 어렵다. 아무리 적게 잡아도 유권자 전체에서 과반수를 크게 상회하는 많은 사람들이 단독선거에 별다른 거부감 없이 참여하였다고 볼 수 있다.[4]

그리고 선거 당선자 총 198명 가운데는 이후 '반민족행위 처벌법'의 발의와 가결을 통해 〈한국민주당〉(한민당)과 이승만 및 그 추종집단들에게 도전한 100여명의 의원들이 있었고, '외군 철퇴에 관한 진정서'를 통해 다시 한 번 '반한민당 · 반이승만'의 대오를 형성한 60여명의 의원들이 있었다(김일영 1991 : 141~145). 사상 처음 실시된 의원 선거에서,

---

3. 이동화(1967), 「발문」, 여운홍, 『몽양 여운형』, 청하각, 370~372쪽. 정태영(1991 : 143)에서 재인용. 이동화는 해방 직전 여운형이 주도한 항일조직 〈건국동맹〉에 참여했고, 해방 직후 〈조선건국준비위원회〉 중앙집행위원회 서기국 서기를 역임하였으며, 1950년대 이후 줄곧 '혁신계'의 정치가이자 이론가로 활동하였다.
4. 정해구(1995)는 유권자 대비 실제 선거인 등록률을 80% 내외로, 실제 투표율을 74% 정도로 추산하고 있다(158).

이른바 공정성과 합리성을 결여한 제반 조건들, 그리고 〈남조선노동당〉(남로당) 계열의 격렬한 반대캠페인 속에서도 그 같은 '다원적 결과'를 낳았다는 사실은 '5·10선거'를 관권에 의해 일방적으로 주조된 이벤트로 단순하게 이해할 수 없음을 뜻한다. 전술한 의원들이 대표한 유권자들의 의사, 그리고 그 의원들의 성향을 감안할 때, 남한의 구성원들은 다수가 권력블록에 대해 지지를 표명하는 형태로든 비판적 입장을 취하는 형태로든, 아니면 양자 사이에서 모호한 입장을 표명하든, 〈대한민국〉의 성립을 수용한 것이다. 그리하여 1948년 이후 남한에서는 점차 〈대한민국〉의 존립 자체를 둘러싼 갈등이 사라져갔고, 그 심도 여하를 떠나 사회-정치적 균열은 〈대한민국〉의 구체적 내용에 관한 것들로 대체되어갔다(박명림 1998 : 76~77).

분단국가 〈대한민국〉이 그 세부적 형식 여하를 떠나 대중들에게 수용되었다는 점에서, 우리가 함께 주목해야 할 측면이 하나 있다. 그것은 1948년 이후로 남측과 북측 각각에서 근대 영토-행정국가가 그 특유의 기능들을 활성화시켜 나감에 따라 양산된 효과이다.

근대 영토-행정국가는 일반적으로 사회구성원들에게 "공통의 언어·종교·통화·법률체계 등을 부과"하며, 전국적으로 "연계된 교역·수송·커뮤니케이션 체계들의 건설을 추진"한다. 그리고 이러한 "표준화 노력들"은 사회구성원들을 "동질화"하는, 즉 대내적으로 그들 간의 상이한 정체성들을 해체하고 대외적으로 그들만의 독자적 정체성을 촉진[이질화하게 된다. 물론 이것은 법칙이 아니며 따라서 완벽하게 실현되지 않는다. 근대 영토-행정국가의 "표준화 노력들"은 거부되어 격렬한 저항에 직면할 수조차 있다. 그러나 지구적 근대사 전반에 걸쳐 확인할 수 있는 사실은, 많은 경우 대중들 서로가 하나의 질과 기원을 가진 성원들이라는 신념을, 반복적 일상 속에서 부지불식간 체득하게 된 시공간이 바로 근대 영토-행정국가라는 점이다. 사회구성원들이 전쟁이라는 공통된 경험을 할 때, 전쟁을 주도한 지배계급들의 의도적 전략들과 결부되어 그러한 동질화-이질화 경향은 더욱 촉진된다(Tilly 1990 : 99~117; Balibar 1991b : 100~103).

1948년 이후 〈대한민국〉의 정황도 이러한 근대 영토-행정국가의 일반적 궤적에서 크게 벗어나지 않았다. 더욱이 한국전쟁과 냉전은 사회기층 수준에 이르기까지, 전쟁 상황의 직접적 경험은 물론 국민개병 제도와 의무교육제도 등을 통해 '국민' 관념을 확산시키는 데에 크게 작용하였다(강인철 1999 : 203~219). 그리하여 '일민족 일국가'란 민족주의의 기존 의제는 대중들에게서 과거보다 상대화됐고, 그 의제를 염두에 두든 안 두든 대중들은 국민으로서의 삶과 직결된 〈대한민국〉 내적 논제들을 우선시하였다. 그들이 이승만 정권에 대해 불만을 토로할지라도 〈대한민국〉을 비판하는 경우는 흔치 않았고, 재벌을 욕할지라도 자본주의에 대해 문제 삼는 경우는 극히 이례적이었다. 즉 종전의 '민족'이란 정체성 외에 '국민'이란 새로운 정체성이 형성·정착되기 시작한 것이다. 양자는 서로를 배제하기보다 양립·중첩되면서 공존하였지만, 후자의 출현이 전자의 일정한 약화를 초래하였던 것은 분명하다.

분단국가의 성립 및 안정화는 기간에 '일민족 일국가'란 규범과 함께 민족주의의 주요 의제로 존재했던 '반봉건'의 과제를 상당 부분 진전시킨 과정이었다는 점에서, 역시 '반민족적인 것'으로만 단순화될 수 없다. 해방 전후로 상이한 민족주의 세력들이 존립·경합한 것은 무엇보다 그들마다 서로 다른 반봉건 프로그램들을 내세웠기 때문이다. 그러니까 '하나의 민족국가'를 건설한다는 추상적 과제는 특정한 반봉건 구상과 결합함으로써 구체화됐고 대중들에게 각기 상이한 호소력을 가지는 현실 정치가 됐던 것이다. 사회주의 계열 민족주의 엘리트들에게 동조한 대중들은 대부분 사회주의를, 오늘날 우리가 흔히 생각하는 것처럼 자본주의의 반명제로 본 것이 아니라 봉건주의의 반명제로서 받아들였다. 식민지시대 이후 어느 정도 공업화가 이루어진 상황이었지만, 자본주의의 모순들을 경험한 사람들은 몇몇 도시의 일부 성원들에 국한되었다. 대중들 다수는 자본주의를 상상조차 해보지 못한 농민들이었던 것이다. 그들의 관심사는 '토지문제', '소작문제', 그리고 이와 결부된 소위 '반상관계'(班常關係)의 변화 가능성 혹은 추이였다. 자본주의가 만약 그 같은 문제들을 해소해주는 길이라면, 게다가 '빨갱이 사냥'이 전개되는 조건에서 그렇다면, 대중들에게 꼭 사회주의를 고집해야 할 이유는 없었다.[5]

그런데 남한의 국가는 미군정기 이후 한국전쟁 시기까지 농지개혁

---

5. 일반 대중들의 사회주의 이해수준과 관련하여, 그들에 비해 지적 학습의 기회 및 여건이 양호했던 인텔리들의 상황을 참고할 수 있다. 1947년 〈남로당〉에 가입하여 경주읍 당책을 맡았던 김중종은 다음과 같이 증언한다. "학생들은 대개 좌익성향이었지만 사실 사회주의이론을 정식으로 알고 활동했다기보다는 그냥 이게 좋은 것이다 해서 다들 열심히 뛴 것입니다. 공부를 하려고 해도 우선 책이 절대적으로 부족했습니다. 기껏 있다는 것이 『소련공산당사』 정도였는데 그게 현실투쟁에 얼마나 도움을 주었겠습니까? 그나마 당시 규율이 '이틀 보고 삼일 만에 불태우라'는 것이었기에 책도 남아나는 것이 없었습니다"(한국역사연구회 현대사증언반 1996 : 96).

[유상매수·유상분배]을 시행하였으며, 이에 따라 계급으로서의 지주가 몰락했다. 농지개혁의 내용은 당초 〈남로당〉을 비롯한 사회주의 계열 민족주의자들이 요구했던 토지개혁[무상몰수·무상분배]과 달랐다. 그러나 이 불철저한 농지개혁 및 그 부수 효과가 지주-소작관계를 해체하였으며 남한 인구의 7할 가량을 포괄하고 있던 농촌지역을 자영소농들의 공간으로 바꾸어 놓았다. 따라서 한국전쟁 후 농민들은 최소한 지주-소작관계의 모순에서 전반적으로 자유로워졌다. 그럼에도 불구하고 지속된 그들의 생활고는 이제 과거와는 다른 이유에서 초래되는 일이었다.[6]

　　지주-소작관계의 해소는 그것을 중요한 물적 기초로 하여 존속해 온 반상관계를 취약하게 만들었다. 그리고 전쟁이 낳은 효과와 전술한 근대 영토-행정국가의 사회 침투력 및 표준화 능력은 농지개혁의 효과와 결합하여, 봉건적 사회관계들 및 관행들과 더불어 '지방권력자들'['마을 어른들' 또는 '친족 어른들']을 점차 약화시켰다. 봉건성의 중요한 표지라 할 이 '지방권력자들'은 〈대한민국〉의 기관들과 기관원들[이장·농업지도요원·농업협동조합·학교 등]로 대체되기 시작했다. 다시 말해 국민국가와 농민들 사이의 직접적 관계들[더 이상 매개자로서의 '지방권력자'를 요하지 않는 관계들]이 확대되어간 것이다(김동춘 1998 :

---

6. '지주제해체 = 자작농체제'의 성립[정부의 수매 및 지주의 임의처분에 의해 총경지의 96%가 자작지화]이 소농경영을 '소작료의 중압감'과 '경작권의 불안정성'에서 해방시켰다(장시원 1995). 농지개혁은 일종의 반혁명전략, 수동혁명적 조치로서 "해방 직후부터 전개된 계급투쟁의 잠정적인 타결"이었다. 그 의도는 권력블록을 재편하는 동시에, 사회주의 계열의 급진적 대안을 좌절시키면서 자신들의 헤게모니를 확대하려는 것이었다(이경숙 1987; 김일영 1991 : 148~190; 신병식 1992 : 154~162; 박명림 1994 : 407~431; 정진상 1994 : 101~114).

210~225; 이용기 2003 : 156~161, 172~174).7 1950년대 말 천안군·군위군·담양군의 '가구주들'을 대상으로 면접 조사한 결과에 의거하여, 1963년에 발표한 한 연구보고서는 다음과 같이 적고 있다.

> 아직 동족집단은 농촌에서는 무시할 수 없는 중요한 결합체[이다] … 그러나 … 경제적 기반을 상실하여 왔고 … 현대적인 가치관념이 점차 침투하게 됨에 따라 … 문중단결을 뒷받침하여 온 낡은 가치관념과 신앙체계가 무너지고 있다는 점, … 구 신분체제가 제도로서 철폐된 지 오래고, 반상 차별이 현실적으로 무의미하게 되었을 뿐더러, 인구이동에 따라 반상 구별의 곤란성이 증대하게 되는 한편, 경제적으로나 교육면에서 양반 출신과 상민 출신 사이에 실질적인 차이가 거의 없어졌다는 점, 그리고 행정적으로 [혈연이 아니라] 촌락 중심의 단결이 더욱 더 촉구되었다는 점 등으로 말미암아 심히 약화되고 있는 것이다(이만갑 1981 : 185).

이상과 같이 '해방8년사'는 분단국가라는 반민족주의적 결과를 낳았음에도 불구하고, 동시에 여타 민족주의적 과제들을 진전시킨 이중적 과정이었다. 일제치하 및 미군정치하와 동일시될 수는 없는 '해방'과 '건국'이 성취되었으며, 상이한 민족주의 엘리트들이 민족해방과 민족국가건설을 위해 전개한 활동들의 중요한 사회적 기반이었던 '토지개혁'의 요구가 해소되었다. 또한 분단국가는 통일운동의 지속적 자양분으로서 작용하였을 뿐만 아니라, 반대로 냉전주의와 결합하여 두 개의 국민국가들 각각의 독립적 권역을 공고히 하고 지방수준의 봉건적 사회관

---

7. 그러한 관계와 '국민'의식이 반드시 '이승만 정권'이나 '관'에 대한 호의적 평가를 의미하는 것은 아니다.

계 및 문화를 균열시켜나갔다. 그 속에서 해당 구성원들은 '민족'이란 기존 정체성 외에 '국민'이란 새로운 정체성을 획득하게 됐다. 이로써 민족 관념은 국민 관념과 공존하는 가운데 상대적으로 약화되었다. 이 같은 조건들은 남한지역에서 1950년대 후반 이후로 새로운 형태의 민족주의, 즉 종전의 '민족해방'과 '민족국가건설', 이들을 사회-정치적으로 구체화한 '반봉건'의 이슈와는 상이한 내용을 갖는, 또 다른 민족주의가 부상할 수 있는 토양을 마련하였다.

## 제2절 대중적 빈곤과 '일자리 = 자본/임노동관계'의 확산

박정희 정권의 성립을 전후한 시기 한국사회의 대표적 문제상황은 '빈곤'이었다. 그것이 당시의 여타 모든 문제들을 상위에서 흡수하고 통합하는 지형이었다고 단언하기는 쉽지 않다. 또 그것은 현재의 한국사회에서도 여전히 중요한 사회-정치적 의제들 중 하나이다. 그렇지만 한국전쟁 후 1960년대에 이르는 기간 동안 빈곤은 사회기층 성원들에게 일반화된 절박한 삶의 실태였고, 권력블록 안팎의 엘리트들에게도 그들의 이해관심과 직간접적으로 결부된 중대 사안이었다.

전체 사회구성원들 중 가장 많은 부분을 포괄했던 농촌지역[8]을 보면, 농지개혁의 긍정적 효과에도 불구하고 농민들의 생활개선이 주목할 만큼 이루어지지 않았다. 농민들의 생활상태를 규정한 요인은 농지소유

---

8. 전체 대비 농촌 인구의 비중은 1955년에 79%, 1960년에 73%였다(이만갑 1981 : 138).

여부 하나가 아니었다. 소작료 부담의 소멸이 농민들의 경영조건을 향상시켜 그들의 가계형편을 개선하는 효과를 지녔던 것은 사실이다. 그러나 농민들의 경영규모가 전반적으로 워낙 영세했고,[9] 도시부문과의 부등가교환, 극심한 인플레 하에서 집행된 과중한 현물조세, 상업자본에 의한 고리대 수탈, 미국 잉여농산물의 도입 등 다른 조건들이 그 효과를 크게 상쇄하였다(박진도 1994 : 47~60; 한도현 1998). 따라서 완만하게나마 지속되었던 생산성향상은 생활개선으로 직결되지 않았다.[10] 당시 농민들의 생활상태는 '해방8년사' 동안 지주계급이 몰락하고 자율적 농민운동이 궤멸한 상황에서 농민들이 점하고 있던 사회–정치적 지위가 반영된, 국가의 반농민적 정책들과 농지개혁 사후 보완조치들의 부재에 따른 것이었다. 그리고 잊지 말아야 할 것은 많은 인명의 사상과 생활기반의 파괴, 대규모 인구이동 등을 낳은 '해방8년사'의 격동들이 농민들의 물질적 삶을 피폐하게 만들었기 때문에, 한국전쟁 후 총량적 숫자로 나타난 개선이 실질적 의미를 크게 가질 수 없었다는 사실이다.

사회학자 이만갑은 1958년 경기도 광주군의 다섯 촌락과 용인군의 한 촌락에서 가구주들을 대상으로 그들의 생활상을 파악하기 위한 면

---

9. 1960년 현재 흔히 '자급수준 미달'로 평가되는 1ha 미만의 농지를 소유한 영세농가가 전체 대비 73%였다(문팔룡 외 1981 : 255).

10. 장시원(1995)은 통계지표들을 통해 완만하지만 지속된 농업생산성 향상과 농민들의 가계수지 개선을 확인한다. 그러나 그가 농민들의 생활상태와 관련하여 1960년대 초반과 대비시키는 시점은 식민지 시기, 그것도 공황국면인 1930년대 초이다. 그는 자신에 의해 인용된 자료들이 말해줄 수 없는 실상을 전혀 고려하지 않으며, 기본적으로 '생산성향상 = 생활개선'이란 그릇된 명제를 전제해두고 있다(303~317).

접 조사를 실시한 바 있다. 그 결과에 따르면 해방 전에 비해 생활형편의 변화가 없거나 악화됐다는 답변을 한 사람들이 전체 336명 가운데 57.5%가 되었다. 또 직업의 만족 여부를 묻는 질문에는 70.5%의 사람들이 만족하지 않는다고 밝혔으며, 도시이주의 의향을 갖고 있다고 말한 응답자들이 전체의 27.5%에 달했다. 반면 희망하는 자녀의 직업으로 농업을 지목한 이들은 23.8%에 불과했다(이만갑 1981 : 81~88).

그가 다른 연구자들 3인과 함께 비슷한 시기에 천안군·군위군·담양군에서 역시 가구주들을 대상으로 면접 조사한 결과는 당시 농민들의 생활형편에 대해 좀 더 직접적으로 예시한다. 이에 따르면 "언제나 위험한 상태"로 "매년 춘궁기"에 "절량농가"가 되는 연 수입 10만 환 미만 층이 전체 대상 843가구들 가운데 약 26% 정도가 됐다. 이들보다 조금 낫다는 연 수입 10만 환대 가구가 30.7%이었는데, 이들마저 "결코 안정된 상태에 있는 것은 아니"었다. 그들은 "불과 수결에 지나지 않"는 농토만을 갖고 있었으며, 자기 농사 외에도 가능한 가족 성원들 모두가 나서서 소작·품팔이·행상·식모살이·사환·직공 등으로 일하여 "간신히 생계를 유지"하였다. 요약하면 "농촌인의 대다수는 아주 낮은 생활수준"에 있었다는 것이다(*Ibid.* : 206~211).[11]

농민들의 생활고는 그들의 높은 도시 이주율로 나타났다. 1955~60년 기간에 도시인구 증가율이 연평균 5.1%로 높은 편이었는데 그 추세

---

11. 이 같은 농민들의 어려운 형편은 그들을 부채에 시달리게 만들었다. 농업은행이 1958년 9월 말에 조사한 바에 의하면, 조사대상 27,655가구 중 부채농가의 비율이 88.8%이었다. 또 한국은행의 집계에 의하면 연별 농가 1호당 평균 경제수지가 1957년 -13,325환, 1958년 -34,904환, 1959년 -13,771환, 1960년 -21,870환이었다(한국기독교사회문제연구원 1984 : 129~130).

가 주로 이농인구에 의해 주도되었다. 특히 당시는 공업화의 규모 및 속도가 크지도 빠르지도 않아서 임노동기회를 비롯한 도시의 구체적 유인들이 별로 없는 때였다. 그리고 농촌을 떠난 사람들은 가구 이주이든 단신 이주이든, 다수가 빈농층 일원들이었다. 도시의 인구증가가 많은 부분 농촌지역의 생활조건들에 기인한, 농촌의 소위 '밀어내는 힘'에 의한 것이었다(*Ibid.* : 110~111). 서울의 경우 연평균 12%씩 늘어나 인구증가의 정도가 더욱 컸다. 서울로 전입한 인구의 8할 이상이 이주 농민들이었으며 그 중에서 6~7할 가량이 "생활난" 때문에 고향을 떠난 이들이었다(오유석 1998 : 272~276).

1950년대 말과 1960년대 초 '생계유지의 어려움'은 농민들이 직면해 있던 중대한 문제상황이었다. 그들 중 일부는 봄마다 초근목피(草根木皮)에 의존하며 살았다. 또 일부는 분배 농지를 팔아버리고 다시 소작농이 됐으며, 일부는 극히 막연한 기대 속에 도시로의 이주를 결심했다. 그러나 소작농 생활은 말할 것도 없겠지만, 도시생활이 무엇인가 큰 변화를 제공하는 것은 아니었다. 도시 대중들 역시 '생계유지의 어려움'에 허덕이기는 마찬가지였다. '일자리'를 구하는 것 자체가 어려웠고, 취직한다 해도 임금은 생계비 이하이기 십상이었다. 농민들의 이주는 '경쟁성 증대'를 초래하여 도시의 생활조건을 더욱 악화시키는 요인이었다. 그들은 빈민군을 형성하면서 가정부나 파출부 같은 가사고용인, 지게꾼이나 구두닦이, 일일 노무자 등으로 일하며 어려운 삶을 지탱해갔다. 관련 지표로서 서울시 인구의 호별세 부과현황을 보면, 1961년 9월 현재 총 세대수의 70%가 비부과 대상이었다. 사회적 구호를 필요로 하는 빈곤층이 그 만큼 많았다는 것이다(오유석 1998 : 286). 동년 3월의 한 현지조사에 의하면, 대구시 전체 인구 중에서 15.8%가 절량 구호의 대상이었고, 75%가 월수입 1만 환 내외에 의지하여 힘겹게 살 아가는 이들이었다(탁희준·이정재 1961 : 162).

　도시 대중들은 봉건적 사회관계들의 지양을 전제할 때, 앞서 본 농 민[소농]들과 달리 생계수단[생산수단]을 직접 소유하지 못한 이들이 대 부분이다. 그렇기 때문에 그들이 자본주의적 근대화란 추세 속에서 최 소한의 생활을 영위하려면, 임노동이 되는 길 외에는 대안을 생각하기 어렵다. 그런데 당시 도시에는 생계수단을 전혀 갖지 못하면서도[부르 주아 계급 또는 쁘띠-부르주아 계급의 성원이 아니면서도], 동시에 임 노동기회를 찾을 수 없는 사람들로 만연했다. 사회 전체가 이미 자본주 의적 상품-화폐관계 속으로 포섭되어 가기 시작한 것은 분명했지만,[12] 그 속도는 상당히 완만해서 인구증가라는 변수를 감안하면 오히려 정 체되었다는 생각마저 갖게 할 정도였다. 오늘날 당시의 도시생활을 서

---

12. 분단국가의 안정화는 '해방8년사'를 통해 경험한 것들과 유사한, 아니면 그 이상으로 격렬한 갈등들과 분쟁들을 다시 한 번 동반하지 않고는 변경할 수 없을 듯이 보이는 '자 본주의적 근대화'라는 역사의 선로가 남한지역에 놓이는 과정이었다. '자본주의적 근대 화'라는 지향은 우선 권력블록 및 정치엘리트들의 수준에서 확고하였다. 일반 대중들 가 운데서도 더 이상 자본주의 이외의 현재와 미래를 사고하는 이들은 남아 있지 않았다. 미군정과 이승만 정권이 주도한 농지개혁은 그 자체로서 자본주의적인 것이 아니었지만, 전근대적 사회관계들의 해체 동인이었다는 점에서 이후 자본주의적 발전이 본격화될 수 있는 중요한 조건이었다. 한국전쟁은 대규모 인명 사상과 이주, 물질적 곤궁만을 귀결시 킨 것이 아니라, 신분제의 사회적 기초를 더욱 동요시킴으로써 농지개혁과 비슷한 효과 를 낳았다. 그리고 이 같은 과정들 속에서 지주계급이 몰락한 반면, 국가의 적산불하와 정전 후 경제재건 및 공업화정책에 힘입어 자본가들이 사회-정치적 위상 면에서 급부상 하였다. 식민지상황 아래 시작된 자본주의적 공업화는 〈대한민국〉의 성립과 유지로, 단 절의 위기를 넘기고 계속 진행될 수 있었다.

술할 때 '실업문제'라 일컫는 것은 바로 그 같은 상황, 즉 자본주의적 근대화란 거대한 사회-정치적 변동의 방향이 국면적으로 확정되었으나, 그 진척도의 '지체'로 인해 초래되고 있던 문제지형을 말한다.[13] 따라서 그것은 이미 자본관계가 일반화된, 자본주의적 발전이 고도화된 맥락 안에서 발생하는 실업문제와 성격이 달랐다.

당시 도시 대중들에게 주어진 임노동기회의 현황은 제조업 부문에 취업을 한 노동자 수의 추이를 통해 확인할 수 있다. 1955~60년 기간에 제조업 전체의 성장률이 77.2%에 달했지만 같은 부문 취업자 수는 24.4% 가량만이 증가하였다(221,206명 → 275,254명). 제조업 부문 취업자 수의 변화를 경제활동인구 대비 비율로 보면 1955년에는 3.3%, 1960년에는 3.6%였다(스즈키기시 1985 : 111; 김형기 1988 : 160, 234).[14] 이처럼 한국전쟁 후 경제재건 사업과 함께 계속된 공업화에도 불구하고, 도시에서 임노동기회가 크게 늘지 않은 까닭은 아래와 같은 정황과 원인 때문이었다.

첫째, 한국전쟁이 기왕에 구축되었던 산업기반들의 많은 부분을 파괴하였고 그 파괴는 동시에 임노동기회의 축소를 가져왔다. 한국전쟁의 파괴력은 봉건적 사회관계들의 해체를 촉진하는 방향으로 이어졌지만, 그렇다고 대안적 사회관계들의 형성을 촉진하는 '건설적 요소'는 아니었다. 그것은 그 동안 축성되어온 자본주의의 물질적 기초를 크게 손상시

---

13. 여기에서 '지체'라는 표현이 어떤 '정상적 상태'를 염두에 둔 것은 아니다. 그것은 다만 1950년대 말과 1960년대 초의 한국적 맥락(이행기적 모순)을 특정하기 위한 임의적 단어 선택이다.

14. 참고로 2003년 현재 경제활동인구 대비 제조업 부문의 취업자 비중을 보면 11.26%이다(노동부 2004 : 46, 48).

컸다는 점에서 역시 파괴적이었다. 산업은행 집계자료에 의하면 1951년 8월말 현재 제조업 전체가 입은 피해율이 전전 대비 40%를 넘어섰다(이대근 1987 : 104). 전쟁 전에도 임노동의 사회구성 비율은 얼마 되지 않았다. 1949년 현재 경제활동인구 가운데 제조업부문 취업자 수의 비중은 3.0%에 머물렀다(공제욱 1989 : 232). 전쟁에 따른 임노동기회의 축소 정도를 정확히 파악하기는 어렵지만, 전쟁 직후 자본주의적 범주는 종전보다 더 낮은 비중으로 축소됐다고 볼 수 있다. 그리고 유실된 기반들을 원상 복구하는 데에 일정한 기간이 소요된 만큼 임노동기회의 확대 속도가 지체된 것이다.

둘째, '원조경제'라는 상황이 임노동기회의 지체된 증가에 영향을 미쳤다. 당시 국내 자본가들의 축적활동은 미국 정부가 제공하는 원조에 크게 의존하는 상태였다. 그리고 원조는 단순히 시혜의 차원에서 공여된 것이 아니라, 사용 방향에 관한 상당한 통제력을 조건부로 한 미국 측의 계획적 정책 수단이었다. 따라서 국내 자본가들의 활동은 미국 정부의 원조정책에 의해 규정되지 않을 수 없었다. 미국 정부는 원조를 제공하면서 한국경제의 운용방향을 전반적으로 '거시경제의 안정성'에 두었다. 그래서 한미 양 정부는 정전 후 경제정책의 기조를 재정적자의 해소와 물가안정으로 설정하고, 이 안에서 "제한된 투자재원으로 소수의 한정된 소비재공업 부문만을 성장시키는 수입대체공업화전략"을 추구하였다(김양화 1995 : 39~50).[15] 달리 말하자면 원조 물자 및 자금의

---

15. 한미 양 정부의 합의가 항상 순조롭지만은 않았으나 전체적으로 미국 측의 의사가 관철되었다.

운용이 '과감하고 모험적인' 개발과 투자를 억제하는 선상에서 이루어
진 것이다. 미국 측의 원조정책은 '확대재생산'이라든가 '연관·파급 효
과' 등과 관련된 적극적 사고를 제약하였다.[16]

셋째, 국내 자본가들의 상업적 축적방식이 작용하였다. 앞의 두 가
지가 협소한 임노동기회라는 현실의 환경 내지 조건이었다면, 자본가들
의 상업적 축적은 그 같은 현실을 직접적으로 초래하는 원인이었다. 여
기에서 '상업적 축적'이라 말하는 이유는 그들의 자본축적이 주로 생산
활동[생산과정] 외부에서 발생하는 가격 차이, 즉 가치의 생산보다는 가
치의 이전에 힘입은 것이었기 때문이다. 이러한 축적은 '정경유착' 내지
'부정부패'로 지칭되는 특수한 정치적 과정을 통해 실현되었다.[17]

상업적 자본축적의 가능성은 일차적으로 국가기구들이 투자에 필요
한 원조 물자 및 자금의 배정 권한, 은행을 통한 자금융자 권한, 이들과
관련된 제반 정책수단을 장악하고 있었던 데서 연유했다. 그리고 그 가
능성은 〈이승만－자유당〉의 정권 재생산 욕구와 자본가들의 부(富)를
향한 의지가 만남으로써 현실화됐다. 집권세력은 환율정책과 금리정책
등을 지렛대 삼아 자원배분의 재량권을 최대화하는 동시에 막대한 이권
의 소재들을 조성하였다. 자본가들은 그 이권을 획득하고자 경쟁적으로

---

16. 이러한 견해가 '원조경제'라는 조건이 없었을 경우 임노동기회의 증가가 더욱 빨랐을
    것이라는 주장을 함의하지는 않는다. 필자는 다만 당시 현실화된 것 외에도 가능했을
    '원조경제'의 상이한 유형들을 가정하고 있을 뿐이다.
17. '정치'를 아주 좁게 개념화하는 입장에서 보면, 그것을 '정치적 축적'이라 부를 수 있을
    것이다. 한편 1950년대 자본가들이 산업적 성격을 완전히 결여한 것은 아니었다. 당시
    자본가들은 상업적 이익[이전된 가치] 외에 생산과정에서 절대적 잉여가치[생산된 가치]
    를 전유하였다. 그러나 박정희 정권기 경제개발이 추진되기 전까지는 상업적 특징이 국
    내 자본가들, 특히 대자본가들의 성격에서 주요 측면이었다.

집권층과 접촉[하고자]하였으며, 집권세력은 그들 가운데 일부를 선별하여 특혜를 제공하고 반대급부로 정치자금을 요구하였다(김운태 1976 : 256~260, 405; 한국일보사 1981 : 389~390; 박종철 1987 : 109~116).[18] 당시 자본가들은 자금과 물자가 전반적으로 빈곤한 상황에서 수혜대상으로 선정되기만 하면, 국가의 저환율·저금리 정책, 환율과 금리의 이중적 운용체계를 통해서 엄청난 상업적 이익을 얻을 수 있었다(김대환 1981 : 192~194; 김양화 1991 : 164~165; 공제욱 1992 : 147~149, 158~60). 또 그렇게만 되면 국가의 감세 및 면세 조치, 보호무역 조치, 그들 상호간의 담합[카르텔] 등에 의해 추가적 상업이익을 획득할 수 있었다(김양화 1991 : 166~167; 169~170).

이렇게 자본가들[특히 대자본가들]은 〈자유당〉 엘리트들 내지 관료들과의 '거래'를 통해 물자와 자금을 구함으로써 거의 자동적으로 '떼돈'을 버는 상황에 있었다. 〈조선제분〉 사장이었던 김화순의 말을 인용하면, 당시 상황은 "돈을 번다기보다 … 쓸어 모으는 형편이었다"(김대환 1981 : 193). 그들에게 '생산 및 시장 활동의 구체적 내역'이 어떻든 지간에, 그러한 활동들을 한다는 것 자체가, 즉 기업을 운영한다는 사실 자체가 '떼돈'을 가져다주는 일이었다. 생산설비는 생산을 위한 것이라기보다, 소위 '실수요자 원칙'에 따라 국가로부터 물자 및 자금을

---

18. 국가와 자본가들의 '거래'는 제조업 부문과 관련해서만 있었던 일이 아니다. 일례로 정부 발주 건설사업을 특정 업체들에게 독점시키면서 정치자금을 받아내는 관행을 들 수 있다(이종재 1993 : 109, 112). 그리고 그 '거래'의 반대급부가 항상 정치자금이었던 것도 아니다. 1957~68년 기간 동안 상공부 화학과에서 재직한 김광모는 필자와 한 인터뷰[1999. 5.~8.]를 통해 1950년대 후반기 '공무원 사회'를 다음과 같이 표현하였다. "당시가 공무원 생활의 전성기였다고 할 수 있어요. 관청은 인허가 사무를 주로 취급했고, 민간인은 외화 보유불을 분배받으면 엄청난 이득을 얻는 때였으니까요."

배당 받기 위한 자격요건이란 의미가 컸다. 그리하여 "일단 시설을 늘리고 보자는 식으로 되어 무모한 시설확장 붐을 불러 왔다"(이대근 2002 : 415). 심지어 그들은 특혜금융을 받아 아예 생산과 관계없는 사채놀이, 부동산투기 등으로 유용하거나, 공정 환율에 근거하여 배정 받은 외화를 실세 환율에 맞추어 비특권 소기업들에게 전매(轉賣)하는 방식을 통해서 상업적 폭리를 향유하였다(*Ibid.* : 480, 482). 따라서 '국가와의 거래능력'에서 뒤떨어지는 기업들의 도산과 이들의 인수를 통해 소수 업종들에서 독점화가 진행될지언정, 기존 상황과 대비하여 실질적 의미를 가지는 자본의 확대재생산은 생존 기업들에게서 그다지 나타나지 않았다. 그 만큼 독점 대기업들의 임노동 증대효과가 낮았던 것이다. 오히려 그들의 축적조건들['생산성'이나 '생산-소비연관]에 대한 안일한 태도는 낮은 수준의 사회적 구매력과 맞물려 점차 과잉설비-과잉생산의 경향을 낳았고, 급기야 불황을 유발하면서 기존 임노동기회마저 제약하였다.[19]

더욱이 미국 정부가 1958년부터 원조를 감축하기 시작하였다. 또 한국 정부는 미국 측의 요구를 받아들여 종래 재정융자의 최대재원이었던 산업부흥국채의 발행을 중단하는 등 "해마다 재정안정계획을 강화"하였다(홍성유 1965 : 115~127). 따라서 자본축적의 동향이 한층 악화되고 경제 전반의 불황이 더 심화될 수밖에 없었는데, 이러한 상황

---

19. 국가와의 '거래'를 통해 상업적 이익을 전유하는 데에 안주하던 자본가들은 1950년대 말 불황국면에 이르러서야 새로운 모색들 ― 상품의 다양화, 생산기술의 개선, 해외시장의 개척 등 ― 을 한다. 그러나 이들이 범위나 질 면에서 국부적·초보적 수준 이상의 것들은 아니었다(스즈키기시 1985 : 140~143; 김양화 1995 : 61~62).

전개 속에서 임노동자들의 생활조건이 종전보다 불안정하게 됐음은 물론이다.[20]

같은 시기 소규모 기업들은 사회적 수준에서 볼 때 몰락의 추세에 있기보다 "끈덕지게 살아남았다"(스즈키기시 1985 : 170~176). 하지만 이들의 자본축적 여건이 대기업들보다 훨씬 열악했던 것은 분명하다. 그들은 국가와의 연고정치에서 대체로 배제되었을 뿐만 아니라, 대기업들의 영향력이 미진하거나 부재한 국지적 시장 및 분업을 기초로 하여 존립한 매뉴팩처적 속성이 다분한 영세 자본들이었다. 따라서 소규모 기업들이 안정된 성장을 거듭하면서 임노동기회의 증가를 촉진할 수는 없었다.

이미 말했듯이 정전 후 도시 인구는 자연적 요인뿐 아니라 농민들의 이주로 인해 계속 높은 증가율을 보였다. 이런 가운데 임노동기회가 별달리 증가하지 않았기 때문에 도시 주민들의 생활고 문제는 악화를 피할 수 없었다.[21] 1950년대 말과 1960년대 초경 그들 다수는 농촌의

---

20. 뿐만 아니라 원조감축은 정부 재정수지의 압박을 증대시켰고, 그 동안 재정안정화 차원에서 정부가 해온 세율 인상, 세목 확대, 공과금 인상 등을 지속 · 강화하는 요인으로 작용하였다. 따라서 임노동자들은 물론 사회구성원들 다수가 종전보다 더 많은 조세부담을 져야했다. GNP 대비 세율이 1953년에 6.7%였는데, 1960년에는 14.5%가 되어 2배 이상 증가한다(홍성유 1965 : 114). 그리고 많은 논자들이 원조감축을 불황의 직접적 원인이라고 주장하지만, 사실 불황은 원조감축 이전부터 시작되었다(스즈키기시 1985; 이국영 1995 : 421~429).

21. 1960년도 완전실업률이 8.2%로 집계되었지만 잠재실업률 26.0%까지 합하면 총실업률은 34.2%에 이르렀다. 이것을 농가와 비농가로 구분하여 보면 농가의 총실업률은 29.1%, 비농가의 총실업률은 42.0%나 됐다(전철환 1983 : 92~93). 여기에 추가하여 다음의 사실을 고려할 필요가 있다. 의도적이었든 기술적 문제로 인한 것이었든 통계 자체가 과소평가된 수치들이었다는 점이다. 이승만 정권기 말에 작성된 '경제개발 3개년 계획'을 보면 1958년도 완전실업률을 공식적 통계보다 훨씬 높은 15.4%로 파악하였다(이대근 2002 : 510).

경우와 질적으로 동일한 문제, 즉 기본적인 생계유지의 어려움에 처해 있었다. '사회임금'의 부재라는 환경에서 '일자리'를 구하지 못한 사람들의 생활상태란 깊이 따져볼 필요조차 없는 것이다. 그러나 임금노동자들도 생계자립 수준에 미치지 못하기는 마찬가지였다. 그들은 '해방8년사'의 귀결[진보주의적 정치집단들의 전반적 궤멸과 이데올로기 지형의 극우적 편성]에 따라 사회-정치적으로 현저히 취약한 입지에 놓여 있던 데다가, 전술한 노동시장의 커다란 탄력성으로 인해 상시적 해고의 위기감 속에서 열악한 임금수준과 작업장 조건을 감내해야 했다.

한편 전술한 상황에 어떠한 형태로든 변화를 가져올 가능성이 역설적이게도 그 상황의 주요 근거지인 국가에서 주어졌다. 1956년경부터 일부 관료들과 자유당 엘리트들 사이에서 국민생활의 개선과 경제정책의 혁신을 강조하는 목소리가 어느 정도 힘을 얻고 있었기 때문이다. 또한 당시는 미국 정부가 무상원조를 감축하겠다는 방침을 밝힌 상태에서 한국 측에 장기적 경제개발계획의 수립을 촉구하던 때였다. 그 반향으로서 1958년 3월 '부흥부' 내에 '산업개발위원회'가 설치되고, 1960년을 기점으로 삼아 국가가 주도하는 종합적 경제개발 7개년 계획의 전반부로서 3개년 계획의 작성이 착수됐다. 1959년 초에는 그 시안이 완성돼 동년 4월 국무회의에 제출됐다. 그러나 이승만과 〈자유당〉 엘리트들은 1960년 3월로 예정된 대통령 선거에 몰두한 채 1년간이나 시안 심의를 미루다가 그 해 4월 15일에서야 채택하였다. 채택한 날이 4·19 시위 4일 전이었으니 그 계획은 실행에 옮겨질 수 없었다(박종철 1987 : 116~122; 李鍾元 1996 : 274~285; 이기홍 1999 : 263~267).

'4 · 19정세'[1960. 4.~1961. 5.]는 그렇게 농촌과 도시를 불문하고 대중들의 일상을 규정한 '생계유지의 어려움'이란 문제상황 속에서 형성됐다. 주지하다시피 그것의 직접적 동인은 〈이승만–자유당〉의 정권유지 기도, 즉 3 · 15부정선거와 이에 대한 학생들의 항의 · 규탄시위였다. 그러나 4 · 19정세는 그 같은 사건들로 환원될 수 없는, 아니 도리어 협의의 '정치'를 저변에서 규정하는 내용을 포함하고 있었다. 당시 시위참여자들 가운데 학생들을 제외하면 "실업자, 피구호민 및 제3차 산업의 불완전취업자"들이 가장 큰 비중을 차지하였다(정기영 1990 : 127).[22] 그리고 대중들의 개혁요구는 제도권 정치엘리트들에게 '반민주행위자 및 부정축재자 처벌' 방침으로까지 받아들여졌는데, 그들 모두의 주관적 인식수준과 별개로 그것은 '빈곤의 대중화'를 낳고 있던 '상업적 자본축적양식'에 대한 비판을 내포한 것이었다.[23] 또 장면 정권이 직접 실시한 여론조사나 신문지상의 보도, 현지조사자의 보고문 등을 보면, 대중들이 '정치적 민주화'를 매개로 가장 시급하게 해결되기를 원한 과제영역이 바로 '경제'였음을 알 수 있다(동아일보 1960. 5. 12., 12. 28.; 탁희준 · 이정재 1961; 한승주 1983 : 199; 김정원 1985 : 250).

그러므로 4 · 19정세의 추이는 생활고 타개란 대중적 요구를 핵심 과제로 삼은 개혁프로젝트를 누가 어떤 내용과 방식으로 제시하고 추진하느냐에 따라 크게 좌우될 상황이었다. 그리고 그러한 움직임이 사

---

22. 영화감독 김호선은 대학생시절 경험한 4 · 19정세를 회고하면서 "4월의 꽃잎처럼 사라져간 학우들의 영상" 뿐만 아니라 "이른바 '따라지 인생'들의 분노도 함께" 기억하였다 (김호선 1978 : 161).
23. 7 · 29총선 당시 민주당은 "부정축재의 회수", "부정대부의 정리", "특혜와 독점의 배제", "부패의 근절" 등을 공약하였다(중앙선거관리위원회 1964 : 345).

회기층이나 사회운동들에 의해 독자적으로 전개되지 않는 조건에서 일단 정세의 이니셔티브가 〈민주당〉에게 주어졌다. 1960년 7월 29일 새로운 의회와 새로운 내각을 구성하기 위한 선거에서, 유권자들은 〈민주당〉 후보들에게 압도적 지지를 보냈다. 7·29총선에서 〈민주당〉은 서울시 16개 선거구 중 15석을, 전국 233개 의석 중 175석[75.1%]을 획득하였다(중앙선거관리위원회 1981 : 239).

그러나 〈민주당〉과 장면 내각은 그들의 기대를 여지없이 저버렸다. 장면 정권과 〈민주당〉이 드러낸 문제점은 개혁의 내용이나 형식 또는 능력과 관련된 것이 아니었다. 그들의 실태는 그들에게 과연 개혁의 의사가 있는가 라는 질문을 던져야 할 지경이었다.

〈민주당〉은 7·29총선 공천시점부터 시종일관 파벌싸움에 몰두하였다. 〈구파〉와 〈신파〉, 신파 내에서 〈노장파〉와 〈소장파〉, 구파에서 이탈한 〈합작파〉 등으로 분열하여 벌인 다툼이 끊이질 않았다. 한 논자의 표현처럼 그것은 "민주당의 무한(無限)내분"이었다(강준만 2004 : 70). 물론 정치에서 경쟁과 갈등 자체가 금기시되어서는 안 되며 그렇게 되는 것이야말로 바람직한 일이 아니다. 문제는 그들의 갈등들이 개혁이념이나 정책의제와 아무 관계가 없었다는 사실이다. 그것들은 오로지 이권 획득에만 혈안인 '권력투쟁'의 모습이었다. 그들의 정쟁은 주로 정부의 주요 직책들을 어느 계파가 얼마나 차지하느냐 하는 인사문제와 관련된 것이었다(한승주 1983 : 제6장; 김정원 1985 : 247~250; 정수산 1991 : 102~117, 142~157). 사실 자기 계파의 헤게모니 확대를 위해서라도 대중들의 열망을 숙고해야 했으나 그들에게 그 같은 정치감각은 없었다.

장면 정권은 '반민주행위자 및 부정축재자 처벌' 과정에서 시종 소극적 태도로 일관하였다(정수산 1991 : 118~142). 당시 '반민주행위자 및 부정축재자 처벌'이 단순히 말 그대로 범법자 처벌의 문제만은 아니었다. 그것은 기왕의 특정한 사회－정치적 관계, 즉 대중들에게 '부정부패' 혹은 '정경유착'으로 포착된 '사회적 부의 특정한 전유양식'을 개혁하는 일이었다. 여기에서 개혁의 방향이 하나의 쟁점일 수 있다. 그러나 장면 정권과 〈민주당〉은 기성 질서의 변화 자체를 회피하였다. 이 점은 장면 정권과 의회의 제 세력이 서로 다른 기준들을 제시하며 처벌법안의 결정을 지연시켜나간 과정에서 확인된다. 그들의 견해 대립들은 단지 파벌 강화의 책략, 정치자금과 수뢰를 통한 이권 거래, 행정부의 조세원 확보 등과 결부된 것들이었다(한승주 1983 : 151, 161~162; 정수산 1991 : 128~129, 137~140).

장면 정권은 집권 초부터 '경제제일주의'를 표방하면서 일면 대중들의 생활고 개선에 적극적으로 임할 것 같은 인상을 주었다. 그러나 실제로는 이듬해에 쿠데타를 맞이하기까지 9개월 여 동안 이권 다툼에 따른 정쟁으로 개각을 3번이나 하면서, 경제현황을 정확히 파악하지 못한 채 임시방편적·전시적 경제정책들을 시행하는 데에 그쳤다. 장면 정권의 경제정책들은 미국 정부의 권고를 수용하는 견지에서 시장기구의 가격변수들[환율과 금리, 공공요금 등]을 현실화하는 '소극적 관리'에 초점을 맞추었고 이 경향의 결과는 물가상승과 사회구성원들의 생활고 악화였다. 대중들의 생활상이 몇 가지 개혁적 조치들에 의해서 단기간 동안 현저하게 달라지기는 쉽지 않다. 따라서 장면 정권의 정책들은 최소한 대중들에게 '희망'을 불어넣는 것들이어야 했다. 그러나 〈국토개발사업〉을 제외하면 그들에게 긍정적으로 받아들여질 만한 정책은 없었다.[24]

그나마 그것도 성과가 좋지 않았다. 〈국토개발사업〉은 장면 정권 성립 후 7개월이 지난 1961년 3월부터 개시되었는데, 심각해지는 춘궁기 농민들의 생활고와 도시 주민들의 실업문제, 이와 관련하여 퍼져나간 '3·4월 위기설'에 대한 응급처방의 성격을 강하게 띠고 있었다.[25] 공식적 취지는 국가 차원에서 사회간접자본의 건설사업들을 전개함으로써 '일자리'를 만들고 민생안정을 도모하는 한편 공업화의 터전을 마련한다는 것이었다. 그러나 무엇보다 임금수준이 실업구제의 취지를 살리기에 충분치 않았으며 그조차 제 때에 지급하지 못하였다. 사업시행에 필요한 예산조치와 재정지원이 제대로 이루어지지 않았고 조직운용도 원활하지 않았다. 더욱이 〈민주당〉 의원들과 시공업자들 사이에서 이권과 관련된 거래들이 행해졌으며, 사업이 단기성과 전시성을 면치 못하는 수리·조림·사방 등 작은 공사들 위주로 진행됐다. 이에 따라 〈국토개발사업〉은 도처에서 비판의 소리를 듣지 않을 수 없었다(정수산

---

24. 당시 의회의 동향은 장면 정권이 의원내각제 정부였기 때문에 이승만 정권기에 비하여 좀 더 중요한 위상을 지니고 있었다. 그런데 9개월 동안 의회에서 의원들이 토론 대상으로 삼은 사안들은 대부분 '경제'와 무관한 것들이었다. 집권 〈민주당〉 소속이든 민주당에서 분리하여 나온 〈신민당〉 소속이든 의원들의 관심사는 소위 "권력배분에 집중"되어 있었다(백영철 1996 : 148).
25. 장면의 공보비서관이었던 송원영의 표현을 빌면 〈국토개발사업〉은 심부전증 환자에게 응급 투여하는 "캠퍼주사[camphor injection]와 같은 단기대책"이었다(송원영 1990 : 197).

1991 : 167~169; 홍석률 1997 : 203~207).

　이승만 정권기에 좌절된 종합적 경제개발['경제개발 5개년 계획']이 다시 추진되기는 하였다. 그러나 그 추진의 양상은 신속하지도 적극적이지도 않았다. 장면 정권은 경제정책의 제1순위를 미국 측과의 공조에 두었고, 따라서 미국 정부가 요구한 사항들의 처리를 우선시하였다. 게다가 이미 말했다시피 지속적 파쟁들로 인해 과제추진의 안정적 환경마저 제공되지 않았다. '경제개발 5개년 계획'을 작성하라는 지시가 부흥부 산하 산업개발위원회에 내려진 것은 장면 정권이 성립한 지 3개월이 지난 후였다. 같은 시점에 계획의 효율적 집행을 기한다는 취지의 '경제개발부' 신설을 골자로 한 정부기구 개편안이 공표됐다. 그러나 계획 입안 작업이 본격적으로 시작된 것은 다시 4개월이 지난 1961년 3월이었다. 이조차 케네디 정부가 개발차관 중심의 원조정책을 집행하겠다는 교서를 발표한 직후 반응한 것이었다. 장면 정권은 그처럼 뒤늦게 작업을 재촉하더니 2개월 여 후인 5월 15일 계획안을 확정하였다. 그러나 주지하듯이 그 다음날 쿠데타가 발발하였다. 경제개발부 설치를 위한 정부기구 개편안은 쿠데타가 있기까지 6개월 여 기간이 지나도록 입법 처리되지 않았다(김흥기 편 1999 : 31~34; 박태균 2000 : 160~163).

　전반적으로 장면 정권은 대중들의 의사와 배치되는 현상유지 정책들을 추구하였다. 장면 정권은 그들에게 더 이상 희망일 수 없었다. 장면 정권이 대중들에게 이승만 정권과 달리 보였다면 그것은 대통령중심제 정부가 아니라 의원내각제 정부라는 사실뿐이었다. 그렇다면 4·

19시위의 선두에 섰던 학생운동 진영은 어떠했는가? 또 제도권 안팎의 진보정치 그룹들은 어떤 정세판단 아래 어떤 내용과 방식의 활동들을 벌여 나갔는가? 이들은 장면 정권 및 〈민주당〉과 달리 대중들의 희원을 적극적으로 받아 안는 실천들을 하였는가?

1960년 2월 28일 대구 시위 이후 이승만이 대통령직에서 물러난 4월 26일까지, 학생운동의 모습은 제도권 중앙정치의 경쟁성과 절차적 정당성을 구현하자는 '반독재 민주화'에 한정된 주장과 활동이었다. 이것은 그 시기 학생운동의 중심 의제라기보다 거의 유일한 의제였다(고성국 1990 : 161~163).

그 후 7·29총선을 지나 9월 말까지는 학도호국단을 해체하고 학생회를 조직하는 학원민주화와, 학생회를 중심으로 벌인 〈국민계몽대〉 활동이 주요 흐름이었다. 후자는 대중들의 "정치적 후진성", "허영과 사치, 향락과 안일"을 교정하겠다는 선거 및 "새 생활" 계몽이었다. 그래서 그들은 총선의 중요성과 투표방식에 대한 교육, 부정선거 예방, 양담배 회수 및 소각, 커피 안 마시기, 유흥업소 퇴치, 관용차 부정사용 단속 등의 활동들을 전개하였다(박태순·김동춘 1991 : 92~95).

같은 해 10월부터는 통일운동이 대세를 형성하였다. 통일운동의 핵심 주체들은 "혁명"의 "완수"가 "조국의 통일"에 있다고 보았다. 이 대열에 〈국민계몽대〉의 구성원들 일부가 합류하였으나 그 주축은 앞에서 말한 그룹들과 성향 면에서 구별되는 각 대학의 "선진적 서클들"이었다. 그들은 학교별로 〈민족통일학생연맹〉[민통련]을 결성하고 민족주의적·진보적 사회단체들 및 혁신정당들과 교류·연대하면서 회원확대 및 조직정비, 정세토론, 선전활동 등을 전개하였다. 4·19 1주년 행사를 기점으로 좀 더 본격적인 통일운동을 펴기 시작한 민통련은 급기야 1961년 5월 3일부로 남북한 학생회담을 정식 제의·추진하여 사회 전반에 일대 파문을 불러 일으켰다. 그 같은 시도에 대해 북측의 당사자들과 남측의 진보적 정치그룹들은 환영 및 지지의 의사를 표명하였지만, 장면 정권과 대부분의 남측 언론들은 강력한 반대와 우려의 뜻을 피력하였다. 학생들은 회담의 비정치성을 강조하고 협력단체들과 함께 집회를 개최하면서, 대표단의 구성과 구체적 실무사항들을 준비·점검하는 등 계획을 추진해나갔다. 그러나 그들은 비우호적 여론들에 직면하여 현재화된 운동 내적인 인식들과 의지들의 불일치 속에서 당초의 제안을 유보하는 방향으로 선회하였으며, 5월 16일 발발한 쿠데타에 의해 최종적으로 계획의 포기를 확증받아야 했다(홍석률 1997 : 115~127).[26]

한편 혁신정당들과 비제도권 진보세력들도 1960년 여름부터 '민족통일'을 활동의 중심 의제로 내세웠다. 전자의 경우 7·29총선 기간에 통일방안[통일의 수단과 통일 후 정치체제의 성격 등]을 공약으로 제시하면서 그것을 쟁점화 하고자 노력을 기울였다. 그러나 선거의 결과는 참패였다.[27] 이에 따라 혁신세력들은 일정기간 이합집산을 거친 후 연

---

26. 1961년 2~3월에는 학생운동의 진보분파들이 사회단체들과 함께 '한미경제협정 반대운동', '2대악법 반대투쟁' 등을 벌였는데, 이 활동들도 기본적으로 통일운동과 중첩된 의제 범위에 속하는 것들이었다. 그들은 한미경제협정에 대해 "민족의 분할을 영구화하고 조국의 주권을 침해"하는 것으로 규정하였으며, 2대악법('반공임시특별법안'과 '데모규제법안')에 대해서는 통일운동을 봉쇄하는 "해족적" 장치들이라고 비판하였다(고성국 1990 : 167~8; 문한영 1990 : 154; 황건 1990 : 164; 박명림 1996b : 256).

27. 혁신정당들의 득표율은 모두 합하여 6.6%였고 〈사회대중당〉이 4개 의석, 〈한국사회당〉이 1개 의석을 획득하는 데에 머물렀다. 반공산주의의 위력이나 신진세력 진입을 제

말부터 다시 통일논의를 제기하기 시작하였다. 그들은 정당들마다 다소 상이한 양상을 띠는 가운데 선전과 계몽 차원의 통일논의를 개진하고 비제도권 단체들의 통일운동에 참여하였다. 정당들 이외의 운동단체들 역시 7·29총선을 전후한 시점부터 4·19정세의 중심축을 민족통일운 동으로 삼고자 하였다. 그들은 1961년 초 학생운동과 혁신계까지 포괄 하는 통일운동세력들의 결집체인 〈민족자주통일중앙협의회〉를 결성하 여, 민통련의 학생회담 추진을 지원하는 등 민족문제와 관련된 제반 활 동을 전개하였다(*Ibid.* : 90~97, 127~159).

이처럼 학생운동과 제도권 안팎의 진보그룹들은 진정성 여부와 별 개로, 사회기층의 '평범한 사람들'이 생각할 때 자신들의 절박한 생활상 의 요구와는 상당히 거리가 있는 실천들에 주력하였다. 물론 그들이 대 중들의 심각한 생활고에 대해 무관심했거나 미처 자각하지 못한 것은 아니다. 반대로 그들은 "참으로 배고픈 사람이 없는 나라를 건설하는 전선의 기수"들이 되겠다고 결의하였다(사월혁명연구소 편 1990 : 309). 그렇지만 그들의 주요 담론들은 '반독재 민주화', '새로운 생활도덕', '민 족통일' 등에 한정되었다. 그들의 활동들은 그들이야말로 대중들의 당 면 현안인 '생계유지의 곤란'을 완화 혹은 해소하기 위해 분투할 세력들 임을 설득할만한 요소가 적었다. 논쟁의 여지를 일단 배제하고 그들이 추구한 바가 궁극적으로 옳은 길이었다 하더라도, 정세를 주도하고자

---

한한 보수독점적 선거제도 등 극히 불리했던 여건들을 감안할 때, 7·29총선에서 혁신 정당들이 거둔 성과를 "참패"로 규정하는 것이 과연 타당한가 라는 문제제기가 가능하다 (김수진 1996 : 173~4). 그러나 그것은 혁신세력들이 통일방안을 "민주당과의 선거경쟁 에서 거의 유일한 정책적 차이로 제시한"(고성국 1990 : 165) 가운데 얻은 결과라는 점에 서, 적어도 통일이 유권자들의 주요 관심사가 아니었음을 말해준다.

하였다면 그들은 '빈곤 탈피'란 담론을 자신들의 운동기획 속에 더욱 직접적이고 적극적으로 편제할 필요가 있었다.

그러나 당대에 가장 선진적인 세력들이었다고 평가받는 그룹들인 〈민주민족청년동맹〉과 〈통일민주청년동맹〉, 〈민족통일학생연맹〉 등조차 그러지 않았다. 오히려 그들은 혈연과 영토의 역사성에 집착하면서 '조속한 남북정치협상'을 요구하고 생활고 문제는 거기에 부차적으로 어색하게 병렬시켰다. 생활고 문제에 대한 그들의 해결책은 〈남북학생회담 환영 및 민족통일촉진 궐기대회〉 명의의 전단에서처럼 이렇게 주장되었다.

일터 없고 집도 없고 쌀도 없고 배고파 살 수 없는 영세실업대중 여러분! … 이제 여러분이 갈망하는 통일의 날은 다가왔다. 나가자! … 외치자! 조국의 자주적인 통일을!(사월혁명연구소 편 1990 : 330).

시위 때 "배고파 못 살겠다. 통일하여 살아보자", "밥과 일터는 통일에 있다", "인구문제와 실업문제는 통일에" 등의 구호들이 간헐적으로 외쳐졌는데, 그것들이 그나마 간헐적으로 외쳐진 까닭은 '경제'가 민족통일이란 과제를 최우선시해야 하는 여러 이유들 중 하나에 불과하였기 때문이다. 그들은 이른바 노선상의 차이들에도 불구하고 "현 단계에서 민족통일문제가 전략적으로 상위에 놓인 과제"라는 데에 대체적으로 합의하였다(김지형 2000; 류동민 2001 : 5). 그들에게 남한의 '경제'라는 사안은 한반도 전체 차원의 경제적 재생산 및 분업 관련, 다시 말하면 '민족경제'의 수립과 이를 통한 북한 측 생산력의 활용이 이루어지

지 않는 한 큰 의미가 없었다(김인걸 외 1998 : 256~257).[28]

　이들이 〈민주당〉[및 〈신민당〉]과 다른 사람들이었던 것은 분명하다. 〈민주당〉은 현실의 사회적 고통들을 정략적 차원에서조차 외면하였고 기존 현실의 변화를 원치 않은 보수파였다. 반면 학생운동과 진보세력들 다수는 개혁파 혹은 변혁세력으로서의 일정한 진정성과 도덕성을 갖추었다. 그러나 대중들은 이들에게서도 '희망'의 단서를 찾을 수 없었다. 대중들의 핵심적 이해관심은 그들에 의해 역시 주변화되었기 때문이다.[29] 이런 와중에 군부가 쿠데타를 감행하였다. 일체의 자율적 정치활동을 중단시킨 무장 군인들은 대중들에게 두려움의 대상이었다. 그러나 그들은 "부패와 구악(舊惡)을 일소"하고 "절망과 기아선상에서 허덕이는 민생고를 시급히 해결"하겠노라고 다짐했다. 미래에 대한 예견은 불가능했다. 하지만 대중들은 더 이상 4·19정세에서 바랄 것이 없었다. 그들은 이제 반신반의하는 두려움과 기대의 시선을 교차시키면서 새롭게 등장한 군부 엘리트들의 행보를 주목하기 시작했다. 그리고 군

---

28. 이 점은 후일 박현채에 의해 "당위로서의 민족경제"란 문제설정으로 제시된다(류동민 2001 : 14ff.). 류동민은 1960년대 전반기 "진보적 민족민주운동"이 "근본적 변혁"을 염두에 두었다고 강조한다. 그러나 당시 권력블록의 개발기획이 성립·존속한 사회-정치적 기반과 관련하여 주목할 부분은 "진보적 민족민주운동"이 "근본적 변혁"을 지향하였는가의 여부이기보다 그들의 화두가 '통일'이었지 '경제'는 아니었다는 사실이다.

29. 당시의 진보진영은 해방 직후의 그들과 대비되는 면이 있다. 해방 직후 좌파 민족주의자들이 대중적 기반을 확보할 수 있었던 중요한 이유는 그들의 민족해방운동 경력과 함께, 최다수 사회구성원들인 농민들의 실생활과 밀접히 연계된 '토지문제', '소작문제' 등에 대해 취한 적극적 태도와 입장이었다. 이와 달리 박정희 정권 성립 전후의 진보진영은 도시와 농촌을 불문한 많은 사람들의 일상을 옥죄던 '경제'를 전략적 판단의 차순위로, 즉 '통일의 촉진 및 실현 속에서 해소될 문제'로 생각하였다. 더구나 그들은 전술한 '해방8년사'의 복합적 귀결들을 고려하지 않았다. "민족통일"을 통한 "혁명"의 "완성"을 전망하고 그 "주 과업"으로 "반외세투쟁"을 상정한 그들의 노선은 "이 사회가 식민지"라는 "분석"에 입각한 것이었다(김지형 2000 : 110~112).

부 엘리트들은 자신들 수중에 있는 강권력을 최대한 활용하면서 장기
적이고 종합적인 경제개발계획을 신속히 입안·추진하여 나갔다.

앞서 언급한 남북한 학생회담의 남측 대표자들 중 일인이었고, 이
후 1964~65년 한일회담 및 한일협정 비준 반대투쟁의 주도자들 가운
데 한 사람이었던 김지하는 당시 정황에 대해 아래와 같이 술회하였다.

> 내 앞에, 내 안에, 내 벗들에게 '가난'이 살고 있었다. 5월 쿠데타의 주체들
> 앞에, 그들 안에, 그들의 동맹자들에게 '가난'이 살고 있었다. '가난'은 그 시
> 대 최대 최고의 숙제였다. 나라도 어찌하지 못한다는 가난! 가난이 우리를
> 지배하고 있었다. 우리 모두가, 우리들 어느 누구도 찬성하지 않았던 5월
> 의 군부 쿠데타가 슬그머니 시인 받게 되었던 것도 가난 때문이었다. 가난
> 에 대한 그들의 관심 때문이었다(김지하 2002a : 323).[30]

〈합동통신〉 외신부 기자로서 4·19정세를 지켜보았던 이영희는 이
렇게 회고한 바 있다.

> 대중의 생활은 말이 아니었다. 정치혁명과 함께 경제적 개혁을 기대했던
> 대중은 배신감에 사로잡혔다. 대중의 생활은 문자 그대로 '도탄'이었으니

30. 한일회담 반대 및 한일협정비준 반대 투쟁 때에도 저항진영은 대중들의 절실한 이해관심
    을 자신들의 논리 안에 적극적으로 편입시키기보다, '굴욕외교'를 비판하고 그것을 통한
    '재식민화'의 가능성을 선전하면서 '반외세'담론을 설파하는 데에 몰두하였다. "사건은 두
    가지 문제로 압축된다. 하나는 36년간의 착취와 억압, 무자비한 식민통치의 결과를 보상금
    몇 푼으로 씻어낼 수는 없다는 것이고, 또 하나는 그에 따르는 차관공여 등으로 일본에의
    경제예속과 매판화가 추진된다는 위험이었다"(김지하 2002c : 433). 김지하에 따르면 당시
    자신은 "제2의 독립운동"을 하는 심정이었고 일반시민들의 경우 "4·19 때와 달리 구경만
    하는" 분위기였다(김지하 2002 c : 432, 2002b : 445).

… (이영희 1988 : 342).

요컨대 정세의 이니셔티브가 1961년 5월 이후 쿠데타의 주체들에게 넘어간 요인 및 조건을, 그들에 의한 정권 탈취[억압적·이데올로기적 국가기구들의 점위라는 사실로 환원하여 이해할 수는 없다. 다수 대중들에게 절실하였던 빈곤 타개에 대한 태도 면에서, 그들보다 더 적극적이고 인상적인 모습을 보여준 정치세력들은 당시에 존재하지 않았다. 그 만큼 쿠데타 주체들은 전술한 '해방8년사'의 귀결들을 배경 삼아서, 그들이 추진하는 경제개발을 '민족적인 것'으로 담론화하고 동시에 자신들을 애국적 개혁집단으로 내세울 수 있는 우호적 상황 안에 있었다. 그들은 '민족통일'을 자신들의 기획에서 배제하지 않았다. 그러나 '민족통일'을 앞세우면서 '경제'를 이야기한 것이 아니라 '경제'를 앞세우면서 '민족통일'을 말하였다. 반면 저항엘리트들은 내적 분파들의 구별을 떠나 '경제'와 관련해서 방어적이고 수동적이었다. 그들은 박정희 정권의 경제개발에 맞서는 적극적 대안기획을 1970년대에 이르러서야 본격적으로 제기하기 시작한대'민족경제론' 또는 '대중경제론']. 사실 4·19정세 당시 전개된 통일운동에서 주시해야 할 측면은 기존 연구자들이 강조하였던 저항엘리트들과 대중들 간에 노정된 정치의식의 수준 격차[전자의 '최대강령주의' 혹은 후자의 '저급한 정치의식'](고성국 1990 : 173~174; 최장집 1996 : 56~58)가 아니라, 대중들의 절실한 이해관심을 사고의 중심에 배치하지 않은 저항엘리트들의 패착이다.

거시적 안목에서 다소 달리 파악한다면 박정희 정권 성립 전후의 시기는 이른바 '본원적 축적'의 측면을 내포하였다고 볼 수 있다. 당시

는 자본주의사회가 성립·발전하는 기본 전제라 할 '본원적 축적'이 식
민지 시기 이후 완만하게 진전되다가, 특수한 '한국적 양상'으로 빠르게
본격화된 시기였다. 우선 '해방8년사' 기간의 계급투쟁들이 낳은 여파로
실시된 농지개혁 및 그 부대효과, 한국전쟁의 발발 등은 최다수 사회구
성원들이었던 농민들을 봉건적 사회관계들로부터 자유롭게 만들어나갔
다. 그러나 농민들은 역시 '해방8년사'의 효과들이었던 생활기반의 파괴
와 자율적 농민운동의 궤멸, 그리고 지주계급의 사회-정치적 무력화란
조건들 하에서 반농민적 국가정책들에 의해 점차 도시로 내몰리기 시
작하였다. 그리고 이렇게 도시로 이주한 농민들이 '무일푼의 프롤레타
리아트'를 구성해나갔으며, 박정희 정권이 주도한 경제개발은 바로 그
'무일푼의 프롤레타리아트'를 자본관계에 포섭하는 기획이었다. 다른 한
편으로 '생산수단의 자본화'['선행적 축적']는 전술한 바와 같이 특혜적
'적산불하'와 '무상원조'를 통하여 점진되다가, 후술하는 것처럼 '차관'에
크게 의존하는 방식으로 급속히 실현되는데 이 과정을 주도한 주체가
역시 박정희 정권이었다.

　박정희 정권기에도 부정부패의 실상은 계속됐다. 심지어 시민사회
에 대한 국가주의적 규율 및 통제는 더욱 강해졌다. 이러한 지점들은
박정희 정권이 몰락할 때까지 줄곧 권력블록의 정당성 기반을 불안하
게 만드는 중요한 원천이었다. 그러나 소위 '절차-형식적 합리성'이 정
당성 내지 헤게모니의 필요충분조건은 아니었다. 장기간 가난에 허덕인
대중들에게 박정희 정권이 주도한 경제개발은 '희망'으로 비쳐졌다. 특
히 경제개발의 임노동기회 산출효과는 도시의 기존 구성원들뿐만 아니

라 빈궁한 농가들의 일원에게, 생활고 해소의 돌파구이자 억눌려 왔던 제반 욕구들을 실현할 유력한 계기처럼 보였다. 그들은 많은 경우 '일자리'를 구했다는 사실 자체에 흥분하였으며 꿈에 부푼 가슴을 안고 임노동생활을 시작하였다. 당장 임금수준과 노동조건들이 어떻든지 간에 미래에 대한 '희망'은 난생 처음 경험하는 고된 나날들을 견뎌나가는 커다란 자원이었다. 박정희 정권기 권력블록은 대중들의 절실한 이해관심이었던 '빈곤탈피의 욕구'를 자신들의 '민족중흥 = 조국근대화' 기획 속에 편입시켰고, 그 기획의 이행을 통해 다수의 '일자리'들을 만들어냄으로써 일단 대중적인 열망과 정합관계를 이루었던 것이다. 따라서 그들의 독재정치를 '금욕의 정치'로 일면화할 수 없으며 그것이 확보하였던 중대한 수준의 헤게모니를 부인할 수 없다.

> 서울 그러면 아… 굉장하게 느꼈죠. … 서울에만 가면 모든 게 이루어질 것이다 … 그렇게 생각을 하고 올라왔어요. … 서울은 돈을 손에 만질 수 있게 한다는 꿈에 젖어 있었어요(〈원풍모방〉 ○○○).[31]

> 첫 출근하던 날의 감격은 지금도 잊을 수가 없다. … 얼마나 손꼽아 기다리던 첫 출근이었던가! 앞으로의 희망과 가지가지 알찬 계획들이 한꺼번에 일어나 마음속에서 춤을 추었다(〈동일방직〉 석정남).[32]

> 오늘은 월급날 … 어깨가 으쓱했다. … 내겐 정말 큰돈이었다. 고생을 하게 되었지만 절망하지 않고 집념과 의지 속에 살아가면서 최선을 다하고 있

---

31. 정미숙(1993 : 42).
32. 석정남(1983 : 12~13).

다(〈○○공장〉 임순녀).[33]

> 일을 참 열심히 했어요. … "대망의 80년대"라는 말을 참 많이 썼어요. 80년이 되면 노동자들이 잘 살게 될 거라고 조회 시간에도 그러고, 희망을 참 많이 주었어요. … 저는 "대망의 80년대"가 되면, 쫙 뻗은 고속도로가 있고 떠오르는 태양, 이런 포스터도 많았는데, 그런 태양을 향해서 가는 거다 … 졸음을 참으면서 80년대에는 … 우리가 잘 살 수 있을 거다, 이렇게 생각을 했어요. 그래서 열심히 일을 했고, 80년대가 되면 우리 어머니 아버지 빚을 다 갚아줄 것이고 잘 살 거다 … 내가 하고 싶은 공부도 할 수 있을 거고 긴 시간 일하지 않아도 될 거라고 생각을 했죠(〈YH무역〉 ○○○).[34]

도시 임노동자의 생활은 특히 여성들의 경우, 그 동안 자신들을 협소한 전통적 일상들 안에 가두어온 가부장주의적 피보호와 종속, 가계 보조 윤리로부터 일정 정도 벗어나, 새로운 해방감과 자유로움, 독립된 인격으로서의 자긍심 등을 느끼고 누릴 수 있게 해주는 시공간으로 받아들여지기도 하였다. 이러한 여성들에게는 공장이나 도시가 남성들의 전유물이었던 가계경영 주체로서의 역할들과 가정의 좁은 울타리를 넘어선 공적 사회인으로서의 기능들에 참여하고자 하는 주관적 욕망의 계기들이었던 것이다(김준 2001 : 83; 김원 2002 : 87~91).[35]

도시지역 '일자리'의 증가는 기간의 상황에 비추어 결코 작은 변화

---

33. 나보순 외(1983 : 24).

34. 정미숙(1993 : 44).

35. 그것은 가난의 탈피란 대중적 열망 아래서 급속히 추진된 산업화와 함께 '가부장주의의 변용'이 이루어졌음을 뜻한다. 산업화를 주도한 집단들과 개별 남성가장들은 가부장주의 문화의 지양을 결코 염두에 두지 않았지만, 그렇다고 여성들을 종전처럼 '집안'에 가두어 놓기만 할 수도 없었다.

가 아니었다. 관련 지표로서 경제활동인구에 대한 비농림어업 취업자 수의 비중을 보면 1960년 29.5%, 1970년 45.4%, 1980년 61.3%로 급격히 증가하는 경향을 나타냈다(서관모 1986 : 95). 또 인천지역 '일자리' 수의 추이만을 보더라도 1960년대 초에 9만여 개였던 것이 1970년대 말에 이르러 23만여 개로 늘어났다(정영태 2004 : 298). 임노동기회의 증가는 개발추진의 빠른 속도, 노동집약 부문의 전략적 육성, 해외시장을 겨냥한 생산체계, 모험적 거대 프로젝트들의 실행, 공업화의 전제이자 효과인 공공부문 및 상업·유통부문의 확장 등에 기인한 것이었다. 그리고 이러한 요인들의 작용은 자본축적의 성격 변화에 의해 밑받침되고 있었다.

박정희 정권기 역시 국가기구들이 주요 투자재원의 배분권을 장악한 상황이었기 때문에 자본축적의 상업적 측면은 유지되었다. 그러나 종전과 달리 자본가들이 국가와 거래한 성과인 '특혜'가 '이윤'으로 현실화되는 직접적 관련이 약화됐다. 왜냐하면 해당 자본가가 일정한 '실적'[예를 들어 소정의 책임 수출액 달성]을 이루지 못할 경우, 국가는 그 자본가를 차기 특혜 대상에서 제외할뿐더러 제재들[조세 추징, 수입인가 취소 등]을 가하는 반대급부를 제도화하였기 때문이다. 이제 '특혜'를 '이윤'으로 연결시키려면 자본가들은 투자에 대한 추가적 가치를 낳는 생산적 노력과 활동에 의존해야만 했다(사공일·존스 1981 : 127, 307~309; Hamilton 1983 : 72~75; 박동철 1993 : 119; 김낙년 1999 : 57~59; 장하원 1999 : 117~118; 김일영 1999 : 339~340).

이 이면에는 소위 '차관경제'의 압박이 작용하였다. 박정희 정권기

자본축적의 새로운 핵심 재원이었던 차관은 지난 시기의 무상원조와는 달리 국가의 보증 아래 원리금 상환을 조건으로 제공되었다. 따라서 차관에 의존한 기업경영의 '비생산성'은 정권의 몰락과 직결되는 일이었다. 그러니까 투자재원의 배분 권한을 독점하다시피 한 국가가 '차관경제'에 의해 주어진 긴장이란 조건 하에서, 특정한 자본가들에게 '특혜'를 제공하는 다른 한편으로 '실적'을 요구하는 체계를 구축해나갔고, 이 같은 시스템이 자본축적의 산업적 측면을 확대하였던 것이다. 그리고 그 경향이 개별 기업은 물론 업종과 부문, 국민경제 수준에서 다양한 형태의 '확대재생산'을 촉진하였다.[36]

경제개발의 '생산성'은 그렇게 '일자리'를 창출·확산시켰고, 이는 두 가지 점들에서 사회-정치적으로 중요한 의미를 지니는 것이었다. 우선 증가하는 '일자리'는 경제개발이 본격화되기 전까지 이행기적 모순 속에서 빈곤과 빈곤이 동반하는 고통들 및 속박들에 시달린 대중들에게 기쁘고 환영할 만한 사태 변화로 받아들여졌다. 한 마디로 그것은 권력블록과 이들이 주도한 경제개발 프로젝트를 계속 존립케 하는 핵심적 기초였다. 두 번째로는 '일자리'의 증가가 단순히 취업자 수의 증대만이 아니라, 특정한

---

36. 1970년대 중반 경부터는 독점자본들이 포괄하는 업종들을 중심으로, 노동력 투입량의 증가에 의존하는 '외연적(extensive) 축적체제'가 유지되는 가운데서도, 자본구성의 고도화[기술능력 제고와 노동강도 강화를 통해 노동생산성 상승을 기도하는 '내포적(intensive) 축적체제'가 점진되었다(김형기 1988 : 215~329). 그리고 '확대재생산' 추세를 낳은 중요한 조건으로서 세계체제의 국면적 정황이 제공한 "초대"의 측면을 언급하지 않을 수 없다(Wallerstein 1984a : 80~81). 전 상공부 중공업차관보 김재관은 1970년대에 추진한 중화학공업화와 관련하여 '성공'으로 평가하면서도 이렇게 덧붙였다. "그 때의 모든 사업들은 '의욕적인 것'들이었습니다. 사실 경제성 측면에서 보자면 모두가 처음부터 무리였던 것들입니다. 사람의 운명과 마찬가지로 그러한 사업들도 '국운'이 따라주지 않으면 힘든 것입니다[인터뷰 1999. 3.~6.].

사회관계, 즉 자본/임노동관계의 일반화 추세를 의미했다는 것이다. 앞서 말했다시피 박정희 정권기 이전까지 운위된 실업문제는 이미 자본/임노동관계가 일반화된, 자본주의의 발전이 고도화된 맥락에서 볼 수 있는 그것과 성질을 달리 했다. 한국사회는 박정희 정권기에 들어서야 급속한 자본주의의 발전을 경험하며, 종전에 대면하였던 것들과는 다른 성격의, 많은 사회구성원들이 미처 상상조차 하지 못한 새로운 문제상황 안에 놓이기 시작한다.

# 제4장

## 권력블록의 민족주의 담론

# 권력블록의 민족주의 담론

박정희 정권기 권력블록의 구성원들은 여느 민족주의 엘리트들과 마찬가지로 민족주의 특유의 담론들을 만들어 전파하였다. 그들이 주도한 경제개발 프로젝트는 민족주의 담론들을 중요한 구성부분들 중 하나로 포함하고 있었다. 권력블록의 의도가 민족주의 담론들을 통하여 얼마나 실현되었는지를 정확히 타산하기는 쉽지 않다. 하지만 그 민족주의 담론들이 '일자리 = 임노동기회'가 조장한 헤게모니 효과와 결합하여 '주체'와 '사회'를 특정한 유형들로 구성해내는 효과를 낳았던 것은 사실이다. 이하 제4장은 애초 의도와 결과가 구체적으로 상응했던 정도를 떠나서, 당시 권력블록이 생산한 담론들의 민족주의적 특징들을 서술한다.

## 제1절 민족과 개인의 동일화 : 민족중흥론

민족주의적 사유의 핵심은 '개인'과 '민족' 간의 무매개적[직접적] 연관을 가정한다는 데에 있다. 민족주의는 개인과 민족 외의 가족·지역·계급 등 여타의 유대들과 관계들의 의미를 무효화하는 경향을 띤다. '나' 자신을 곧 '민족'으로 또 '민족'을 바로 '나' 자신으로 상상해 나간다. 그리고 '공공적인 것'과 '사적인 것'의 구별을 소멸시켜 간다. 그리하여 민족주의는 전체주의 경향을 내장한다. 민족 이외의 집합적 유대들 및 관계들을 도외시하는 가운데, 개인주의가 아닌 형태로 개인과 민족을 동일화하는 요건은 단 하나, 현실 세계에서 개인을 사상하는 것 말고는 없기 때문이다. 민족주의는 자신의 본령을 심화·확대할수록 개인을 '전체'의 '부분'으로 규범화하는 전체주의와 기능주의로 경도된다. 민족주의에 대해 '민족적인 것'을 최고의 가치로 여기는 운동·정책·담론·윤리 등이라 정의할 수 있다면, 그 근거는 이상과 같은 민족주의적 사유의 핵심에 있다.[1] 박정희 정권기 권력블록이 생산한 담론들은 민족주의적 발상의 그러한 특징을 아주 선명하게 실증한다.

> 우리가 바라는 조국의 미래상은 모든 국민이 협동하여 중단 없이 창조해 가는 것이다. … 나는 조국 안에 있고 조국은 내 안에 있어야 한다. 조국을 떠나서 내가 없고 나를 떠난 조국도 있을 수 없어야 한다(류달영 1973 : 155~156).[2]

---

1. 물론 그것이 '경향'이기 때문에 현실의 민족주의들은 컨텍스트에 따라 다양한 정도의 전체주의-기능주의를 보여준다.
2. 류달영은 농학자이자 수필가로서 박정희 정권기에 서울대 교수, 재건국민운동본부장, 국

우리 겨레의 자주정신은 … 오래 전부터 우리의 생활 속에 뿌리를 내려 왔
으며 … 이러한 정신 아래 온 국민이 성별, 신앙, 지역 또는 계층이나 당파
를 초월해서 … 어떠한 위기나 국난도 극복할 수 있는 힘이 축적되었던 것
이다. / 반드시 정당이나 다른 사회집단의 매개를 통하지 않고도, 나라가
바로 사랑의 대상이 되고 내가 나라의 주인이라는 믿음을 우리 겨레는 일
찍부터 행동으로 실천해왔던 것이다(박정희 1978 : 14, 75).


민족주의 엘리트들은 흔히 민족이 "오래 전부터" 존재하였고 또 그랬
기 때문에 개별 성원들의 자각 여부와는 별개로 공통된 경험들과 유산들
을 지녀 왔다고 주장한다. 그리고 이 주장은 민족 대서사로 구체화되어
서 "삼단구조"(triadic structure)의 형식["찬란한 과거", "쇠락한 현재",
"이상적 미래"]을 취하는 것이 보통이다(Levinger, M. & Lytle, P. 2001).
그들은 자신들이 추구하는 바들을 실현하기 위해서, 대중들을 동원화하
는 데에 그 같은 이야기를 생산하고 활용한다. 이 과정에서 전통의 '발
명' 또는 '재구성'과 '재발견'이 이루어진다.[3] 민족주의 엘리트들이 성취
하려는 세부적 목표들은 상이할지라도 그것들의 실현을 위해 그들이
이용하는 민족사 이야기들은 유사한 형식을 띤다. 박정희 정권기 권력
블록이 만들어낸 '민족중흥론'도 그 한 경우라 할 수 있다.[4]

---

민윤리학회장, 대한적십자사 중앙위원 등을 역임하였다.
3. "어리석은 학자는 역사의 정확한 자료와 기록만을 문제 삼는다. 그러나 이 나라 5천 년
  동안에 살고 간 모든 사람들의 일기를 다 모았다 하더라도, 그것이 곧 정확한 역사는
  될 수 없다. 결국 역사를 어떤 성질의 것으로 보느냐 하는 것이 역사의 핵심이다. 그러므
  로 사관 없는 역사는 역사일 수가 없는 것이다"(류달영 1973 : 342).
4. '삼단구조'가 '민족사 이야기'만의 특징은 아니지만, 모든 사회-정치적 기획들에서 흔히
  볼 수 있는 요소 또한 아니며, 민족주의 기획들은 거의 예외 없이 '삼단구조'의 '민족사
  이야기'를 생산·유포한다.

우리는 지금 5천 년의 과거와 … 아득한 미래와의 사이의 한 시점에 … 살
고 있다. 길고 긴 생명과 역사의 연쇄의 … 고리가 되어 살고 있다. 만일 이
고리가 제 구실을 못하고 끊어진다면, 조상들이 5천 년 동안 닦아 쌓아올
린 역사는 한 개의 화석으로 과거의 역사 속에 매몰되고 말 것이며, 끝이
없이 양양할 후대의 역사도 허무로 돌아가게 될 것이다(류달영 1973 : 332).

민족중흥론은 먼저 "빛나는 유산"과 "우리 것에서의 출발"을 강조한
다(박정희 1971 : 3ff.; 1978 : 11ff.).

우리 민족은 세계 어느 민족에게도 뒤지지 않는 역사와 전통, 제도와 문화
를 가진 슬기로운 민족이었다. 북방민족을 석권한 고구려의 용맹과 기개를
비롯하여, 삼국통일로 그 국위를 사해에 떨친 신라의 화랑정신, 민족문화
의 개화와 국태민안의 통치제도를 확립한 고려의 예지, 그리고 문자의 창
제와 민주사상의 보급으로 민족중흥의 길을 마련했던 이조의 의기는 모두
가 우리 배달민족의 자랑이며, 값진 유산이다(박정희, 개천절 경축사[1966.
10. 3.]).[5]

"찬란한 과거"의 구성 의도는 권력블록의 기획이 가지는 감성적 호
소력을 높이고 그 기획에 정당성을 부여하려는 것이었다.[6] 다시 말해서

---

5. 심융택 편(1972 : 19). 특히 "신라의 문화는 민족문화의 정수로 간주되고, 통일신라 시기
  는 한국역사의 황금시대로" 제시됐다. 박정희 정권은 1971년부터 착수한 "경주고도(慶州
  古都) 개발사업"에 125억 원을 투자하면서, 문화재 보수·정화사업들 가운데 가장 큰 노
  력을 기울였다(오명석 1998 : 129~130).
6. "일반적으로 60년대 중반까지만 하더라도 너무 과거의 잘못을 뒤지다 보니까 결국은 너
  무도 부정적이고 소극적인 면으로 의식구조가 형성된 것도 사실인 것입니다. 그러므로
  근자에는 보다 긍정적이고 적극적인 면에서 과거를 들춰내자는 것이 오늘날 … 우리 모
  두가 추구하는 경향입니다 …"(이정식 1976 : 135~136). 이정식은 정치학자로서 박정

한편으로 "우리 민족에게 숨은 저력이 있고, 불굴의 생명력이 있"다는
자부심이 "민족중흥"이란 미래를 향한 대중들의 동원화에 필수적인 조
건이라고 판단한 것이며,7 다른 한편으로는 자신들의 기획이 유구한 공
동체의 역사 속에서 반복적으로 검증된, 따라서 회복 또는 재발견하여
계승·발전시켜야 할 요소들을 토대로 삼아서 구상되었다고 주장한 것
이다.

민족중흥론의 제2단계 구성 부분은 "쇠락한 현재"에 대한 진단이다.
"쇠락한 현재"는 다시 두 기간들로 나뉘었는데, 민족적 "암영의 시기"이
며 "퇴영의 시기"인 "근세 100년"이 그 첫 국면이다.


고유의 그토록 자주적이고 진취적인 기상은 고려 왕조 말엽 이후부터 점
차로 쇠퇴하기 시작하였다. … 더구나 조선왕조 후기에서 말기로 가까워질
수록 … 우리의 민족사는 일찍이 없었던 내우외환의 절박한 시기에 직면하
게 되었다(이선근 1973 : 79).

---

희 정권기에 동국대 교수, 〈유신정우회〉[유정회] 의원 등을 역임하였다.
7. 이 점과 관련하여 권력블록의 이데올로그들은 다음과 같이 말하였다. "민족문화가 앙양
·추진될 때 스스로 삶의 보람과 긍지를 느끼게 될 것이요, 권하지 않아도 동경하는 마
음으로 따라와 뭉치기를 자원할 것이다"(박종홍 1972 : 383); "다시 발견된 전통은 우리
들의 용기와 자부심의 원천이 될 것이며, 역사를 담당한 국민의 용기와 자부심은 새 역
사 창조의 가장 강력한 원동력이 될 것이다"(이선근 1973 : 120). 5·16쿠데타 직후에는
"찬란한 과거"가 권력블록의 민족사 이야기에 포함되지 않았다는 사실에서 그 의도를 더
분명히 알 수 있다. 쿠데타의 주역들은 당초에 민족의 과거를 "퇴영과 조잡과 침체의 연
쇄사"로 묘사하여 전적인 극복 대상으로 취급했다(박정희 1962; 1997[1963]). 박종홍은
철학자로서 박정희 정권기에 서울대 교수, 한국사상연구회장, 대통령 교육·문화담당 특
별보좌관 등을 역임하였으며 '국민교육헌장'을 기초하였다. 이선근은 역사학자로서 동시
기에 영남대·동국대 교수, 대한교육연합회장, 국사교육강화위원, 한국정신문화연구원
장 등을 역임하였다.

19세기 말엽부터 … 근세 백 년은 암영의 시기였고 퇴영의 시기였으며 수
난의 역사였[대 … 이러한 불행은 … 제국주의의 격랑 속에 휘말려 … 어쩔
수 없었던 역사의 필연이었다고도 할 수 있을지 모른다. 그러나 좀 더 냉
철하게 … 생각한다면 … 우리 자신의 불민과 역량 부족에 있었음을 부인
할 수 없[대 … (박정희 1971 : 16~17).

민족중흥론에 따르면 "쇠락한 현재"의 원인은 근본적으로 "우리 자
신"이었다. 그것은 "민족의식의 결여", "자주역량의 부족", "사대와 의
타", "수구와 정체", "분열과 반목", "지도성의 결여" 등으로 부연되었는
데, 대체로 특정한 정신상태와 이 상태의 직접적 산물인 "무능"이었다.
이러한 진단은 "우리 민족"이 "현재"에 이르러 '상실한 것들 = 회복해야
할 것들'의 제시이면서 아울러 그 상실의 요인들과 회복의 장애들에 대
한 논술이었다(현대정치연구회 1976 : 8~22).[8]

그런데 "쇠락한 현재"는 다만 예전의 영광과 번영의 상실에서 그치
지 않고 "일본 제국에게 국권이 유린된 '국치'"와 "국토분단의 비극",
"6·25동란의 파괴", 그리고 이후 "5·16혁명" 전까지 "혼돈과 빈곤"으
로 점철된 "10년"의 비극을 낳았다고 묘사되었다. "근세 백 년"의 "수난"
은 소중한 민족사적 전통과 유산의 상실에서 비롯된 것일뿐더러, "근대
화"라는 "세계사의 진운"을 간파해 "자주적"으로 대응하지 못한 "우리
자신"의 "무능"에 기인한 결과였다는 것이다. 따라서 귀중한 전통의 상
실과 함께, 근대적 자각 및 개혁을 저지하는 "버려야 할 고질"로서의

---

8. "쇠락한 현재"의 진단은 민족적 상실의 내용을 밝히고 민족적 행동의 방향을 제시하기
때문에, '대중들의 동원화'라는 차원에서 가장 중요한 위상을 지닌다. '현대정치연구회'는
유신이념의 내용과 정당성 등을 적극적으로 설파하였던 학자들이다.

전통이 문제시됐다. 전통은 그렇게 이중적 차원들에서, 즉 한편으로는
쇠퇴함으로써 또 한편에선 인습화함으로써 "쇠락한 현재"와 관련된 것
으로 가정됐다. 그러므로 "쇠락한 현재"를 넘어서는 "민족중흥"은 전통
의 재발견과 복원 과정이지만 기본적으로 근대화를 지향하는 실천 속
에서, 또한 근대화를 추구하는 과정이지만 서구화로 전락하지 않는 전
통의 계승 속에서 이루어질 과제로 제기되었다. "현재"가 이중의 과정
들을 통해 도래하였듯이 그것의 극복도 "원점으로 돌아가는 … 본래 있
던 것을 가꿔 키우는" 동시에, "새로운 자세"로 "과감한 재출발"을 하는
이중적 과정을 통해서 성취된다는 것이었다(이항녕 1976).[9]

　이것은 한국의 경우 근대화의 선발주자였던 "서구"와는 상이한 역
사적 환경 안에 놓여 있다는 인식에 의해서 밑받침되었다. "서구"의 경
우 근대화가 "사회의 내부에서 자생적·내생적인 자기진화의 현상"으
로 나타났다면, "후진국"에서는 그것이 "이질적인 문화가 접촉·작용함
으로써"만이 실현될 수 있다는 것이다. 그렇기 때문에 "후진국"의 근대
화는 두 가지 가능성들을 가지는데, 그 하나가 "단순한 모방"을 통한
"서구화", 즉 "전통적인 요소의 일방적 해체"라면, 다른 하나는 "외래요
소가 전통요소를 일방적으로 침식하지 않고 또 전통요소가 외래요소를
편협하게 배제하지도 않"는 "문화적 종합"이다. 여기에서 "스스로의 정
신적 자각"을 구비한 후자의 길을 추구한다는 것이 "민족중흥" 담론이
었다(이선근 1973 : 120; 현대정치연구회 1975 : 63~66; 1976 : 76~77;

---

9. 이항녕은 법학자로서 박정희 정권기에 고려대·홍익대 교수, 방송윤리위원회 위원장 등
　을 역임했다.

김대환 1976 : 39, 40).[10]

> 근대화는… 어느 후진국가에 있어서도 공통된 과제로 되어 있다. 동시에 객관적인 이법(理法)을 무시한 근대화는 있을 수 없다. … 그러나 객관적 이법을 무엇에 어떻게 쓰는가는 때와 곳의 형편을 따라 얼마든지 다를 수 있다. … 주체성을 무시하고 일률적인 방법과 성과를 … 요구함은 무의미한 일이다(박종홍 1972 : 60).

그 점은 〈새마을운동〉과 관련된 언술들 속에서 쉽게 확인된다. 권력블록의 해석에 따르면 그것은 "근면·자조·협동"이라는 "우리 민족이 갖고 있는 오랜 공동체적 생활의 전통"과 "근대 인간"의 "자연을 지배하는 생활자세"를 결합시켜 "생산증대와 소득증대"를 의도한다는 기획이었다(임방현 1973 : 29; 매일경제신문사 편 1977 : 210; 박정희 1978 : 98).[11]

---

10. 김대환은 사회학자로서 박정희 정권기에 이화여대 교수, 한국사회학회장 등을 역임하였다. 당시 권력블록이 표방한 '전통과의 선택적 단절론'은 근대화론의 일반적 경향과 다른 것으로 착각되기도 한다(이우영 1991). 그러나 1960년대부터 근대화론 내의 범주들로서 주류 학계를 지배하기 시작한 '정치문화론'이나 '정치발전론'의 견지에서 볼 때, 그것은 역사적으로 전혀 예외에 해당하지 않을뿐더러 규범적으로 바람직한 선택이었다. 정치문화론과 정치발전론은 근대화된 그 어떤 사회들도 근대적 요소들과 전통적 요소들이 혼합된 문화유형을 가지며, 근대화 과정의 '통제 가능성'과 근대화된 사회의 '재생산'이란 관점에서 이해할 때 '전통'이 기능적 필수물로 여겨진다고 주장한다(Cammack 1997 : 48~54). 또한 '전통'에 대한 그 같은 이중적 태도, 근대화 추진을 염두에 둔 도구주의적 입장은 여타 후발산업화 나라들이나 탈식민지 나라들의 민족주의 엘리트들에게서도 많이 볼 수 있다(Matossian 1962 : 254~264).
11. 임방현은 박정희 정권기에 한국일보 논설위원, 대통령 사회담당 특별보좌관, 대통령비서실 공보수석비서관(청와대 대변인) 등을 역임하였다.

비닐하우스란 무엇입니까. 과학적인 영농방법의 실천입니다. 온도를 자연
에 맡기는 것이 아니라 인공적으로 조절하여 기상의 제약조건을 극복할
수 있다는 의식혁명의 산 증거입니다(임방현 1973 : 54).

새마을운동은 … 근검 협동하는 우리의 전통적 미풍과 근대 산업사회의 생
산적 가치를 접합시키는 정신운동인 것입니다(박정희, 서울대 졸업식 치사
[1972. 2. 26.]).[12]

당시에 권력블록은 근대 독재체제의 특수한 한 형태를 구현하는 와
중에도 민주주의의 규범적 위상을 도외시할 수만은 없는 입장이었고,
따라서 어떠한 수사를 덧붙이든 간에 민주주의를 민족주의 담론의 지형
에서 배제하지 못하였다. 그것의 실제가 "민족적 민주주의"와 "한국적
민주주의" 등으로 불린 민주주의의 "토착화" 담론이었는데, 여기에서도
전통적 가치와 근대적 가치의 접합이 주장되었다(이정식 1976 : 125).

미국을 보고 이상적인 민주주의 국가 또는 잘 발전된 국가라고 말합니다.
그러면 미국이라는 나라에는 … 보편적인 문화만 있느냐 하면 절대 그렇지
않을 것입니다. 미국은 자기 나름대로의 문화 위에 올라 서있는 정치를 하
고 있습니다(ibid. : 127).

박정희 정권기 권력블록이 설파한 담론은 이처럼 "민족중흥"을 기
본적으로 "조국근대화"와 동일시하면서도, 그것이 서구화가 아닌 "한국
적 근대화"여야 한다고 주장하였으며, 특히 "정신"의 수준에서 근대화

---

12. 대통령비서실 편(1978 : 182).

의 일반성과 개별성을 파악하였다. 어느 정도 단순화를 무릅쓰고 말하자면, '민족중흥 = 조국근대화 = 한국적 근대화' 담론은 '정신혁명론'이었다. 그 시대에 권력블록의 이데올로그들이 대중들을 향해 쏟아낸 언술들에서만큼은 "정신혁명"이 "근본적인 혁명"이고 따라서 "이것이 선행되어야만 모든 다른 혁명도 성공적으로 이끌 수 있"는 것이었다. 거기에서 "민족중흥"의 실현을 위해 기여하고자 한다면, 일차적으로 해야 할 일은 "의식구조, 생활태도, 가치관의 재정립"이었다.

> 한 민족의 성쇠는 전적으로 그 시대를 창조하는 국민들의 정신과 노력 여하에 달려 있다(박정희, 개천절 경축새1969. 10. 3.]).[13]

> 여하한 사회에 있어서도 달성하는 것은 오로지 … 국민에 의하여 달성된다. … 물질적 부의 창출에는 사회의 가치체계와 개인의 정신구조가 선행하여 변혁되지 않으면 안 된다(최주철 1976 : 28~29).[14]

이 때 중요한 관심사는 "가치체계"와 "정신구조"의 구체적 내용이라기보다, 그것들이 "근대화"라는 지향과 어떠한 기능적 연관을 갖느냐 하는 사실이었다. 그래서 민족중흥론의 입장에서 볼 때 해당 민족국가의 근대화를 촉진하는 한에서, "서구사회에 있어서 프로테스탄티즘"이나 "합리주의, 과학주의", "일본의 근왕정신(勤王精神)"과 "진충보국(盡忠報國)사상", "독일 역사학파의 경제이론", 그리고 박정희 정권의 " '조

---

13. 심융택 편(1972 : 211).
14. 최주철은 경제학자로서 박정희 정권기에 한국외국어대 교수, 경제개발계획 평가교수단, 대한석탄공사 총재, 물가안정위원회 위원 등을 역임했다.

국근대화'라는 민족적 명제"는 상호 등가의 것들이었다(최주철 1976 :
17~20, 25; 이규호 1977 : 17).[15]

> '조국근대화'라는 민족적 명제는 … 국민에게 근대화에 대한 자각과 결의를
> 불어넣어 준 한국적 '프로테스탄티즘'이었다(최주철 1976 : 26~27).

그렇게 그것들이 등가로 간주되는 데에서도, 권력블록의 담론들이
전통적 가치들의 회복과 근대적 가치들의 수용[전통적 가치들의 타파]
을 동시에 주장하는 논리를 이해할 수 있다.[16]

"쇠락한 현재"의 "불행"이 무엇보다 "우리 자신"의 "정신" 상태에서
비롯되었다는 시각은 "근대화의 고동"이 치기 시작한 "60년대" 바로 직
전인 이른바 원조경제의 시기에 대한 평가에서도 드러난다. 거기에서
수원 태세의 성찰이 촉구되었을 뿐, 제반 형태의 원조들이 내포한 정치
−경제적 성격은 문제 삼아지지 않았다.

> [과거에는] 미국 측의 성의에도 불구하고 그 원조정책의 묘를 득하지 못한
> 것과 한국 정부의 정책빈곤 및 부패 등 요소로 국가경제의 중추 분야가 파
> 탄 직전에 허덕이지 않으면 안 되었다(박정희 1997[1963] : 58).

---

15. 이규호는 철학자로서 박정희 정권기에 연세대 교수, 국토통일원 장관 등을 역임했다.
16. 박정희 정권기 권력블록의 민족주의를 '동도서기론'(東道西技論)으로 파악하는 이들이
    있다(김정훈 1999 : 95~106; 김은실 1999 : 198~199; 김정훈·조희연 2003 : 159; 황병주
    2004a : 485~486). 그러나 그것은 전통적 정신가치들 일반을 옹호하지 않았다는 점, 즉
    근대화에 부합하는 서구의 특정한 가치들을 수용하면서 정신혁명론[민족개조론]의 형식
    을 취했기 때문에, '전통 = 동양 = 정신/근대 = 서구 = 물질'의 이분법에 의거한 '동도서기
    론'이었다고 보기 어렵다.

정신적 자원들의 결정적 중요성은 그것들이 제도들 및 개인적·집합적 행위들을 매개로 사회변동을 낳는 원천이라는 인과론에 근거해서 강조되는 것이 보통이었다. 아울러 그것은 직면한 과제가 거대하고 비우호적인 환경에 둘러싸여 있는 반면, '주체'의 물질적·기술적 자원들이 아직 충분치 못하다는 상황논리에서도 강조됐다. 풀어야 할 과제가 어렵고 조건은 열악하며 여타의 자원들이 불비한 만큼, 더욱 더 '정신'을 동원하고 '정신'에 의존해야 한다는 것이었다.

> 제약된 국민적 역량을 이 무거운, 그러나 피할 수 없는 … 과제와 도전에 효율적으로 배분, 대응하기 위하여 … 기본적으로 요청되는 … 그것은 곧 정신혁명이다. 우리에게 가해지는 도전의 총량과 이에 대응해야 할 우리의 역량 사이의 격차를 메우는 것이 곧 정신자세이다(임방현 1973: 32).

민족중흥 담론이 민족의 쇠락 원인들을 주로 "외세"보다 "우리 자신"에서 찾은 점은 그것이 민족주의의 많은 경우들에서 접할 수 있는 '권력정치'(power politics)의 세계관[17]을 좀 더 극단으로 밀고 나간 결과였다. 세계사를 민족[국민]들 간의 적자생존 현실로 포착하고 더욱이

---

17. 민족주의의 권력정치론적 발상에 대해서는 Weber(1994[1895]: 16)와 신채호(1981[1925]: 393~394; 1981[192?]: 474~475)를 참고. 베버의 프라이부르크대 교수 취임 강연은 국가정책의 결정에서 중요시해야 할 것이 "평화와 인류행복"의 추구가 아니라 "민족적 종의 질을 보존하고 높이기 위한 영원한 투쟁"이라고 강조하였다. 그는 거기에서 "발전의 과정"이란 "권력투쟁"이며 "국가정책이 충족시켜야 하는 궁극적 결정적 이익"은 바로 "민족 권력의 이익"이라고 주장하였다. 이와 비슷하게 신채호의 민족주의 사관 속에서 역사란 "我와 非我의 투쟁"이었다. "非我를 정복"하는 것이 "투쟁의 승리자"가 되는 것이요, "미래 역사의 생명"을 잇는 일이었다. 또한 "실패자가 되지 않으려 함은 인류의 통성"이었다. "我"는 민족 내부의 단위들로서도 사고됐지만, "本位인 我", "主位"로서의 "我"는 "조선"이었다. 그가 바라본 세계는 기본적으로 민족들 간의 종결되지 않는 투쟁과정이었다.

그 현실을 하나의 법칙으로 당연시할 때, 수다한 "시련과 진통"이 "주체적 역량을 갖추지 못하였던 우리"에게 "필연"으로 여겨지는 것은 자연스러웠다(심융택 편 1972 : 23).

> '힘'이 없는 곳에 생명은 정체할 수밖에 없고, 정체되면 저절로 부패와 멸망이 오고 마는 것은 역사의 철리요, 교훈인 것이다(박정희, 안중근 의사 동상 이안식 치사[1967. 4. 26.]).[18]

> 경쟁은 날이 갈수록 치열해지고만 있다. … 앞지를 용기를 가졌을 때에만 생존이 가능하다. … 약진 아니면 패망이 있을 뿐이다(박종홍 1972 : 376).

> 우리 자신의 힘이 우선 커져야 한다. … 자국의 이해를 따질 경우에는 누가 옳으냐보다는 누가 이기고 있느냐가 더 중요한 것이[다] … (박정희 1978 : 187~188).

오히려 민족의 쇠락 원인을 민족 외부에서 찾는 견해가 운명론적·비자주적 사관의 소산이라고 비판되었다(박종홍 1972 : 68; 현대정치연구회 1976 : 12). 그렇기 때문에 패전 이전의 "일본"을 "지구상에서 가장 집요하고도 잔인했던 침략자"로 규정하면서도(심융택 편 1972 : 27), "조국근대화"를 본격적으로 추진하는 "현재"의 새로운 국면에 이르러서는 "일본"을 좇아야 할 모범들 중 하나로, 추적 내지 추격의 상대로 상정할 수 있었다.

---

18. 심융택 편(1972 : 24).

명치혁명의 경우는 금후 우리의 혁명 수행에 많은 참고가 될 것 … 이기 때문에, 본인은 이 방면에 앞으로도 관심을 계속하여 나갈 것이다(박정희 1997[1963] : 177).[19]

일본이 1인당 GNP 근 2백 달러, 수출 20억 달러가 되었던 때가 1955년 한국전 경기로 톡톡히 재미를 본 시기였습니다. 우리의 72년이 거기에 해당됩니다. 그러던 일본이 1인당 1천 달러 GNP, 1백억 달러 수출을 달성한 것이 66~67년입니다. 11~12년 걸렸습니다. 우리는 72년서부터 80년대 초가지 8~9년 만에 그 목표를 달성하려는 의욕적인 계획을 확정했습니다. 과연 성공할 것인가 … 주체적이고 실천적인 자세로 문제를 제기하는 물음 속에 이미 해답은 잉태되어 있다고 확신하는 것입니다(임방현 1973 : 55).[20]

---

19. "박 대통령은 … '아시아 국가 중에서 서양을 이긴 것은 일본뿐'이라고 하더군요. … 아시아의 종주국인 중국이 서양 문물에 밀려 반(半)식민지화 됐는데 반해 일본은 서양의 문물을 배워 서양을 이겼다 … 당연히 일본을 배워야 한다 … "[전 외무부장관 이동원](중앙일보 특별취재팀 1998 : 219). 일례로 1973년에 공표된 '중화학공업육성계획'은 1957년부터 추진된 일본의 '신장기경제계획'을 많이 참고한 것이다(중화학공업추진위원회 기획단 1973a : 9~14). 기존 무역상사들을 대형화하고 중소 수출기업들의 해외시장 창구역할을 한 '종합무역상사' 제도의 도입도 일본의 경우를 본뜬 것이다(사공일 · 존스 1981 : 91; 스티븐 해거드 1994 : 196). 이 같은 면모는 일견 반민족주의의 특징처럼 보인다. 그러나 그것은 역사적으로 소위 약소국형 또는 탈식민화 민족주의가 보여준 모습들의 범위 밖에 있는 현상이 아니다. 약소국형 또는 탈식민화 민족주의는 "저항"의 기획이자 "모방"의 기획이었다. 민족주의자들이 '자주'와 '독립'의 실현경로를 근대화라고 생각한 한에서, 논리적으로 어떤 이율배반적 상황을 예시한 것도 아니다. 근대[화]의 제반 요소들은 애초 그들에게 낯선 '외래적인 것'이었다(Matossian 1962 : 254~264; Nairn 1975 : 11, 13~14; 김택현 2003).

20. 1960년대에 미국 정부 주한 원조당국의 자문괜[Senior Economic Advisor]으로 활동하면서 제2차 경제개발계획 작성에 참여한 콜(D. Cole)은 이렇게 말한 바 있다. "[박정희 정권에게]일본을 따라잡고 일본과 대등해지고자 하는 아주 강렬한 욕망이 있었다. 경제를 조직하고 정책들을 추진할 때, 일본은 항상 하나의 모델이었다"(House of Representatives 1978 : 74). 박정희 정권은 급속히 증가한 국민경제의 총량 지표들을 민족주의적 과제들의 성취를 과시하는 "상징"으로 활용했다. 그 "숫자"들은 "일본을 따라잡고 또한 북한을 앞서가기 위한 경주에서 한국이 기록하는 성적"이었으며, 권력블록에 대한 "회의와 냉소를 극복하는 수단"이었다(Cole & Lyman 1971 : 90; Jung-en 1991 : 98). 목표들의 제시에서도

그 같은 권력정치론의 측면은 '미국'에 대한 이중적 태도들에서도 읽을 수 있다. 권력블록은 박정희 정권의 존립 기간 내내 이른바 대미 종속의 지위를 벗어나지 못했으나, 특히 1970년대에 접어들어서는 상당한 대미 갈등의 상황들을 연출한 것도 사실이다. '미국'은 적극적 의미에서 권력블록 자신들의 전략이기도 했던 냉전의 한 진영을 주도한 '맹주'였고, 더욱이 이유가 무엇이든 권력블록이 조국근대화의 요체로 간주한 경제개발의 물질적·기술적 재원들과 최대 상품시장의 제공자였다. 따라서 '미국'은 '한국'의 '혈맹'이자 훌륭한 '모범국가'가 아닐 수 없었다. 그러나 또 한편 '미국'은 결코 '한국'과 동일화될 수 없는 별개의 권력정치 단위였던 까닭에, 근본적으로 신뢰할 수 없는 외부인 혹은 사안에 따라 마땅찮은 간섭자일 수밖에 없었다.

> 긴장완화라는 이름 밑에 … 열강들이 제3국이나 중소국가들을 희생의 제물로 삼는 일이 충분히 있을 수 있다는 점을 … 경계해야 한다(박정희, 특별선언문[1972. 10. 17.]).[21]

> 미국의 일부 … 의원들이 반한적인 발언을 해서 물의를 일으키고 있는데 … 동맹관계란 … 국가이익이 합치될 때 이루어지는 것이며, 만일 대국이 소국에게 도움을 준다고 해서 대국의 제도나 사고방식, 생활양식을 본받으라고 할 때는 대국과 소국의 동맹관계가 성립되지를 않습니다. … 나라마다 생존의 조건이 다르기 때문입니다(신상초 1976 : 359~360).[22]

---

마찬가지였다. 특히 '중화학공업화선언'[1973년 연두기자회견] 이후 줄곧 목표들의 1순위로 "숫자"들을 내세웠는데 그것이 바로 "수출 100억불, 1인당 GNP 1,000불"이었다(대통령비서실 1974 : 57~61).

21. 매일경제신문사 편(1977 : 182).

　　갈등의 측면을 부상시킨 직접적 계기들은 1960년대 말 이후 흔히 '데탕트'로 불리면서 조성된 냉전의 조정국면, 이 속에서 결정된 미국 정부의 주한미군 철수방침과 한국산 섬유제품들에 대한 보호무역 조치, 북한 측의 무장침투공작, 박정희 정권의 '유신헌법' 선포, 인도차이나 지역의 공산화, '인권외교'의 이름 아래 행해진 박정희 정권에 대한 미국 정부 및 의회의 압박이었다. 박정희 정권은 이러한 일련의 사건들을 민족들 간의 권력정치가 더욱 심화되는 추세로 규정하면서, 특히 '국가 안보', '민족통일', '민주주의의 토착화' 등과 관련하여 종전보다 한층 더 '자주정신'을 강조하였다.

> 자기 나라의 국방을 어떤 강대국에 의지해 오던 그런 시대는 지났다. … 앞
> 으로는 전적으로 미국에만 의지하겠다는 그런 생각은 깨끗이 버려야 하는
> 것이다(박정희, 연두기자회견[1972. 1. 11.]).[23]

> 이제 이념만으로 국제사회의 분계선을 긋기는 어렵게 되었고, 각 국의 사
> 정과 이해의 계산이 더 큰 비중을 차지해 가고 있다. 이념의 본질을 부정
> 하지 않으면서 국가의 이익과 안전을 위해 이를 수정하는 것은 당연한 것
> 으로 생각되고 있으며, 보편적인 이념보다는 특수한 민족의 이념이 전면에
> 나서고 있다(박정희 1978 : 180).[24]

---

22. 신상초는 박정희 정권기에 중앙일보 논설위원, 성균관대 교수, 유정회 의원, 한국반공
　　연맹 이사장 등을 역임했다.
23. 심융택 편(1972 : 366).
24. 담론에서 강조된 자주정신은 정책적으로 '향토예비군제' 신설[1968], '방위산업' 육성
　　[1970], '교련교육' 강화[1971], '국가비상사태' 선언[1971], '유신헌법' 제정[1972], '국적 있
　　는 교육' 실시[1973], '중화학공업화선언'[1973], '4대전시입법'[1976] 등과 연동되었다. 그
　　같은 맥락에서 박정희 정권은 1971년 대통령 선거 당시 야당 후보 김대중에 의해 제기

물론 이 자주정신이 한미관계를 질적으로 전환시킨 것은 아니다. 권력블록은 민족들 간의 권력정치로 표상하는 상황들에 매우 민감하였고, 더욱이 "국제정치사회에서 '힘'은 언제나 높은 곳에서 얕은 곳으로 흐르게 마련"(박정희 1971 : 25)이라고 생각한 이들이었다. 그랬기 때문에 그들은 자신들이 말하는 "자주정신"의 추구가 "일방적 지배관계" 내지 "일방적인 의존관계"를 반대할 뿐, "국제적 상호작용을 전제"한 "개방적인 주체성"이라고 반복하여 강조했다. 또한 민족들 간의 권력정치가 고조됨은 물론 "상호 의존도가 증대"하는 가운데 내외의 중요한 문제들이 "국제적인 협력 없이는 해결되기 어려운 여건"이므로, "강대국 관계의 재조정이 필수적인 것임은 두 말할 필요가 없"으나 "배타"나 "고립"의 길로 흘러서는 안 된다고 주장하였다(이규호 1976 : 90; 1977 : 10~12; 김경원 1977; 현대정치연구회 1976 : 61).[25]

> 민족적 주체성의 확립은 배타 독선적인 국수주의와는 다르다. … 남에 의존하지 않는 독립이 필요하다. 그러나 독립은 고립이 아니다. 남과 뗄 수 없는 상호 연관에 있어서 비로소 자주 독립도 가능한 것이요, 주체성도 살려지는 것이다(박종홍 1972 : 59).

민족중흥론에서 "쇠락한 현재"의 두 번째 국면은 "국민적 자각이 응

---

된 "4대국 부전(不戰)보장론"을 "환상적인 생각"이자 "사대주의적인 언동"이라고 비난했다(심융택 편 1972 : 387~388; 박정희 1978 : 52). 반면 김대중은 그 비난에 대해 "시대착오적인 쇄국정책"이라고 규정하였다(김대중 1989[1972] : 94~96).

25. 김경원은 정치학자로서 박정희 정권기에 고려대 교수, 대통령 국제정치담당 특별보좌관 등을 역임했다.

결되어 이 땅에 우렁찬 근대화의 고동을 울리게” 한 1960년대와 “조국
근대화의 민족적 대업을 완성”해 나아가야 할 1970년대였다.

> 시련[이] … 헛된 것은 아니었다. 우리는 … 그 원인에 대한 뼈저린 반성을 하
> 게 되었고 … 자각의 눈을 서서히 뜨기 시작[했다] … 자각이 국민의 호응을
> 거둔 첫 번째 구국행동[이] … 4·19학생봉기였고 … 국가재건을 위한 결정
> 적 행동으로 나온 것이 … 5·16군사혁명이었다 … 지난 8, 9년 우리 민족
> 은 … 자주와 자립, 번영과 통일을 이룩하기 위해 조국근대화와 민족중흥의
> 역사적 과업을 추진해 왔다. 이제 우리는 … 과업을 다가온 이 70년대에 기
> 필코 완성할 것을 다짐하고 있다(박정희 1971 : 19~20).

앞서 말했다시피 “민족중흥”은 “조국근대화”를 통해서 이루어지는
것으로 제시됐다. 그리고 근대화의 핵심은 공업국가의 건설로, 선진공
업국가에 이르는 첩경은 수출능력의 배증이라고 정리됐다. 공업화와 수
출능력은 민족이익[국가이익]의 타산이 지배하는 국제사회에서 “국가재
건”과 “민족중흥”을 성취하는 최고의 권력자원들이었다.

> 다른 분야의 발달이 지지부진하고 여러 가지 사회적인 마찰이 많이 일어
> 나고 또 개혁에 저해를 가져오는 가장 큰 요인은 가난하고 자본이 부족하
> 기 때문 … 이다. 따라서 우리나라의 근대화운동에 있어서는 … 봉건적인
> 농업국가체제로부터 하루 빨리 근대적인 산업국가체제로 전환시키는 경제
> 개발과 경제건설이 그 핵심이 되어야 한다 … (박정희, 연두기자회견[1968.
> 1. 15.]).[26]

---

26. 심융택 편(1972 : 37).

수출을 많이 하는 나라일수록 남보다 먼저 번영과 안정을 이룩하고 발전을 거듭한다. 또한 … 국민들의 경제건설에 대한 의욕과 … 정부의 모든 종합적인 행정능력 그리고 … 국민들의 과학과 기술수준의 집약적인 표시가 수출로서 나타나는 것이며, 이러한 의미에서 수출은 바로 국력의 총화라고 할 수 있다(현대정치연구회 1976 : 91).

품질이 좋고 값싼 물건을 많이 생산하여 국제경쟁에서 이기는 일이 가장 중요한 우리들의 과제다. 우리 근로자 여러분의 땀과 정성으로 만들어진 하나하나의 상품이 국제 시장에서 다른 나라의 상품을 제압하느냐 못 하느냐가 바로 … 계획의 성패를 좌우하게 되는 것이다(박정희, 근로자의 날 치사[1971. 3. 10.]).[27]

이렇게 국민경제의 수출역량 극대화를 "민족중흥"의 필수적 요구사항으로 정의한 만큼, 그에 뒤따르는 고통들은 "피할 수 없는 숙명"으로서 대중들이 받아들여야 하는 것들이었고, "일시적인 만족을 탐내는" 분배 및 노동조건 개선의 요구들은 반민족적 행동들로 비난받아 마땅한 것들이 됐다(심융택 편 1972 : 54, 103~104).

노임이 비싸서 상품가격이 올라 수출이 적어지면 어떤 결과가 일어나겠는가? … 노임이 적정수준에서 유지되어야 물건을 값싸게 생산하여 많이 수출할 수 있는 것이며, 수출증대가 공업발전과 고도성장을 촉진하여 고용증대와 임금향상을 가져오게 되는 것이다(박정희, 각 노조간부들에게 보낸 친서[1970. 2. 4.]).[28]

---

27. 심융택 편(1972 : 108).
28. 심융택 편(1972 : 102).

　　민족사 이야기의 제3단계이며 결론부인 "이상적 미래"는 유구한 역사의 투영이자 동시에 분열된 현실의 전복이다. "근대화"가 "세계사의 과제로 등장"한 현재의 시대상황 속에서 값진 민족적 본성을 회복함으로써 도달하게 될 "이상적 미래"는 조화로운 통합과 공동체적 번영으로 그려졌다. 그 같은 "밝은 조국의 미래상이나 비죤"은 "국민들에게 오늘의 인내를 행복스럽게 느끼게 만들뿐 아니라 희망과 용기를 북돋우어주"리라 기대됐다(김원태 1968 : 82).[29]

> 미래에 사는 민족에게는 희망과 자신이 있을 뿐이며, 사명을 깨닫는 세대에게는 분발과 노력이 있을 뿐이다. 우리가 … 과제들을 해결하면 이 땅에는 번영과 평화와 통일의 숙원이 이루어지는 새 시대가 전개될 것이다. … 우리는 가난에서 벗어난 풍요로운 사회, 전란의 위협을 두려워하지 않는 튼튼한 나라, 그리고 남과 이웃을 도우며 사는 떳떳한 민족의 새 모습을 우리의 후손에게 자랑스럽게 물려줄 수가 있는 것이다. 이것은 실로 빈곤과 예속, 그리고 분단과 전란의 비극적인 시대를 살아온 우리 세대의 역사적 사명이요, 벅찬 보람이 아닐 수 없다(박정희 1978 : 7).

## 제2절 정신혁명을 통한 생산성 극대화 : '생산적 국민' 만들기

　　박정희 정권기에 권력블록이 생산한 담론들은 당시의 경제개발이 경제민족주의의 한 형태였음을 잘 보여준다. 거기에서 경제개발은 '조국의 경제적 자립과 번영'을 공식적 목표로 삼은 정책체계이자 운동이

---

29. 김원태는 1968년 당시 정무담당 무임소 장관이었다.

었고, '민족중흥'을 성취하기 위한 핵심 기획이었다.[30]

총력을 민족경제의 타개에 집결케 하고 부흥에 일로 매진이 있을 뿐이다.
… 자주! 그것은 오직 자주경제 이외에 잡을 그물이 없는 것이다(박정희
1997[1963] : 45).

모든 문제를 해결하는 근본적인 문제, … 여러 가지 어려움과 … 병폐를 근
본적으로 해결하는 가장 관건이 되는 문제는 오로지 우리나라의 경제를
빨리 건설해서 자립경제를 확립하는 것[이다] … (박정희, 대통령선거 유세
[1967. 4. 29.]).[31]

권력블록의 담론들은 경제민족주의 특유의 생산력주의적 측면을 드러냈
다. 경제민족주의는 민족[국민]단위의 총합적 생산력 증강과 생산성 제
고를 '민족적인 것'의 실현 그 자체로 보거나 '민족적인 것'의 실현을 위
한 결정적 기초라고 생각한다. 그리고 심지어 모든 사안들과 사물들을
일차적으로 생산적이냐 비생산적이냐, 또는 얼마나 생산적이냐 하는 기
준들에 의거하여 평가하는 경향마저 보인다.[32] 박정희 정권기 권력블록
이 생산한 담론들 안에서 그 같은 속성을 확인하는 것은 그다지 어렵
지 않다.

---

30. 박정희 정권기 국가담론들을 개관해보면, '경제발전'이 어느 때고 중심 화두들 가운데
    하나였다(전재호 1998 : 52~59, 67~75).
31. 심융택 편(1972 : 38).
32. 경제민족주의의 그 같은 특징을 잘 보여주는 예로서 List(1999[1885]a)를 참고.

비생산적인 생각이나 관습을 일신하고 모든 문제의 판단기준을 생산력 증가
로 귀일시키자 … 모든 국민의 활동이 이와 같은 기준에 의하여 규제된다면
… 우리나라의 발전은 얼마나 급속히 이루어지겠는가?(박정희, 세수확보
에 관한 서신[1965. 6. 11.]).33

가장 절실한 것은 더 많이 생산하고 건설하며, 더 많이 벌어들여 하루 빨
리 자립경제를 이룩하는 일이다. … 가능한 모든 자원을 생산부문에 집중
투입시켜야 할 뿐 아니라, 관민이 다 같이 생산적인 사고방식과 근면 검
약하는 생활태도를 함양해야 할 것이다(박정희, 지방장관회의 유시[1965.
8. 31.]).34

경제민족주의의 생산력주의적 측면은 '개발주의'(developmentalism)
라고 다르게 명명할 수 있다. '발전' 개념의 다양한 용법들에도 불구하고,
보통 '개발주의'라 할 때의 그 개념은 '더 많은 생산량과 더 높은 생산성
의 성취'를 뜻하는, 고전파 정치경제학의 '진보' 개념과 일치한다. 따라서
박정희 정권기 권력블록의 경제개발 담론들은 '개발주의'를 주요 특징으
로 가지는 경제민족주의의 담론들이라고 말할 수 있다.35 1970년대에 경

---

33. 심융택 편(1972 : 232). 강조는 인용자.

34. 심융택 편(1972 : 113).

35. '발전' 개념의 사적(史的) 전개와 다양한 정의들에 대해서는 西川潤(2000)을 참고하였
다. 개발주의는 흔히 그렇듯이 민족주의와 결합할 때, 민족[국민]국가 단위를 전제한 생
산력주의로 요약할 수 있다. 그 특징들을 부연하면 아래와 같다.
① '발전'에 최고의 우선적 가치를 부여하고, 여타의 가치들은 '발전'과의 기능연관['발전'
에 기여하는가 또는 얼마나 기여하는가 라는 관점] 속에서 평가한다.
② '발전'을 '더 많은 생산량과 더 높은 생산성'의 지속적 성취로 정의한다.
③ '발전'이 점진적으로 개인적 · 집합적 삶의 개선을 낳는다고 주장한다; '발전'을 '민족
[국민]일반의 이익', 즉 '중립적 가치'로 간주한다.
④ '발전'이 빚어내는 개인적 · 집합적 삶의 불균등과 파괴적 양상을 부인하거나, 불가피

제개발계획을 작성·추진한 주역들의 사후 자기 평가에서도 드러나듯이, 당시 그들에게 한국사회는 "숫자"로 인지되는 "생산성"과 "효율화"의 관점에서 포착한 "엔지니어링 어프로치"의 대상으로서, 마치 "건설" 중인 하나의 "건물" 혹은 "공장"처럼 여겨졌던 것이다(오원철 1996 : 260~278).

그런데 이 때 '생산력주의 = 개발주의'가 특히 담론 차원에서는, 대중들을 향해 '더 많은 노력과 헌신을 촉구'하는 내용 및 형식으로 표출됐다. "중단 없는 전진, 휴식 없는 노력"(심융택 편 1972 : 55)과 같은 노동윤리 내지 생활도덕이 바로 그 '생산력주의 = 개발주의'의 요점이었던 것이다.

> 나아갈 길은 오직 하나 … 앞으로 더 많은 땀과 더 많은 정열을 … 조국에 바쳐야 하겠습니다. 그리하여 … 불철주야 노력하는 총화전진의 시대를 열어야 하겠습니다(박정희, 대통령 취임사[1972. 12. 27.]).[36]

> 남이 빨리 뛸 때 우리는 더 빨리 뛰어야 하고, 남들이 쉴 때에도 우리는 계속 뛰어야 발전이 있는 것입니다(박정희, 수출 유공자들과의 환담[1975. 11. 26.]).[37]

이 점에서 경제개발 담론들의 경우도 '정신혁명론'의 면모가 핵심이었음을 알 수 있다. 그것은 개발계획의 성안과 시행을 밑받침하는 "개

---

하다고 보면서 점진적으로 해소되어갈 것이라고 낙관한다.

⑤ 개인적·집합적 삶의 상태를 수량화된 총계 지표들로 단순화한다.

⑥ '발전'을 위한 개인적·집합적 노력들을 '조국애'의 중요한 척도로 생각한다.

36. 대통령비서실 편(1978 : 294~295).

37. 김재영 편(1978 : 126).

혁"의 기조 또한 국가기관들을 매개로 한 "공학"적 접근, 다시 말해 "조국근대화"에 순기능할 가치기준들을 "생활 속에 주입"하고 "행동 속에 침투"시키는 "정신개발"로 삼았기 때문이다. 권력블록의 성원들은 "경제성장을 촉진하는 정신자세를 가리켜 '제2경제'"라고 명명하면서 그 중요성을 강조했다(김원태 1968). 이 "정신개발"의 담론들은 "모든 문제의 판단기준을 생산력 증가로 귀일"시키는 인간형의 보편화를 욕망한 것들이었기에, 달리 말하자면 '생산적 국민 만들기'의 실천들이었다.

> 인간은 그 모든 것의 기점이다. … 사람 됨됨이가 … 터전이라는 것이다. 그러므로 경제적인 체제의 근대화 … 를 위해서는 우리의 생활태도와 정신자세의 새로운 개발이 필요하고 새로운 생활태도와 정신자세는 역시 새로운 인간형성에서 비롯한다 … (*Ibid.* : 31).

"정신자세"가 "제2경제"라 불렸지만, 적어도 담론 수준에서 보면 그것은 사실상 '경제 중의 경제'였다. 〈새마을운동〉과 관련된 담론들은 "정신자세"의 위상을 잘 보여준다.

> 한 번 잘 살펴보십시오! 우리 농민들이 우리 스스로의 힘으로써 할 수 있는 일을 다 했는가 안 했는가? 하늘을 원망하기 전에, 남을 원망하기 전에 내 스스로가 해야 할 일을 했느냐 … 자조정신을 가지면 … 모두 이루어질 수 있는 것입니다. … 보다 더 부지런하게, 보다 더 열심히 … 운명을 … 개척해 나가는 강인한 자조정신 … (박정희, 권농일 치사[1970. 6. 10.]).[38]

---

38. 대통령비서실 편(1978 : 46~47).

모든 문제는 결국 정신 문제이다. 건축의 대소가 그 기초의 심천(深淺)에 비례하듯이, 사람의 생활도 사회의 발전도 그 정신적 기초에 비례하여 결정된다. … 심전개발(心田開發)에 가일층 노력이 요청되는 것이다(김준 1986[1975] : 238).[39]

최우선 순위가 〈새마을운동〉의 목표들 가운데서 "재력을 생산하는 경제개발"에 두어진 반면, "정신개발운동과 생활태도 개선운동은 우선순위를 따지지 말고 처음부터 계속적으로 전개하여 관습화하고 생활화하여야" 하는 것들이었다(문화공보부 1972 : 71~77). 그래서 〈새마을운동〉은 단적으로 "하나의 국민정신계발운동이며 정신혁명운동"이라고 정의됐음은 물론이고(대통령비서실 편 1978 : 252~253), 아예 농민들의 "마음"을 "깨끗이 개량"하는 "새마음운동"이라고까지 불렸다(매일경제신문사 편 1977 : 215; 대통령비서실 편 1978 : 235~236).

이 같은 "정신자세"의 강조는 농촌의 문제상황들이 일차적으로 농민들 각자가 자초한 결과들이며, 따라서 그 문제상황들의 타개 또한 개별 농민들의 주관적 의지 여하에 따라 결정될 일이라고 주장하는 것이었다.[40] 당연히 거기에서 사회–정치적 관계의 변화를 의미하는 개혁은 고려되지 않았다. 그것이 1970년대부터 국가의 주도 아래 본격적으로 전개됐음을 생각하면, 1960년대의 '불균형발전'에 대한 비판 여론들을 의식하면서 추진한 것임에도 불구하고(최주철 1976 : 59ff.; 김대환 1976 : 36~

---

39. 김준은 새마을지도자들의 발굴과 육성을 위해 설립·운영된 〈새마을지도자 연수원〉의 원장으로서 줄곧 "국민교양과 국민정신에 관한 과목들"을 가장 중요시했다(박종민 1994).
40. 박정희는 벼베기 대회에 참가하여 농민들에게 직접, "안 일어나는 부락은 그 부락민들이 게을러서 그런 것"이라고 잘라 말하기까지 하였다(대통령비서실 편 1978 : 125~126).

38; 1977[1976] : 283; 대통령비서실 편 1978 : 191), 새마을운동은 기존 정책기조에 큰 변화를 주지 않겠다는 권력블록의 의사 표명이었음을 읽을 수 있다(대통령비서실 편 1978 : 194ff.).[41]

　　이제 이 만큼 경제성장의 여력이 생겼다고 해서 이를 그 동안 상대적으로 뒤졌던 농업경제 분야에만 풍성풍성하게 자금을 배분할 수 있는 처지에 있는 것은 아니다. … 최소투자로써 최대효과를 낳을 수 있는 농어촌개발전략이 요청된다. 농민의 자조적 노력과 병행해서 … (임방현 1973 : 28~29).

　　농업부문에 대한 투자는 어디까지나 "공업발전의 여력"에 한하여, 종전처럼 "공업발전에 주력"함을 전제로 하여, "도시 상공업의 발전을 뒷받침"하도록 한다는 것이었다(문화공보부 1972 : 26; 현대정치연구회 1976 : 100~101). 〈새마을운동〉의 3대 정신들 가운데서 '자조'가 크게 중시된 것은 이러한 맥락에서였다. 원활하고 신속한 공업화에 기여하도록 농업부문을 재편하되 이에 소요되는 재원들은 최소화하겠다는 생각이 '자조'를 반복하여 강조토록 했다. 또 그러한 의도는 성과주의에 입각한 선별지원 원칙의 제시를 통해 경쟁관념의 조성으로 이어졌다.

---

41. 권력블록은 농민들이 '못사는 이유'가 무엇보다 농민 자신들의 정신상태에 있다고 강조하면서도, 그들의 기획이 '불균형발전전략'이었음을 부인하지 않았다. 그들은 그것이 근대화의 법칙과 같다고 주장하였다. "분명히 농공 간의 발전 격차는 있었다. 그러나 개발전략상의 과학적 요인을 이해할 때 그것은 오히려 … 불가피한 현상이었다. … 근대화란 어느 시대, 어느 국가의 경우도 모든 것이 한꺼번에 좋아지기만 하는 안이한 도정이 결코 아니었다"(임방현 1973 : 26). 이 점과 관련된 지표로서 산업별 투자재원을 참고할 수 있다. 1970년대에 들어 전체 투자재원 가운데 농림수산업 부분이 차지하는 비중은 계획과 실적 양면에서 오히려 줄어들었다. 2차 개발계획 기간 중 농림수산업 투자재원의 계획[실적] 비중이 16.3[8.5]%였던 반면 4차 개발계획 기간 중 동 부문 투자재원의 계획[실적] 비중은 9.4[7.5]%였다(김호 2000 : 251).

성과를 검토해볼 때 … 엄청난 일을 했다고 … 보고 있습니다. … 해준 것은 불과 시멘트와 철근 … 18만 원 정도밖에 되지 않는데, … 주민들이 … 노력을 제공하고 … 협동·단결하여 … 지원해준 돈보다 몇 십 배의 큰 일을 이룩했다고 나는 보고 있습니다(박정희, 새마을 소득증대 촉진대회 치사[1972. 5. 18.]).[42]

… 그 부락 주민들은 나한테 이런 말을 했습니다. "… 우리 힘으로 … 할 수 없는 것만 조금 도와주면 일은 죽도록 하겠습니다." 앞으로 전국의 모든 부락은 이러한 정신과 자세로 … 운동을 전개해야 되겠습니다(박정희, 벼베기 대회 치사[1971. 9. 29.]).[43]

오늘 표창 받는 모범부락은 … 적은 예산과 적은 물자를 가지고도 커다란 성과를 올릴 수 있다는 정신력의 위대함을 실증했습니다. / 고루고루 나누어주는 정책 … 은 지양해야 합니다. … 잘 살아 보려고 발버둥을 치고 애쓰고 10만 원을 도와주면 결과적으로 몇 백만 원어치의 일을 해내는 부락을 우선적으로 지원해주는 것과 … 균등하게 지원해주는 것과, 어느 편이 더욱 효과적이겠습니까?(박정희, 지방장관회의 지시[1971. 7. 30.]).[44]

이러한 담화들을 보면 〈새마을운동〉은 복합적 효과를 의도한 기획이었음을 알 수 있다. 그것은 최소한의 재원만을 투입하면서 노동력 동원을 극대화하고 이로부터 성취된 가시적 결과들에 기초하여, 한편으로는 권력블록의 농업정책을 향한 비판적 시선들을 가라앉히면서, 아울러 공업화의 지속과 확대에 필요한 농업부문의 기능성들을 진전시키려 한

---

42. 대통령비서실 편(1978 : 240).
43. 대통령비서실 편(1978 : 127).
44. 대통령비서실 편(1978 : 90~91, 97~98).

기획이었다. 또한 그것은 노동과정 속에서 농민들로 하여금 유형·무형의 자기 감독체제를 발동시켜서 "건전한 사회기풍"을 체득하고 재생산토록 하는 훈육프로그램이었다.

> 전 번에 새마을연수원에 가보니 낙후마을 지도자들은 명찰 색이 다르더군요(박정희, 새마을 유공자들과의 환담[1976. 9. 7.]).[45]

> 대통령 : 확실히 농민들이 많이 부지런해진 것 같아요 ….
> 내무부 장관 : 중요한 것은 분위기라고 봅니다. … 일을 하지 않으면 수치스럽고 남의 눈이 무서울 정도로 분위기가 변했습니다(박정희, 모범 독림가들과의 환담[1976. 4. 5.]).[46]

> 여자들이 밤늦게까지 … 일하는 것을 보고 남자들이 태만할 수 없기 때문에 … 모두 열심히 일하게 됩니다(새마을지도자 박재명, 대통령과의 환담[1976. 12. 8.]).[47]

"근면·자조·협동"과 같은 정신적 가치들을 대중들에게 내면화시키려는 담론이 비단 농민들과 관련해서만 전파된 것이 아님은 물론이다. 박정희 정권기 권력블록은 "모든 생활영역에서" 국민경제의 생산성을 도모하는 "정신개발"을 기도했다.[48]

---

45. 김재영 편(1978 : 191). 〈새마을운동〉은 국가가 정한 기준들에 따라 농촌 마을들 전체를 "기초마을", "자조마을", "자립마을" 등 3등급들로 나누고 선별 지원하여, 마을들 사이에 성취욕구와 경쟁심리를 조장하는 방식으로 전개됐다(내무부 1980a : 213~215).
46. 김재영 편(1978 : 161).
47. 김재영 편(1978 : 214).
48. 〈새마을운동〉은 앞에서 언급한 〈농촌새마을운동〉 외에 〈공장새마을운동〉, 〈도시새마

마음속의 환경개선을 위하여 허영심을 버리고 불신풍조를 바로잡고 비정의
사회에 따뜻한 인정의 훈김을 불어넣는 일이 도시새마을운동이다. 낮은 자
와 높은 자간에, 농민과 도시인간에, 피고용인과 고용주간에 … 이해와 사랑
… 이것이 … 곧 도시의 새마을운동이다(새마을지도자 연수원장 김준).[49]

국력배양은 … 모든 생활영역에서 낭비와 비능률을 추방하는 데서부터 시
작되어야 하겠다. … 사치와 안일한 생활태도를 배격하고 검약과 근면을
미덕으로 삼아야 … 하겠다(박정희, 신년새[1975. 1. 1.]).[50]

농민들에게 다른 어떤 정신적 가치들보다 '자조'를 강조했다면, 공
장노동자들을 비롯한 도시 대중들에게는 '더 많은 노동력의 투여'를 기
본으로 요청하면서도,[51] 특히 '내핍'과 '인내'를 반복해서 주문하였다.

적은 소득도 소비를 절약하면 얼마든지 저축할 수 있는 것이다(박정희, 저
축의 날 치사[1966. 9. 25.]).

낭비와 사치와 허욕의 폐풍을 없애야 한다. 소비하고 남은 것을 저축하려
할 것이 아니라 저축하고 남은 것을 소비하는 태도를 길러야 한다(박정희,
저축의 날 치사[1970. 9. 25.]).

이제 우리는 한 번 더 허리띠를 졸라매고 가일층의 분발과 노력으로 근대

---

을운동) 등 모두 세 유형들로 나뉘어 추진되었는데, 어느 유형에서든 핵심사업 제1순위
는 "정신계발"이었다(내무부 1980b : 526).

49. 박종민(1994 : 146).
50. 매일경제신문사 편(1977 : 192).
51. 권리신장을 위해 선정한 '여성의 해'마저 여성들이 "일을 많이 하라"는 취지의 것으로
해석됐다(김재영 편 1978 : 39).

화의 마지막 고지를 향해 전진 또 전진해야 한다(박정희, 대통령후보 지명 수락 연설[1971. 3. 17.]).[52]

'내핍'을 통한 '저축'의 촉구는 일면 국민경제 수준의 투자재원 확보라는 의미를 갖고 있었다.[53] 그러나 이러한 유형의 담론이 주로 민중들을 겨냥했다는 점에서, 그 촉구는 저임금을 비롯한 여타 열악한 생활조건들을 '인내'하며 살아갈 방법론의 제시였다. 그리고 여기에서도 대중들의 생활상태를 전적으로 주관적인 그들의 정신상태와 직접 결부시킴으로써 의도적으로 사회-정치적 모순들에 대한 문제의식들을 담론의 장 밖으로 밀어내고자 한 것이다. 일견 의심할 나위 없이 옳게만 여겨지는 '절약'과 '검소'란 미덕이었지만, 고속·고도의 자본축적과 대비되는 민중들의 생활고 및 비자율성이란 컨텍스트를 염두에 두면, 그것들은 사실 전형적인 계급권력-훈육의 규범들이었다. 그러므로 없애야 한다는 "낭비와 사치와 폐풍"은 이른바 지도층의 그것들이라기보다 민중들의 "조급한" 분배 및 권리개선 요구들이었다.

권력블록은 민중들의 힘겨운 삶의 정황을 인정하면서도 그들에게 박정희 정권기 내내 '인내'를 요구하였다. 권력블록은 민중들이 현재의

---

52. 심융택 편(1972 : 57).

53. 국가는 1960년대 초반부터 지속적으로 '국민적 저축운동'을 전개했고, 이 일환으로 각종 홍보 및 행정조치들을 취하였다(재무부 1979 : 390~393). 그러나 그 노력이 경제개발을 위한 내자동원의 차원에선, 이른바 서민들의 저축성향과 상관없이 큰 성과를 거두지 못하였다. 계획된 소요자금의 규모가 워낙 컸던 탓이 있지만, 저축이 투자자금을 조성한다는 의미를 가지려면 중간층 이상의 사람들로부터 큰 호응이 있어야 하는데, 당시 전반적으로 낮은 금리와 높은 물가고의 조건 때문에도 결과는 항상 기대에 미치지 못하였다. 그래서 국가는 반복해서 특단의 조치들에 의존한 내자동원을 시도하였다. 이 특단의 조치들은 제5장에서 언급한다.

고통과 희생을 참아내면서 헌신적으로 일하면 국민경제가 발전할 것이요, 국민경제의 발전추세에 따라 자연히 생활고 타개와 복지 향유의 시기를 맞이하게 될 것이라고 주장하였다(박정희 1978 : 138~139).

> 한 말의 씨앗을 한 줌씩 미리 나누어 먹는 조급과 무지보다는, 이것을 심어 열 섬을 만들어 나누어 먹는 인내와 지혜가 있어야 할 것이다(박정희, 연두교서[1967. 1. 17.]).[54]

> 수도꼭지에서 물이 흘러나와 물통을 채우고 넘쳐흘러서 주위의 땅을 골고루 적셔주듯이, 오랜 시간에 걸쳐 국력이 축적되어 일정한 단계를 넘어서면, 그 여력으로 모든 국민에게 복지의 혜택을 펴 나가게 된다(임방현 1973 : 60).

이 같은 시각에선 국민국가 단위의 생산력 증강과 생산성 제고가 그 자체들로서 누구에게나 '좋은 것'인 중립적·민족적 가치의 실현이 아닐 수 없다.

일찍이 리스트(F. List)는 개인들의 생활상태를 부유함과 가난함으로 양분·단순화했고 국민적 생산력의 차원으로 환원시켜 사고하였으며, 종교와 각종 사회제도들, 과학·예술·교육·정치와 행정의 다양한 부분들도 국민적 생산력의 풍부한 원천들이 될 수 있음을 강조했다. 그에게는 사회에 존재하는 유형·무형의 산물들 전반이 생산력의 잠재적 일부였으며, 따라서 사회의 모든 사물들과 사안들을 이해하는 그의

---

54. 심융택 편(1972 : 53).

바로미터는 기본적으로 생산적이냐 비생산적이냐, 또는 얼마나 생산적이냐 하는 기준들이었다(List 1999[1885]a : 22~32).

박정희 정권기 권력블록이 양산한 담론들은 내용 면에서 리스트의 발상과 많은 부분 닮아 있었다. 그 담론들에 의하면 경제가 아닌 '정치' 역시 생산적으로 재편되어야 했다.

> 우리의 모든 힘을 생산과 건설에 직결시켜야 하겠다. 정쟁이나 부질없는 질시 반목으로 빚어지는 무위와 도로의 비생산적인 병폐를 기어이 뿌리 뽑아 협조와 조화의 새로운 기풍을 바로 세워야 하겠다. 국민의 모든 관심과 노력을 생산과 건설이라는 집약된 목표에 전향시키고 또 역량과 지혜와 창의를 여기에 동원하여야 하겠다(현대정치연구회 1976 : 165).

> 우리 사회에 있어서의 의회주의의 합리화 문제는… 능률화[이다] …[유신헌법]에 있어서는… 의회의 성격도 여야의 대립과 찬반과 같은 대화의 의회(redendes Parlament)를 의미하지 않고, 다만 전체적 입장에서 법안과 예산안을 심의, 통과케 하는 '하나의 일하는 국회'(ein arbeitendes Parlament)를 의미하고 있다(한태연 1973 : 62).[55]

권력블록이 말하는 "생산적 정치"란 "생산에 직결되는" 정치, "국력배양에 기여하는" 정치였고, "생산"과 "국력배양"이 뜻하는 바는 주지하듯이 수출역량 강화를 통한 국민경제의 발전이었다. 권력블록의 입장에서 정치의 "생산적" 업무는 "생산과 건설에 필수 불가결한 선행조건",

---

55. 한태연은 '유신헌법'의 기초자들 중 한 사람이었으며, 박정희 정권기에 서울대·동국대 교수, 공화당·유정회 국회의원, 헌법학회장 등을 역임하였다.

즉 "밖으로 부단한 공산침략의 위협에 대처하면서, 안으로 안정과 질서를 확보하는 것"이었다. 또한 "시민계층"의 "미성숙"이란 상황으로 인해 불가피 "근대화작업"을 "대행"하는 "행정 엘리뜨"들을 지원하고 이들의 프로그램에 "참여"하는 것이었다. 그리고 그 "생산적 정치"의 구체적 상은 "10월 유신"으로 제시됐다. 권력블록은 정치의 행정화, 정치의 소멸 속에서 "생산적 정치"를 찾았으며, 이에 반하는 민주주의의 존재 및 요구를 "사치스러운 정치놀음"이라고 불렀다. 한 마디로 '독재'에 의존하지 않고서는 "조국근대화"와 "민족중흥"의 길을 갈 수 없다는 것이 그들의 생각이었다(심융택 편 1972 : 236, 270; 임방현 1973 : 50~51, 502~503; 현대정치연구회 1976 : 167; 대통령비서실 편 1978 : 319~320; 박정희 1978 : 55~57, 62).[56]

그들은 서구의 경우와 달리 근대화의 내생적 조건들[시민계급의 성숙과 자본의 선행적 축적 등]을 갖추고 있지 못한데다가 그 과제들을 신속히 추진해야 하는 '한국적 상황'을 내세우고, 어느 경우이든 "경제건설"이 "민주주의"의 "절대적인 기본 요건"이라는 입장에서, "현 시점"에 "정치의 초점"은 "민주주의"가 아니라 "경제건설"이며 "경제건설"을 통해 "민주주의"의 "실현을 위한 정지작업"을 하는 것이라고 주장했다(김원태 1968 : 80~81; 임방현 1973 : 24; 대통령비서실 편 1978 : 137).

---

56. '유신체제'로 실현된 '생산적 정치론'의 의도와 관련하여 다음과 같은 입법현황을 참고할 수 있다. 행정부가 제출한 경제법안의 의회 가결 비율을 역대 공화국별로 보면, 제1~3공화국 시기에 평균 70.9~73.3% 정도였는데 반해 제4공화국 시기에는 평균 95.0%가 됐다(이병화 1983 : 131~132). 한편 유신체제 시기 '권력 내부의 권력'이라 말할 수 있을 청와대비서실 구성원들의 사고 및 행동방식은 "명령"과 "절대복종"이었다(김형아 2005 : 257~261, 283~306).

민주주의는… 국력배양을 위한 하나의 착실한 행동이 있을 때 비로소 육성・발전[된다] … 묵묵히 땀 흘려 일하는 새마을 지도자들, 산업전사들, 방위역군들이 … 진정한 민주역군이며, 그들이 일하는 일터가 곧 민주주의의 실천도장인 것이다(박정희, 제헌절 경축사[1975. 7. 17.]).[57]

결국 권력블록 자신들이야말로 '독재'를 하지만 민주화를 촉진시키는 "진정한 민주역군"들이라는 말이었다.[58]

"행정 엘리뜨"들이 "근대화 작업"을 주도하고 정치의 "생산적" 편성을 주창하는 상황에서, "모든 행정시책"을 "증산과 건설에 집중"하라는 "유시(諭示)"가 내려지는 것은 너무도 당연했다. 역시 이유는 "더 많이 생산하고 더 많이 벌어들이고, 더욱 더 건설해서 국가자립 경제체제를 확립하는 일"이 "지금 우리에게 가장 절실"하다는 것이었다(심융택 편 1972 : 113~114).

권력블록은 같은 이유에서 과학과 기술, 문화와 예술, 교육, 그리고 신체[체력]도 "생산과 건설"에 복무하는 그것들로 개조되어야 한다고 주

---

57. 매일경제신문사 편(1977 : 200).

58. 여기에서 다시 박정희 정권기 권력블록이 생산한 민족주의 담론들이 근대화론의 '별종'이기보다 반대로 그 '정수'임을 확인할 수 있다. 위 논리는 오늘날 근대화론의 입장을 취하는 연구자들의 발상과 정확히 일치한다. 당시에 권력블록의 이데올로그들은 '위로부터의 혁명론'이 비단 논리적 차원에서 타당할 뿐만 아니라 역사적 차원에서도 입증된 전략이라고 주장했는데, 이 또한 현재 우리 학계를 지배하는 근대화론자들에 의해 공개적・암묵적으로 수용되고 있는 입장이다. "영국의 경우에도 '민족(국민)국가형성과 자본주의 성장'의 기반 구축을 위해 … 국가권력의 경제성장에의 개입과 간섭과 보호가 영국의 산업화를 추진함에 있어 결정적으로 기여했음은 영국의 산업혁명의 과정에서 그 실증을 찾아 볼 수 있는 것이다"(김대환 1976 : 37). 그러므로 현재 근대화론의 관점에서 박정희 정권기를 평가하는 논자들은 그 시대 권력블록의 담론들을 많은 부분 재연하고 있는 셈이다.

장하였다(*Ibid.* : 91, 234, 280; 이규호 1976 : 80; 고광헌 1988 : 273). 특히 "생산적 교육"이 다른 어떤 부문들보다 강조되었는데, 이 점은 발상 면에서 전술한 "정신혁명론"의 연장선에 있었다(심융택 편 1972 : 285~ 297). 교육은 생산적인 것과 비생산적인 것으로 양분되어 "산 교육"과 "죽은 교육"으로 지칭되기도 했다(*Ibid.* : 290).

> 경제자립과 조국근대화를 서두르고 있는 이 시점에 있어서, 우리 교육은 무엇보다도 생산에 직결된 교육이어야 하고, 그것을 통해서 유능하고도 의욕 있는 인적 자원을 개발 육성하는 것이어야 한다. … 근대화에 가장 효과적으로 기여할 수 있는 인간교육, 민족교육 또는 생산하는 교육으로서 경제성장을 위한 인적 자원의 개발을 보다 적극적으로 추진하여 … 나아가야 할 것이다(현대정치연구회 1976 : 90).[59]

전체적으로 권력블록의 경제개발 담론들은 민중들을 대상으로 하여, 민족과 조국의 내일을 위한 희생과 고통의 감내를 요구하는 내용이었다. 그런데 이는 역설적이게도 그들이 민중들을 경시한 것이 아니라 반대로 중요시한 결과였다. 그들이 보기에 국내적으로 민중들의 노동력이 신속한 공업화와 원활한 자본축적을 성사시킬 결정적 토대들 가운데 하나였다. 더욱이 "조국근대화"와 "민족중흥"의 대업이 일회적 희생과 고통의 감수나 단기간의 헌신성 발휘를 통해서는 달성될 수 없는 것이었다. 이 점에서 권력블록은 '노동하는 삶에 대한 찬미'와 '노동하

---

59. 정책 수준에서 보더라도 박정희 정권기 국가의 과학기술 육성은 산업화 내지 경제발전과의 직접적 관련성을 최우선시하는 "실용주의적 성격"이 강했고, 그 만큼 기초과학은 관심권 주변으로 밀려났다(염재호 1994 : 109; 이상철 2004 : 176~177).

는 사람들에 대한 경의'를 잊지 않았다.[60]

모든 미덕은 노동을 존중하는 삶의 태도와 건전한 사회의식에 의해서 밑받침된 삶의 태도에서 이루어진다. 그와 반대로 모든 종류의 악덕은 노동을 싫어하고 사회의식이 없는 데서 유래된다(김원태 1968 : 36).

우리는 … 일 자체에서 기쁨과 행복을 찾아가고 있다. … 노동을 천하게 여기고 일의 기쁨을 이해하지 못하는 사회에서는 건전한 발전이 이룩되기 어렵다. … 항상 일하고 항상 탐구하는 데서 개인적인 즐거움이 생길 뿐 아니라, 사회 전체로서는 발명과 과학의 꽃이 피고, 거기서 문명의 진보가 이루어지는 것이다(박정희 1978 : 100~101).

수출신장의 열쇠를 쥐고 있는 우리 근로자들의 분발과 노력은 … 국가목표 달성의 관건이라고 아니 할 수 없다. … 어려운 여건 속에서도 오직 국가의 번영만을 생각하며 부지런하고 성실하게 땀 흘려 일한 … 근로자가 없었더라면 … 수출목표를 달성할 수 없었을 것이다. … 우리나라 근로자들이 여기에 대해서 커다란 긍지와 자부심을 가져도 좋다 … (박정희, 근로자의 날 치사[1970. 3. 10.]).[61]

그러나 권력블록이 "산업역군"들을 중요시한 특유의 태도와 행위는

---

60. 알튀세에 기대어 말하자면, 그것은 노동자들을 특정 유형의 '주체'로 만드는 이데올로기적 호명이었다. 즉 권력블록이 각종 의례와 의식 · 매체 · 기관 · 교육 등을 통해서 노동자들을 '산업역군', '수출전사', '조국근대화의 기수'로 반복하여 호명하였고, 이에 따라 그들 중 스스로가 권력블록의 프로젝트를 수행하는 '주체'임을 자부하며 생활한 사람들이 실재했다는 것이다. 알튀세를 인용하지 않았지만 황병주(2004a)가 그러한 논지를 개진하였다. 알튀세가 제기한 이데올로기의 주체-구성 효과에 대해서는 Althusser(1984 : 44~51)를 참고.
61. 심융택 편(1972 : 101).

그들에게 노동력 착취와 무권리 상태의 지속으로 귀결됐다.[62]

## 제3절 냉전주의와 접합된 민족주의 : 승공통일론

한국에서 전후 '분단국가'라는 상황은 민족의 외연과 국가의 외연을 일치시켜야 한다는 민족주의의 대표적 규범에 위배되는 '반민족적 현실'이었다. 그러나 오히려 이 반민족적 상황은 중대한 민족적 과제의 미결 상태를 뜻했기 때문에, 민족주의 엘리트들이 자신들의 기획과 비전에 대중들을 포섭하고 동원화하고자 노력하는 중요한 기반이기도 했다. 이른바 '진보적 민족주의' 성향의 논자들이 그 동안 이해해왔던 바와는 달리, 박정희 정권기의 권력블록도 또한 '분단국가'라는 현실의 타파를 자신들의 지배 프로젝트 내에 중요한 부분으로 포함시켰던 민족

---

62. 그 점에 대해서는 제6장을 통하여 논술한다. 황병주(2000, 2004)는 박정희 정권기 권력블록의 정치를 '금욕의 정치'가 아니라 '욕망의 정치'였다고 주장한다. 그들이 "잘 살고 싶다"는 "대중의 욕망을 무조건 억압"하지 않고 개발주의와 부합하는 "특정한 방향으로 분출시키고자" 하였다는 것이다. 그러나 이것은 당시 권력블록의 정치에서 '금욕'의 강제란 측면만을 보는 이들과 마찬가지로 일면적 이해를, 단지 반대 방향에서 또 다른 형태로 보여준다. 왜냐하면 '무조건 억압하기만 한 것은 아니다'가 '억압하지 않았다'와 동일시될 수 없고, 더욱이 개발주의라는 "특정한 방향"은 권력블록 외부의 사회구성원들이 다양한 원초적 욕망들을 절제하지 않으면 안 된다는 명령적 요구를 함축하기 때문이다. 전술한 담론의 특징과 후술할 노동자들의 삶에 대해, 황병주가 유의하지 않는 것은 어찌 보면 당연하다. 그는 '전근대-금욕의 정치'/'근대-욕망의 정치'란 그릇된 대쌍관념을 전제하여 두고 있다. 그러나 박정희 정권기를 포함한 '근대'의 실상은 '금욕의 정치'와 '욕망의 정치'의 특정한 접합이며, 이 때 접합의 내용 및 효과가 사례마다 또 계급·계층별로 균일하지 않다. 황병주가 박정희 정권기 한국을 이해하기 위한 '거울'로 활용하는 나치 정권기 독일을 보더라도, 권력블록은 '금욕의 정치'와 '욕망의 정치'를 배합하여 추구하였다 (데틀레프 포이케르트 2003[1982]).

주의 엘리트들이었다. 그들의 통일론이 발상과 방법 면에서 과연 바람직했는가에 대한 논쟁의 여지야 많은 것이 분명하지만, 최소한 그것을 반민족주의적 아이디어의 발로였다고 볼 수는 없다.

우선 당시 권력블록의 통일론은 "북한 동포들"을 "북한 침략자들", "북한 모험주의자들"로 불린 당-국가 지도부와 구별했다. 그들의 통일론에서 "북한 동포들"은 "북한 공산주의자들"과 달리 "영원한" 민족 구성원들로서, 남한의 민족 구성원들과 정치-경제적으로 통합되어야 할 사람들이었다.

> 우리는 비록 남북으로 갈라져 있다 해도 같은 말, 같은 역사 그리고 하나의 피로 이어져 온 운명공동체입니다. … 민족은 영원합니다(박정희, 광복절 기념사[1972. 8. 15.]).[63]

> 민족의 주체성은 사라지는 법이 없고, 우리의 자각을 통하여 끝끝내 살려서 확립시키는 수밖에 없다. … 삼팔선은 용납할 수 없는 노릇이다. 남한이니 북한이니 다를 리 없다. 우리의 통일이념은 오직 하나인 민족적 주체성을 같이 살리어 이 겨레로서의 삶의 보람을 같이 느끼는 데 있다(박종홍 1972 : 69).

그러나 그 때 공산주의[사회주의]는 '반민족적인 것'이었고 북한의 당-국가를 이끄는 지도부는 '반민족적 집단'이었다.

---

63. 대통령비서실 편(1973 : 267~268).

조국이 분단된 지 30년, 한민족의 문화와 전통은 북한지역에서 공산주의자들에 의하여 여지없이 파괴됨으로써 민족사가 일부 훼손될 위기에 봉착하고 있으며, 조국근대화와 민족중흥의 새 역사를 창조하려는… 대열에 민족의 일부가 참여하지 못하고 있는 비운을 겪고 있다(현대정치연구회 1976 : 38).

8·15해방의 환희가 분단의 충격으로 사라진 격동의 과정에서, … 우리는 통일된 자주독립국가로 새 출발할 모처럼의 기회를 아깝게 놓치고 말았다. … 근본적 원인은 국제공산주의라는 외래의 사상과 그것을 추종한 북한 공산집단에게 있었던 것이다. … 북한 공산주의자들은 소련의 지령에 따라 … 신탁통치안을 지지 … 민족을 분열시켰으며, 이때부터 이미 그들은 외세의 힘을 등에 업고 북한 땅을 강점하려는 흉계를 꾸미고 있었던 것이다. / 그들은 민족정신을 외면한 채 아직도 무력적화 통일의 기회만 노리고 있을 뿐만 아니라, 우리겨레의 전통 속에 이어져 온 미풍과 양속을 송두리째 파괴함으로써 민족의 이질화를 획책하고 있는 것이다(박정희 1978 : 163, 165).

유신헌법은 조국의 평화적 통일을 그 목적으로 한다. 그러나 … 무조건적인 … 평화적 통일이 아니라, 자유민주주의적 정치체제에 의한 통일임을 주의하지 않으면 안 된다. … 유신헌법에 있어서의 국민총화적 경향이나 이른바 능률의 극대화는 … 자유민주주의적 정치체제에 의한 조국의 평화적 통일의 수단을 의미하지 않을 수 없다(한태연 1973 : 52).

따라서 그들이 내세운 통일의 전망은 한반도에서 '반민족적 공산주의'를 극복함으로써 이루어질 "승공통일"이었다. 그런데 '승공통일론'은 공산주의의 극복을 천명했다는 점에서 이승만 정권기의 '멸공통일론'과 연속선상에 있었지만, 공산주의의 극복을 위한 전략 측면에선 후자와 대비되는 것이었다. 멸공통일론이 군사적 냉전, 더 나아가 열전의 발상에 근접하는 북진통일론이었던 반면, 승공통일론은 전쟁 없는 장기적 흡수전략을 통해 북한을 통합한다는 선평화·후통일론이었대북한지역의 평화적 자본주의화 노선]. 박정희 정권기 권력블록은 저항엘리트들의 통일논의들이나 통일운동들에는 물론이고, 멸공통일론에 대해서 역시 비판적이었다. 그들은 단기간에 제도적 통합을 이룬다는 구상에 대해서도, 전쟁상태를 동반하는 무력적 통합방식에 대해서도 공히 반대했다.

> 자유당 치하에서 판치던 북진통일[은] … 오히려 통일의 길을 저해하는 긴장만을 가열시키는 부질없는 구호였고, 5·16 전야에 활개치던 남북협상과 같은 감상적인 생각은 공산주의자들의 간사하고 음흉한 계책에 말려드는 것[이었다] … (박정희 1971 : 119).

이러한 입장에는 두 가지 점들에 대한 고려가 전제됐다. 그 하나는 미국 정부의 제3세계전략과도 부합하는 특수한 공산주의의 퇴치방법이었으며,[64] 다른 하나는 군사적 통일방식이었던 한국전쟁의 참혹한 귀결과 이에 대한 대중적 정서였다.

---

64. 미국 정부는 1950년대 중후반부터 한국을 포함한 탈식민지 나라들에서 공산주의와 대결하고 공산주의를 퇴치하는 전략의 무게중심을 '군사'에서 '경제'로 이동시켜 나갔다 (李種元 1993 : 208ff., 1996 : 205ff.).

안전과 평화를 위협하는 것은 비단 '밖으로부터의 침략만이 아니다'⋯ 더 무서운 적이 우리 안에 있음을 명심해야 하겠다. ⋯ 내부에 이 빈곤을 두고 서 반공이나 승공을 할 수 있다고 생각하는 것이 얼마나 무용한 도로이며, 또 얼마나 무서운 결과를 자초하였던가 ⋯ 그러기에 정부는 승공이나 반공 의 관건이 빈곤의 추방에 있음을 누누이 역설하였으며, 온 국민이 경제적 번영을 이룩하는 데 총력을 기울여줄 것을 호소해 왔던 것이다. ⋯ 불온사 상이 기생하기 쉬운 빈곤을 추방하는 것 이상으로 더 효과적인 대공투쟁 의 방법은 없을 것이다(박정희, 자유의 날 담화문[1965. 1. 23.]).[65]

우리가 원하는 통일방안은 어디까지나 평화적인 방법으로 통일을 하자는 것이다. 비록 통일이 늦어지는 한이 있더라도 동족끼리 피 흘려 싸우는 전 쟁은 하지 말아야 한다(박정희, 국방대학원 및 합동참모대학 졸업식 치사 [1974. 7. 16.]).[66]


그러므로 민족중흥을 성취하는 길로서 제창된 조국근대화는 공산 주의와의 대결에서 승리하는 동시에 민족통일을 이루려는 핵심방도로 제시된 것이다. 승공통일론에서 경제개발은 대내적으로 "빈곤의 추방" 을 통해 공산주의의 침투 및 확산 기반을 소거하고, 대외적으로는 "국 력의 절대 우위성을 확보"하여 북한 당–국가의 기본노선이 포기되도록 함으로써 민족통일의 전제인 "평화정착"을 실현하겠다는 전략이었다.

전쟁을 통한 적침 분쇄나 실지 회복보다 더욱 차원 높은 승리의 길을 모색 해야 한다. 그것은 일보 일보 통일의 기반과 실력을 개척해나가는 일이다.

---

65. 심융택 편(1972 : 422).
66. 매일경제신문사 편(1977 : 190).

그것은 적으로 하여금 감히 우리의 경제력과 군사력 앞에 도전을 꿈꾸지
못하도록 침략의도를 포기하도록 하는 것이다. 다시 말하면 경제적으로 군
사적으로 실력의 절대 우위를 확보하여, 민주주의 체제와 철학의 실증 앞
에 굴복하고 승복하게 하자는 것이다. … '경제개발 5개년 계획은 그대로 조
국통일운동이요, 전쟁을 막는 길이요, 북한동포를 구출하여 우리민족의 평
화와 복지를 약속하는 길'이[대 … (박정희, 국군의 날 유시[1968. 10. 1.]).[67]

국민경제의 발전이 국력의 전부라고 본 것은 아니었으나 조국근대
화의 요체를 그것으로 규정했듯이, 승공통일의 시나리오에서도 국민경
제의 발전은 통일의 전제조건들 가운데 가장 중요한 부분이었다. 다만
1960년대 말부터 닉슨 독트린의 발표와 북한 측의 무장침투 공작들,
중미 간의 화해 등이 맞물린 대외정세를 계기로, 그 이전 시기에 비해
상대적으로 군사력을 더 강조했다.

한국은 … 하나의 뚜렷한 외교목표를 정립해왔는바 … 전쟁의 재발을 막고
민족통일의 기반 구축을 위한 평화정착이라고 할 수 있다. / 우리의 힘이
미군의 지원 없이도 북의 침략을 완전히 분쇄할 수 있고도 남음이 있을 정
도로 강해져야 한다. … 우리의 국력이 … 북괴의 그것을 압도할 때 북괴의
전략적 가정은 스스로 수정되지 않을 수 없을 것이다. 따라서 … 유엔외교
등의 문제는 본질적인 문제가 아니라고 해도 과언이 아닐 것이다. … 한국
의 안보 및 평화외교는 그야말로 우리들 스스로에 충실히 하는 데서부터
비롯된다 … (김경원 1977 : 200~201, 212~214).

---

67. 심융택 편(1972 : 455).

"무슨 일이 있어도 전쟁은 피해야" 하며 더욱이 "우리 힘을 신장시켜 … 흡수하는 길" 외에는 "진정한" 조국통일의 방도가 없다고 생각한다면(한태연 1976 : 106~107), 일단 "우리 힘을 신장"시키는 데에 주력해야 한다. 그래서 박정희 정권기 권력블록은 민족통일이 지상과제이지만 "너무 서둘러서는 안 된다"고 주장했다. "승공통일"은 이른바 "선평화·후통일"의 과정으로서 먼저 "선평화"의 단계를 밟아야만 한다는 것이었다(현대정치연구회 1976 : 41~43, 48~49).

"너무 서둘러서는 안 된다"는 주장의 또 다른 근거로는 이미 진전되어 있는 두 사회들 사이의 이질성, 그리고 이에 따른 불신과 긴장의 현실적 존재가 언급됐다. 그 같은 현실을 고려했을 때, "일거에 통일을 달성하는 비약이란 불가능"하다는 것이 승공통일론의 입장이었다. 좀 더 세부적이고 기술적인 부분들을 살펴보면, 승공통일 담론의 단계론과 점진주의는 "실력의 절대 우위를 확보"하기 위한 노력들을 기본으로 하면서, 다른 한편에선 "비정치적 분야의 교류와 협력"을 추구하는 '기능주의'(functionalism)의 방법론으로 구체화됐다.[68]

> 너무 서둘러서는 안 된다 … 합의하기 쉬운 문제부터 하나하나 풀어나가는 것이 … 통일을 앞당기는 것이[다] … 이념과 체제가 다르고 불신과 긴장이 존재하는 한, 일거에 통일을 달성하는 비약이란 불가능하다. 그렇기 때문에 우선 쌍방 간에 긴장과 대치상태를 해소하여 평화를 정착시키고, 그 토대 위에서 비정치적 분야의 교류와 협력부터 시작하여, 분단의 고통을 하나하나 제거시켜 나아감으로써 통일된 것이나 다름없는 상태로 유도하는

---

68. 통합이론으로서의 '기능주의'에 대해서는 김순규(1988 : 82~85)를 참고.

것이 첫 번째 과제이며, 진정한 의미에서의 통일은 이 과정을 거친 다음에 비로소 실현될 수 있는 것이다. … 사회적 통합의 영역이 점진적으로 확대되어 마침내 정치적 통합이 가능하다고 판단되는 시기가 도래했을 때, … 자유총선거를 실시하여 완전한 통일을 이룩하는 것이다(*Ibid.* : 48~49).

이상과 같은 방법론에는 "평화를 정착"시키고 "사회적 통합의 영역이 점진적으로 확대"해 가는 상당한 기간 동안, 북한 측을 상대로 한 '총성 없는 전쟁', 즉 사회–정치적 체제경쟁을 수행하겠다는 의지가 담겨 있었다.

북괴에 대하여 '더 이상 무고한 북한 동포들의 민생을 희생시키면서 전쟁 준비에 광분하는 죄악을 범하지 말고, 보다 선의의 경쟁, 즉… 어느 체제가 국민을 더 잘 살게 할 수 있으며, 더 잘 살 수 있는 여건을 가진 사회인가를 입증하는 개발과 건설과 창조의 경쟁에 나설 용의는 없는가' … 묻고 싶은 것이다. / 통일 노력의 본격화는 70년대 후반기에나 가능할 것이대 … 북한의 폐쇄적인 사회체제도 시대의 진운인 자유화 물결에 의해서 스스로 변질될 것이며, 또한 우리의 자유의 힘이 북녘까지 넘쳐흐를 것[이대 … (박정희, 광복절 경축사[1970. 8. 15.]).[69]

기능주의적 접근의 형식을 띤 체제경쟁론은 국외의 '교포사회'를 대상으로 해서도 전파됐다. 순수한 인도주의 기획인 것처럼 포장되었던 재일교포 고향방문단 사업도 실은 북한 측과의 체제경쟁을 염두에 둔 정치적 계산의 산물이었다.

---

69. 심융택 편(1972 : 437~438, 449).

앞으로 2년만 재일동포의 방문이 계속된다면 조총련 조직은 무너지고 말 것입니다. … 추석 때 왔던 교포들이 많이 전향해왔습니까?(박정희, 재일 거류민단 간부들과의 면담[1976. 2. 6.]).[70]

박정희 정권기 권력블록이 생산한 담론들은 '민족'과 '개인'을 각기 추상적 '전체'와 '부분'으로 포착하여 무매개적으로 연결하는, 그리하여 전체주의-기능주의로 경도되는 민족주의적 사유의 핵심적 특징을 보여줬다. 또한 먼 과거와 현재, 미래를 모두 아우르는 장구한 대서사의 지평 위에서 민족의 영광과 쇠락, 중흥을 논술하여, 자신들의 근대화 기획을 정당화하고 그 기획 속에 대중들을 포섭·동원화하려는 형식을 취했다는 점에서, 민족주의 담론의 수다한 사례들과 크게 다르지 않았다. 그들의 민족주의 담론들은 민족의 침체와 퇴영이 초래된 주요 원인들을 민족 내부에서 찾았고, 따라서 민족중흥을 위한 '외세'와의 관계에 대해선 이중적 태도를 취하였다. 이것은 많은 민족주의 기획들이 노정한 권력정치의 발상을 '약소국의 입장'에서 한층 더 극단화한 결과였다. 후발 근대화 혹은 탈식민지 근대화 운동의 양상을 띠었던 민족주의들이 '선진국'들을 추적 내지 추격하기 위한 동력으로서 강조했던 '정신혁명'과 '민족개조'의 측면도 당시에 권력블록이 전파한 담론들의 중요한 특징이었다. 그 담론들은 무엇보다 '공업화'와 '수출입국'을 '민족중흥'의 요체라고 주장하였으며 '생산력주의＝개발주의'의 가치 규범들을 절대화했는데, 여기에서 경제민족주의의 일반적 면모를 발견할 수 있다. 일

---

70. 김재영 편(1978 : 143).

체의 사고 및 행동 준거를 '국민적 생산력 향상' 여부에 두어야 한다는 요구-명령이 박정희 정권기에 권력블록이 양산한 개발담론들의 핵심 논지였다. 이 개발주의적 아이디어는 동시에 냉전주의, 그리고 일민족-일국가라는 민족주의의 대표적 규범과 접합되어 '승공통일론'으로 전개됐다.

# 국가의 경제정책:
## 중상주의적 공업화와 성장드라이브

# 국가의 경제정책 :
# 중상주의적 공업화와 성장드라이브

이번 장은 앞 장에 이어 박정희 정권기 경제개발의 민족주의적 특징들을 고찰한다. 제4장이 담론 차원을 위주로 보았다면 이하에서는 경제개발의 특징들을 국가의 정책 수준에서 확인한다.

당시의 경제개발을 '반민족적인 것'으로 평가해온 논자들[제2장에서 분류한 '비판적 평가 A']은 아래에 논의할 사항들과 관련하여 두 가지 공통점들을 드러낸다. 첫째로 박정희 정권의 제1차 경제개발계획 '원안'[1962. 1.]과 '수정안'[1964. 2.]의 이질성에 주목한다. '원안'에 대해 비록 쁘띠-부르주아적이고 소박하다는 한계들을 가졌다고 하나 민족주의적 발상과 의지의 자발적·비자발적 표현이었다고 평가하는 반면, '수정안'은 미국 정부 및 원조당국 등의 개입에 의해 변질된 반민족주의 프로젝트였다는 것이다. 물론 이후 작성된 2~4차 계획들도 반민족주의적이었다고 규정한다. 그리고 내자동원중심전략에서 외자동원중심전략으로, 수입대체공업화전략에서 수출주도공업화전략으로, 균형발전전략에서 불균형발전전략으로 전환했다는 사실 판단을, 그 같은 이해 및 평가의 근거들로서 제시한다.[1] 두 번째 공통점은 계획들의 이행 결과에 관한 것이다. 그들에 따르면 경제개발의 귀결은 국민경제의 변함없는 종속 더 나아가 그 종속의 심화였고 저발전의 지속['허구적 발전']이었다.[2]

이하 각 절들은 전술한 유형의 기존 논자들이 제기한 쟁점들에 유의하면서, 박정희 정권의 경제개발정책들을 고찰한다. 제1차 계획 '원안'에 대해 민족주의적 구상으로 볼 수 있는 사람이라면, 동 계획의 '수정안'과 이후 정책들에 대해서도 마찬가지로 민족주의적 범주들 내에서 평가하지 못할 이유가 없다는 것이 본 장의 주장이다.

---

1. 동일 계열의 한 논자는 박정희 정권을 "미국적 발전전략의 충실한 수행자"였다고 평가한다. 그에 따르면 박정희 정권의 "초기 지향은 '민족주의적'인 요소가 강하였기 때문에 … 외부적 요인이 없는 한 자연적인 지향은 수입대체산업화의 계속 추진 혹은 '심화'이었을 것"인데, "미국 중심의 전후 질서에 대한 이데올로기적인 통합"으로 인하여 "'신식민지 종속형' 발전전략을 추진"하게 됐다(조희연 1999 : 36, 2004 b : 148). 국내 정치동학에 주의를 기울이는 경우, 그러한 전환이 '6·3항쟁'의 진압과 '한일국교정상화'를 통해 확정됐다고 본다(이종오 1990; 이광일 1992 : 72~80). 이하에서는 '진보적 민족주의' 성향의 연구자들이 상정해온 산업화전략의 두 대립항들을 각기 '내향적 균형발전전략과 '외향적 불균형발전전략으로 부를 것이다.
2. 전형적인 예들을 들면 이렇다. "1960년대의 경제개발이 민족경제의 수립으로 나아가지 못한 것은 미국의 정책과 권유에 따른 것이었다"(김정현 1991 : 56); "경제개발 노선의 변화는 … 한국경제의 고도성장을 가능케 했으나 이는 … 예속을 심화시키는 종속적 근대화과정에 불과했다"(김인걸 외 1998 : 261). 반면 보수적 성향 논자들은 오히려 제1차 계획 '수정' 이후의 방향을 자본축적과 국민경제의 발전 측면에서 긍정적이었다고 평가한다. 그런데 이들 또한 '수정' 전과 후를 '단절'로 이해한다는 점에서는 '진보적 민족주의' 성향의 논자들과 다르지 않다. 대표적인 예로 김일영(1999)을 참고.

## 제1절 미국 정부의 개입 의도 : '거시경제'의 안정성

박정희 정권이 군정 하에서 작성·공식화한 제1차 경제개발계획 원안과 이른바 민정 이양 직후 공표한 동 계획 수정안 및 이후 정책들 간의 단절성을 강조하는 입장은 앞에서 말한 산업화전략의 대립적 이념형들을 절대화하여, 변화의 내용이 실은 양립 가능한 전략들의 특정한 조합 내에서 우선순위의 조정을 가한 것임에도 불구하고, 그것을 상호 배제적인 전략들 사이의 대체로 간주한 결과이다. 그리고 이러한 오해의 저변에는 사실관계에 대한 미숙한 인식 외에도, 산업화의 상이한 방법론들이 공유하는 동질의 문제설정에 대한 이해의 결여 혹은 의도적 외면이 존재한다.

미국 정부가 제1차 계획 '원안'에 대해 시종 불만과 비판의 태도를 견지했고 다각적 관여들을 통해 변경을 가하려 노력했다는 사실은 이미 잘 알려져 있다(기미야다다시 1991; 이완범 1999; 이병천 1999; 전택수 1999 : 147~153; 박태균 2000; 류상영 1996, 2002). 그러나 '원안'에 담긴 발상들은 '수정' 후 소멸되거나 현저히 주변화 되기보다, 부분적 조정 속에서 박정희 정권기 말엽까지 대체로 유지됐다.

이 논점과 관련하여 먼저 확인해둘 사항은 미국 측의 개입 목표이다. 그것은 미국 정부의 외교문서와 관련자 회고록 및 인터뷰 등을 토대로 접근한 기존 연구들에 근거해서 충분히 파악할 수 있다. 공교롭게 본 절이 참고한 연구들은 전택수(1999)를 제외하면 모두가 미국 정부의 압박이 특정한 산업화전략에 대한 거부행위였고, 따라서 '수정안'은 그 전략의 포기를 의미했다고 이해한다. 이들은 미국 측이 외향적 불균형발전전략을 강권하지는 않았지만, 내향적 균형발전전략을 거부함으로써 결과적으로 전자의 선택을 불가피하게 만들었다고 본다.3 그러나 필자는 기존 연구들이 밝힌 사실관계들에 의거하면서도, 그들과 다르게 미국 정부의 개입이 그 같은 취지에서 한 반대가 아니었다고 주장한다.

케네디(J. F. Kennedy) 정권은 한국에서 쿠데타에 의한 군정이 수립될 무렵부터, 종전의 대한(對韓)정책들을 재검토하고 추후 입안하여 집행해나갈 대한정책들의 방향을 확정하기 위한 작업에 착수하였다. 그리고 그 과정에서 대통령 보좌관 로스토우(W. W. Rostow)와 그가 위원장을 맡은 '대통령직속 한국문제특별위원회'(Presidential Task Force on Korea)의 역할이 두드러졌다. 이 위원회가 제1차 계획 '원안'이 아직 완성되지 않은 1961년 6월에 작성한 보고서를 보면, 자국 정부가 한국경제와 관련하여 고려할 사항들로서 ① 성장률 하락추세의 반전과 적정 성장률의 목표 설정[연 5% 정도] ② 실업문제 완화 ③ 농가소득 증대 ④ 국제수지의 적자 해소와 균형 확보 등을 제시하였다(기미야다다시 1991 : 80; 류상영 2002 : 233). 또한 한국 정부와 조속히 합의를 보아야 할 시급한 과제들로 ① 재정·외환·안정화 등에 관한 제반 개혁들 ② 전력과 운송 등 국가부문 기업구조 및 요금의 합리화 ③ 기존 공장들의 가동 등을 지적하였

---

3. 공제욱(2005)은 기존 대다수 연구자들과 달리, 외향적 공업화가 수동적으로 채택된 "잔여적 선택지"가 아니라 국내 대자본가들이 "제안"하고 "주장"하는 가운데 박정희 정권이 "적극적으로" 선택한 발전전략이었다고 본다. 그러나 그 역시 여전히 집권 초기의 '내향적 공업화 = 민족주의'에서 점차 '외향적 공업화 = 반민족주의'로 전환해갔다는 판단을 유지한다.

다(기미야다다시 1991 : 81; 이병천 1999 : 149~150).

그리고 최종 '원안'이나 진배없는 경제기획원안의 작성이 완료되고[4] 박정희가 방미한 같은 해 11월, 미국 국무성 산하 대외원조기구인 AID (Agency for International Development)주선으로 한국경제에 관한 비공식 회의가 열린 바 있는데, 로스토우는 이 자리에서 한국 측 참여자들에게 계획상의 우선순위를 농업생산력의 향상과 전력공급의 증대에 두어야 하며 농업과 공업 사이의 연관효과를 중시한 전략이 바람직하다고 권고했다. 회의를 마친 후 그는 케네디에게 동일 요지의 보고를 하였다(기미야다다시 1991 : 97~98; 류상영 2002 : 233).[5]

또 박정희의 방미를 전후한 시기에 미국 측의 한국문제특별위원회, 국무성 및 AID, 주한 미대사관, USOM과 IBRD(International Bank for Reconstruction and Development) 등은 최종적인 확정을 앞두고 약간의 자원배분 조정작업에 들어간 경제기획원안에 대해 비판적 평가를 공유하고 있었는데, 그 내용은 다음과 같다. ① 계획안이 성급하게 만들어졌고 전체적으로 비현실적이다. ② 내자와 외자의 구분을 떠나 무리한

---

4. 제1차 계획 원안은 〈국가재건최고회의〉의 명의로 작성한 '최고회의안'을 발표하고[1961. 7.], 이를 바탕으로 일정한 조정과 구체화 작업을 거친 '경제기획원안'을 완성한 휘[1961. 10.], 그것을 군정 내각에 상정하여 다시 약간의 수정을 가해서 이듬해에 공표하는 과정을 거침으로써[1962. 1.] 최종 확정됐다. '최고회의안'에 앞서 쿠데타 직후 '건설부안'이 발표된 바 있지만, 별다른 관심을 끌지 못하였고 민주당 정권의 구상을 그대로 답습한 것이었다(기미야다다시 1991 : 44~57; 이완범 1999 : 64~83; 박태균 2000 : 169~178).

5. 위 회의에서 박정희는 시급한 당면 과제들로, ① 추진 중인 혁명과제들의 완수 ② 외국인 투자를 위한 기반 조성 ③ 농업부문의 생산성 향상 ④ 기술개발의 가능성 타진 등을 언급했다. 한국 측 참석자들은 국가재건최고회의 의장 박정희, 군정 재무부장관 천병규, 경제기획원 부원장 송정범, 주미 한국대사 정일권 등이었으며, 미국 측 참석자들은 로스토우 외에 AID 처장, 국무성 극동담당 차관, 주한 미대사, USOM(United States Operations Mission in Korea) 처장 등이었다(류상영 2002 : 233~234).

자원동원계획을 잡았다. 안일하게 원조 및 외자에 의존하지 말고 내자동원에 최대한 힘을 기울여야 한다. ③ 연 평균성장률 목표치를 7.1%로 책정했는데 이것은 과잉의욕이다. 5% 정도가 적합하다. ④ 자본집약적 중화학부문에 대한 투자를 지나치게 서두르고 있다. 신규 공장건설보다 전력과 수송 등 사회간접자본의 정비가 급선무이다. 좀 더 노동집약적인 부문을 개발하여 농촌지역 위장실업 인구를 흡수해야 한다. ⑤ 재정지출의 급격한 증가로 인플레를 조장할 우려가 크다. 불요불급한 투자를 최소화하여 통화가치의 안정을 유지하는 것이 중요하다(이승구 1987 : 229; 기미야다다시 1991 : 81, 91~92, 97~99, 109~111; 이완범 1998 : 85~86, 89~92; 전택수 1999 : 147~153; 류상영 2002 : 237).

이렇게 볼 때 미국 측의 비판 및 권고 내용은 '진보적 민족주의' 성향의 논자들이 '수정' 이후의 경제개발에 대해 범주화해온 유형인 '외향적 불균형발전'을 별달리 시사하지 않는다. 미국 측은 그보다 소위 '거시경제의 안정성'에 관심을 집중시키고 있었다. 양자 간의 결정적 대립지점은 '급속도의 성장드라이브' 노선과 '안정을 겸비한 점진적 성장' 노선 가운데 무엇을 선택해야 하는가 라는 문제였고, 이로부터 파생되는 전체 투자규모와 투자부문들 간의 우선순위를 어떻게 결정할 것인가 하는 논제였다. 앞에서 언급한 한국문제특별위원회의 구성원이었던 맥도날드(D. S. Macdonald)의 말처럼, 그러한 갈등은 이승만 정권기의 상황을 재연한 측면이 있었다. "과거처럼" 미국 정부는 "인플레유발 정책들"을 억제하려 했고, 한국 정부는 "거대 프로젝트들"의 이행을 추구하였다(Macdonald 1992 : 290).[6]

당시 미국 정부는 냉전의 수단을 상대적으로 '군사'보다는 '경제'에서 구하고, 자신들의 영향력을 유지하면서도 직접적 관여의 정도와 소요되는 비용을 줄여나가려 했던 까닭에(Macdonald 1992 : 26~31, 290; 李種元 1993 : 208~220; 김인걸 외 1998 : 274~275), 비록 쿠데타를 통해 집권하였지만 군부의 강한 개발의지를 고무적으로 받아들였다. 그러나 다른 한편으로는 박정희 정권의 '과잉의욕'을 우려했는데, 그것이 자칫 잘못하면 자신들의 이해관계를 관철시킬 시스템 자체를 위태롭게 만들 수 있다고 예측하였기 때문이다. 미국 측이 볼 때 '과잉의욕'의 결과는 바로 거시경제의 안정성을 떨어뜨리는 인플레의 상승이었고 이것을 촉발하는 수요의 과잉이었다. 그리고 도를 넘어선 수요창출은 현실 조건들을 고려할 때 지나치게 대규모로 책정된 투자계획 및 그 이행이었다.[7]

---

6. 한국 정부와 미국 정부는 1950년대에도 전후 복구정책의 기본 틀을 둘러싸고 일정한 긴장과 갈등관계를 형성하였다. 이 관계는 정책의 중점을 산업생산 기반의 재건에 둘 것인가, 아니면 재정·금융 및 물가체계의 안정화에 둘 것인가 하는 문제였다. 한국 측은 경제회복에 주안점을 두고 원조물자의 도입에서 소비재보다 시설재를 우선시하였다. 반면 미국 측은 인플레와 재정적자를 해소하지 않고서는 투자와 생산의 효과가 있을 수 없다는 논리를 펴면서 경제안정을 강조하였다(이대근 1987 : 120~122; 김양화 1995 : 44~50; 최상오 2005 : 106).

7. 미국 측이 대한전략을 결정하면서 자신들의 이익을 우선시하였다는 점은 의문의 여지가 없다. 그러나 '진보적 민족주의' 성향의 논자들이 상정하는 '미국의 개입 → 예속정권의 굴복·수용 → 외향적 불균형발전전략 채택 → 국민경제의 파탄'이란 인과연쇄는 일차적으로 미국 정부의 냉전주의와 부합하지 않는다. 미국 정부의 입장에서 한국은 '체제경쟁의 전초기지'였다. 1957년경부터 미국 측은 한국을 포함한 탈식민지 지역들에서 냉전전략의 무게중심을 '군사'로부터 '경제'로 이전시켜나갔고 아울러 소요비용의 절감을 추구했다. 또한 같은 시기에 북한을 포함한 사회주의권 주변부에서도 정력적으로 국가주도형 경제개발이 추진됐다. 따라서 한국경제의 종속심화와 저발전은 '한국을 위해서'가 아니라 '미국을 위해서', 미국 정부로서도 바람직하지 않았다.

한편 박정희 정권이 계획 '원안'을 수정하는 직접적 계기는 미국 측의 [감축 추세 속에서도 한국 정부에겐 지대한 의미를 가졌던] 원조 철회위협을 동반한 수정 권고였지만, '원안'은 그 이전에 자신들의 의욕적 구상대로 정책집행을 밀고 나간 1962년의 결과로 인해 더 이상 고수될 수 없었다. 때마침 미국 정부의 주한 원조당국 USOM은 쿠데타 직후로부터 계획 1차 년도까지 한국 정부의 "재정운용을 일단 방관"했다(기미야다다시 1991 : 142; 이완범 1999 : 103). 그러나 결과는 어느 것 하나 내세울 형편이 못될 정도로 대실패였다(박태균 2000 : 186).

본 장의 관심사와 관련하여 1962년의 사건들 중에서 특히 '긴급통화-금융조치'에 주목할 필요가 있다. 왜냐하면 박정희 정권의 이 비상조치를 매개로 하여 한미 양측의 갈등이 고조됐으며 결국 '수정안' 작성권고를 박정희 정권으로 하여금 수용하지 않을 수 없게 만든 기점이 마련됐기 때문이다.

긴급통화-금융조치는 기본적으로 "유휴 및 투기성 자금의 산업자금화"를 의도한, 다시 말해서 신규 개발투자에 쓰일 내자를 동원하기 위한 방책이었다(박희범 1962b : 16; 유원식 1987 : 330~331, 334~335). 인플레 요인을 미연에 방지하겠다는 의미가 부가되기는 했지만, 이것은 그 조치의 주변적 취지에 지나지 않았다.

먼저 긴급통화조치는 6월 10일부터 기존 '환'화의 유통과 거래를 금지하여 10분의 1로 호칭 절하를 단행하고 6월 17일까지 모든 자연인, 법인 및 임의단체가 보유한 증권과 각종 지급 수단을 금융기관에 예입시키는 것이었다. 다음 긴급금융조치는 6월 18일부터 손익계정, 동산, 부동산, 채권 및 채무계약 등 모든 '환'화 표시 예금을 '원'화 표시 금액으로 변경하고, 구권 예금과 재래 예금을 일정한 누증률에 의하여 봉쇄계정에 동결하는 한편, 봉쇄계정은 추후 6개월 내에 설립될 '산업개발공사'의 주식[연 15% 배당률을 정부가 보증]으로 대체하는 것이었다. 유통통화의 액면가치 뿐만 아니라 모든 재산 형태의 표시가격까지 10분의 1로 균일하게 절하했다는 점과, 구권 예금 및 재래 예금의 일부를 봉쇄하여 산업자금화하려 했다는 것이 당시 단행한 통화-금융조치의 특징이었다(한국은행조사부 1962 : 7~18). 요약하자면 통화개혁을 수단으로 삼은 강제투자 방식이었다.

한국 측은 긴급통화조치 계획에 대해 미국 측과 사전 협의를 전혀 하지 않은 채, 공표 48시간 전 주한 미대사에게 일방적으로 통고하였다(천병규 1988 : 220~221).[8] 이에 대한 미국 정부의 반응은 통화개혁 자체를 막을 수 없지만 그 후속 금융조치만은 빠른 시일 내에 철회시켜야 한다는 것이었다. 주한 미대사의 보고에 답하여 전송된 미국 정부의 답변은 다음과 같았다. ① 통화개혁의 의도는 긍정적으로 평가한다. 그러나 시기가 적절치 않으며 그 규모를 축소시켜야 한다. ② 예금동결 조치는 가동 중인 공장들의 운영자금을 차단하는 효과를

---

8. '일방 통고'는 이승만 정권기나 장면 정권기와 비교할 때 아주 대조적인 행동이었다. 미국 정부는 1953년 이후 '한미합동경제위원회'(Combined Economic Board : CEB)를 통해 한국 정부의 원조관련 시책들은 물론 경제정책들 전반을 '관리'해왔기 때문이다. CEB는 한국 정부의 대미 예속성을 상징하는 기구였는데, 한국 정부가 경제정책을 수립하고 이행하는 과정 전반에 걸쳐 CEB와 사전에 협의·양해·조정을 거치도록 제도적으로 강제되어 있었다(이대근 1987 : 117~118, 153~156).

낮아 결국 국민경제 전체에 심각한 타격을 줄 것이다. ③ 기업인들에게 지나친 부담을 가하는 것은 외자유인 전망에 좋지 않은 영향을 미친다. ④ 봉쇄예금을 될 수 있는 한 빨리 자유계정으로 돌려야 한다(기미야다다시 1991 : 121).

그러나 박정희 정권은 전술한 조치들을 강행하였다.9 미국 측은 주한 미대사와 USOM을 앞세우고 주미 한국대사를 소환하여, 반대의사를 전달하면서 아울러 사태를 반전시키기 위한 활동에 나섰다. 이 와중에 드러난 미국 정부의 입장은 다음과 같이 요약된다. ① 한국경제에 큰 영향을 미칠 조치를 취하면서 원조 제공자인 자신들과 협의하지 않은 점이 대단히 유감스럽다. ② 이른바 통제경제 혹은 국가자본주의의 방향으로 가고자 하는 것인지 우려된다. 정부의 지나친 개입은 건전한 경제질서에 유해하다. ③ 기업들의 생산활동을 크게 위축시킬 것이다. ④ 대외적으로 자본주의체제로서의 한국사회에 대한 신뢰도를 떨어뜨리고, 따라서 외자도입계획에 차질을 줄 것이다. ⑤ 미국 정부의 의사가 반영되지 않는다면 대한 원조정책을 재고할 것이다(기미야다다시 1991 : 121~124; 전택수 1999 : 149~150).

이상에서 알 수 있는 사실은 미국 측이 기존 원조계획의 재고위협을 포함한 강도 높은 불만을 표출하였음에도 불구하고, 전술한 박정희 정권의 특별조치가 의도한 배[내자동원 및 인플레 억제] 자체를 부정한 것이 아니었다는 점이다. 의도만을 볼 때에는 오히려 미국 정부가 크게

---

9. 한국 측은 후속 긴급금융조치와 관련해서도 미국 측과 사전협의를 하지 않았다(유원식 1987 : 336~339).

환영할 일이었다. 미국 측의 비판과 반대는 박정희 정권이 염두에 둔 '목적'과 선택한 '방법' 간의 괴리 가능성을 향한 것들이었다. 그리고 그 가능성은 두 조치들이 취해진 이후 현실로 나타났고, 이에 따라 한국 측은 통화개혁 한 달여 만인 7월 13일 봉쇄예금의 동결을 사실상 전면 해제하였다. 엄밀히 말하자면 봉쇄예금의 동결 해제는 미국 정부의 직간접적 압력들 때문이 아니라, 긴급통화-금융조치의 결과인 투자 기피와 생산활동 위축, 자본가들의 반발, 경제 전반의 침체, 당초 기대에 훨씬 못 미친 동결자금의 규모 등에 의한 것이었다.[10]

긴급통화-금융조치가 실패한 직후 착수된 제1차 계획 수정작업의 초반 국면에 한국 정부의 관계 담당자들과 함께 한 회의석상에서, USOM 처장은 아래와 같이 미국 정부의 입장을 밝혔다.

> 가장 중요한 사항은 지금부터는 통화공급을 안정적으로 유지해야 한다는 점이다. … 이제 경제수준이 높아짐에 따라서 통화 유통속도가 증대할 것이고, 지난 18개월보다 한층 더 큰 물가상승의 압박이 있을 것이다. 바로 이 점이 우려되고, 우리가 당신들과 앞으로 몇 주 동안 같이 작업하려고 하는 것이다(이병천 1999 : 166).

당시 미국 정부가 경제적·군사적 원조의 공여자로서 한국 정부

---

10. 긴급통화-금융조치의 결과에 대해서는 한국은행조사부(1962 : 17); 재무부(1978 : 99~ 103); 이병철(1986 : 128~130); 동아일보(1962. 6. 15.~7. 15.) 등을 참고. 예금동결이 해제된 연후에도 경제동향은 개선되지 않았다. 사채시장(私債市場)의 이자율은 오히려 급등하였으며, 위축된 자본순환 상태를 의식하여 단기적 통화팽창 조치를 취한 탓에 스태그플레이션이 나타났다(박태균 2000 : 185).

의 제1차 계획 '원안'에 반대했고 그것을 자신들이 생각하는 방향으로 바꾸고자 다양한 노력들을 기울였다는 점은 분명하다. 그러나 미국 정부의 개입은 특정한 산업화전략을 대안으로 제시하는 것도, 특정한 산업화전략에 대해 비토권을 행사하는 것도 아니었다. 미국 측은 자신들의 냉전전략에 비추어 박정희 정권의 강한 개발의지를 바람직한 현실로 받아들였지만, 그것이 한국경제 전반의 혼란을 초래함으로써 오히려 자신들의 이해관계에 심각한 손상을 가할 수 있는, '합리적 한계' 이상의 목표설정과 이것이 초래할 수요의 급팽창, 높은 인플레 수준 등으로 이어질 가능성에 대해 우려했다. 따라서 그들은 주로 '거시경제의 안정화'에 무게를 두어 한국 측과 대립하고 또 교섭해나갔던 것이다.[11]

## 제2절 제1차 개발계획 '원안'의 특징

'원안'은 흔히 내자동원중심전략, 수입대체공업화전략, 균형발전전략 등으로 분류되어 왔다. 이 같은 범주화가 전혀 근거를 갖지 못하는 것은 아니다. 그러나 그러한 유형화는 '원안'의 성격에 대한 지나친 단

---

11. 기미야다다시(1991)는 1962년 말과 1963년 상반기에, 연간 상한선을 설정하여 통화량을 억제·관리하는 프로그램인 '재정안정계획'을 둘러싸고 한미 양정부들 간에 노정된 긴장 및 갈등 관계까지 비중 있게 다룸으로써, 당시의 상황을 다른 연구자들보다 훨씬 잘 파악하였다. 그럼에도 불구하고 그는 미국 측의 안정화 노력이 내향적 공업화구상의 저지를 의도했다고 주장한다. 그의 주장은 단지 '내향적 공업화 → 대규모 투자'란 가정에 의해 밑받침될 뿐이다. 그러나 내향적 공업화가 반드시 외향적 공업화보다 많은 재원을 소요한다고 볼 수 없으며 외향적 공업화도 투자수요 과잉을 초래할 수 있다.

순화와 피상적 이해를 조장하며, 그것과 비교되는 '수정안' 및 이후 경제개발 과정에 대한 적절한 인식을 방해한다. 한국경제에 대한 진단을 서술하는 가운데, '원안'은 아래와 같이 적고 있다.

> 정부 수립 이후 최근까지 시책의 빈곤은… 농업을 거의 파탄의 위기로 몰아넣었던 까닭에, 국내 시장의 위축은 극도에 달했을 뿐만 아니라, 자본 형성을 위한 국내 재원의 조달은 거의 기대할 수 없는 형편에 이르렀다(대한민국정부 1962 : 15).

여기에서 우리는 추후 전개될 경제개발의 상당한 외자의존도를 시사 받을 수 있다. 위 진단 대로라면 일정기간 경제개발을 위한 내자의 조달이 충분하지 않을 것이며, 만약 계획의 목표와 계획 이행의 결과가 일치하지 못할 경우에는 그 만큼 유사 상황이 연장될 것이기 때문이다. 또 '원안'은 연평균 성장률 7.1%라는 의욕적 목표 설정과 관련하여 이렇게 설명한다.

> 이것은 과거의 정치적 부패로 말미암은 자본의 낭비와 예상되는 가용 외부자원의 증가를 고려한 때문이다(*Ibid.* : 17).

이로부터 두 가지 의지들을 읽어낼 수 있다. 하나는 앞에서 봤듯이 농촌지역의 열악한 상황으로 인한 내자동원의 어려움을 예상하면서도, 비생산적 소비를 줄이고 유휴 유동성을 조직하여 개발자금을 조달하겠다는 것이다. 또 하나는 내자조달로써 충족되지 않는 부분을 외자조달의 극대화로 보완하겠다는 것이다. 즉 '원안'은 내자동원을 강조하지만 외자동원의 필요성 또한 중요시하였다. 그리고 거기에서 '의욕적 목표' 는 외자의 중요한 역할을 전제로 하여 계획된 것이다.

계획기간 중 동원할 총자본 가운데 내자와 외자의 구성비 추이를 예상하는 부분, 그리고 정부의 재정운용 추이를 예정하는 부분에서도 외자의 중요한 위상은 다시 확인된다. 물론 점차 자본의 자립도를 높여 갈 것으로 보고 있지만, 당분간은 국내저축의 취약한 기반과 급증할 투 자수요를 감안할 때 외자에 대한 높은 의존성이 불가피할 것으로 가정 한다.

> 계획 초기에 있어서는 급증하는 투자소요로 말미암아 재원의 대외의존이 높으나 … 후반부터는 투자활동의 효과가 차츰 나타나게 되어 … 국민총 생산의 누증에 비례하여 점감하게 된다(*Ibid*: 23).

> 본 계획에 있어서는 미국 원조정책의 전환에 따라 무상원조는 점감하는 대신에 개발차관이 증가하고 다른 우방국가로부터의 차관도 증가하는 것 으로 보았다. 세입구조상의 외국자원의 비율은 기준 년도의 24.4%에서 … 42.4%로 상승 … 목표 년도에는 27.9%로 저하하게 된다(*Ibid*: 33~34).

여기에서 당시 국가재건최고회의 의장 자문위원이었던 서울대 교수 박희범의 생각을 참고하는 것이 유익하다. 그는 '원안'의 요체라 할 '최 고회의안'의 내용 확정에 가장 큰 영향을 미친 인물이다(박태균 2000 : 170~177). 우리는 그의 생각을 통해 '원안'이 부여하였던 외자의 위상을 좀 더 정확히 이해할 수 있을 것이다. 박희범이 유의한 부분은 외자조달의 당면 애로였지 불필요성이나 억제논리가 아니었다.

> 원조는 본래가 수원국의 경제안정을 꾀하는 데 있는 것이기 때문에 … 직접적인 시설투자를 기대한다는 것은 … 어려운 일이다. … 외국자본을 도입할 수 있는 주요 원천은 … 차관이다. 왜냐하면 … 후진국은 산업의 현대화에 필요한 기본 여건을 갖추지 못하여 비록 노임이 저렴하다 하더라도 생산비가 높게 먹[히]는 반면, … 저소득에 기인하는 … 저구매력[으로 인해] … 후진국 자체의 국내수요를 대상으로 하는 투자가 거의 불가능하기 때문이다. 그러므로 … 정부차관 아니면 정부보증이 필요하며 이것이 없이는 외국자본이 응할 리가 없다(박희범 1962a : 81~82).

오히려 그는 경제자립의 토대를 마련하기 위해서 "외자도입 및 근대기술의 도입"이라는 "외생적 조건"이 매우 중요하며, 국내 저축률의 대폭적 상승이라는 조건이 구비된 경우에도 그 "외생적 조건"은 충족되어야 한다고 주장하였다(박희범 1962a, 1962b : 54~55).

그러므로 '수정안' 작성 이전에 외자도입의 촉진을 위한 일련의 제도적 정비가 시작된 것은 우연이 아니다.[12] 정부는 1961년 12월부터 외자도입정책의 일반원칙을 규정한 '외자도입·운영에 관한 기본방침'을 작성·실시하였고, 다음 해 7월에는 앞의 방침을 법적으로 뒷받침하기 위한 '장기결제 방식에 의한 자본재 구입에 관한 특별조치법'과 '차관에 대한 지불보증에 관한 법률'을 제정하였다. 앞의 기본방침은 "세계에 유례없는 정부 지불보증 제도"(김흥기 편 1999 : 75~77)를 비롯하여 다음

---

12. '수정안' 준비작업은 1962년 9월에 착수되어 1963년 7월 말에 완료된다(경제기획원 1964b : 6; 이병천 2000 : 155).

과 같은 조항들을 포함하고 있다.

> 일반원칙 ① … 계획을 성공적으로 이룩하기 위하여 도입되는 선의의 외국
> 자본은 그 형태와 액수에 불구하고 이를 허용함. … ③ … 계획사업 중 외
> 자도입촉진위원회가 필요하다고 인정한 사업의 차관에 대하여는 각의의
> 의결을 거쳐 정부가 지불보증함. … 운영방침 … ⑤ 미국, 서독, 일본 등 주
> 요투자국에 해외주재관을 상주시켜 선전·교섭·정보 및 전반적인 유치활
> 동을 활성화함 … (경제기획원 1982 : 257~259).[13]

물론 '원안'은 외자도입촉진 방침을 명시하고 있다.

> 외자도입을 촉진시키기 위하여 투자에 대한 정부보증, 이윤보장, 원본과
> 과실송금의 보장, 투자를 희망하는 업종의 명시 등을 대외적으로 천명하고
> 외자도입에 대한 민간의 활동을 강화한다(대한민국정부 1962 : 37~38).

'원안'을 내자동원중심전략으로 범주화하는 논자들은 보통 그것이
상정하였던 총 투자재원 가운데 내자와 외자가 차지하는 구성비를 근
거로 삼는다. 이 때 내자와 외자의 비중이 각각 72.2%와 27.8%[정부보
유 외환 포함]이므로(*Ibid.* : 28), 이들 숫자만을 보면 '원안'은 두 말할
것 없이 내자동원중심 구상이며, 외자는 전체 계획에서 주변적 지위를

---

13. 당시 시작된 외자도입 촉진을 위한 법제의 정비는 국내 자본가들의 요청을 반영한 것이
    었다. 〈한국경제인협회〉[〈전국경제인연합회〉의 전신]는 1961~62년 기간에 민간외자도
    입의 추진을 정부에 건의하는 한편, 직접 외자도입 교섭단을 미국과 유럽으로 파견하였
    고 또한 상업차관의 도입조건인 지급보증에 관한 요청들을 정부에 하였다(김승석 1992
    : 178).

가질 뿐이다.

그러나 구성비를 산업·부문별로 나누어서 보면 내용은 훨씬 다르게 파악된다. 제조업은 내자와 외자의 비율이 55.7%와 44.3%이고, 건설업은 27.3%와 72.7%, 전기부문은 48.5%와 51.5%, 운송 및 보관부문은 69.4%와 30.6%, 통신부문은 50.5%와 49.5%이다(*Ibid.* : 76). 그래서 역점사업들이었던 종합제철·정유·화학비료·시멘트부문 등의 대규모 공장건설계획들이 외자조달의 상태에 따라 성사 여부가 좌우되는 형국이 바로 1962~63년의 상황이었던 것이다(박태균 2000 : 187~188).[14] 총계 구성비에서 외자의 비율이 낮았던 것은 농업을 비롯한 제1차 산업들과 주택, 기타 서비스업 등에서 내자가 차지하는 비중이 워낙 압도적이었기 때문이다.

이상 살펴본 바들에 의거할 때, '원안'을 내자동원중심전략으로 구분하는 것은 상당히 일면적이다. '원안'은 외자의 지위를 내자 못지않게 중요시하였으며, 내자동원 뿐만 아니라 외자동원도 극대화하겠다는 의지를 반영하고 있다. 내자와 외자는 서로 영합적 관계(zero-sum)에 있다고 여겨지지 않았다. 제1차 계획 '원안'은 내자동원중심전략이었다기보다 내자와 외자를 불문한 자본동원 극대화전략이었다(박동철 1993 : 109).[15]

---

14. 이 점은 당시 종합제철소 건설사업과 정유공장 건설사업에 참여하였던 사람들의 회고를 통해서도 확인할 수 있었다(전 상공부 중공업차관보 김재관 인터뷰[1999. 3.~6.]; 전 대한석유공사 부사장 전민제 인터뷰[1999. 6.~9.]). 1964년에 발표된 '수정안'이 표현하였듯이 '원안'은 "투자자원의 막대한 대외의존을 전제"한 계획이었다(경제기획원 1964b : 3).

15. 앞장에서 언급했듯이 박정희 정권기 권력블록은 '약소국 입장'에서 취한 '현실주의적 세계관'(political realism)을 매개로 자신들의 이익을 추구하였기 때문에, '외세'에 대해서 결코 '단절론'을 견지하지 않았다. 그것은 '외자'와 관련해서도 마찬가지였다. 그런데 당

제1차 경제개발계획 '원안'은 수입대체공업화전략으로도 분류된다. 실제로 '원안'은 "최종소비재의 수입을 제한"하고 "각종 수입대체산업의 생산증가에 우선순위를 둔다"고 명시하였다(대한민국정부 1962 : 43).[16] 또 "경제발전의 기반을 구축하는 데 소망되는 산업유별"로서 중간재 및 생산재 수급의 자립도 개선을 의도한 "기간산업의 확충"과, 공업생산품의 국내시장 확대를 염두에 둔 "농업 생산력의 증대"를 강조하고 있는 것이 '원안'의 특징이다(*Ibid.* : 17, 19~20, 30). 그래서 '원안'은 폭증할 투자수요를 고려할 때 당분간 불가피하게 "기계류를 비롯하여 비식용 원료, 원료별 제품 등의 수입은 증가한다"고 보면서도, "식료 및 음료품, 잡제품, 특수 무역품 등의 수입이 대폭 감소"할 것을 전망하였다(*Ibid.* : 41).

'원안'은 무엇보다 "기간산업"의 수입대체[중화학공업 육성]에 역점을 둔 계획이었다. 미국 측이 이에 대하여 너무 서두르지 말라고 '권고'하는 상황이었지만,[17] 박정희 정권은 1년여 동안 애초 구상을 그대로

---

시 그들의 외자의존전략은 '외세'의 영향력이 광범위하게 미치는 '직접투자'를 가급적 회피하는 한편, 직접투자를 수용할 때 '외국기업 지분을 50% 미만으로 한정한 합작투자' 형태를 취하여 국내기업들을 보호하고자 한 것이 중요한 특징이었다(Hyun-chin 1985 : 93~95, 102~103, 108, 130).

16. '최고회의안'의 준비과정에서 경제관련 부처들이 소관 부문의 계획을 작성·제출했는데, 당시 상공부 화학과장으로 그 업무에 참여했던 오원철의 회고를 참고할 만하다. 그가 한 작업은 기술적 엄밀성 여하를 떠나 수입대체공업화 지향을 분명하게 보여준다. "산업은행 『조사월보』의 최신호를 가져와 수입 일람표를 훑어보면서 비교적 수입금액이 많은 것을 추려내고 보니, 결국 … 의식주에 관한 것들이었다. 우선 이런 공장을 세워야 하지 않을까 하는 생각이 들었다"(오원철 1995 : 13~14).

17. 다시 말하지만 내향적 균형발전전략이라고 하여 반드시 투자수요의 과잉을 초래하는 것은 아니다. 경공업 부문의 수입대체에 치중하면서 이것을 농업 부문과 연계시킬 때, 그것은 상대적으로 적은 비용을 필요로 한다.

밀고 나갔다. 그 만큼 개발 초기부터 중간재 및 자본재 부문의 육성에 강한 의지를 보였던 것이다.

박희범에 의하면 처음부터 "기초공업" 육성에 힘써야 하는 이유는 그것이 후진국의 지속적 공업화와 경제자립 및 발전을 위한 "최소한"의 조건이기 때문이다. 그는 일단 역사적 선례들에 비추어 후진국 경제의 발전도 몇몇 수출산업들이 선도해 나가야 한다는 주장에 동의한다. 그러나 여기에 전제조건이 따르는데 그것이 바로 "기초공업"의 육성을 통한 "근대 공업기반"의 "마련"이다.

<blockquote>
하나 이상의 수출공업의 확립으로 … 비약을 기대하는 것은 이러한 경제적 기반을 갖춘 이후의 일이다. … 후진국의 … 시발적 성장 부문은 … 기초공업 그 자체라야 한다. 그리고 이 기초공업과 공급 면에서나 수입 면에서 연관관계를 갖는 보완적 성장 부문을 생각할 수 있고, 또 이 양 부문의 성장을 배경으로 파생적 성장 부문을 생각할 수 있는 것이다. 이러한 공업화 과정에서 … 새로운 수출공업을 발견해야 한다 … (박희범 1962b : 46).
</blockquote>

만약 곧바로 현저한 생산력 격차를 그대로 반영한 "정태적 비교우위의 논리"를 따라 무역을 하면, 후진국은 "자연추출산업과 monoculture 적 농업" 또는 "간단한 도구나 기구"를 생산하는 "중소공업의 상태를 감수"해야 하고, 종국적으로 "근대화 그 자체를 포기하는 결과밖에 되지 않는다"는 것이다. 따라서 자체적 생산력 기반을 어느 정도 축성함으로써 비교우위를 스스로 가변시킬 수 있는 단계에 이르고 난 후 수출산업들을 중점 육성하는 것이 바람직하고, 또 그렇게 되기까지 일정기간이 소요되

므로 아직 미숙한 공업 부문에 대한 보호조치가 필요하다는 것이었다(박희범 1962b : 41, 46~47, 56). "동태적 국제무역"[동태적 비교우위]이 가능한 대내적 상태를 먼저 조성해야 한다는 이 논리는 리스트의 '유치산업보호론'(List 1999[1885]a)과 정확히 일치한다.

여기에서 유의할 점은 기간 부문의 육성 및 보호론이 탈맥락적 원칙이 아니라 조건부적 규범으로서 사고됐다는 사실이다. 궁극적 비전은 특정 수출산업들이 선도하는 발전이지만, 아직 그러한 지향을 전면화하기에는 필요조건이 갖추어져 있지 않다는 것이고, 따라서 수출을 한다 해도 의도하는 국민경제의 구조적 전환에는 큰 영향을 미치지 못하는 1차 산업을 중심으로 비교적 제한된 규모에서 할 수밖에 없다고 생각한 것이다. 그러므로 정책의 주안점은 기간산업의 성장 속도를 비롯한 몇 가지 계기들을 통해 변화의 가능성이 열려 있었다.

또 하나 주목할 점은 그러한 계기의 단서들이 제1차 계획 '원안'에 포함되어 있다는 사실이다. '원안'은 수입대체공업화에 중점을 두지만 "수출진흥" 또한 강조하고 있다. "계획의 중점" 사항들 중 하나가 "수출 증대를 주축으로 하는 국제수지의 개선"이며(대한민국정부 1962 : 20), "증대하는 수입수요를 최대한 자력으로 조달"한다는 취지 아래 "목표 년도의 수출"을 "기준 년도의 약 4.2 배로 책정"해놓고 있다(*Ibid.* : 41). 수출이 개발전략의 전면에 내세워지지는 않았다. 그러나 수출은 국민경제의 안정과 균형을 확보한다는 '소극적 관리'의 발상 외에도, 여타 중점 부문들의 지속적 건설과 개발을 물질적으로 밑받침하는 역할[투자재원으로서의 외환을 확보하는 수단] 차원에서 중요시된 것이다. '원안'은 수출진흥책들을 아래와 같이 구체적으로 명시하고 있다.

> 수출을 진흥하기 위하여 … 수출보상금제도를 확대 강화한다. … 현행 수출
> 물자 집하금융을 확대하여 수출업계의 자금난을 완화하도록 한다. … 수출
> 소득에 대한 … 조세제도 상의 우대조치를 고려한다. … 해외시장의 개척
> 및 확대를 위하여 상무관 및 민간기업가를 해외에 증파하고 수출 대상국
> 의 상품 수요구조의 연구조사를 기한다(*Ibid.* : 43).

앞에서 인용한 것처럼 '원안'은 저소득에 기인하는 저구매력으로
"극도에 달"한 "국내시장의 위축"이 한국경제의 현실이라고 진단했는데
(*Ibid.* : 15), 그러면서도 소비수요의 기반 조성을 위한 뚜렷한 조치를
계획하지 않았다는 점,[18] 그리고 "자본공급의 확보"를 위해 "국내 노동
력을 최대한 활용"한다는 방침이 또한, 향후 수출부문의 우선순위 변동
여부와 관련하여 염두에 두어야 할 부분들이다.

제1차 계획 '원안'을 수입대체공업화전략의 구상으로 평가하는 것이
부당하다고 말할 수는 없다. 그러나 거기에서 수출의 중요성이 간과되
지 않았을 뿐만 아니라, 특히 향후 수출드라이브전략을 확정하는 출발
점이 되는 발생지속적 건설과 개발을 위한 투자재원으로서의 외환 확
보를 제시하고 있다는 사실에 주의를 요한다.[19] '수입대체공업화전략'
이란 범주 개념이 그 같은 점을 충분히 포괄하지 못한다는 것만은 확

---

18. "유효수요의 창조를 조건으로 하는 Keynes적 유발 투자의 개념은 후진국의 경우 대체
    로 타당성을 갖지 못한다"(박희범 1962b : 56).
19. 기존 연구자들은 하나같이 제1차 계획 '원안'의 수출진흥론을 '수지균형적 수출관'에 불
    과했다고 단정한다.

실하다.

‘원안’은 그 동안 균형발전전략으로도 분류되어 왔는데,[20] 이 분류야말로 가장 오류에 찬 이해라고 할 수 있다. 오해의 주 근거는 ‘원안’이 부여했던 농업의 우선순위가 ‘수정안’ 이후 하향 조정됐다는 데에 있다.[21] 그러나 ‘원안’은 자본주의적 발전의 일반적 특징이란 수준은 물론 이른바 ‘개발경제학’의 지평에서 보더라도 이미 불균형발전을 지향하고 있었다.[22]

‘원안’은 “계획의 기본 목표”가 “자립경제의 달성을 위한 기반을 구축하는 데 있다”고 말하면서, 아울러 “한국경제의 궁극적 진로”는 “공업화”라고 밝혔다(*Ibid.* : 19). 즉 “공업화”가 “자립경제”를 성취하는 길이란 것이다. 이러한 입장은 계획기간 중 산업별 성장률 예상목표나 산업

---

20. 최근의 한 예로서 박태균(2002)을 참고. “경제제일주의를 택하고 있었던 … 군사정부에 의해 입안된 경제개발계획에는 균형성장론적인 내용이 주류를 이루고 있었다. … 그러나 1964년 이후 … 균형성장론이나 민족주의의 경향이 현저하게 쇠퇴하고 있는 현상을 발견할 수 있다”(93~94).

21. 사실 ‘수정안’에서 농업의 위상 저하를 금방 알아내기가 어렵다. 그 약화는 제2차 계획에서 뚜렷이 파악된다. 제2차 계획 작성에 참여하였던 콜(D. Cole)과 남영우에 의하면, 그 계획의 “최대 약점”은 “농업·임업·수산업 등을 위한 전략을 분명하게 언급하지 않은” 데에 있었다. “농림부가 제안한 농업부문 투자사업들에 대한 내부수익률 분석을 하였으나 … 충분한 설득력을 제공해주지 못했고, 고지대와 개펄의 개간사업을 상대적으로 중시한 입장에 대한 반대가 계획작성 완료시점까지 해소되지 않았다. 그 결과로 농업부문 투자방안은 대단히 추상적이었다”(Cole & Young-woo 1969 : 20). USOM의 후원 아래 미국의 예일 대학 교수 페이(J. Fei)와 레니이스(G. Ranis)가 작성한 보고서는 수출공업을 농업과 연계시키고 농가소득의 향상을 통해 내수기반을 확대하도록 구상한 정책들을 제안했는데 역시 반영되지 않았다(ibid. : 27~28).

22. 한 예를 들면 ‘오해’는 이렇게 표현된다. “군사정부가 실시한 … 중농주의적 개혁조치 … 그러나 … 종국에는 … 자본가들의 경제논리와 1963년부터 시작된 공업위주의 경제개발 논리 앞에 농촌문제를 내맡기는 결과를 가져왔다. … ‘농업중심적’ 발전이라는 중농정책의 이상은 퇴색하기 시작했다”(오유석 2003 : 395~397).

별 투자구성비 등을 통해 구체적으로 확인된다.

앞의 예상목표에 의하면 계획기간 중 경제발전은 "제2차 산업의 급
속한 상승 추세가 선도"한다. 기준 년도 대비 목표 년도 성장률을 보면
전 산업이 +6.0%이고 1차 산업은 +4.5%, 반면 2차 산업은 +12.5%이다
(*Ibid.* : 24). 또 산업별 투자배분 계획[계획기간 중 합계]을 보면 총 투
자 대비 1차 산업이 17.2%이고 2차 산업이 34.0%이다. '원안'은 이러한
비율의 제시와 함께 그것이 "계획의 목표와 방침을 그대로 반영하는
것"이라고 부연하였다(*Ibid.* : 28).

'원안'이 농업·공업간 부등가교환 실태라든가 농가들의 빈곤을 언
급하고, 계획 방침들 중 하나로서 "농업생산력의 증대에 의한 농가소득
의 상승"을 말하고 있음은 사실이다(*Ibid.* : 15, 19). 그러나 그 언급 및
강조는 어디까지나 "한국경제의 궁극적 진로"가 "공업화에 있음에 비추
어[서]", 다시 말해 원활한 공업발전에 기여해야 하는 농업의 기능주의
적 위상이란 문제설정 아래 한 것이다(*Ibid.* : 19).[23]

이러한 논지와 관련하여 다시 박희범의 입장을 참고하도록 하자.
그는 중점 부문의 우선적 육성을 통한 전후방 확산효과를 강조한 대표
적 불균형발전론자 허쉬만(A. Hirschman)에 기대어 이렇게 말하였다.

---

23. 군정 주역들 다수가 농촌 출신이었지만, 국가의 정책운용시 농업을 공업보다 우선시하
거나 양자를 대등한 수준에서 생각할만한 사회-정치적 기반은 거의 없었다. 계급으로서
의 지주와 자율적 농민운동이 '해방8년사' 동안 '농지개혁'과 '빨갱이사냥'을 통해 해체된
반면, 자본가들이 한국전쟁 후 경제재건 및 공업화 과정에서 가장 영향력 있는 세력으로
성장하였다. 박정희 정권이 '부정축재자 처리'를 공언과 달리 미온적으로 한 것도 바로
이 같은 조건이 영향을 미친 결과였다. '부정축재자 처리'의 구체적 상황에 대해서는 공
제욱(1999 : 242~252)을 참고.

균형성장은 제(諸)산업의 한계적인 성장을 의미[한다] … 균형성장에 의해
서 구조적 변혁이 가능할 만큼 자본이 풍부하고 … 많은 투자가 이루어질
수 있다면 … 후진국이 아니다(박희범 1961 : 80).[24]

그리고 그는 군정 초기 단행된 농어촌 고리채 정리의 실패를 아쉬
워하면서 다음과 같이 말했다.

… [성공했다면] 정부가 막대한 … 농업금융의 부담을 덜게 되었을 것이다.
농민은 … 생산성을 높일 수 있었을 것이고, 정부는 그 만큼 재정자금을 보
다 생산성이 높은 공업 혹은 전력개발에 전용할 수 있었을 것이다(박희범
1962b : 15~16).

그가 "농산물의 교역조건을 개선"하는 일이 "시급"하다고 본 이유도
같은 것이었다.

농업에 대한 보조가 연간 50억 원에 달하고서야 공업화에 필요한 내자를
조달할 길이 없다. … 영농자금의 융자 및 보조 위주의 정책을 지양하고 협
동조합중심의 자발적 활동과 기술지도 등 농업경영을 중시하는 정책적 전
환이 있어야 하겠다. 영농진흥은 자금의 보조보다는 리더싶이 더욱 중요
하다(*Ibid.* : 26).[25]

---

24. 허쉬만의 불균형발전론에 대해서는 Hirschman(1958 : 53~54, 65~72, 98~119)을 참고.
25. 시기적으로 나중 일이지만 〈새마을운동〉이 그 같은 발상의 반영이라 할 수 있다. 제1
　　차 계획 '원안'을 균형발전론의 실례로 생각하는 이들은 당연하게도 박희범을 로스토우
　　나 허쉬만 등과 대비되는 균형발전론자로 착각한다. 그러나 박희범은 그들의 여타 문제
　　점들을 지적하면서도 불균형발전론 측면에 대해선 타당하다고 보았다(박희범 1962b :
　　53~56). 공업화의 필요조건으로서 농업개발을 중요시하는 관점은 로스토우의 입장에서

‘원안’을 균형발전론으로 범주화하는 것은 전적으로 잘못이다. ‘원안’
은 처음부터 불균형발전론이었으며, 따라서 ‘수정안’ 이후 나타난 농업
부문 우선순위의 하향이동은 불균형발전론 내적인 것이다.[26]

지금까지 제1차 경제개발계획 ‘원안’의 복합적 면모들과 이들에 잠
재되어 있던 가능성들을 살펴보았다. ‘원안’은 내자동원중심전략이라기
보다 내자와 외자를 불문한 자본동원 극대화전략이었고, 기간부문에 역
점을 둔 수입대체공업화전략이기는 하였지만 수출부문에도 개발프로젝
트 전체의 지속성을 담보하는 문제와 관련된 중요한 의의를 부여하였
으며, 당초부터 불균형발전 전략이었다. 아래의 문장들은 비록 ‘원안’의
것들이 아니나 전술한 ‘원안’의 특징들을 압축하여 잘 전달하고 있다.

> 국민생산력의 극대[를 위해] … 먼저 사회간접자본의 확충과 기초공업의 설
> 립이 거의 동시에 추진되지 않으면 안 된다 … 초창기에 … [이 과정]은 아
> 무리 곤란하더라도 한 번은 후진국이 극복해야 할 고비인 것이다. … [그
> 과정]은 … 막대한 내자와 외자 그리고 선진기술의 도입을 요하는 만큼, 첫
> 째로 사회저축률을 높여야 하며, 둘째로는 수출의 신장 및 국제경제협조를
> 필요로 한다(박희범 1962b : 53).

국가 정책들의 의도는 ‘선행적 축적’(아담 스미스 1992[1776]a : 339)
의 과정을 서구 자본주의사회들이 경험한 그대로 거치지 않고 대폭

---

도 볼 수 있다(Rostow 1960 : 21~24, 월트 위트만 로스토우 1965 : 235). 박희범을 균형
발전론자로 오해하는 최근의 대표적 논자로는 박태균(2000 : 169ff., 2004 : 38)이 있다.
26. 공업화중심의 사고, 기간산업 우선육성론 등을 볼 때, 1973년 ‘중화학공업화선언’으로
상징되는 불균형발전전략의 극단화 가능성은 ‘원안’ 작성의 저변에 이미 상당 정도 잠재
해 있었다.

단축하려는 것이었다. 그래서 개발전략은 경제계획이란 방식을 통해 국가가 많은 부분 자본가들을 기능적으로 대행하고,[27] 대외 재원 및 기술을 적극적으로 도입·활용하면서, 궁극적으로 국내 자본의 자립과 성장을 촉진하는 형태가 됐다. 국가개입의 폭과 대외 재원 및 기술에 대한 의존도가 낮은 전략이 또 다른 대안이었지만, 이 코스를 밟을 경우 위험 요인들을 줄이는 대신 상당 기간 동안 완만한 발전만을 기대해야 했다. 박정희 정권은 큰 위험부담의 동반을 무릅쓰고 '빠른 길'로 갈 것을 선택한 것이다.

그 방향은 국내 자본계급의 헤게모니 분파가 갖고 있던 기대와 대체로 부합하였다. 대자본가 이병철은 1963년 6월『한국일보』연재물을 통해 자신의 바램을 다음과 같이 밝혔다.

> 우리는 지금 … 영국 산업혁명 이전으로 되돌아가서 약 2백년 전의 코스를 하나하나 밟아 내려올 시간적 여유를 갖지 못한다. … 무슨 비약적인 수단이나 방법을 쓰지 않고서는 도저히 우리의 빈곤이나 산업구조의 낙후성을 극복할 수 없다. … 과감하게 그 순서를 바꾸어 대기업에서부터 출발하여

---

27. '수정안'은 상대적으로 민간부문의 역할 확대를 강조하였는데, 그 의미를 과대 해석해서는 안 된다. 권력블록 내 국가분파와 자본분파 사이의 역학관계는 점진적 변화에도 불구하고, 박정희 정권기 내내 소위 "앵글로-색슨" 모델과 거리가 멀었다(Amsden 1994 : 88; 공제욱 2005 : 264~265). 1960년대 중반 주한 AID 자문관을 역임한 D. 콜은 그 같은 현실을 "중앙집권적으로 운영·지도된 사적 소유체계"라고 표현했다(House of Representatives 1978 : 65). 로스토우의 견해에서 확인되듯이, 미국 측 입장 자체가 애초 '신고전주의' 이념과 거리를 둔 것이었다. " … [근대화 과정]의 길이와 추이는 실질적으로 … [자원들을]근대화 과제들의 수행에 투여하는 정도에 따라 좌우된다. 그리고 그 정도는 정치적 리더십의 함수이다. … 정부는 통합적 시장들이 발전하도록 국민을 조직하고 … 자원들의 근대적 사용이 이루어지는 조세·재정 체계를 창출·유지시키며 … 다양한 정책들을 통해서 경제의 근대화를 주도해야 한다"(Rostow 1960 : 30).

중소기업으로 내려가는 방식을 취해야만 한다 … 농촌을 구제하는 길은 오
히려 과감한 외자도입에 의한 공업화를 통해서만 가능하다 … (이병철
1986 : 138).


## 제3절 제1차 개발계획 '수정안'과 이후 정책의 특징

'수정안'의 키워드는 '축소조정'이었다. '수정안'은 수정작업의 내용
이 "안정의 기조" 아래 "성장목표를 현실적으로 조정"하는 것이라고 밝
혔다(경제기획원 1964b : 머리말). 그리고 수정작업의 경위와 관련하여
"문제점은 원계획"의 "성장목표에서 집약적으로" 나타났음을 언급하며,
아울러 "안정기조를 위협하는 요인"에 대해 서술하였다(*Ibid.* : 4~5). 이
에 맞추어 '수정안'은 연평균 성장률과 투자 등 각종 계획내용을 하향조
정하였다(*Ibid.* : 11~23). 그리고 목표달성을 위한 정책수단으로서 재정
안정화 및 인플레억제 시책들에 대해 많은 지면들을 할애하여 강조하
였다(*Ibid.* : 25~33, 53~56). 계획을 현실 가능한 수준으로 조정한다는
'수정안'이 정부지출 부분을 비현실적일 정도로 낮추어 잡은 것을 보면,
그것이 얼마나 '축소조정'에 치중하여 작성됐는가를 알 수 있다.


정부의 소비지출은 강력한 재정안정 정책을 반영하여 1966년에 가서 1962
년에 비하여 불과 4.3%의 증가만을 허용하고 있을 뿐인데, 적령 아동 증가
에 따르는 의무교육비의 불가피한 증가를 감안하면 실질규모는 오히려 축
소 내지 동일한 수준을 유지하고 있는 것이다(*Ibid.* : 15).[28]

그렇다면 '축소조정' 외에 다른 변화는 없었는가? 먼저 계획된 총 투자자본 가운데 내자와 외자가 차지하는 비중을 보도록 하자. '원안'에 비해 외자의 비율이 높아졌다. 그러나 달라진 내자와 외자간의 구성비가 전략 차원의 변화라고 할 만큼 대폭적인 수준은 아니다. 내자는 72.2%에서 71.8%로, 외자는 27.8%에서 28.2%로 변경됐다(*Ibid.* : 20). 이러한 변화는 '수정안'이 적용되는 1964~66년 기간 중 국민총생산 대비 국내저축률 계획과 국외저축률 계획에서도 확인된다. 양자의 비율 모두가 '원안'보다 낮춰지면서 국내저축률이 다소 더 낮게 잡힌 것이다(표5-1).

〈표5-1〉 제1차 계획 원안과 수정안의 국내저축률, 국외저축률 비교

단위 : %

| 구분 | 국내저축률 | | | 국외저축률 | | |
|---|---|---|---|---|---|---|
| | 원 안 | 수정안 | 변화폭 | 원 안 | 수정안 | 변화폭 |
| 1964 | 10.3 | 6 | −3.7 | 13.7 | 11.3 | −2.4 |
| 1965 | 9.5 | 7.3 | −2.2 | 13.8 | 9.7 | −4.1 |
| 1966 | 12.9 | 8.2 | −4.7 | 9.8 | 8.7 | −1.1 |

자료 : 경제기획원 (1964b : 19)
주 : 변화폭은 인용자가 첨가

---

28. 박정희 정권은 제1차 계획 이행의 극히 부진한 성과와 고조된 경제불안으로 인해서, 미국 정부 및 원조당국의 '권고'라는 배경 아래 1962년 말부터 계획의 축소조정 작업을 진행시키는 한편, 1963년에는 쿠데타 이후 중단됐던 '재정안정계획'을 부활시켜서 재정투융자를 중심으로 정부지출을 대폭 감축시켜나갔고, 역시 쿠데타 이후 해체된 CEB의 후신인 ECC(Economic Cooperation Committee)를 미국 측과 합의・설치했다. '재정안정계획'의 내역에 대해서는 김명윤(1967 : 83~101)을 참고. 주지하다시피 '원안'의 목표들은 당초 가해진 비판이나 우려와 달리 추후 개발과정에서 초과 달성된다. 그러나 '수정안' 작성시 긴밀한 협조관계를 유지했다는 서독 경제고문단이 적정 성장률 목표로 3.73%를 제시한 것을 보면(경제기획원 1964b : 머리말; 경제기획원 1967 : 24), 미국 측의 '원안' 비판이 이후 결과와는 별개로 지나쳤다고 여겨지지는 않는다.

‘수정안’이 “외화자원의 조달”이 “공업화의 초기 단계에 있는 나라에서 가장 중요한 문제의 하나”라고 서술하였지만(*Ibid.*: 23) 이것은 ‘원안’의 생각이기도 했으며, ‘수정안’ 역시 점차로 투자재원의 대외의존도를 낮추겠다는 일정[국민총생산 대비 1962년 11.8%, 1966년 8.0%]을 밝히고 있다(*Ibid.*: 14). 그리고 좀 더 중요한 사실은 외자의존도의 상향조정이 내자동원에 그 만큼 적은 관심과 노력을 기울인다는 뜻은 아니었다는 점이다. ‘수정안’은 “자립경제와 경제성장을 달성하기 위하여 궁극적으로는 국내저축 증강에 의존할 수밖에 없”다면서 앞으로 “강력히 추진”할 내자동원 시책들을 열거하였다(*Ibid.*: 20~22, 32~37). 따라서 외자의 비중을 확대하였다지만 ‘수정안’도 마찬가지로 내자와 외자를 막론하여 자본을 최대한 동원하겠다는 기조 내에 있다고 봄이 타당하다.[29]

박정희 정권기에 국가가 선택한 일련의 내자조달책들은 [실패한 ‘긴급통화-금융조치’를 논외로 하더라도] 아주 이례적인 방식의 것들이었다. 그 만큼 국내 재원의 동원을 위한 노력들이 강도 높게 전개됐으며, 그것들은 권력블록이 의도한 개발의 성과를 얻는 데에 필수적이고 절실한 요구사항이었다. 대표적으로 1965년 금리현실화조치와 1970년대 중화학공업화를 위한 설비자금 공급체계를 들 수 있다. 이들은 내자 가

---

29. 내자동원의 중대성은 제2차 계획에서도 많이 강조되었다. “가장 중요한 과제는 … 확대되는 투자규모를 지탱할 수 있는 국내저축을 확보하는 일이다. 최근에 국내저축이 … 증가를 보였으나 아직도 낮은 수준에 있고 외국자본에 대한 의존도가 매우 높다. … 따라서 … 가용외자를 밑받침할 수 있도록 더욱 국내저축을 동원할 것이 절실히 요청되고 있다”(대한민국정부 1966 : 24). 제2차 계획은 총 투자 가운데 국내저축의 기여도를, 1965년 48.3%에서 1971년 72.3%까지 끌어올리겠다고 밝힌다(*Ibid.*: 41).

운데서도 조세를 비롯한 국가적 재원의 충용이 가지는 한계와 연동된 사회적 재원의 확대 시도들이었다.

1965년 9월에 실시된 금리현실화[이자율 인생는 한국경제를 시장경제체제로 개혁하기 위한 가격정상화조치였다고 평가되곤 한다. 그리고 거기에는 미국 원조당국(USOM)과 IMF(International Monetary Fund) 등의 "충고"가 작용한 것이 사실이다(미하원 국제관계위원회 국제기구소위원회 1986[1978] : 253; 김용환 2002 : 28). 그러나 막상 정책을 집행한 주체들에게는 "은행금리를 시장금리 수준으로 접근시켜 잠자고 있던 내자를 동원"하는 것이 금리현실화의 핵심적 의미였다. 이 점은 그 조치가 예금금리를 대출금리보다 높게 설정하는 "역(逆)금리"를 주요 내용으로 삼았다는 사실에서 잘 드러난다. 당시 재무부 이재과장으로서 위 조치의 실무책임자였던 김용환은 작업에 착수하게 된 출발점에 대해 이렇게 밝혔다.

장기영 부총리로부터 갑작스런 전화를 받았다. "김 과장, … 국민들이 공(公)금융시장이 사(私)금융시장보다 낫다고 생각하도록 만들어야 하고 … 그런 의미에서 … 잠정적으로 역금리를 하여 정부의 단호한 의지를 보입시다." … 아무리 내자를 동원하는 것이 시급하더라도 역금리의 채택은 범인으로서는 상상하기 어려운 정책수단이었다. 전 세계적으로도 유례가 없을 것이다. 경제학자들도 상상이나 할 수 있었겠는가. … 예금증가에는 성공할 수 있을지 모르나 과연 … 금융시스템의 정상화라는 또 하나의 목표를 생각할 때 … 논란은 당연한 것으로 여겨졌다(*Ibid.* : 30~31).

특수은행들이 취급한 정책금융의 대출금리 인상폭을 상대적으로 낮추어 잡았다는 점에서도, 이 금리현실화 조치가 가격정상화보다는 개발계획에 포괄된 제반 사업 및 투자활동들에 대한 물적 지원의 강화에 초점을 둔 것임을 알 수 있다. 일반 대출금리를 연 24~36.5%로 개정한 반면, 수출금융 대출금리를 연 6.5%로 현상 유지시켰으며 산업은행 시설자금을 비롯한 재정자금 대출금리는 기존 금리의 20%를 인상하는 데 그쳤다. 따라서 어느 면에선 가격왜곡이 오히려 더 심해진 것이다(한국개발연구원 1995 : 253).[30]

1970년대 중화학공업화계획을 위해 동원한 자금조달체계는 개발주의금융의 극한적 양태이자, 1960년대에 내자동원을 위해 적용했던 발상의 완결편이라고 말할 수 있다. 특히 1974년부터 설치·운영한 '국민투자기금'이 그 점을 잘 보여준다. 1973년 6월 발표된 '중화학공업육성계획'에 의하면, 총 투자소요 예상액이 1973~81년 기간 동안 외자 58억 달러, 내자 38억 달러였다. 이 가운데 내자조달을 위해 국가는 기본적으로 국민저축률을 높이는 노력을 기울이되, 이미 "저축된 자금"을

---

30. 역금리 적용까지 하지는 않았지만 1961년 7월에도 국가는 내자동원을 위한 대폭적 금리인상 조치를 취한 바 있다(대한금융단 1978 : 30). 이러한 금리현실화가 개발계획상의 사업 및 자본축적에 큰 의미를 가질 수 있었던 것은 시중 일반은행에게도 장기설비자금 융자의 기능을 부가시키고, 기간에 그 기능을 전담했던 산업은행으로 하여금 일반은행들의 자금일부를 기한부예금의 형태나 채권매각의 형태로 흡수할 수 있도록 법제를 개편하였으며, 각종 특수은행들과 지방은행들을 신규 설립하였기 때문이다(*Ibid.* : 34~37, 43~44; 김상조 1993 : 110~118). 한편 전술한 금리현실화와 함께 환율현실화[환율인상 및 단일변동환율제 채택, 1964. 5. 3.]가 제1차 계획기간 중 취해진 대표적 가격정상화 조치로서 거론되곤 한다. 환율현실화를 하는 데에 역시 '경제자유화'의 외적 압박이 가해졌다. 그러나 후술하는 바와 같이 당시 권력블록으로서는 심각하게 악화된 외환사정의 타개 및 수출증대에 매진해야 할 시점이었다. 다시 말해 환율현실화는 그것을 '권고'하는 이들의 취지가 어떻든 권력블록에게 국제수지방어와 수출촉진 방책으로서 긴요하였다(경제기획원 1982 : 56~57; 스티븐 해거드 1994 : 114, 120~121).

"집중적으로 투입하는 효율적 자금배분책을 마련하는 것이 긴요"하다고
보아, 그러한 방책으로서 일종의 기금을 조성하기로 결정하였다. 이렇
게 하여 신설된 '국민투자기금'은 국민저축조합, 국민복지연금, 우편저
금, 국민생명보험자금, 각종 공공기금, 금융기관, 보험회사, 일반투자가
등으로부터 자금예탁을 받거나 그들에게 채권을 인수토록 하여 자금을
조성하였다. 그리고 조달된 자금은 산업은행과 수출입은행 같은 특수은
행들을 매개로 [민간자금을 재정자금화하여] 중화학부문 및 수출부문의
기업들에게 투융자하였다(그림5-1).

**그림5-1 국민투자기금 운용 메커니즘**

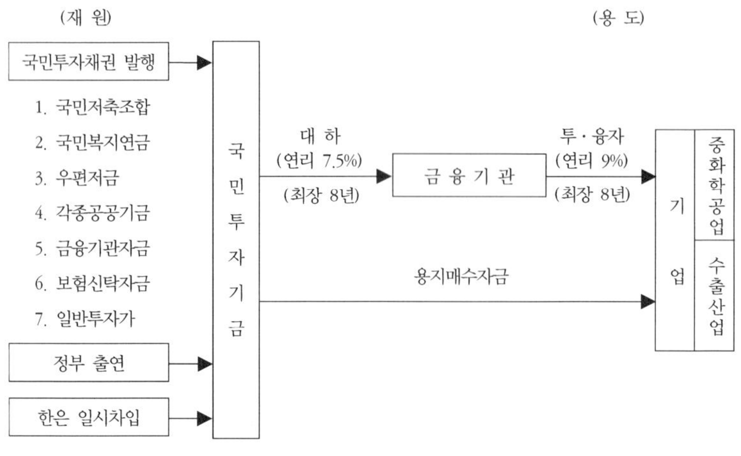


출처 : 대한상공회의소(1975 : 133)

이러한 투자재원 조달방식은 다른 나라들에서 선례를 찾아볼 수
없는 비상한 정책수단이었고, 그러나 다른 한편 1960년대에 일반은행

들이 채권인수 내지 자금예치를 통해 산업은행의 설비자금 공급능력
을 강화하였던 체계를 확대 개편한 것으로 볼 수 있다. 그리고 그러
한 확대 개편에 의해 일반은행을 포함한 전 금융기관들이 단일한 장
기 산업자금체계의 틀 속에 배치된 것이다(김상조 1993 : 124~126).
결국 국민투자기금은 "중화학공업 건설을 위해서 국내의 모든 가용자
금을 총동원하는 데 목적"이 있었던 것이며(김용환 2002 : 118), 어느
면에선 1962년에 시도했다가 실패한 '통화개혁 - 산업개발공사' 구상
의 변형된 실현이었다.[31]

　산업화전략의 차원에서 제1차 계획 '수정안'의 가장 큰 변화는 수출
부문의 비중을 높였다는 것이다.[32] 그 때 수출부문의 지위 제고는 단순
하게 수출증대를 위해 더욱 경주한다는 차원에 그치지 않고 수출대체
(export substitution)를 시도한다는 것, 즉 1차 산업 생산품들의 수출
비중을 대폭 줄이는 대신 노동집약적 경공업 생산품들의 수출을 강
화·확대한다는 계획이었다. 동시에 그 변화는 기간산업과 사회간접자
본 외에 노동집약적 경공업을 새로운 중점 육성·투자대상으로 결정했
음을 뜻한다.[33]

---

31. 국민투자기금은 1975~81년 기간 중 중화학공업화를 지원하는 장기투자재원의 60%
　　이상을 제공하였다(김용환 2002 : 118). 개발계획에 소요되는 국내재원 조달을 위한 대
　　표적 노력으로 앞의 두 경우들 외에, 간접세 위주의 신규세원 확보, 특히 "정권을 담보한
　　결단"이었다는 '부가가치세' 신설을 참고할 수 있다(경제기획원 1982 : 96~97; 김용환
　　2002 : 135~141).
32. 수출총액 목표는 역시 축소조정의 차원에서 '원안'보다 적게 책정됐다(경제기획원
　　1964b : 44).
33. '수정안'은 '원안'과 마찬가지로 기간산업의 중점육성을 표방했다. "소비재공업 편중경향
　　을 지양하고 생산재공업의 발전 소지를 마련토록 산업구조를 개편하여야 하는 것이다.
　　… 보완계획에 있어서는 씨멘트·비료·산업기계·정유 등 기간산업을 비롯한 기계공

앞으로의 수출진흥책은 무역업자의 수출의욕을 촉진키 위한 지원정책 뿐만 아니라 보다 근본적으로 수출산업을 육성키 위한 산업정책 면의 고려가 겸비되지 않으면 안 된다. … 첫째, 해외수요의 움직임과 우리나라의 높은 실업률 및 저임금수준을 고려하여 노동집약적인 경공업이나 수공업 등 가공산업 부문을 수출산업으로 육성한다. 둘째, … 금융 및 세제 면에의 지원을 계속 강화함으로써 … 수출상품의 해외경쟁력을 강화한다. 셋째, 수입대체산업에 편중되어온 투자방향을 수출산업 위주로 전환한다. 넷째, 수출산업용 원자재 및 시설재 도입에 외환을 우선적으로 배정하며 기술도입에 우선순위를 부여한다. 다섯째, 기존 국내산업 중 국제경쟁력이 강한 산업을 책정하여 이를 수출산업으로 육성한다(경제기획원 1964b : 46).

여기에서 우리는 특정 산업, 특정 업종의 선정과 이들의 선도적 성장 및 그 유발효과를 통해 국민경제의 발전을 추구하는 불균형발전노선의 변함없는 적용을 볼 수 있다.

농업을 비롯한 1차 산업의 주변적 위상은 '수정안'에서 재확인된다. 1차 산업에 대한 계획의 "기본 방향"은 "공업화를 뒷받침"하고 "공업화의 선결요건을 조성하는 것"이었다(*Ibid.* : 73). 산업별 자본투자계획을 보면 전반적 축소조정의 기조 내에서 제조업을 비롯한 2차 산업 투자의 비중이 더 높아져 전체의 반에 가까운 47.2%가 배정됐다. 반면 농업을 포함한 1차 산업 투자의 비중은 기존 '원안'의 수준인 18.1%가 배정됐다(*Ibid.* : 18).

앞의 내용을 종합할 때 '수정안'에서 나타난 가장 큰 변화는 특정한 산업화전략의 선택 여부와 무매개적으로 관련짓기 어려운 '축소조정'

---

장 및 중화학공업의 신속한 확충 강화에 주력하고 … "(경제기획원 1964b : 84~85).

이외에, 노동집약적 경공업을 수출부문으로 특화하여 중점 지원·육성
한다는 구상이다.

'수정안'의 내용으로 보면 그것의 작성 배경은 당초의 목표치에 크
게 미달한 계획이행 성과와 급격한 인플레에 의한 국민경제 전반의 불
안정성 심화였다. 그리고 이러한 상황은 동전의 양면 격인 두 요인들
이 작용한 결과로 파악됐는데, 하나는 현실성을 고려하지 않은 '과도
한 목표'의 설정이고, 다른 하나는 계획된 개발사업들에 투여할 '자본
의 부족'이었다. 따라서 대책은 앞서 언급했듯이 일차적으로 계획을
'축소조정'하는 것이었다. 그리고 계획을 계속 수행하려면 투자재원의
부족이란 난제를 풀어가야 했다. 수출공업화경향의 강화는 바로 이 지
점과 관련되어 있었다. '수정안'의 준비과정에 작성된『보완작업 국제
수지 실무작업반 보고서』[1962. 12. 31.]는 무상원조의 감축경향, 차관
의 원리금상환 증가, 외환수급상의 적자 가중으로 인한 가용외환의 고
갈위험 등을 언급하면서 강력한 수출진흥책이 강구되어야 한다고 밝
혔다(이병천 1999 : 160~161).[34]

당시 미국 정부는 한국 측의 자조노력을 촉구하면서 원조를 계속
줄여갔다.[35] 큰 기대를 걸었던 내자동원책인 긴급통화-금융조치는 완

---

34. '원안'을 축소조정하게 되었지만, 권력블록의 헤게모니 분파가 '과잉의욕'의 문제점을 전
면적으로 시인한 것은 아니었다. 이후 정책운용의 양상과 관련시켜 보면, 그들은 개발
초기 '실패'의 원인을 주로 '재원조달의 부진'에서 찾았음을 알 수 있다(경제기획원 1964b
: 머리말).
35. 1960년대 전반기 AID원조는 1960년 225,236천 달러, 1961년 154,319천 달러, 1962년
165,002천 달러, 1963년 119,659천 달러, 1964년 88,346천 달러였다(한국은행 조사부
1966 : 270).

전히 실패하고 말았다. 철강·기계·정유 등 기간산업부문에서는 해외 재원이 원활하게 조달되지 않았다.[36] 설상가상으로 외환의 정부보유고가 각종 개발사업들의 추진과 함께 1962년 하반기 이후 고갈상태로 접어들었다.[37] 제반 세부계획들의 이행은 수입수요와 외환수요의 격증을 불러일으켰으며, 특히 중점사업일수록 대규모 물자수입과 외환을 요하는 것들이었다. 외환보유고의 격감은 도입한 차관의 상환전망을 불투명하게 만들었고 차관의 추가도입을 더욱 어렵게 하였다. 한편 국내시장이 협소하다는 조건에도 불구하고 그 기반의 확대를 위한 주목할 만한 구상은 '원안'에서도 '수정안'에서도 제시되지 않았다. 실업률은 높았고 노동력을 최대한 활용한다는 방침에는 변화가 없었다.

이러한 맥락들을 볼 때 노동집약적 경공업부문의 수출을 지원·육성한다는 것은 그 부문이 상대적으로 적은 자본을 필요로 한다는 점과, 개별 기업이나 개별 부문 내적인 확대재생산뿐만 아니라 여타 부문들까지 포괄하는 국민경제 전반의 지속적 투자와 개발에 필요한

---

36. "우방들은 냉담하기만 했고 갈망하는 외자도입은 지지부진했다. 약간의 직접투자 또는 차관사업이 성사되기는 했지만 몇 만 달러, 몇 십만 달러 단위의 소규모이며 비계획적인 사업뿐이었다. … 박정희 최고회의 의장은 실의에 빠진 나머지 폭음으로 밤을 지새우며 … 번민에 빠졌다고 한다"[이선희 전 경제기획원 운영차관보](김흥기 편 1999 : 141).
37. 이 추세가 초래한 곤경의 대표적인 예를 중점사업들 중 하나였던 울산 정유공장 건설계획의 추진 경과에서 볼 수 있다. 1962년 말경 악화된 정부의 외환 보유고로 인해서 〈대한석유공사〉는 공장건설을 맡았던 〈플로어(Flour)〉사에게 2차분 대금을 지급하지 못하는 지경에 이르렀다. 이에 따라 경제기획원의 일부 성원들은 공장 소유주인 〈대한석유공사〉를 희망 외국업체에 매각하자는 제안을 하기까지 하였다. 결국 박정희가 참관하는 공청회를 여는 등 논란 끝에 매각 제안을 기각하고, 〈대한석유공사〉가 자금원을 물색하던 중 〈걸프(Gulf)〉사와 25% 직접투자합작, 2천만 달러의 차관 제공을 조건으로 하는 사업계약을 어렵사리 체결함으로써 겨우 공장건설을 완료할 수 있었다(전 대한석유공사 부사장 전민제 인터뷰1999. 6.~9.]).

외환 확보가 가능하다는 점이 고려된 방침이었다. 경제기획원은 수정된 『제1차 경제개발 5개년계획 제3년차[1964]계획』을 통하여, "최대한의 성장"을 이룩하는 조건으로서 "투자 및 원자재 수입수요를 위한 외환"의 "확보"를 강조하고, "외환수입의 확보는 수출을 주축으로 하여 이루어지는 것이므로 … 수출진흥에 총력을 경주"할 예정임을 밝혔다(이완범 2006 : 179).

'원안' 이행의 대실패 와중에도 유독 경공업부문의 수출실적은 양호했는데, 이 점이 또한 그 같은 방향의 선택에 중요한 조건으로 작용했다. 박정희 정권은 제1차 계획 '원안'에서 공업의 수출목표를 전체 수출 가운데 10%만 책정할 정도로 수출공업화의 역할에 대해 많은 기대를 걸지 않았다(대한민국정부 1962 : 42). 그러한 생각은 현격한 생산력 격차로 인해 "수요가 많은 상품은 이미 선진 독점자본에 의해 점령되어 있다"는 판단에 따른 것이었으며, 따라서 곧바로 수출공업의 육성을 본격화하지 않고 허쉬만이 말한 전후방연관 효과들을 의식하면서 먼저 기간산업을 육성하는 것이 선결 과제라고 본 결과였다(박희범 1962b : 41, 46, 56). 그러나 계획 이행의 실적에서 공업제품의 수출이 급증한 것으로 나타나자, 기간산업은 아직 소망한 만큼 성장하지 못하였음에도 불구하고, 저임금 노동력이 국제시장에서 비교우위로 기능할 수 있다는 생각에 확신을 갖기 시작하였다. 그리하여 경제기획원 차관 차균희는 긴급통화-금융조치의 실패 이후 USOM과 AID 등 미국 측과 가진 회의에서, 앞의 사실을 거론하는 가운데 외환 확보를 의도한 수출공업화를 추진하겠다고 밝혔다(이병천 1999 : 165~166). 이렇게

하여 본격적인 수출공업화의 일정은 '원안'이 가정했던 것에 비해 크게 앞당겨졌다.[38]

> 내 소관에 대해서는 전체 개요와 공업의 수출 전환에 대한 설명을 하였다. … 우리나라에는 자원도 없고 기술도 없고 대규모 시설도 없다. 다만 싼 노동력만이 남아도니 노동력이 많이 드는 제품을 수출할 수밖에 없다. … 경공업 제품의 수출이다. … 경공업 제품은 주로 여자의 손에 의해서 만들어진다 … 공업1국즉 경공업 분야에서 … 총 수출량의 50%를 담당하겠다. 좀 의욕적인 계획이기는 했지만 표를 써가면서 설명했다(오원철 1995 : 242).

이것은 1965년 초 대통령 박정희의 상공부 연두순시 때 상공부 경공업 담당 부서인 '공업 제1국'의 업무계획 보고 요지 중 일부이다. 거기에서 우리는 그 무렵 권력블록의 국가분파가 '저임금 노동력의 국제적 지위'에 대해 가졌던 생각을 알 수 있다.

수출공업화경향의 강화가 '수정안' 작성 시기를 기점으로 시작됐지만, 이른바 '수출드라이브'가 본격화된 시점은 '수정안' 발표 후인 1964~65년이다. 1964년 5월에 상공부는 수출 목표액을 1억 달러로 정하고 부서

---

38. 정부는 "해외시장에서의 수요의 추이와 1963년 상반기의 수출실적을 감안하여 공업제품의 수출증가를 계상하였[다] …"(경제기획원 1964b : 44). 1963년도 수출증가율은 58.4%로 1953년 이후 최고 수준이었으며, 같은 해 농산물과 광산물, 수산물의 수출이 1962년에 비해 대폭 줄어든 반면, 공업제품의 수출 구성비가 1961년 22%, 1962년 27%, 1963년 52%로 크게 증대하였다(경제기획원 1964a : 157, 159). 한편 같은 시기에 자본가들도 당면한 경제적 곤경의 주원인이 외환부족에 있으며 소위 선진국에서는 노동집약적 부문이 높은 임금 때문에 사양화되고 있다는 진단 아래, 국가의 수출진흥책 강화를 위한 활동들을 펴나갔다(전경련 10년사 편찬위 1971 : 33~38; 김용삼 1999 : 404~405). 그들의 수출지향성은 1957년경부터 기존 수입대체 부문의 시설과잉에 대응하는 차원에서 모색되기 시작하였다(김양화 1995 : 62).

업무들을 "수출총력체제"로 편성해나갔다. 먼저 수출업체들을 별도로 지정하여 각종 우대조치들을 취했으며, 해외시장의 개척을 전담하는 '대한무역진흥공사'(Korea Trade-Investment Promotion Agency)를 설립하였다. 또 "수출의 날"을 지정하고 "수출 유공자"들에게 상을 주어 "수출무드"를 고조시키고자 노력했다. 박정희가 각종 연설들을 통해 수출을 강조하는 것도 1964년부터였다. 1965년에는 전년 대비 42%의 수출증가율과 수출총액 대비 60%의 공업제품 수출이 계획되었으며, 특히 "수출진흥종합시책"의 시행[39]을 계기로 "수출진흥"이 사실상 최상위의 정책과제가 되었다. 그 해부터 연간 수출목표제를 실시하면서 매월 대통령이 주재하는 "수출진흥확대회의"가 열렸고, 이 자리에서 추진현황의 점검과 애로사항의 해결, 부처간 협력이 도모됐다(심융택 1972 : 63~69; 박충훈 1988 : 90~95; 오원철 1995 : 219~246). 당시 상공부 장관이었던 박충훈에 따르면 상황은 아래와 같았다.

대통령이 무엇보다 수출을 중요시하고 강력하게 지원했기 때문에 상공부에서는 수출만이 우리의 살길이다, 수출제일주의다 하는 것을 앞세우고, 수출하는 게 곧 애국하는 것이며 수출에 종사하는 사람은 공장에서 바느질하는 여공들까지 깡그리 애국자라는 것을 강조하기에 이르렀다. 그래서 … 최소한 수출규모가 GNP의 3%는 되어야 한다는 판단 아래 수출 드라이브 정책을 강력히 펴 온갖 수단과 방법을 총동원, 수출증진에 매진했다. 그

---

39. "1965년부터 시행된 종합시책[공표는 1964년]은 경제정책에 관한 한 모든 것에 앞서는 최우선 · 최상위의 자리에 올랐다. 수출업체에는 조세나 금융상의 지원뿐 아니라 외교와 정보수집 등 다방면에서의 편의를 유기적이고 종합적으로 제공하기에 이르렀다"(박충훈 1988 : 93~94). "수출진흥종합시책"의 주요 내용에 대해서는 김광모(1988 : 188~192)와 한국개발연구원(1995 : 249~251)을 참고.

러다 보니 업계는 더 말할 나위 없었고 아동주졸(兒童走卒)들까지 수출이 우리의 살길이요 수출을 해야 돈도 벌 수 있고 나라를 사랑하는 길도 된다는 식의 수출무드가 드높아졌다(박충훈 1988 : 85~86).

수출드라이브의 채택과 그 의의는 제2차 경제개발계획에서 더욱 분명하게 언급되었다. 제2차 계획은 아예 중점목표들 중에 "7억 불의 수출을 달성한다"고 명기하였다. 그리고 "수출증대를 통한 공업화의 촉진"이 "불가피한 진로"이며, 목표 년도인 1971년에 이르면 "수출"이 "소요 외환을 획득하는 주축"이 될 것이라고 밝혔다(대한민국정부 1966 : 27~28, 49).[40] "생산 및 소득증대"가 기본적으로 거론되었지만, "수출진흥"은 특히 다음과 같은 차원에서 강조됐다. 여기에서 중요시되는 수출부문의 의의는 바로 제1차 계획 '원안'이 수출부문에 부여한 그것과 동일하다.

> 원조의 점감 · 종식이라는 객관적 여건 … 국민경제규모의 팽창과 더불어 증대되는 외화수요 … 앞으로 한계수입성향을 점감시킬 수 있는 산업구조의 개선과 가일층의 수출진흥이 요망되는 까닭이 바로 여기에 있다(*Ibid.* : 24~25).

> … 이와 같이 [목표 년도에 이르면] 수입수요의 대부분은 수출을 주축으로 하여 자력으로 얻는 외화로써 조달된다. 따라서 수출의 증대는 개발계획의

---

40. 수출드라이브가 본격화되기 시작한 국면과 제2차 계획의 준비가 이루어진 시기는 많은 부분 중첩되었다. 제2차 계획의 준비는 1964년 말부터 1966년 7월 말까지 진행되었다 (경제기획원 1982 : 71~74).

성공적인 수행을 위한 수입수요의 충족이라는 면에 있어서도 그 성패를 좌우하는 관건이 된다(*Ibid.* : 50~51).

박정희 정권기 전 기간의 수출공업화를 그렇게 단순화할 수는 없지만, 적어도 수출드라이브를 본격화하는 국면에 국가가 수출 부문에 부여한 의미와 관련하여, "한국은 수출을 하기 위해 수입을 한 것이 아니라 수입을 하기 위해 수출을 했다"라고까지 말할 수 있다. 이후 추가적으로 다른 의미가 부가되는 와중에도,[41] 박정희 정권기 내내 "수출 확대"는 수출부문뿐만 아니라 수입대체부문을 포함한 "산업들 전반의 지속적 성장에 필요했던 수입품들을 구매하기 위한 재원으로서 외환을 획득"하는 "핵심 수단"이었다. 그 만큼 외환사정은 경제개발의 성취도를 제약하는 가장 큰 요인들 중 하나였으며, 수출드라이브는 권력블록이 그 한계를 완화·극복하고자 한 선택이었다(Hamilton 1983 : 248).[42]

그리고 제2차 경제개발계획 입안자들도 수출드라이브의 선택과 관련하여 지난 기간 동안 이룬 수출 결과를 염두에 두었다.

---

41. 특히 유신체제의 성립 및 중화학공업화선언 이후 '수출'은 1인당 GNP와 함께, 그것이 지니는 협의의 경제적 차원(상품의 가치실현, 고용 및 소득증대 등)을 넘어서, 대중들을 규율 잡힌 개발주의 체제에 통합·동원하는 하나의 상징으로서 적극 활용된다. '대망의 80년대'에 이르면 조국의 번영과 복지, 평화가 도래할 것이요, '수출 100억 달러, 1인당 GNP 1천 달러'가 이들을 보장할 것이니, 목표 달성을 위해서 더욱 근면하게 일하고 인내·검약해야 한다는 담론의 전파가 그러한 예에 해당한다.
42. 제3차 계획에서도 동일한 요지로 수출증대의 필요성이 개진되었다(대한민국정부 1971 : 3).

1961년부터 시작하여 수년간 계속된 수출촉진 조치들은 놀라운 수출 성장세를 낳았다. … 제1차 5개년 계획[원안]에서 예상한 수출구조는 전통적인 가정, 즉 농업 또는 광업 … 이 주류를 이룰 것이라는 기대에 따른 것이었지만, 그 예상 또한 완전히 빗나갔다 … 제2차 5개년 계획을 준비하는 작업이 진행될 때, … 그 같은 우호적 결과들은 명백해졌고, 따라서 제2차 5개년 계획을 위해 … 제기되어야 하는 문제는 어떤 방향성 혹은 정책의 변화가 필요한가 라는 것보다, 기존 경향을 얼마나 더 확대 추구해야 하는가 그리고 어떤 추가적 조정들이 바람직한가 라는 관점의 것들이었다(Cole & Young-woo 1969 : 27).[43]

그렇다면 기간산업의 육성이나 수입대체공업화의 지향은 그 시점부터 전체 개발정책들 속에서 지엽적인 부분들로 변해버리고 말았는가? 물론 수출부문이 실제로 국민경제의 활성화와 빠른 성장을 계속 주도해나가자, 여기에 박정희를 정점에 둔 집권세력이 선거전 승리와 같은 단기적 정치이익을 직접 결부시켰고, 그리하여 수출공업화가 부여받은 정책결정과 집행상의 지위는 더욱 공고해졌다(조인원 1998 : 108~110). 그러나 종전보다 하향조정되었음에도 불구하고, 정책수준에서 기간산업의 육성과 수입대체공업화의 지향은 여전히 중요했다. 담론으로서의 '수출제일주의'는 수출공업화의 정책적 지위를 다소 과대대표하고 있었다.

제2차 계획안은 "최근 4~5년 동안" 조성된 "우리 경제"의 "새로운 발전국면"이 "눈부신 수출의 증대"는 물론 "활발한 수입대체로 말

---

43. 이상으로 볼 때 제1차 계획 '수정' 이후 채택된 수출드라이브전략을, 국내 개발체제의 동학 및 필요 요구와 무관한 '미국의 작품'으로 이해해서는 안 된다.

미암은" 결과였다고 평가하였다(대한민국정부 1966 : 24). 중점 목표
들의 제시에서도 제2차 계획안은 기간부문의 건설을 통한 공업의 고
도화와 생산력 배가, 국제수지 개선을 위한 수입대체 촉진 등을 강조
하였다(*Ibid.* : 27).

자본재의 자급능력을 확대하기 위하여 기간산업 부문을 계속 확장함은 물
론 화학, 철강 및 기계공업의 건설에 착수하고 앞으로 … 중화학공업의 기
틀을 건설해야 할 것이다. 이러한 공업발전은 우리의 수출상품을 다양화하
고 국제경쟁력을 강화할 것이므로 이를 바탕으로 수출증대에 더욱 주력하
여 7억 달러의 목표를 이룩하여야 할 것이다(*Ibid.* : 28).

또 투자소요와 관련해서 다음과 같이 밝혔다.

제2차 계획 기간 중에는 제1차 계획 때보다 건설기간이 길고 자본집약적
인 현대적 공장의 건설을 더욱 많이 계획하고 있으므로 높은 자본비용을
요한다. 제1차 계획에서 계획은 하였으나 건설에 이르지 못한 제철공장과
거대한 규모의 비료공장, 대단위 시멘트공장, 석유화학공업 및 기계공업의
건설 등은 자본집약적 비율을 크게 할 것이다(*Ibid.* : 41).

기간부문의 육성 및 수입대체공업화는 수출드라이브 속에서도 결코
왜소한 정책영역들에 머물지 않고 계속 중요시되었을 뿐만 아니라, 수
출드라이브와 상호보완적 관련 속에서 사고되었다. 그리고 기간부문 및
수입대체부문의 사업은 종전보다 더 큰 규모로 추진됐다. 경제기획원이
1969년 11월부터 준비작업에 들어가 1970년 6월에 발표한 '중공업종합

시책'이 그 점을 잘 보여준다. 한국 최초의 중장기중공업육성계획이었
던 이 시책은 주물선공장·종합중기계공장·대형조선소·특수강공장
등 중공업육성을 위해 절실히 요청된다고 본 '4대핵심공장'을, 내자와
외자 약 9천 5백만 달러 규모의 재원을 투입하여 1972년 초부터 1973
년 말까지 건설한다는 프로젝트였다. 이미 건설을 추진하고 있던 종합
제철소[44]와 계열화하여 상호보완토록 하고 이를 위해 특수입지를 요하
는 조선소를 제외한 3개 공장들과 종합제철소를 같은 공단 내에 짓기
로 한 것이다. 이 시책은 수입대체[중간재의 국내 조달]와 수출대체[수
출구성 전체에서 중공업제품의 확대]를 동시에 의도한 계획이었다(서울
경제신문, 1970. 6. 25.; 김재관 전 상공부 중공업차관보 인터뷰[1999.
3.~6.]).[45]

　이처럼 제1차 계획 '수정안'을 기점으로 구체화되는 박정희 정권기
개발정책들은 '진보적 민족주의' 성향의 논자들이 흔히 원용해온 이항 대
립적 이념형들 내에서 범주화하기 어려운 복합성을 띠고 있었다(Chong-
hyun 1981). 그리고 그 복합성은 구성 부분들 간의 지위 변동에도 불구
하고 제1차 계획 '원안'부터 계속 이어져 온 것이다.[46] '원안'의 주요 기초

---

44. 제1차 계획 '원안'의 역점 과제였지만 외자조달의 실패로 보류되었던 종합제철소 건설
　　사업은 제1차 계획기간이 아직 종료되지 않았으며 제2차 계획의 준비작업이 진행 중이
　　었던 1965년부터 다시 추진됐다. 이후 사업유산의 위기를 맞기도 하나 1970년 포항을
　　입지로 하는 공장건설착공에 들어갔다(최우석 1969; 경제기획원 1982 : 91ff.; 중앙일보
　　특별취재팀 1998 : 192ff.).
45. 이 프로젝트는 민간인 사업자의 선정과 외자조달 등에서 어려움을 겪다가 대형조선소
　　〈현대조선〉의 건설만 착수한 상태에서, 청와대비서실이 주도하여 훨씬 대규모로 작성한
　　'중화학공업육성계획'[1973. 6.]에 흡수·통합되었다.
46. 그렇기 때문에 한국경제의 발전을 가리켜 "복선형(複線型) 성장패턴"이라 칭한 이들이
　　있다(今岡日出紀·大野幸一 1985). 정책들의 복합성과 관련하여 여기에선 굳이 국가가

자라 해도 좋을 박희범은 수출드라이브가 개시된 연후 출간한 책에서, 자신의 아이디어가 [본격적 수출공업화의 타이밍을 제외하면] 현실의 경제개발과 질적으로 큰 차이가 없었던 것임을 재확인해준다.

> 수출의 비약적 증가와 수출구조의 체질개선은 … 매우 기쁜 일이다. … 새로운 수출시장의 개척이 요망되며, 그것을 위해 … 국내산업의 체질개선이 … 시급[하다] … 자연자원이 빈약한 우리나라로서는 … [다른 발전도상국들]보다 … 앞서서 비교우위를 확보하지 않고서는 후진을 영원히 면할 수 없[다] … 공산품으로의 수출전환을 추진하여[야 한다] … 무역을 국내의 경제개발과 직결시킬 필요가 있다 … 개발차관의 이자와 원금 상환을 앞으로 어떻게 할 것이며 더욱 증가될 시설재 도입을 무엇으로 조변(調辨)할 것인가? … 한국경제의 운명은 공산품 수출에로의 수출구조 개선에 있고, … 산업구조의 변혁 … 수입대체산업의 육성 여하에 달려 있다(박희범 1968 : 92~93).[47]

박정희 정권기 개발정책의 연속성들 가운데서 빼놓을 수 없는 특징

---

취한 국내 시장·자본 보호조치들을 상술하지 않는다. '진보적 민족주의' 성향의 사람들을 제외하면 최근 국내 연구자들도 동일한 사실관계에 주의를 기울여 왔다. 다만 다음의 인용을 해둔다. "수출지향적 산업화 하에서 수출은 자유화된 반면 수입은 자유화되지 않았다"(이제민 1996 : 442); "한국에서 행해진 가격왜곡은 … 발전도상국들 전체의 평균과 비슷한 수준이었다. 특히 … 인도나 콜롬비아의 그것과 같은 정도였다. … 가격구조에 대한 중대한 수준의 [국가개입이 행해진 것이다"(Stern J. J., et al. 1995 : 54); "… [박정희 정권은] 외국 자본보다 국내 사적자본의 육성에 초점을 두었다는 점에서 민족주의적[이었다] …"(이재희 1999 : 122).

47. 박희범은 '긴급통화-금융조치'의 실패와 뒤이은 제1차 계획의 수정을 계기로 개발정책 입안의 방향에 직접적 영향을 미치지 못하는 지위로 밀려났다. 수정 이후 박희범의 전반적 논조는 박정희 정권의 정책들이 "국가이익" 추구의 방향을 저버렸다는 비판이었다. 그러나 그러면서도 그는 이미 성안된 제2차 경제개발계획에 대해 "경제적 민족주의에 대체로 알맞게 짜여진" 것이라고 평가하였다(박희범 1968 : 110).

이 또 하나 있다. 그것은 바로 '성장드라이브'의 측면이다. 주지하다시피 국가는 제1차 계획 이행 초기의 성과 부진과 경제 침체로 인해, 미국 정부의 '권고'라는 배경 하에서 당초 계획의 축소조정과 함께 '재정안정계획'의 운용을 피할 수 없었다. 그러나 이후 상대적으로 안정화를 어느 정도 성취하고 높은 성장 속도가 지속되자, '원안'의 중요한 특징이었던 '성장드라이브'는 다시 정책결정의 지형을 지배하게 되었다. 많은 사람들이 경제개발계획의 '수정'이라면 제1차 계획에 대한 그것만을 생각한다. 그런데 실은 제2차 계획과 제3차 계획도 '수정'되었고 그 방향은 제1차 계획 때와 반대였다.[48]

제1차 계획의 '수정안' 작성이 불가피했지만, 그 안의 '축소조정' 측면은 얼마 안 있어 정책 결정권자들의 관심권 밖으로 밀려났다. 그들에게 중요한 것은 1963년 이후 나타난 고성장 추세, 즉 과잉의욕의 소산이라 지적됐던 '원안'의 성장률 목표마저 상회한 개발추진의 결과였다. 따라서 "높은 성장률에 대한 갈망"이 제2차 계획 준비작업의 분위기를 지배했고, 연이어 고성장세를 경험한 그들에게 제2차 계획상의 연평균 성장목표 7%는 오히려 자제된 것으로 여겨졌다(Cole & Young-woo 1969 : 12, 23, 28, 30).[49] 그리고 한일국교정상화 이후 용이해진 차관도입 현황이 성장드라이브 및 재정확대정책들의 재등장을 자극하였다(경제기획원 1982 :

---

48. AID 관련 인물들 및 자료들에 따르면 '수정안'이 발표된 1964년 이후로도 줄곧, "한국경제를 개선하기 위한 최우선적인 미국의 목표는 안정화"였다(미 하원 국제관계위원회 국제기구소위원회 편 1986[1978] : 251ff.; 전택수 1999 : 151~153).

49. 반면 IBRD는 제2차 계획에 대해 매우 비판적이었다. 특히 성장목표, 수출목표 및 내자 조달 계획 등이 너무 의욕적이며 현실 가능성이 희박하다고 지적했다(Cole & Young-woo 1969 : 24; 경제기획원 1982 : 80).

86; 김흥기 편 1999 : 185).[50] 결국 제2차 계획의 첫 해인 1967년부터 경제기획원장관이 계획의 '3년 반 단축론'을 제기하더니, 국가는 1968년 5월에 당초보다 대폭 '확대조정'된 수정안을 작성하였다. 수정안에서 투자계획은 약 50%가 확대됐고, 연평균 성장률이 7.0%에서 10.5%로, 국내저축률이 11.6%에서 16.0%로, 해외저축률이 7.4%에서 9.8%로 상향 책정됐다(경제기획원 1982 : 77~79).[51] 이로써 1962년 말 이후 개발계획의 저조한 성과와 미국 정부 및 원조당국의 '권고'라는 조건들에 의해 강제된 '거시경제의 운용방향'이 반전된 것이다. 외자도입 붐에 편승하여 경쟁적으로 설비투자를 한 차관기업들 다수의 부실화가 1967년 말경부터 가시화됐다는 점에서(*Ibid.* : 88), 국가의 제2차 계획 수정은 경제전반의 불안정이 고조될 위험을 감수하면서까지 성장드라이브를 지향하고자 하는 의지의 표명이었다.[52]

제3차 경제개발계획의 두드러진 특징은 '안정'과 '균형'을 강조하여 연평균 성장률과 투자율 등의 계획지표들을 제2차 계획기간의 실적보다 낮춰 잡았다는 점이다(대한민국정부 1971 : 95~96). 그것은 경제기획원 내 신진관료들의 현실인식과 AID, IMF 등의 권고를 반영한 결과

---

50. 앞에서 언급한 바처럼 제1차 계획 '수정'이 상징하는 성장드라이브의 위축은 개발의 물적 재원을 조달하는 데서 맞닥뜨린 곤경들과 직간접적으로 연계된 것이었다.
51. 그렇게 확대조정이 이루어지는 가운데서도 농림·수산업의 목표 성장률은 5.0%에서 4.3%로 축소조정됐다(경제기획원 1982 : 78).
52. 미국 정부가 한국경제를 '안정화' 대상으로 간주한 기본 관점을 유지하는 가운데, 1965년부터 '재정안정계획'의 운용에 대해 비교적 신축성 있는 태도를 보여주었다는 점이 그같은 선택의 한 조건이었다(기미야다다시 1991 : 178~183). 좀 더 주목할 만한 미국 정부의 태도 변화는 1970년대부터 나타났는데, 한국경제를 보호무역조치의 대상으로 삼았다는 사실이다(미 하원 국제관계위원회 국제기구소위원회 편 1986[1978] : 274). 이 같은 변화들은 모두가 한국경제의 '발전 및 자립화' 경향을 반영한 것이다.

였는데, "성장지상주의가 지배한 당시 상황"에서 "생소한 개념"으로까지 여겨졌다(김홍기 편 1999 : 206). 제3차 개발계획이 발표된 1971년 당시 경제기획원 물가정책관이었던 서석준은 성장드라이브의 조절의지를 아래와 같이 밝힌 바 있다.

> 정부는… 지난 1월과 8월 사이에 통화량 증가율을 4.4%로 눌렀다. 또 내국세도 바짝 조이고 있으며 과거와 같이 현금차관 등 쉬운 자금조달 방안을 막고 있는 것도 사실이다. 이러한 안정화 조치는 기업의 자금 압박이나 경영 곤란으로 나타날 것이다. 그러나 초과 수요를 줄이고, 과열된 경제를 냉각시켜야 되겠다는 안정화정책은 중단할 수 없는 것이며, 이에 따라 기업도… 체질 개선을 해야 할 것이다. 옛날에는 너무 풍성거렸다. 지금의 현실이 오히려 정상이라고 보아야 할 것이다(서석준 1985[1971] : 35~36).

그러나 제3차 계획의 이 기조는 계획 첫 해에 취해진 경제기획원 장관 교체, '8・3조치'와 '유신선언', 이듬해의 '중화학공업화선언' 등을 경과하면서 변경되고 말았다. 제3차 개발계획의 수정본이라 할 『우리 경제의 장기전망』[1973. 12.]은 제4차 계획기간까지 포괄하여 작성됐는데, 거기에서 국가는 "기본 목표"를 "1980년대 초까지 … 연평균 10%의 경제성장을 지속적으로 실현"하는 것이라고 밝혔다. 당초 제3차 계획은 연평균 성장률 목표를 8.6%로 책정하였지만, 이를 제3차 계획기간 중 9.0%, 제4차 계획기간 중 11.0%로 변경한 것이다(경제기획원 1973 : 5, 10~11). 일견 큰 변화가 아닌 듯하나, 1970년대 전반기는 자본축적의 동향이 대단히 위축된 국면이었음을 감안해야 한다. 성장드라이브와 결부된 과잉설비현상 및 기업부실화, 오일쇼크와 환율인상에 따른 인플레 압박 가중, 이른바 선진자본주의 진영의 보호무역 조치 등 각종 악재들이 중첩된 시기가 바로 제3차 계획에 수정이 가해진 때였다. 후일 경제기획원의 기술에서 확인되는바, 그러한 변경이 소소한 수치의 조정은 아니었으며 그렇게 미미한 수정이라면 굳이 『장기전망』을 공간할 이유도 없었다.

> … [제3차]계획은 1973년 12월에 발간된 1981년 '1천 불 소득'과 '1백억 불 수출'을 목표로 하는 『장기전망(1972~1981년)』에 의해서 실질적인 의미를 상실하게 되었다. … 1969년 말 이후 '종합안정화시책'을 주축으로 경제안정에 중점을 두어 왔던 당원은 … 1972년 2월 … 경기부양을 위한 정책의지를 표명[하였다] … 이는 경기부진이 심각하다는 당시 경제계[자본가들]의 주장에 대하여 소극적 반응을 견지하고 있던 당원이 성장기조로의 정책전환을[하였던 것이다] … (경제기획원 1982 : 119~121).[53]

제3차 계획의 수정을 더욱 뚜렷이 보여준 예들은 『장기전망』의 발간 이전에 취해지고 발표된, 흔히 '8·3조치'라고 불리는 '경제의 안정과 성장에 관한 긴급명령'[1972. 8. 3.]과 '중화학공업육성계획'[1973. 6.]이다.

'8·3조치'는 일차적으로 많은 기업들의 경영상태를 압박하고 있던 사채(私債) 일체를 동결하는 "세계역사상 그 예가 없"는 초헌법적 명령

---

53. 정확히 말해 경제기획원은 정책전환을 '당했다'. 성장드라이브의 지속은 청와대 비서실 그룹의 구상이 박정희의 직접적 후원에 힘입어 관철된 것이다. 1971년 하반기부터 개발 정책의 입안·집행에서 청와대비서실이 주도권을 잡는 대신 경제기획원은 현저히 주변 화됐다(김흥기 편 1999 : 206ff.). 경제기획원은 "선택할 수 있는 위치가 아니었다. 우선 '성장'을 추구하되, 이에 수반되는 물가상승의 압력은 모든 행정수단을 동원하여 억제해야 하는 절박한 사정이었다"(*Ibid.* : 226).

과, 기업들의 생산 및 축적활동을 지원하는 금융·세제상의 추가적 특전들로 이루어졌는데, 그것은 대통령 담화문의 표현 그대로 "정부가 막중한 재정부담을 무릅쓰고" 취한 사적 자본들에 대한 특별 부양책이었다(김용환 2002 : 97~101).[54] 이 점에서 '8·3조치'는 그 무렵 경제기획원이 주도한 부실기업 정리작업에 역행하는 것이었으며,[55] 1972년 2월 '당면 경제시책'의 발표(경제기획원 1982 : 293~294)를 계기로 공식화된 성장드라이브의 지속방침을 극적으로 재천명한 사건이었다.

'중화학공업육성계획'은 실로 엄청난 규모의 건설 및 설비투자 구상이었다. 그것은 1973~81년 기간에 총합 96억 달러[외자 58억 달러, 내자 38억 달러]를, 국가가 선정한 6개 중화학업종들[철강·비철금속·기계·조선·전자·화학에 집중 투여한다는 계획이었다. 계획대로라면 해마다 국가와 참여 기업들은 평균 12억 달러[외자 7.2억 달러, 내자 4.8억 달러]의 자금을 마련해야 했다(중화학공업추진위원회 기획단 1973b : 14~15). 전술한 '4대핵심공장건설안'이 2년 간 약 1억 달러를 투자하는 계획이었는데도 '경제적 타당성의 결여'를 이유로 해외 투자자들은 물론 국내 기업들이 호응하지 않아 좌절된 케이스였음을 생각하

---

54. '8·3조치'는 자본가들의 결사체인 〈전국경제인연합회〉가 수차에 걸쳐 강력한 '건의'를 한 끝에 국가가 구상하기 시작하였으며 사무실을 호텔 방에 차리고 비밀리에 추진하였다. '8·3조치'의 구체적 경과와 내용에 대해서는 김정렴(1995 : 255~278)과 김용환(2002 : 79~108)을 참고. "시설과잉"과 "고리사채"의 압박 하에 놓여 있던 자본가들의 "필사적 호소"는 박정희가 참석한 '수출진흥확대회의'를 통해서도 표출되었다(이영훈 2005 : 88).
55. 부실기업 정리는 3차에 걸쳐 단행됐다. 위에서 언급한 것은 선행조치들에도 불구하고 상황개선이 이루어지지 않자, 1971년 7월부터 산업은행 총재를 위원장으로 하는 '기업합리화위원회'를 설치하여 추진한 세 번째 구조조정을 이른다. 1960년대 말과 1970년대 초에 걸쳐 시행된 부실기업 정리 및 합리화 조치들의 내역에 대해선 이성훈 외(1989 : 60)와 김재훈(1992 : 116~126)을 참고.

면, 시일이 얼마간 경과한 후라지만 '중화학공업육성계획'의 규모가 얼마나 큰 것인가를 알 수 있다. 그래서 경제기획원 관료들 몇몇은 비공개적이었지만 그 계획에 대해서 "현실을 도외시한 착상", "국운을 담보한 일종의 도박"이라고 비판하였다. 계획추진의 핵심 주체였던 당시 청와대 경제 제2수석비서관 오원철 자신도 "국내외 경제여건, 즉 운이 따라주겠는가의 여부에 대한 공포감"을 가졌다고 한다(조인원 1988 : 159~160). IBRD의 평가 역시 대단히 부정적이었으며, 관련 외국 전문가들은 세부 부분들을 떠나 "규모"에 대해서만큼은 "반대"의견을 내놓았다(Jung-en 1991 : 131~132; Stern et al. 1995 : 26; 김흥기 편 1999 : 259).

계획된 거대 자금을 8년 동안, 그것도 자본의 회임기간이 긴 중화학부문에 집중 투자했을 경우, 수익성과는 별개로 투자수요의 과잉과 커다란 인플레 압박이 동반될 것임은 쉽게 예상할 수 있다. 요컨대 국가는 종전의 '4대핵심공장건설안'이 실패하였음에도 불구하고, 오히려 그보다 더 큰 규모와 더 빠른 속도로 중화학공업화를 추진하였으며, 1960년대 말부터 과잉설비의 효과 및 유가상승에 의해 심화된 국민경제 전반의 침체에도 불구하고, 새로운 투자확대 프로젝트를 통해 그 상황을 돌파하고자 하였다. 이는 당시 "IMF가 제창한" 경제위기 극복방안, 즉 "통화주의적 안정화정책"[56]과는 대조적인 "공격적 [산업구조]조정"이었다(繪所秀紀 1991 : 134).[57]

---

56. IMF는 '대기성 차관협정(Stand-By Arrangement)'에 의거하여, 한국 정부에게 차관제공의 반대급부로 인플레억제, 환율인상, 재정긴축 등을 골자로 한 정책운용을 요구하였다 (이성형 1985 : 257~260).

한국경제의 현황에 비추어 조달하기 벅찬 엄청난 액수의 자금을 동원해야 실행 가능한 '의욕적' 프로젝트들을 기획한 예는 비단 '중화학공업육성계획'에 한정되지 않는다. 제1차 계획의 축소조정 후에도 박정희 정권은 종합제철소·석유화학단지·경부고속도로·4대핵심공장 등의 건설계획들을 추진하였는데, 어느 하나 우호적 평가 내지 전폭적 지지를 받지 못했다. 특히 재원[외재]조달의 열쇠를 쥐고 있던 미국 정부 및 수출입은행(Eximbank), 관련 외국기업들, 또 IBRD와 IDA(International Development Association), IFC(International Finance Corporation) 등 국제금융기관들이 매번 부정적 평가와 소극적 협조로 반응했다. 그들은 박정희 정권의 프로젝트들이 경제의 발전단계를 무시한 조급한 구상들이며, 따라서 수익성이 따를 리 없고 수익성을 전망하기 힘든 사업들에 적극적으로 투자·협력할 수 없다는 입장이었다(경제기획원 1982 : 93, 95; 김흥기 편 1999 : 153~157, 175~176, 257; 전 대한석유공사 부사장 전민제 인터뷰[1999. 6.~9.]).

박정희 정권기 거의 전반에 걸쳐 추구된 성장드라이브와 거대 프로젝트들의 추진은 막대한 재원수요 및 투자수요를 유발한 만큼, '거시경

---

57. '중화학공업육성계획'이 추구한 "규모의 경제"는 권력블록 내 헤게모니 분파의 고조된 정치적 불안감과 경쟁의식이 "최고"와 "최대"를 추구하겠다는 "강박관념"으로 이어진 결과로도 파악된다(Jung-en 1991 : 130~131; 조인원 1998 : 166~171). 이 같은 해석은 정도의 상대적 차이가 있을지언정 개발 초부터 박정희 정권기 거의 전체에 걸쳐 적용될 수 있다. 그렇게 본다면 당시의 외자의존성은 그 자체로서 권력블록의 내면적 본질이라기보다, 민족주의 엘리트들이 정세별로 빈번히 드러내는 '위광효과'에 대한 집착의 산물이라고 하겠다. 그리고 1970년대 중화학공업육성은 거대자금을 단 6개 업종들에 집중 투자했고, 특히 철강과 석유화학에 더 많은 지원을 쏟았으며, 소수 대자본들에게 자금은 물론 각종 제도적 편익들을 제공하였다는 점에서(김광모 1988 : 315; 이재희 1999), 제1차 계획 '원안' 이후 적용되어온 불균형발전 전략의 극한적 양상이었다.

제적 불안정성'을 일상화하지 않을 수 없었다(표5-2).

〈표5-2〉 물가 상승률 및 국가 경상수지 추이

| | 물가 상승률 (%) | | 국가 경상수지 |
|---|---|---|---|
| | 도매물가 | 서울 소비자물가 | (10억 원) |
| 1963 | 20.5 | 20.3 | - 2.02 |
| 1964 | 35.1 | 29.6 | - 9.47 |
| 1965 | 9.9 | 14.2 | - 20.34 |
| 1966 | 9.0 | 11.4 | - 23.68 |
| 1967 | 6.4 | 11.2 | - 3.13 |
| 1968 | 8.4 | 11.1 | 20.84 |
| 1969 | 6.4 | 10.0 | - 2.21 |
| 1970 | 9.1 | 12.8 | - 33.75 |
| 1971 | 8.8 | 12.1 | - 87.50 |
| 1972 | 13.8 | 11.9 | - 209.67 |
| 1973 | 6.9 | 3.1 | - 83.08 |
| 1974 | 42.1 | 23.8 | - 259.59 |
| 1975 | 26.6 | 26.3 | - 611.53 |
| 1976 | 12.1 | 15.4 | - 126.46 |
| 1977 | 9.0 | 10.2 | - 731.19 |
| 1978 | 11.7 | 14.4 | - 583.57 |
| 1979 | 18.8 | 18.1 | - 677.14 |
| 1980 | 34.6 | 28.6 | - 1,324.10 |
| 1981 | 11.8 | 23.9 | - 2,384.24 |

자료: 대한상공회의소(1982 : 322, 327), 한국은행(1970 : 168, 1982 : 75)

높은 인플레이션의 진행은 1967년과 1969년에 기록한 [도매물가 상승] 6.4%를 최저 수준으로 하고 1974년의 42.1%를 최고 수준으로 하여 상당한 기복을 보이면서[도] 꾸준하게 계속되어 왔다. 그 결과 우리의 … 모든 경제단위들은 … 철두철미하게 인플레 체질화하게 되었다. / 인플레이션은 무엇보다도 주어진 부존자원의 제약을 무시하고 무리하게 고도성장의 궤도를 달린 데 그 원인이 있었다. 가장 대표적인 예가 … 중화학공업

에의 도박이었다. 이것은 건설하는 과정에서 많은 자금을 소요할[뿐만
아니라] ⋯ 준공 이후에도 거대한 운전자금을 소요한다. ⋯ 지난 20년간을
되돌아보면 물가는 우리 경제의 커다란 치부임에 틀림없다(대한상공회
의소 1982 : 321, 329).[58]

## 제4절 국민경제의 발전 및 자립 추세

어떤 국가의 경제정책이나 산업화전략을 민족주의의 한 양상 혹은
산물로 볼 수 있는가의 여부는 그 정책 또는 전략의 결과에 근거하여
판정할 수 없다. 민족주의 외에도 유사한 경우들이 많겠지만, 행위의
특정 '의도'와 특정 '결과' 사이에 일대일의 대응관계가 항상 성립하지는
않기 때문이다. 지구적 근대화 속에서 출현한 경제민족주의의 사례들
모두가 과연 의도한 바 그대로 민족경제[국민경제]의 발전과 자립을 낳
았는지는 의문이다. 그러므로 민족주의의 여부를 판가름하는 논제에서
좀 더 중요시할 부분은 해당 정책과 전략이 견지한 발상의 특징이라는
것이 필자의 기본 입장이다.

그와 달리 기존 논자들은 다수가 박정희 정권기 개발전략을 민족
주의/반민족주의로 평가할 때, 국가정책들 자체와 함께 그것들의 현
실적 귀결에 근거를 두었다. 그래서 박정희 정권기 경제개발을 반민
족주의로 평가하는 이들의 입장은 전략 차원에서 이미 그것이 반민

---

58. 그렇게 볼 때 박정희 정권기 경제개발의 추진에서 대두된 기술적 문제의 핵심은 권력블
    록의 일상적 언급과 달리, '자본의 부족'이 아니라 '투자의 과잉'이었던 것이다.

족주의적이었지만, 그 결과가 한국경제의 종속심화와 지속적 저발전이었다는 점에서 역시 반민족주의적이었다는 것이다. 이러한 견해는 공교롭게 당시 권력블록과 대립·갈등했던 저항엘리트들의 평가와 대동소이하다.

권력블록이 애초 내걸었던 목표들과 대비한다면, 당시의 경제개발은 명백하게 실패한 프로젝트였다. 국가가 일상적으로 강조·공언해온 것들 가운데, 수출 총액과 1인당 GNP, 고용증대를 제외하고 국제수지 균형, 투자재원 자급, 식량 자급, 산업간·지역간 균형발전, 분배격차의 해소 등 많은 과제들이 박정희 정권의 물리적 소멸을 전후한 시점까지 실현되지 않았다. 그러나 이 같은 괴리가 당대 저항엘리트들과 오늘날 '진보적 민족주의' 성향의 연구자들이 말하듯이 '종속의 심화'나 '허구적 발전'을 의미하지는 않았다. 경제개발 이전 또는 초반을 출발점으로 삼아 통시적 관점에서 보면, 박정희 정권기에 국민경제로서의 한국경제는 분명히 자립과 발전의 추세 속에 있었다. 즉 필자의 기본 입장과 달리 '행위의 결과'에 주목한다 할 때에도, 당시의 경제발전은 민족주의 프로젝트였다고 평가할 수 있다.

그 추세는 우선 투자재원의 조달 현황에서 드러난다. 투자재원의 해외의존도를 보면 1961년 현재 65.4%에서 1979년 현재 21.6%로 낮아졌다. 이것이 비록 해외저축의 절대액 증가를 동반한 경향이지만 중요한 변화임에 틀림없다(표5-3).

〈표5-3〉 **투자재원 조달 추이**

단위: 10억 원

| | 총투자 | 국내저축 | 해외저축 | 투자재원 자립도(%) | |
|---|---|---|---|---|---|
| | | | | 국내자립도 | 해외의존도 |
| 1961 | 38.7 | 8.4 | 25.4 | 34.6 | 65.4 |
| 1965 | 120.9 | 59.4 | 51.5 | 57.4 | 42.6 |
| 1970 | 719.1 | 465.2 | 249.6 | 65.3 | 34.7 |
| 1975 | 2,881.8 | 1,823.4 | 1,023.0 | 64.5 | 35.5 |
| 1979 | 10,293.5 | 7,728.4 | 2,221.7 | 78.4 | 21.6 |

자료: 경제기획원(1981a : 15)

그리고 각종 소비품목들의 수입대체가 진전됐는데, 특히 주목할 것은 수입대체의 진전이 최종소비재부문에 국한되지 않고 추가적 생산활동을 위한 투입재부문에서도 이루어졌다는 사실이다. 이 사실과 관련된 지표로서 수입계수[수입÷총공급(또는 총수요)] 추세를 보면 제조업의 경우 뚜렷한 하락세를 나타냈다(표5-4). 중간투입재의 수입비중만을 보면 중화학부문과 경공업부문에서 공히 생산활동의 급격한 확대로 1970년대 초반까지 지속적으로 커졌지만 이후 점차 감소하게 됐다(표5-5).

〈표5-4〉 **수입계수 추이**

단 위: %

| | 1960 | 1970 | 1980 |
|---|---|---|---|
| 제 조 업 | 23.9 | 19.7 | 16.5 |
| 경 공 업 | 15.0 | 9.2 | 7.2 |
| 중화학공업 | 42.0 | 36.9 | 23.7 |

자료: 장하원(1999 : 105)<br>주: 수입계수 = 수입 ÷ 총공급(또는 총수요)

〈표5-5〉 제조업 중간투입재 중 수입품 비중

단 위 : %

| | 중화학 부문 | 경공업 부문 |
|---|---|---|
| 1960 | 26.4 | 25.0 |
| 1970 | 38.6 | 26.2 |
| 1973 | 45.7 | 34.2 |
| 1975 | 42.2 | 25.6 |
| 1978 | 39.7 | 24.5 |
| 1980 | 37.9 | 18.7 |

자료 : 정성진(1990 : 260)

또한 수출드라이브와 저임금 노동력에 의존한 공업화 및 자본축적전략에도 불구하고 내수의 기반이 확대됐다. 물론 자본계급과 국민경제 전체의 성장 속도에 비하면 내수시장의 성장 속도는 완만했다. 당시 급속한 공업화 및 1인당 GNP의 성장이 곧 균등한 소득분배가 아니었음은 재론의 여지가 없다. 그러나 모든 사람들이 '물건을 살 수 없었던 것'은 아니다. 제조업 상품들의 국내 판매여건은 GNP의 상승과 신중간층의 형성 및 비농 자영업자층의 증가, 실업률 저하, 지속적 인구증가, 경제규모의 팽창 등에 따라 꾸준히 개선되었다. 기업들은 특히 1970년대 중반 이후 국내시장을 겨냥한 소비재생산을 확대해갔다(알랑 리피에츠 1991 : 113~115, 113~115, 142~145). 따라서 그들의 축적동향은 수출실적에 의해서 크게 좌우되는 가운데, 점차 내수상황에 의존하는 정도가 높아졌다('생산-공급'과 '소비-수요' 간의 국민적 연관 확대). 이와 관련하여 민간소비 현황을 보면 인플레를 감안했을 때 1962~70년 동안 연평균 증가율 7.45%, 1971~79년 동안 연평균 증가율 7.86%를 나타냈다(이국영

1992 : 43). 또 내구성 소비재들 가운데 자동차의 내수 추이만을 보더라
도 1970년 현재 21만8천 대에서 1979년 현재 165만5천 대로 증가했으
며, TV와 냉장고 등의 소비도 증가추세를 나타냈다(김형기 1988 : 234;
백욱인 1993 : 33).[59] 국내 소비에 의한 생산활동 유발효과를 측정한 결
과가 역시 내수기반의 확대경향을 확인해준다. 생산활동의 확대는 수출
뿐만 아니라 국내소비를 통해서 촉진되고 있었다(표5-6).

〈표5-6〉 **생산유발계수 추이**

|  | 1960 | 1970 | 1975 | 1980 | 일 본<br>(1975) |
|---|---|---|---|---|---|
| 소비 | 1.29 | 1.44 | 1.49 | 1.71 | 1.69 |
| 수출 | 1.52 | 1.70 | 1.84 | 1.96 | 2.38 |

자료 : 김형기(1988 : 196)
주 : 생산유발계수 = 항목별 생산유발액 ÷ 항목별 최종수요액

변화는 자본분파들간 분업연관의 확대에서도 확인된다. 다시 말해
"중소자본과 독점자본간에 유기적 상호작용이 진전"되었다. 일례로 독
점자본과 중소자본 사이의 분업관계를 표시하는 도급, 즉 하청에 의존
하는 중소제조업체가 전체 중소제조업체 가운데 차지하는 비중이 1966
년 현재 12.6%에서 1980년 현재 30.1%까지 증가했다. 또 국내의 타 제
조업체에 대한 판매액, 즉 하청거래액이 중소제조업 총 판매액 가운데
차지하는 비중은 1970년 현재 20.9%에서 1980년 현재 28.1%로 증가하

---

59. 이 점은 국민경제적 자립화 경향의 한 지표이면서 동시에 그 경향의 모순을 의미한다.
　　그것은 내수기반의 확대가 소득불평등의 심화와 공존한 현실이기 때문이다.

였다(정성진 1986 : 217, 213, 218). 아직 "체계화"된 수준은 아니지만, "1970년대"에 독점자본과 중소자본간 "축적연관"이 "형성되기 시작"한 것이다(김형기 1988 : 192~214; 홍장표 1991 : 50~55, 90~97).[60]

자본의 기술능력 향상을 경제개발의 결과로서 빼놓을 수 없는데, 기술 라이센싱이나 합작계약처럼 외국자본과의 협력관계를 통해서 이룬 것들이 대부분이다. 그러니까 다른 나라들에서 이미 상용화된 기술들을 이전 받아 흡수하는 낮은 수준의 기술능력 개선이었다. 하지만 1970년대 후반부터는 도입기술 수준의 상대적 향상을 기하고 합작업체의 경우 국내 자본이 주도하는 경영형태로 바꾸어 나갔다(이재희 1990 : 125~126; 김용복 1995 : 66~67). 특히 본격적인 중화학공업화의 추진과 지속된 수출공업화전략이, 자본재를 도입하여 설비에 체화된 기술을 이식받고 그 설비의 운전과정에서 '실행을 통한 학습'을 하던 종전 단계 이상의 기술능력을 점차 필요케 하였으며, 이에 국가는 "명시적인 산업 기술정책"의 체계를 갖추기 시작하였다.[61] 여전히 "필요한 기술의 상당

---

60. 정성진(1985)은 그 같은 사실을 지적해놓고서도, 그것이 "국내 분업관련의 심화"가 아니라 "국제분업구조에 종속적으로 편입되는 과정"에 불과했다고 주장한다. 중소자본은 "중심[부]의 독점자본이 최정상에 서고, 우리나라의 독점자본이 매개항으로 되는 피라미드형 신국제분업구조의 최저변에 종속적으로 위치"해 있었다는 것이다(218~220). 역시 한국경제의 종속성을 강조한 김형기(1988)도 "산업연관의 심화"를 "예속성"의 한 측면으로 간주한다. 그에 의하면 "예속성의 강화 = 독점의 강화 = 산업연관의 심화"라는 관계가 성립한다(198, 214). 그러나 위계적 대외관련의 완전한 부재를 '경제자립'의 필요충분조건으로 생각하지 않는 한, 그들의 실증이 함축하는 내용은 한국경제의 자립화 경향이지 그 반대가 아니다.

61. 그 효과를 경험적 지표로 나타내기는 쉽지 않으나, 수출공업화전략이 국내자본의 기술능력을 제고하는 데에 기여하였다고 볼 수 있다. 특히 선진자본주의 지역들에서 판매할 상품 생산은 저임금 노동력의 활용뿐만 아니라, 수출시장의 소비자들이 요구하는 기준들을 충족시키는 데에 필요한 기술습득을 불가피하게 했기 때문이다(이제민 1995 : 38~39).

부분은 선진기술의 도입에 의존할 수밖에 없었지만, 도입이 곤란한 기술의 자체개발과 도입기술의 소화・개량 등을 정부출연기관을 통해 해결하고자 했던 것이다." 그래서 과학기술관계 예산 총액 중 68.8%를 12개 전략부문 연구기관들에 지출하였고, 이 기관들의 활동과 "신기술" 개발 또는 "도입기술의 소화 개량"을 위한 사적 자본들의 활동을 법률과 조세 측면에서 지원하기 시작하였다(이상철 2004 : 174~179). 당시의 기술능력 향상 그 자체가 추후의 비약적 발전을 예고한 것은 물론 아니지만, 그 낮은 수준의 발전이 더 이상의 발전을 사전적으로 봉쇄하는 차원의 한계 또한 아니었다.[62]

마지막으로 박정희 정권기 공업화가 낳은 생산력 증대 효과는 공업부문을 넘어 농업부문에까지 확장되었음을 지적할 수 있다. 물론 양자 간의 기능연관을 과장해서는 안 되겠지만, 적어도 공업화가 농촌인구의 대량 흡수를 통해 농촌지역의 실질임금을 상승시키고 비료・농약・농기계 등의 투입재들을 공급하여, 농업부문의 전반적 생산성 향상에 기여하였음을 인정할 수 있다(김창남・와타나베토시오 1997 : 248~ 258). 반대로 농업부문의 생산성 증대에 기초를 둔 상업농의 진전은 내구성 소비재를 비롯하여 국내 자본의 생산품들에 대한 수요기반 확대에 기여하였다(조영탁 1993 : 102). "자본주의 하의 농업의 '본래적' 역할이란 본래적으로 존재하지 않는다"는 점을 유념하면서, "보다 포괄적인 상품

---

62. 이른바 후후발 산업국의 자본가들은 독자적 기술개발의 경우 상대적으로 많은 비용을 소모하고 소요기간이 긴 반면 실패할 가능성은 높기 때문에, '이미 검증된' 해외기술들에 의존하는 경향이 강하다. 이후 기술도입을 통한 기술능력 향상이 가지는 한계를 극복하는 문제[기술혁신체제로의 이행]는 부문별 축적의 주객관적 조건들에 따라 상이한 결과로 이어질 뿐 미리 결정되어 있는 것이 아니다.

화폐경제의 진전에 따른 사회적 분업의 관점"에서 보면, 박정희 정권기 동안 농업과 공업 사이의 기능적 관련은 계속 진전되었다고 할 수 있다(조영탁 1991 : 348).

　　박정희 정권기 국가의 산업화정책들은 '외세'의 영향권 하에서 일부 변경되기도 하였지만, 당초 갖고 있던 방향성들을 많은 부분 유지하고 심지어 극대화하는 가운데 전개됐다. 유지된 방향들은 기존 논자들의 대다수가 원용해온 산업화전략의 이항 대립적 이념형들(내자동원/외자동원·수입대체/수출주도·균형/불균형)로 분류하기가 용이하지 않은 복합성을 지니고 있었다. 이 점은 앞의 대립적 정책유형들이 실은 기본적으로 국내 자본들의 보호·육성, 국민적 생산력의 증강 등 공통된 문제설정 내의 것들이라는 사실, 따라서 정책결정권자들이 일견 대립적인 듯한 그 방법론들을 배합하여 현실에 적용할 수 있었음을 말해준다.[63]

　　역사적 선례들과 비교한다면 박정희 정권기 복합적 정책현실은 독일과 일본 등 흔히 '후발산업주자'들로 불리는 나라들의 19세기 후반 및 20세기 초반 사례들과 비슷하다(Jung-en 1991 : 130~131; 김세중 1996; 이병천 2003 : 61). 하지만 경제발전의 동일한 역사적 형태를 발견하기란 어렵고, 따라서 그 유사성을 어디까지나 상대적인 것으로 생각할 수밖에 없다는 점을 감안할 때, 기존 논자들이 '고전적 순수유형'으로 이

---

63. 그들에게 "수출"은 "더 높은 성장"을 이루고 "외환의 새로운 원천"을 확보하는 "수단"이었지 그 자체로서 "목적"이 아니었다(Krueger 1979 : 85~86).

데올로기화 하여온 영국의 경우가 박정희 정권기 국가정책들과 공유하는 면들이 또한 주목된다. 즉 그것은 18세기 초중반 영국 국가의 정책 유형인 '공업화체계로서의 중상주의'(풀빛 편집부 1988 : 524~525; List 1999[1885]b : 14~20; 神武庸四郎 1991 : 43~47)와 흡사했다. 양자는 세부적 차이들에도 불구하고 국내 자본의 육성과 보호, 수출 촉진과 수입 규제, 무역 차액의 중요성 강조, 근대적 재정・금융제도의 정비, 임금상승 억제, 기존 노동보호장치의 폐기 등 서로 닮은 점들이 많았다.

# 경제개발의 모순과 '아래로부터의 균열'

# 경제개발의 모순과 '아래로부터의 균열'

제3장에서 밝혔듯이 박정희 정권기 경제개발이 민족주의-개발주의 기획으로서 상당한 헤게모니를 확보하며 존속할 수 있었던 핵심 기반은 자본축적의 산업적 성격 확대['가치이전'에 대비되는 '가치생산' 측면의 확대와 결부된 '일자리'의 빠른 증가, 이것이 동반한 물질적 효과였다. '군부독재'와 '부정부패' 등 이른바 절차윤리의 결핍실태도 급속히 확산된 '일자리'가 '가난 탈피'라는 대중적 열망 속에서 낮은 헤게모니 효과를 무효화할 수는 없었다. 그리고 '해방8년사'의 복합적 귀결, 이를 고려하지 않은 저항엘리트들의 정치적 패착, 엘리트층위의 주요 대립들과 갈등들에 특정한 한계선을 부과한 발상들의 효과 등이 경제개발을 주도한 그룹들을 '애국적 개혁세력들'로 이해되도록 하는 우호적 환경을 조성하였다.

하지만 그 헤게모니는 안정적일 수도 영구적일 수도 없었다. '1987

년'과 이후 일련의 사건들은 다양한 평가가 가능하겠지만, 최소한 박정희 정권기 형태의 경제개발이 더 이상 사회-정치적으로 지탱될 수 없다는 점을 확증하였다. 그리고 박정희 정권기 경제개발의 '종언'을 귀결시킨 사회기층의 흐름은 이미 1970년대 상반기부터 현재화되기 시작하였다. 경제개발의 존립기반은 그것이 양산한 '새로운 문제상황' 속에서, 역설적이게도 점차 균열기반으로 전화되어갔다.[1]


## 제1절 새로운 문제상황 : '짜내기축적'과 '공장전제'

당시 경제개발의 진척과 함께 조성된 새로운 사회-정치적 문제상황은 도시지역 생산직 여성노동자들의 일상적 삶들 속에서 집약된 형태로 확인할 수 있다. 그들이야말로 박정희 정권기 경제개발[권력블록의 민족주의]의 모순이 어떤 것이었는지 가장 잘 보여주며, 따라서 그들의 의식과 행동 속에서 당시 사회관계의 어느 측면이 경제개발의 지지 기반이었고, 또 어느 측면이 그것의 균열을 촉진하였던가에 대해 뚜렷이 읽을 수 있다.

---

1. 박정희 정권기 경제개발의 '균열'은 '위로부터'도 초래되고 있었다. 그 주요 원인은 가속적 경제발전 및 자본관계의 일반화 속에서 점진된 권력블록 내부[국가분파와 자본분파 사이]의 역관계 변화였고, 그 대표적 신호는 비록 단속적이었지만 미국 유학파 경제학자들이나 신진관료들, 이들과 생각을 공유한 언론인들의 입을 빌어 여론화가 시도된 '민간주도경제론'이었다. '민간주도경제론'의 현실화는 전두환 정권기를 기점으로 이후 몇 차례 재편된 권력블록의 이니셔티브 아래 신자유주의적 사회편성의 양상을 띠고 현재에 이르기까지 '꾸준히' 진척됐다. '박정희 시대'의 종언은 '아래로부터', '위로부터' 초래된 '복잡한 과정'이었다. 그러나 그 복잡성에 대한 논의는 이 책이 감당할 수 있는 영역 밖의 것이다.

경제개발은 분명히 전국적 수준에서 자본/임노동관계를 확대·심화하는 과정이었다. 그러나 그 범위와 속도가 지역마다 균일했던 것은 아니다. 농촌지역은 박정희 정권기에도 전반적으로 소농경영을 벗어나지 못하였다.[2] 그래서 농민들은 생산성 향생자가 소비량 이상의 생산이란 조건 위에서, 부농 및 중농을 중심으로 상품-화폐관계들과 국민경제 차원의 가격체계에 포섭되는 양상을 보였지만, 그들에게 자본/임노동관계는 그다지 빠르게 확대되지 않았다.

또한 경제개발의 와중에 배태된 농촌지역의 모순은 적지 않게 도시지역으로 이전되었다. 왜냐하면 농민들 중에서 빈농 및 그 자녀들 상당수가 도시의 '일자리'를 찾아 이주하였기 때문이다. 정확히 그 정도를 수량화하기는 어렵지만, 박정희 정권기에 노정된 노동문제와 빈민문제가 경제개발이 산출하는 농촌지역의 모순까지 응집하고 있었던 것은 분명하다. 농촌지역 내적 모순은 그 만큼 완화·조절되었다.

박정희 정권기 내내 평균 소득은 농촌이 도시보다 낮았다. 그러나 그것이 지역별 사회-정치적 모순의 심도를 그대로 말해주는 것은 아니다. 도시 구성원들의 상대적으로 높은 평균 소득은 그들 내적으로 한층 심각한 소득 격차를 동반했고, 농촌에서 이주한 도시 구성원들의 다수가 소득의 일부를 농촌의 가족에게 송금함으로써 그들의 가계 영위에 중요한 기여를 하였다. 그리고 농촌에서 청장년층이 도시로 이주하

---

2. 농업의 생산력 증강을 위해 그 경영구조를 대규모화해야 한다는 논의가 박정희 정권기 동안 권력블록 안팎에서 줄곧 제기되었다. 그러나 국가는 협업농 및 기업농 육성을 의도한 초보적 모색들을 하던 끝에, 결국 어느 쪽으로의 개편도 적극적으로 시도하지 않은 채 기존 소농경영체제를 전제로 한 식량증산과 소득향상에 중점을 둔 정책방향을 유지하였다(조영탁 1991 : 360ff.).

는 경향은 그 만큼 빈농층의 비중 감소를 낳았고,[3] 산재된 불만들을 조직하여 저항을 구체화할 인적 기반의 감소를 초래했다(김태일 1990 : 60). 더욱이 도시에서 급속하게 확산된 자본/임노동관계는 후술하는 바처럼 소득의 높낮이나 '가난'으로 환원할 수 없는 격심한 집합적 · 개체적 고통들의 일상화를 낳았다.

당시 공장노동자들 중에서 여성들의 삶은 남성들의 그것과 달리, 또 다른 모순적 사회관계 즉 가부장주의와 결부된 강제 · 희생 · 인내 · 헌신 등으로 채워져 있었다. 가부장주의는 근대화라는 사회변동의 진전 속에서 변용을 거치면서도, 여성들 외부에서 부과되는 도덕의 형태로 혹은 여성들 스스로가 긍정하는 관행의 형태로 그들의 사고와 행동을 규정하였다. 따라서 그들은 공장생활을 결심할 때부터 가족 차원의 성별차등 대우와 규범에서 자유롭지 못하였다. 또한 그들은 특정 업종 공장들에만 취직할 수 있었고 남성들보다 하위직급에 편재되었으며, 남성들의 규율과 통제 대상들이었고 남성들보다 적은 임금을 받았다. 이 외에도 다양한 차별들이 노동자들 가운데 여성들의 몫이었다. 그러므로 가부장주의는 자본주의와 함께, 박정희 정권기 경제개발의 당파성과 헤게모니적 내용을 이해할 수 있게 하는 중요한 컨텍스트이다(김경희 2006).

생산직 여성노동자들의 삶이 경제개발의 모순들을 응축하고 있었

---

3. 도시이주가 빈농들에게만 국한된 현상은 아니었다. '살만한 사람들' 중에서도 대중매체와 입 소문을 통해 접한 '도시적 생활문화'에 매료되어 고향을 등지는 이들이 있었다. 따라서 농촌지역은 어느 정도 계급적 동질화 경향을 나타냈던 것이 '개발연대'의 상황이다(이만갑 1981 : 109~123).

다는 판단은 당대 저항진영, 특히 사회운동들의 현황에 근거를 둔 것이기도 하다. 박정희 정권기에 이른바 재야 지식인들과 학생들의 '반독재-민주회복운동'을 제외하면, 생산직 여성노동자들이 전개한 '민주노조운동'이 가장 두드러진 사회운동 그룹이었다. 어떤 문제상황이 곧바로 운동의 출현과 활성화로 이어지는 것은 아니지만, 이미 현실화된 운동을 특정한 문제상황에 대한 이해 없이 논하기란 어렵다는 점에서, 여성노동자들의 '민주노조운동'은 그 주체들의 사회-정치적 입지를 반영하고 있었던 것이다.

전술한 국내 자본가들의 성향 변화(상업자본가 → 산업자본가)와 자본/임노동관계의 확산은 그 만큼 자본축적의 동향이 생산과정의 상태 여하에 따라 크게 달라진다는 것, 다시 말해 자본축적의 노동 의존성이 심화됨을 의미하였다. 또 그것은 더 나아가 경제개발의 노동 의존성이 확대됨을 뜻하였다. 박정희 정권기 자본가들은 과거의 그들보다, 매순간 확보·소요하는 노동력에 대한 지배·통제 수준과 노동력 재생산을 위한 비용 정도에 아주 민감한 반응과 대처를 하지 않을 수 없게 된 것이다. 왜냐하면 그 수준 및 정도는 공장 안팎의 여타 기술적·물질적 요소들 외에, 기본적으로 그들이 노동자들과 맺는 관계에 의해서 좌우되기 때문이다. 자본가들이 어떤 유형의 생산전략을 구사하든, 직접적 생산자들은 그 자신들이 아니라는 점에서 생산과정이 그들의 의도를 일방적으로 관철하는 장일 수 없다(Burawoy 1985 : 40~50). 자본가들의 입장에서 볼 때 노동자들은 생산과정의 필수적 구성인자들이지만, 바로 그렇기 때문에 개별적인 '딴전 피기', '게으름 떨기', '잡담', 그리고 '과도한 임금인상과 노동조건개선'을 요구하는 집단행동 등을 통해서, 언제고 생산과정을 지체·교란시킬 수 있는 잠재적 위험요소들이다. 이 점은 '해방8년사'의 결과와 박정희 정권의 반공산주의·개발주의 정책들에 의해 형성된 압도적 자본 우위의 '한국적 노-자관계'에서라고 예외일 수 없었다. 자본축적의 노동 의존성이 확대된 만큼, 자본가들은 노동력 재생산 비용의 최소화와 노동자들의 순종 및 충성이란 자신들의 이해관심들에 더욱 집착하였고, 이 집착은 주어진 양자 간의 비대칭적 역학 속에서 극도로 거칠게 표출되었다.[4]

우선 독점자본급 의류업체 〈반도상사〉와 제과업계에서 역시 대표적 기업으로 꼽혔던 〈해태제과〉의 실정들을 보자.[5]

기숙사에는 난방시설이 없다. … 1974년 … 400여 명의 여성 근로자들이 동상에 걸렸다. 비가 오면 지붕으로 물이 새고, 식당에서는 여자들과 사무직 남자들이 먹는 음식의 질이 눈에 띠게 다르다. … 시간외 초과 작업은 예사이고, 오전 8시 30분에 시작해서 밤 10시까지, 어떤 때는 … 새벽 4시까지

---

4. 기존 논자들은 자본가들의 그 '거친 표출'을 '생산력의 고저'와 '노동시장의 수급', 또는 '산업정책의 특정유형'에 환원시켜 파악하는 경향이 강했다. 그러나 노동자들의 임금수준과 노동조건, 사회·문화적 입지 등이 추후 경제발전과 노동력 부족추세가 진전되는 만큼, 이에 비례하여 자동적으로 개선되지는 않았다. 자본가들의 대(對)노동전략은 '1987년'을 경과하면서야 의미 있는 변화를 나타내기 시작하였다. 또한 '내향적 공업화'가 자동적으로 노동자들의 복지나 권리 등을 보장하는 것은 아니다. 당시의 한국처럼 임노동의 영향력이 매우 낮은 상황, 여기에 더하여 국내 투자재원의 기반이 취약한 조건까지 감안하면, 그것은 '외향적 공업화'와 마찬가지로 노동자들에게 희생과 고통을 강제하는 요인이 될 수 있다. 요컨대 노동자들의 생활상태가 그들과 여타 계급들이 맺고 있는 국면적 권력관계들과 무관하게 공업화의 내향성 혹은 외향성 자체에 의해 결정되는 것은 아니다.
5. 이하 논의는 앞에서 언급한 이유들에 의거하여 도시지역 공장노동자들 가운데서도 주로 여성들에 초점을 맞춘다.

일하는데, 쉬는 시간이라곤 저녁용 빵 두 조각을 나누어주는 오후 5시 30
분의 짧막한 … 시간이 고작이다(한국기독교교회협의회 도시산업선교문제
대책위원회 1979 : 124).

… 쉬는 시간은 식사시간 1시간뿐 … . 함께 들어간 친구들은 … 많이 나가
버렸다. … 야간작업 때면 … 주저앉아 울고 싶은 심정이었다. … [오전]7시
30분에 출근하여 … [오후]7시 30분에 … 퇴근을 한다. … 출퇴근시간에 2시
간쯤 빼앗기고 나면 10시간 밖에 남지 않는다. 12시간 … 일을 하고 … 만
원 버스에 시달리고 집에 들어가면 먹는 것도 씻는 것도 귀찮아 그냥 쓰러
져 잠들어버린다. 다시 일어나서 씻고 밥이라는 것을 먹고는 삶이라는 것
을 생각할 겨를도 없이 현장으로 향해야 한다. … 일요일 날 교회에 나간다
는 생각은 감히 엄두도 못 냈다. … 오히려 … 18시간의 일을 해야 했다(〈해
태제과〉 순점순).[6]

물론 이보다 사정이 나은 공장들도 있었다. 그러나 위 경우는 사회
적 위신에 어느 정도 신경을 쓴다는 주요 대기업들의 사례들이며, 그보
다 더 심각한 실태를 알려주는 예들을 들라면 또 얼마든지 말할 수 있
는 것이 박정희 정권기의 현실이었다. 영세업체에서 고역에 찬 하루하
루를 살아간 어린 노동자들의 모습은 〈청계천 평화시장〉의 의류업체들
을 통해 그 일단이나마 확인할 수 있다. 분신 노동자 전태일이 진정서
형태로 남겨놓은 글에는 아래와 같이 적혀 있다.

대통령 각하 … 시다공들은 평균 연령 15세의 어린이들로서 … 하루에 90

---

원 내지 100원의 급료를 받으며 1일 16시간의 작업을 합니다. … 저는 …
도저히 이 참혹한 현실을 받아들이지 못합니다. … 1개월에 … 2일을 쉽니
다. 이런 휴식으로썬 아무리 강철 같은 육체라도 곧 쇠퇴해버립니다. …
숙련 여공들은 … 대부분 … 안질과 신경통, 신경성 위장병 환자입니다. 호
흡기관 장애로 또는 폐결핵으로 많은 숙련여공들은 생활의 보람을 못 느
끼는 것입니다. … 기업주는 건강진단을 시켜야 함에도 … 2명이나 3명 정
도를 … 지정하는 병원에서 형식상 … 마칩니다. X레이 촬영 시에는 필름
도 없는 촬영을 하며 아무런 사후 지시나 대책이 없습니다. … 나라의 경
제발전을 위해서는 어쩔 수 없는 실태입니까?(전태일 1988[1969] :
136~138).

전태일이 이 글을 쓴지 만 9년이 지난 후, 재봉기 70대와 여공 120
명 정도 규모의 〈H섬유〉에서 일하고 있던 재봉사 박정화는 일기장에
다음과 같이 적었다.

나이가 무척 어려 보이는 조그마한 시다들이 많다. 14~15세 정도. 국민학생
[초등학생] 같은 애들도 있다. … 아무렇게나 입은 구질구질한 옷차림, 단정
해 보이지 않는 머리, 무엇보다도 누렇게 떠 있는 얼굴 … (한윤수 편
2005[1980] : 209).

노동자들이 맞닥뜨린 일상적 곤경은 저임금이나 장시간 노동, 열악
한 작업장 환경 등에 그치지 않았다. 그들은 '일자리'를 잃지 않으려면
욕설과 폭행을 포함한 광범위한 인격 모독적 훈육수단들에 적응해야
했다.

실수를 할 때마다 그들은 아주 상스러운 욕설들을 해댔다. … 번번이 나를 때렸으며 자르겠다고 위협하였다. … 그런데 그런 태도는 당시에 아주 일반적인 것이었다. 폭력과 모욕에도 불구하고 나는 별다른 대안을 갖고 있지 못했으며, 그래서 그들에게 계속 있게 해달라고 간청하였다〈청계천 평화시장〉 ○○○).7

"너 내일부터 나오지 마" 이러면 내일부터 안 나와야 되는 거고, "너 저기 가서 손들고 있어" 이러면 손들고 있어야 하는 거고 … 지각을 하면 팻말을 앞에 붙이고 … "다른 사람에게 피해를 줘서 미안하다" 이렇게 하면서 돌아다녀야 하고 … (〈YH무역〉 박태연).8

그 당시엔 아주 사소한 일로도 맞거나 욕지거리 듣는 일이 다반사여서, 그저 시키는 대로 열심히 해야 한다는 생각밖에는 할 수가 없었다. 철야까지 하면 받게 되는 한 달 6,000원이라는 돈은 나와 가족들에겐 더없이 소중한 것이었다(〈삼경복장〉 윤혜련).9

이 때 이른바 '남성성'이 동원되곤 하였다.

… 남자 계장과 반장 … 그들은 여공들이 불량품을 많이 냈을 때, 결근을 했을 때, 지시사항을 잘 지키지 않을 때, 잔업을 하지 않고 퇴근할 때, 연속근무[연장근무]를 하지 않을 때는 어김없이 매타작이다. … 장화로 … 발로 … 갑피짝으로 … PVC 파이프로 … 폭행을 자주 하는 것 말고도 입만 벌리면 욕설을 뱉어낸다. … 등등 낯부끄러워 이만 줄이겠다(〈국제화학〉 황순자).10

---

7. Soon-ok(2000 : 121).

8. 성공회대학교 사회문화연구소(2002 : 297).

9. 박민나(2004 : 56).

[남성]관리자들의 폭언, 폭행[이] … 많았어요. … 함부로 대하고 … 눈밭에서 … 막 굴림 시키고 토끼뜀 뛰게 하고, 또 불러내 가지고 자기 책상 옆에다가 손들고 벌서게 하고, 두들겨 패고, 머리 잡아서 흔들어 가지고 부딪치게 하는 … (〈주식회사 서통〉 배옥병).[11]

남자들 여자 히프 치고 다니고 이런 거 보통이라고 … 상사가 성폭행하고 그런 거 사실이라고 … (〈삼성제약〉 ○○○).[12]

또한 〈평화시장〉의 경우처럼 열악한 노동조건들은 산재 발생의 높은 빈도를 의미하였는데, 산재를 입으면 노동자들은 보상을 받기는커녕 도리어 해고를 당하였다(이태호 1982[1976]).

나는 건강이 무척 나빠졌음을 알게 됐다. 회사는 우리에게 매년 한 번씩 엑스-레이 사진을 주었는데, 어느 날 사장이 내가 결핵에 걸렸으니 치료될 때까지 일을 그만두라고 말했다. 내겐 치료할 돈이 없었고 사장은 그것이 회사가 어찌 해야 할 일은 아니라고 말했다. 휴식과 치료가 필요하다는 것을 알았지만, 도대체 내가 무엇을 할 수 있었겠는가? 나는 건강이 더 악

---

10. 황순자(1986 : 120~121).

11. 전순옥 외(2002 : 374).

12. 방혜신(1993 : 40). '남성성'은 여성들이 주도하는 노조활동을 탄압할 때에도 동원되었다. 이것은 자본가 측이 '노-노갈등'을 조성하면서 '성차 간의 권력관계'를 개재시키는 방법이었다. 그리고 그것은 자본가 측의 사주 외에 남성노동자들의 능동적 가담의사가 작용하여 현실화됐다. 상당수의 남성노동자들은 노조를 여성들이 이끈다는 사실에 대해 못마땅해 하였던 것이다. 물론 "여성노동자들"을 "어떻게 해보지 못해 방방 떴"던 남성노동자들은 소수였다. 그러나 많은 수의 남성노동자들이 노조에 가해진 만행들을 묵인하였다(동일방직 복직투쟁위원회 1985 : 102; 박수정 2004 : 25~29, 54). 그 외에 남성노동자들의 '자존심'은 노조에서 여성들과 다른 대우[간부자리]를 해주길 바라고, 여성들에게 "우격다짐"과 "엄포", "가르치려는 태도"로 표출됐다(성공회대학교 사회문화연구소 2002 : 274~275).

화되기 전에 치료비를 모아야겠다는 생각에서, 일을 계속 하게 해달라고
요구했다. 며칠 더 일을 했으나 곧 해고됐다. 나는 아무런 보상도 받지 못
하였다(〈반도상사〉 ○ ○ ○).[13]

한편 임금수준이나 노동조건들이 좀 더 양호한 경우는 그보다 못한
상황에 처한 노동자들에게 "흠모"의 대상이었다(전순옥 외 2002 : 375;
김귀옥 2004 : 243~244).

막상 〈동일방직〉에서 일을 해보니까 … 참으로 고되긴 했지만 솔직히 너무
너무 좋았습니다. 노동조합[이 있으며] … 첫 월급이 8시간 일하고 9천 원
정도 … 공중목욕탕 … 공동빨래터 … 큰  식당 … 기숙사 … 공동휴게실 …
도서실 … 동일방직의 근로조건은 [이전 직장인]〈대성목재〉 … 에  비교할
수 없을 정도로 높은 수준이었습니다〈동일방직〉 추송례).[14]

하지만 그것은 노동조합의 존재에 의해, 즉 개별공장 단위에서 상
이한 노—자간 역학이 확보된 연유로 얻어진 결과였지, 해당 자본가가
여느 자본가들과 달리 유형화될 만큼 노동자들에 대한 '온정 어린 태도'
를 가졌기에 비롯된 일은 아니었다.[15] 그곳에서 생활한 노동자들의 삶
역시 전술한 경우와 비교할 때 결정적으로 달랐던 것은 아니다. 또한
선망의 대상이 수적으로 많지 않았기 때문에, 거기에서 '일자리'를 구하

---

13. Soon-ok(2000 : 171).

14. 박승옥(2002 : 116).

15. 이 점은 선망의 대상이었던 공장들에서 자본가 측에 의한 노동조합 와해 내지 어용화
　　기도가 1970년대 중반 이후 집요하게 펼쳐졌다는 사실에서 잘 알 수 있다.

기란 매우 어려운 일이었다.

앞의 추송례와 마찬가지로 어렵사리 〈동일방직〉에 들어가 생활하기 시작한 석정남은 자신의 일기장에 이렇게 적었다(석정남 1976b : 204~226).


1975년 4월 8일 화 맑음
깊은 밤. 깊이깊이 잠들고 싶은 마음이 간절하다. 그러나 … 고달프게도 … 일을 해야 한다. … 아! 잠자는 이들, 생각만 해도 부럽다. 기계 돌아가는 시끄러운 소리. 소리. 소리. 희뿌연 새벽과 함께 6시만 되면 달려가리라. … 세수도 하지 않고 그대로 쓰러져 자겠다.


1975년 11월 13일 목 흐림
결근이나 지각을 하면 규칙대로 처리하면 그만임에도 불구하고 담임은 완전 인간 이하의 취급을 한다. 야단을 맞은 사람은 혼자서 울고 다시 작업에 들어간다. 그리고 치사한 방법으로 우리들을 자기의 소유물처럼 다루려고 한다.


1976년 1월 16일 금 맑음 [야근]
정숙이가 알약을 두 개 사온다. 약을 먹는 내 신세 처량하구나. 어제 밤에는 잠 안 오는 약, 지금은 반대로 잠 오는 약. 밤일만 들어가지 않는다면 어디든 마구 쏘다니고 싶다. 어떻게 될 것인가 우리의 생활이 … .


1976년 1월 26일 월 맑음
850원을 뜻 없이 써 치운 이 병신 같은 년. 가겟집에 들어가도 단 10원어치를 적게 먹으려던 내가 아닌가. 생활비를 쓸 때도 얼마나 망설이다가 썼는데, 세상에 내가 미쳤지. 미쳤어. 850원이면 우리가 열흘을 반찬을 해먹을 수 있었을 텐데. 오늘 내가 피로한 몸을 이끌고 8시간 동안 애쓴 것보다 더 많은 돈을 보잘것없는 '꽁무니 집'에 주어버린 것이다. … 앞으로는 외출을 하지 않겠다. 누가 뭐라 해도 좋다. 지독한 구두쇠가 되고 싶다.

1976년 2월 10일 화 맑음
… 차라리 월급날이 없다면 좋을 거야. 오직 월급날만을 위해서 사는 것 같아서. 그래서 사는 게 아닌데. 정말이지 싫어. 월급날은 나를 조롱하고.

또 다른 선망의 대상 〈원풍모방〉의 노동자였던 장남수는 1977년 동료들과 나눈 대화들을 인용하면서, 상급자들의 "눈치를 보느라" 점심식사를 "번갯불에 콩 볶아 먹는" 듯이 하고 "작업 중엔 화장실도 잘못" 가는 실정, 겨울에 난방이 된다지만 한 여름에는 선풍기 한 대조차 없어 "삶아져버릴 것 같"은 기숙사의 실태를 회고하였다 (장남수 1984 : 31, 39~40). 그는 야근이 있던 어느 날의 정경을 아래와 같이 이야기하였다.

깜짝 놀라 눈을 떴다. [오후] 9시다. 지긋지긋한 출근 벨소리 … 잠깐 잠이 들었나 보다. 너무 노곤하여 몸을 일으키기가 힘들다. 가위눌린 듯이 '일어나야 해'를 몇 번이고 생각하다가 겨우 몸을 일으켜 수돗가로 가서 세수를 한다. 9시 30분이 되어도 몸을 일으키지 못하고 뒤척이는 사람들에게 "빨리 일어나요, 출근시간 다 됐는데"라고 소리치자, 용수철이 통기듯 벌떡 일어들 난다. 회색 작업복으로 갈아입고 방문을 잠그고 신발을 손에 든 채 복도를 걸어 나간다. 남들이 일어나 학교에 가고 출근하고 할 시간에 우리는 잠을 자려고 멀쩡한 대낮에 이불 부여잡고 통사정을 해야 하고, 남들이 집으로 돌아갈 시간 이 밤중에 우리는 일하러 간다. 먼지가 뽀얗게 일고

기계소리 철컥대는 작업장으로 간다. 기숙사 계단을 내려가는 회색의 행렬
… (*Ibid*. : 41).


그리고 선망의 대상들을 포함한 대공장들은 소규모 공장들에서 경
험할 수 없었던 '과학적 관리기법'(Scientific Management)이 적용되는
곳들이었다. 예를 들어 컴퓨터 부품업체 〈콘트롤데이타〉는 1970년대
초반부터 작업동작 하나하나를 초시계로 측정해서['시간연구'와 '동작분
석'], 자본가 측이 원하는 단위 시간당 근무목표량을 산출하여 부과했
다. 그리고 목표량 달성자들과 초과 달성자들을 공시하여 노동자들에게
심리적 압박을 가하고 그들 사이의 경쟁을 유도함으로써 생산성을 높
이고자 하였다. 목표량 미달자들에 대해선 경고장을 발부하였으며, 계
속 목표를 달성하지 못하는 이들에겐 부서 이동과 임금 차등지급, 해고
등의 징계조치들을 취하였다(방혜신 1993 : 80~82). 이것은 달리 말해
이데올로기로서의 '과학'을 동원하여 자본가 측의 일방적 분석결과 및
작업지시를, 노동자들로 하여금 다만 수동적으로 실행토록 한다는 '테
일러리즘'(Taylorism) 체제였다.[16] 일면 노동자들에게 성과급과 성취감
등이 제공되지만, 다른 한편으로 더 많은 육체적·정신적 에너지의 투
여를 요구한다는 점에서 그것은 노동자들의 피로감을 극대화할 수 있
는 전략이었다.[17]

---

16. 테일러리즘의 원칙들은 ① 노동자들의 탈숙련화(degradation of work) ② 구상
    (conception)과 실행(execution)의 분리 ③ 노동과정에 관한 지식의 독점 등이다
    (Braverman 1998[1974] : 77~83). 그러나 이미 말했듯이 그러한 전략이 의도한 효과는
    전략의 적용 그 자체로써 보장되는 것이 아니라 현실의 구체적인 노-자관계 여하에 따라
    좌우된다.

가장 힘들었던 거가… 초 재 갖고 생산량 올리는 거. … 매일 똑같은 작업
의 되풀이잖아요? … 속도 맞추다 보면 거기에 내 머리는 하나도 들어갈
필요가 없어요. 손만 필요하지. … 내가 그냥 기계구나. … 괴롭고 시간 가
는 게 더디기만 하고(〈컨트롤데이타〉 ○○○).[18]

따라서 작업현장의 정황도 매뉴팩처적 측면이 남아 있는 작은 공장
들과는 달랐다. 그것은 동작들 사이에, 공정들 사이에, 노동자들 사이에
'인간적 여유 혹은 틈새'를 용인하지 않으려는 경직된 분위기였다. 노동
자들은 거대한 메커니즘(mechanism)의 모듈(modules)처럼 존재하길
요구받았던 것이다. 아래는 〈원풍모방〉 노동자였던 이옥순의 묘사이다.

현장 분위기는… 작은 공장 … 과 사뭇 달랐다. 전체 생산직 사원 숫자가
1,800여 명이나 되는데다가 체계가 꽉 짜여 있었다. 언니들은 말  없이 기
계에 붙어 서서 조용히 일만 하는 딱딱한 분위기였다. 더구나 오래 다닌
언니들은 완장을 차고 다녔다. … 특히 파란 띠 3줄짜리 반장 언니만 지나
가면 현장 분위기는 더욱 꽁꽁 언 분위기였다(이옥순 1990 : 41).

박정희 정권기 경제개발의 당파성, 그리고 노-자관계의 성격을 극
명하게 드러내는 부분은 이미 시사한 바처럼, 극히 평범하고 초보적인

---

17. 동일방직의 경우 "끊어진 실을 빠른 속도로 이어줄 것과 빨리 걸을 것"을 요구하였는데,
    1분당 15개 잇기와 140보 걸음을 "표준"으로 삼았다. 노동자들은 초시계를 이용한 테스
    트에서 일차적으로 자본가 측이 정한 "표준" 안에 들어야 했고, 또 그 이상의 결과에 뒤
    따르는 개별적 보상에 유인되어 서로 경쟁하였다. 석정남은 동료들 사이의 "그러한 욕심
    과 경쟁의식"이 "퇴사하고 시집가는 그 날까지 한시도 떨쳐버릴 수 없는 이미 제도화된
    분위기였는지도 모른다"고 술회하였다(석정남 1984 : 16~17; 박수정 2004 : 19).
18. 방혜신(1993 : 85).

일상의 욕구와 관련된 노동자들의 간절한 표현이다.

> 내가 숨을 쉬고 있으니까 살아 있는 것이겠지? … 너무너무 고단하다. …
> 피곤하다. 아무것도 생각하기 싫다(재봉사 박정화).[19]

그들의 하루하루 "생활은 전쟁과 같았다." 그리고 그들은 "그 전쟁
에서 날마다 지기만 했다"(조세희 1976 : 1062). 그 같은 생활 속에서
자신들의 실존적 의미를 회의하는 노동자들이 나타났고 또 늘어갔다.
그들은 이런 저런 인생의 계획들을 도시의 공장생활을 통해서 실현하
리라 마음먹었던 당초의 생각이 얼마나 거대한 것이었던가를 절감하였
으며, '미래'는 분명히 다르리라는 희망에서 '현재'를 인내한다지만 매
순간 고통의 무게를 버텨내는 데에도 한계가 있다고 느끼게 됐다. 그것
은 세계자본주의 역사상 유례를 찾기 어려울 만큼 빠른 속도로 진척되
고 있던 자본축적 및 경제발전과 공존하는 현실이었다. 권력블록의 담
론에 따르면, 노동자들의 실상은 '조국의 경제자립과 발전', 또 그 토대
가 될 '기업의 성장'[원활한 자본축적]이라는 '전체'의 지상목표를 실현
하기 위한 '개체'의 책무수행에서 불가피 수반되는 부산물이었다. 그렇
지만 노동자들은 바로 '조국근대화'가 성공적으로 추진되고 있다는 사
실로 인하여 더욱 더 좌절감에 빠져들었다. 아래는 〈원풍모방〉의 장남
수가 1978년 1월 13일 기독교회관에서 낭독한 기도문의 일부이다.

---

19. 한윤수 편(2005[1980] : 206).

100억불 수출을 달성했다고 거리는 들떠 있는데 저희들은 왜 이렇게 외로워야만 합니까. 다들 잘 살게 되었다는데, 모두들 경제가 성장했다고들 하는데 저희들은 왜 이렇게 배가 고픕니까. … 알 수가 없습니다. … 저희들은 누구를 위해 일해 왔으며 또 일해야 합니까?(장남수 1984 : 60~63)

임금생활자들을 총합하여 볼 때, 박정희 정권기 동안 명목·실질임금의 개선이 점진된 것은 사실이다(경제기획원 1981b : 88~89). 그러나 그러한 통계숫자상의 추이를 평가할 때 다음의 사실들을 고려하지 않으면 안 된다.

첫째, 그것은 비교의 출발점, 즉 기준 년도의 임금수준에 대한 평가를 생략한 채 증감의 정도만을 말하고 있다.

둘째, 그것은 임금생활자들 사이의 임금수준 격차[공장노동자들의 임금수준이 점하는 상대적 위치]를 제대로 보여주지 않는다. 계급들 및 계층들 간의 소득 격차는 박정희 정권기에 계속 확대되었다(이국영 1992 : 34).

셋째, 당시 공장노동자들은 낮은 임금수준 뿐만 아니라 임금체불로 인하여 많은 고초를 겪었다(노중선 1972; 한국교회산업선교25주년 기념대회자료 편찬위원회 1984 : 440).

넷째, 국민경제 차원에서 이루어진 급속한 생산성 및 생산량의 증가가 각종 소비재[임금재]의 가치 하락[노동력의 가치 하락]을 가져와, 임금인상이 노동자들과 자본가들에게 주는 긍정적·부정적 효과들을 상쇄하였다(정성진 1990 : 152; 정건화 1995 : 202~205).

다섯째, 지속적 생산성 향상에도 불구하고 평균 노동강도는 물론

평균 노동시간이 1970년대 초 잠시 주춤한 때를 제외하면 1980년대 중반까지 줄곧 증가하기만 하였다. 노동시간의 경우 세계최장 수준이었다(김형기 1988 : 314~317, 323).[20]

공장은 노동자들이 임금생활자로서 이어가는 삶의 중요한 터전이었다. 하지만 이 속에서 그들의 육체와 정신은 고갈되어갔다(잔업과 철야작업으로 이어지는 장시간 노동, 생산성 향상의 재촉 하에서 기계의 리듬에 맡겨진 신체, 피곤함에 몰려드는 졸음과 그 틈으로 엄습해오는 산재의 위험, 현기증 나는 기계소리, 예사로이 가해지는 욕설과 폭력, 열악한 위생실태, 군대식 규율 등).[21] 노동자들에게 공장은 그 모든 것들로 뒤범벅인 생활공간이었으며 생계유지의 압박 하에 받아들이게 되는 자본의 전제적(despotic) 영토였다. 그리고 이 영토는 '생산! 생산!'을 부르짖으며 쉼 없이 그들을 다그치는 짜내기(squeezing) 자본축적

---

20. 그것은 1970년대 이후 점진된 자본축적전략의 내포화(기계화 · 자동화)에 따른 결과였다. 그러한 전략적 이행은 노동과정 자체에 대한 실질적 장악능력을 높이려는 자본가들 및 국가의 의지에 따른 것이었고, 노동자들의 사회-정치적 입지가 대단히 취약했던 상황에서 평균 노동강도의 강화뿐만 아니라 평균 노동시간의 연장을 초래하였다. 흔히 자본축적전략의 내포화는 노동강도의 강화와 함께 노동시간의 감축을 낳는다고 이해되지만 그 같은 전략 변화가 노동시간 감축을 자동적으로 보장하는 것은 아니다. 역사적으로 노동시간 감축은 노동자들의 투쟁 없이 이루어지지 않았다. 일례로 영국의 경우 노동시간은 노동방식의 급격한 전환과 기계의 적극적 도입이 실현된 '산업혁명' 이후의 시기에 오히려 극한적 수준까지 연장되었고, 이후 노동자들이 저항하면서야 비로소 축소되기 시작하였다. '산업혁명'을 비롯한 내포적 생산전략 자체는 "처음부터 노동 자체를 겨냥한 계급투쟁"이었다(이진경 2004 : 173~180).
21. 박정희 정권기 사회구성원들의 생활상을, 1인당 GNP나 임금수준 등 총량적 표지들에 근거해서만 이전 시기와 비교하는 것은 대단히 피상적이다. 노동자들이 공장 안에서 겪은 육체적 마모와 정신적 황폐화, 공장 밖에서 직면한 문화적 · 심리적 소외는 박정희 정권기에 비로소 일반화되는 자본/임노동관계의 양상들로서 아주 새로운 대중적 경험들이었다.

의 체제였다. 권력블록의 소망대로라면 거기에서 노동자들은 다만, 맑스(K. Marx)가 명명한 바로 그 "추상노동"이어야 했다.[22]

점심시간 때 걸핏하면 … 불러 모아 야단을 쳤어요. 오전에 해낸 일의 양이 적어 목표량을 채울 수 없다고요. 지금 생각하면 지긋지긋해요. 점심 먹은 게 체할 것 같았어요. … 일을 빨리 하라는 말을 귀가 닳도록 들어야 했으니까요. 밥 먹고 쉬고 싶었어요. 친구들과 이야기도 하고 싶었지요. [그러나] … 할 수가 없었어요. 틈만 있으면 불러 모아 작업량 미달이니 QC[품질향상]니 하면서, 우리를 괴롭혔으니 말이에요(의류업체 노동자 ○○○).[23]

## 제2절 노동자들의 전략 분화와 '모범근로자'의 감소

미래에 대한 '희망'과 함께 공장생활을 시작한 노동자들에게, 그것은 기대와 아주 딴판인 나날들이었다. 노동자들은 대다수가 공장을 권력블록이 호명한 바처럼 '조국근대화의 기수'들로서 마땅히 가질만한 자부심과 명예의 터전이라고 생각하지 않았다. '공돌이', '공순이'라는 대중적 칭호들이 상징하듯이, 그들은 타자들의 시선 속에서 그리고 스스로의 평가에서조차, 배운 것 없이 천한 육체노동에 종사하는 창피하

---

22. 맑스에 의하면 자본가들은 "잉여가치증식의 맥락에서" 노동자들의 다양한 인간적 내용들을 추상화하는, 다시 말해 그들을 "하나의 감각도 욕구도 없는 존재"로 간주하면서 그들의 실존을 '노동시간' 내지 '생산성'으로 환원하는 경향을 띤다. 따라서 *그*가 말한 "추상노동"은 단지 "머릿속에만 존재하는 개념"일뿐만 아니라 "임노동의 존재형태를 반영한 현실적 관념"이다(박승호 2004 : 126~130).

23. 김경희(2006 : 33).

고 딱한 사람들이었다. 따라서 노동자로서 살아가는 길은 '일자리'를 구하여 일정액의 보수를 받는다는 사실 자체에 만족하면서 열심히 노동하고 저축하는 전략으로 단일화되지 않았다. 물론 상당수 노동자들이 박정희 정권기 내내 권력블록의 개발주의 프로젝트 및 자본축적전략에 성실히 협조·참여하는 '모범근로자'의 길에서, 가족단위의 빈곤 극복과 자기 삶의 보람, 행복 등을 추구하였다. 그러나 시간이 흐를수록 자본가들과 국가에 '충성'하는 전략의 대안으로서 '저항'과 '탈출', '공상'과 '관망', '일탈' 등 다른 전략들을 선택하는 노동자들이 늘어났다.[24] 이 같은 전략적 분화는 권력블록의 기획이 사회관계의 수준에서 심각한 모순을 낳고 있으며, 따라서 그 기획의 중요한 사회기반에 균열이 나고 있다는 징후였다.[25]

'충성'(Loyalty)은 노동자들이 현실의 공장생활에 만족하는 경우 택한 전략이다. 그것은 어떤 상황이 주어져 있기에 또 어떤 분위기가 지배적이기에 받아들인다는 소극적 차원의 선택이 아니라, 공장생활과 관련된 자신의 실존적 의미를 능동적으로 해석하고 긍정하는 선택이다. 그러므로 '충성'은 자기 일상에 대한 자부와 열정을 함축한다.

전반적으로 열악한 노동조건들 속에서도, 당시의 공장생활은 일군의 노동자들을 '충성'의 전략으로 유인하는 계기들을 갖고 있었다. 직급

---

24. 본 절은 당시 노동자들이 취한 전략들을 '충성'·'저항'·'탈출'·'공상'·'관망'·'일탈' 등 6가지로 분류한다. Hirschman(1970)과 데틀레프 포이케르트(2003[19 82]), Lüdtke(1995), 김준(2004), 정승국(2004b) 등이 그 같은 분류에 도움을 주었다.
25. 이 시점을 정확히 말하기는 어렵다. 그러나 현재 활용 가능한 박정희 정권기 노동자들의 실존과 의식에 관한 자료들에 근거할 때, 그 같은 경향이 적어도 1970년대 전반기를 경과하면서부터는 가시화됐다고 볼 수 있다.

의 향상, 가계의 개선과 형제들의 학업 지속, '감투'와 '표창', 각종 의
례·의식을 통한 집합적 '칭송' 등이 그러한 예들이다. 이 같은 경우 노
동자들은 공장생활을 하기 전까지 자신들을 '하찮은 인간'들로만 여겼
는데, 공장생활을 시작한 후 자신들의 존재 가치와 삶의 보람을 느끼면
서 뿌듯해 하였다.

드디어 나도 기계 앞에 서게 되었다. 그 자랑스러움이라니. 기계 앞에 서서
일하는 게 세상을 얻은 듯이 기뻤다(〈원풍모방〉 이옥순).[26]

품질관리교육(QC)은 보통 4, 5년 경력이 된 모범 언니들만 받아요. … 4박 5
일짜리 교육인데 그걸 받으면 모자가 달라져요. 다들 그냥 하얀 모자를 썼지
만 그 교육을 받으면 청색 창이 달린 예쁜 모자를 쓰게 되죠. 근데 … [입새
3개월 만에 그 교육을 받은 거예요. … 거기에 나는 더 신이 나서 죽기 살기로
일을 했어요. 들어간 지 만 4년 뒤에 아버지가 돌아가셨는데 그 4년 동안 결
근 한번 하지 않았죠. 그 정도로 충성을 했지요(〈동일방직〉 이총각).[27]

첫 봉급 받던 날의 감회는 잊을 수가 없다. … 내가 일한 대가로 월급을 받
게 되었을 때 정말 흐뭇했다. … 차곡차곡 모아둔 월급이 석 달 동안 축적
됐을 땐 고향에 가 염소 두 마리와 토끼 다섯 쌍을 살 수 있는 돈이었다.
… 동생에게 진학자금을 마련해주는 길로는 그것이 가장 나을 것이라는
생각을 했었다. … 지금은 고등학교를 졸업하고 어엿한 사회인으로 성장한
동생을 볼 때 여간 흐뭇한 것이 아니다(〈공신산업〉 이선희).[28]

---

26. 이옥순(1990 : 40).
27. 박수정(2004 : 20~21).
28. 이선희(1973 : 108).

모범 연소근로자에 선정되어 표창을 받았다. … 보건사회부 장관님의 상을 받으러 간다니 … 꿈같은 얘기였다. … 한국일보사 12층 강당 … 시상식이 끝나고 청와대를 방문했을 때 … 근혜 양께서 우리 근로자들의 손을 일일이 잡아주시면서 용기를 주시던 것이 생각난다. … 선물로 받은 '청와대 박근혜'라 새겨진 빨간 볼펜을 볼 때마다 그 때의 감회가 눈시울을 뜨겁게 만드는 것이다(〈조일산업〉 이한순).[29]

하지만 그러한 기회들이 보편화되어 있지는 않았으며 또한 그 효과가 잠정적 · 부분적으로 그치게 할 계기들이 역시 많았다. 이와 관련하여 '모범근로자'로서의 삶이 얼마나 큰 하중의 일상적 금욕을 요구하는 것이었던가를 생각하지 않으면 안 된다. 그 만큼 '충성'이 비교적 가벼운 마음으로 선뜻 택해서 쉽게 유지할 수 있는 길은 아니었다. 그것은 국가가 채택한 '모범근로자' 수기들에서 확인되듯이 한마디로 "피눈물 나는" 과정이었다(정수복 1994a : 166).

"흰 남자 고무신을 사서 신으며 돈을 절약하기 위해 외출도 일체 하지 않"았다. 그나마 3년을 신었고 버려진 신을 주워서 교체하였다(〈주식회사 삼풍〉 윤명분).[30]

"집에서 … 회사까지는 한 시간이 넘는 거리였지만 새벽부터 일어나 걸어[서] 다녔고 끼니는 라면으로 때우는 고달픈 저축의 생활을[하였다] …"(〈동아제약〉 이인순).[31]

---

29. 이한순(1978 : 111).
30. 윤명분(1978 : 94).
31. 이인순(1977 : 108).

"곱빼기 작업" 예고에 "모두가 죽을상"이지만 "나만은 짜증스럽지 않다. … 한 마리의 개미처럼 쉬지 않고 일하리라. 오늘도 내일도"(〈쌍마섬유〉 장임순).[32]

"꿀벌 같은 … 생활 … 낮엔 직장 … 밤엔 … 수예품 … 자정이 넘기가 거의 날 마다였다. … 내가 생각해도 지독한 여자다"(〈선일제사〉 이희숙).[33]

수시로 "12시간 근무"를 하였지만 공장에서 2~3명 나오는 "개근상"을 받았다. 열심히 일만 하고 건강을 관리하지 않아 늑막염에 걸렸다. 그러나 감기려니 생각하고 "숨도 제대로 못 쉬면서 회사 출근은 착실히" 하였다. 뒤늦게 병원에 가서 "이렇게 미련한 아가씨는 처음 본다"는 말을 들었다 (〈구극직물〉 김혜숙).[34]

"남보다 일찍 출근"하여 "오직 제품을 만드는 데 신경을 쏟"았다. "밥도 제대로 먹지 않고 계속 무리 속에 일을 하다 하루는 … 쓰러지고 말았"다. "미친 것 같이 일만 할 줄 안다 … 사람도 아니라는 말까지" 들었다(〈상영산업〉 김경자).[35]

"6년 동안의 근로생활에서 단 한 번의 결근도 하지 않고 회사 일에만 정신을 쏟은 일 벌레"가 되었다. "첫째도 일하라, 둘째도 일하라, 셋째도 일하라", "일하기 싫어하는 자는 먹지 말라", 이것들이 평소 생활신조였다. / 비정규 교육기관에서나마 "배우고 싶은 의욕"을 실현하고자 연장근무를 하지 않았으나, "적금을 들어놓은 돈과 오빠에게 부칠 돈이 모자랄 것 같아서 …

---


32. 장임순(1979 : 101).
33. 이희숙(1973 : 114).
34. 김혜숙(1979 : 128~130).
35. 김경자(1977 : 80~81).

다시 시작"하였다. "원망이라든가 후회 같은 것은 아예 내버렸"다(〈조일산업〉 이한순).[36]

한 노동자가 '모범근로자'로서 살아간다는 것은 가족의 다른 구성원들을 위해 자신의 욕구들과 생활영역들 일체를 희생한다는 사실을 뜻했다. 동시에 그것은 어떠한 형태의 '국민윤리'와 '회사윤리'에 대해서도 충실히 따르는 것, 그리하여 '회사'라는 메커니즘, '국민경제'라는 메커니즘의 일개 부속품으로서, 그것도 마모될 줄 모르는 하나의 부속품으로서 살아간다는 사실을 의미했다.

그런데 이것이 당대의 노동자들 가운데 적지 않은 수의 모습이었지만 일반적 범주는 결코 아니었다. 그것은 입사 초기라는 예외적 상황에 있던 이들의 경우이거나 그야말로 비범한 노동자들의 경지였다. 그랬기 때문에 권력블록은 노동자들 모두가 전술한 사례들처럼 아주 기꺼이 '모범근로자'의 대열에 합류하길 단지 원하였을 뿐만 아니라, 그들을 인위적으로 통제하면서까지 '모범근로자'로 훈육하고자 하였다. 안 될 성싶으면 "조지면 된다"(김민기 1986[1978] : 104)는 것이 그들의 발상이었으나, 현실이 그들의 기대대로만 돌아가지는 않았다.

공장생활은 노동자들에게 때때로 희망과 보람, 행복감을 주었다. 그러나 그것은 더 많은 경우 그와는 반대로, 평범한 사람들이라면 갈구하게 마련인 자기 존재의 의미를 자각하기 어려운 일상, 바꾸어 말해 활력과 생기, 열정 등이 결여된 너무나 팍팍한 삶이었다. 그들은 자신

---

36. 이한순(1978 : 106, 110).

의 일과 대부분을 차지하는 "공장생활"에 대해서 "아무런 의미를 부여
하지 않고, 그저 돈 벌기 위해 하는 수 없이 참아내야 하는" 것으로 생
각하였다(박기남 1988 : 50). 따라서 그들로부터 자기 직업에 대한 자긍
심을 찾아보기란 쉽지 않았다. 1974년 5월 국가기관인 노동청[노동부의
전신]은 여성노동자 483명의 직업관을 조사한 후 아래와 같이 정리하
였다.

> … 노동에 대한 자의식의 확립과 올바른 직업관[을] … 널리 계몽하여 노
> 동의 신성함을 자각하고 국가발전에 기여하는 여성의 역할에 긍지를 갖
> 도록 지도하여야 할 것이다. … 직업 그 자체가 자기발전을 위한 것이라
> 고 생각하는 사람은 거의 없는 것 같다. … 생산활동에 그들 자신의 자발
> 적인 노력이 수반되도록 지도해줄 것이 기대된다(노동청 부녀소년 담당
> 관실 1974 : 46).[37]

한 '모범근로자'가 노동청의 정기간행물 『노동』에 투고한 아래의
시는 압축된 언어들과 시정을 통해서 '충성' 전략이 함축하는 의미 없
는 삶과 이에 대한 회의의 단서를 자연스럽게 암시하여준다(박경희
1974 : 74).

---

37. 〈원풍모방〉의 노동자였던 박순희는 다음과 같은 일화를 전한다. 즉 자신이 일하는 공
    장의 굴뚝에 회사측이 '(주)원풍모방 제1공장'이라고 썼더니, 노동자들이 몰려가서 왜 '공
    장'이라고 썼냐며 항의를 했다는 것이다(김원 2002 : 401). 또 고졸 출신만을 고용한 콘
    트롤데이타의 노동자였던 신은숙은 이렇게 말한다. "저희는 … 엘리트라고 자부하는 자
    존심들이 강한 애들이었지요. … 우리들은 '공순이'가 아닌 걸 자부하면서 다녔고, 공단에
    있는 사람들하고는 눈길 한 번 마주치지 않았어요"(장미경 2004 : 114). 그들은 그만큼
    자신들이 '공장'에서 일한다는 사실이 싫었고 가능하면 조금이라도 숨기고자 애썼다.

퇴근길

어둠처럼 무겁고 서러운
나 돌아가는 밤길
하루에 밀려 하루를 가는 발길

소리 없이 찾아 온
내 어린 날의 추억들
슬픔은 잊혀지고
아쉬움만 젖어오네

이제금 옛날에서 돌아와
다시
거울 앞에 서면
무엇 하나 보이는 것 없는
짙은 어둠 뿐

그러나 정녕 무엇을 위하여
나의 눈은
총총한 별로 남았는가 …… ?

그렇게 무의미한 삶에 대한 자각은 매일같이 감당해야 하고 부딪혀
야 하는 장시간·고강도 노동과 다른 사람들의 멸시적 태도가 부과하
는 신체적·정신적 피로감을 상승시키면서, 그들로 하여금 다른 생활
전략들을 찾도록 하는 동인이 되었다.

어지럽게 들려오는 쇠 금속 소리. 짜증 섞인 미싱사들의 언성. 무엇이 현재
의 실잰지를 분간 못하면서 그 속에서 나도 부지런히 그들과 같이 해나갔
다. 무의미하게. … 무아지경이다. … 질서정연하게 자동적으로 행하여지고
있는 것이다. 실재의 나는 일의 방관자나 다름없다. … 나 자신도 모르겠다.
그러나 어렴풋이 생각이 확실해질 때는 퇴근시간이 다 될 때이다. … 집으
로 오면 밥상이 기다리고 있다. 밥을 먹고 몇 마디 지껄이다가 두러 누우
면 그걸로 하루가 끝나는 거다(〈청계천 평화시장〉 전태일).[38]

현장 내의 온도 영상 39도. 너무도 찐다. 나의 모든 정신을 마비시킨다. …
'씨팔'이라는 소리가 저절로 흘러나온다 … 정말 더럽고 역겨웁도록 지겨
운 세상이다. 환멸을 느낀다. 삶에 권태를 느낀다 … 내가 요술쟁이라면.
세상아 없어져라. 세상아 바뀌어라. 히히 … 웃어라. 웃자(재봉사 서연진).[39]

남들은 왜 그 교모도 쓰고 책가방 들고 학교들 가는데 나는 왜 어렵고 힘
들고 위험한 주물공장 노동자로 살아가야 하는가 … 강한 불만, 자기혐오.
… 어떻게 이런 걸 벗어날 순 없을까, 해 가지고 내가 책을 막 … 봤어요.
… 쭉 … (〈한국기계공업〉 오○○).[40]

외로운 고독의 길을 걷습니다. 하염없이 걷습니다. … 너무도 멀기에 돌아
오지 못합니다. 사람이 사는 게 이런 것일까요. … 자신의 길을 다시 한 번
생각해볼 필요가 있지 않을까요(〈YH무역〉 김경숙).[41]

'충성'에서 이탈한 전략의 예로 먼저 '저항'(Voice)의 흐름을 들 수

---

38. 전태일(1988 : 113).
39. 한윤수 편(2005[1980] : 240~241).
40. 신원철(2004 : 134).
41. 전 YH노동조합 외(1988 : 213~214).

있다. '민주노조운동'이 이 범주에 속하는 대표적 경우이다. 민주노조운동은 분명히 전에 없던 중대한 변화였다. 한 여성노동자가 표현하였듯이 "기계처럼 스위치만 누르면 움직이고 돌아가던 노동자의 머리"가 "꿈틀거리기 시작"한 것이다(한국교회산업선교25주년 기념대회자료 편찬위원회 1984 : 453).

> … [노동조건 개선을 요구하며 작업거부에 돌입하자] … 조장 10여 명을 연행해갔다. 무엇을 어떻게 해야 할 것인가 … 다음날 일단 전원이 출근은 하되, 조장들이 석방되지 않을 경우엔 작업을 거부하기로 하였다. 다음날 … 조장들은 … 나오지 않았다. … 아무도 작업을 하지 않자 … 감독이 큰소리를 치며 작업을 강요하다가, … 공장장까지 들어와 "야! 이 개새끼들아! 일해, …" 라고 욕설을 하면서 쇠막대기를 집어 던지고 발길로 차면서 위협했다. … 집요하게 작업을 강요했지만 일을 하는 사람은 하나도 없었다 … (전 YH노동조합 외 1988 : 25~26).

민주노조운동의 목소리는 사실 소박했다. 그것은 "일한 만큼의 정당한 대가"를 받아야 하겠다는 것, 그리고 노동조합 활동을 통하여 "합법적이고 효과적으로 근로조건을 개선"하겠다는 것이었다(석정남 1984 : 71). 우리는 그들의 성향을, 일단 전통적 분류방식에 따라 '경제-조합주의'라고 규정할 수 있다.

> 노동조합에 반 미쳤죠. 인간답게 사는 것은 일만 열심히 하는 것이 아니라 일한 만큼의 대가를 받고 인간의 존엄성을 인정받아야 한다, 그것은 노동조합 밖에 없다는 거죠(〈동일방직〉 이총각).[42]

노동조합이 '신' 같더라구요. 어용노조가 있을 때는 12시간씩 [맞]교대 근무
를 했어요. 쉬는 날도 없었고 … 민주노조가 만들어지고 확 바뀌니까 노조
가 '신'이 아닐 수 없지. 상여금, 퇴직금도 주고, 8시간 노동에 잔업도 원하
는 사람만 하게 되니까(〈원풍모방〉 ○○○).[43]

저는 앞으로 조합을 통해 우리의 노동조건들이 개선되도록 책임을 다하겠
습니다. 그러나 조합은 저의 것이 아니라 여러분의 것입니다. 따라서 저는
모든 조합활동들을 하면서 여러분에게 지속적인 지지와 참여를 요청할 것
입니다. 제가 중요사항들로 보는 것들은 임금의 즉각적 인상, 퇴직금제의
신설, 기숙사의 개선, 국민학교[초등학교] 이상의 교육을 받지 못한 여성
노동자들 90%에 대한 교육 프로그램 운용 등입니다(1974년도 〈반도상사〉
노조위원장 취임사).[44]

난 행운을 잡은 사람인지도 모른다. … 1970년대 … 노동조합이란 조합비로
행세하고 임금교섭은 관리자들과 '방석집'에서 하는 그런 것이었다. 〈노
총〉은 대통령이 뽑아주는 〈유정회〉 의원이 되기 위한 발판이기도 했고 …
이런 속에서 단위노조에서나마 '방석집' … 아닌 회사 탁자 위에서 임금교
섭을 하고자 하고, 때로는 조합원 총회라도 열어 회사나 노조의 실정을 설
명하는 노조는 손으로 꼽을 만큼도 되지 않았다. 그 몇 개의 노조 중에 우
리 회사의 … [노조]가 속해 있었던 것이다(〈원풍모방〉 이옥순).[45]

---

42. 박수정(2004 : 23).

43. 정미숙 1993 : 135

44. Soon-ok(2000 : 265).

45. 이옥순(1990 : 46). 〈원풍모방〉 노조위원장이었던 방용석에 의하면, 1970년대 중후반
무렵 대표적인 민주노조의 수가 전국에 10여 개 정도 있었다(김금수 외 1994 : 39). 한편
이옥순이 언급한 '방석집'은 자본가들과 노동자들을 모두 포괄하는 수준에서, '가부장주
의'가 '짜내기축적' 및 '공장전제'를 밑받침하는 중요한 기초였음을 보여주는, 이른바 '남
성문화'의 상징들 중 하나이다.

〈한국노동조합총연맹〉[노총] 및 그 산별조직들을 비롯한 '어용노조들'이 역시 공식적으로는 경제-조합주의를 표방하였지만, 특히 '유신체제'가 성립한 이후 많은 부분 국가와 자본가들의 대행자 역할을 하였던 만큼, 그 운동이념은 그들에게 공문구에 가까운 것이었다. 그들과 달리 민주노조운동 진영은 이념과 실천의 일치를 추구하였으며, 그 구체적 상은 노동조합의 운영에서 대표성을 충족시키는 것이었다.

그들의 대안 추구가 소박한 것이었다고 평가하는 또 하나의 이유는 운동의 주체들이 관련 실정법들에 의해 부과된 한계선들 이상의 사고와 행동을 하지 않았다는 데에 있다. 그들은 스스로 '법'을 준수하고자 애썼고 자본가들과 국가에게 '법'을 지키라고 요구하였다. 그들의 최고 텍스트는 바로 당시 명문화되어 있던 그대로의 '근로기준법'이었다(순점순 1984 : 77).

대개의 경우 '법을 지키는 일'을 신주단지 모시듯 해서 파업이라든가 하는 투쟁은 제대로 시도조차 못했다. 요즈음 후배들이 말하는 '악법은 어겨서 지킨다'는 이야기를 들으면 새삼 고개가 끄덕여지기도 한다(〈원풍모방〉 이옥순).[46]

근로기준법을 읽으며 … 너무나 기쁘고 황홀하여 눈물이 날 정도로 감격하였다. 그 날부터 … 근로기준법 1조부터 10조까지를 입에서 달달 외워가며, 우리를 둘러싼 억압으로부터 이 법이 나를 지켜주고 인간다운 삶으로 이끌어 줄 것이라고 믿었다(〈동일방직〉 추송례).[47]

---

46. 이옥순(1990 : 48).
47. 추송례(2001 : 40~41).

1971년 제정된 '국가보위에 관한 특별조치법'과 1973, 74년에 개정된 '노동쟁의조정법', '노동조합법' 등에 의해 노동자들의 단체협상권과 단체행동권이 크게 제약 당하는 실정이었지만(신인령 1987 : 98~103), 민주노조운동은 '노동3권'의 정상화를 위한 법개정 및 폐지 활동을 거의 전개하지 않았다. 민주노조운동이 요구사항 관철을 위해 취한 압박수단은 대부분 비공개 태업과 연장·휴일근무 거부처럼 실정법 테두리 내의 것들이었다(정미숙 1993 : 91~96; 방혜신 1993 : 56~57; 성공회대학교 사회문화연구소 2002 : 304; 박민나 2004 : 136~137). '악법개폐'의 필요성은 1970년대 말부터 강조되기 시작했다(원풍모방 해고노동자 복직투쟁위원회 1988 : 189).

민주노조운동이 이처럼 소극적인 범위로 한정된 데에는 산업선교 엘리트들의 영향이 컸다(정현백 1985 : 149; 정대용 1988 : 177~178; 최장집 1988 : 88; 이광일 1999 : 81~126). 물론 민주노조운동은 그 주체들이 생생하게 체험한 공장생활의 실제와 이 속에서 하게 된 무의미한 삶에 대한 자각에 토대를 둔 것이었다. 그러나 그들이 만들어가기 시작한 새로운 삶의 비전은 일차적으로 노동자들 외부의 기독교 단체들에 의해 제공됐다(석정남 1984 : 72; 한국여신학자협의회 여신학자연구회 편 1992 : 240~242).[48]

---

48. 그들만큼 노동자들의 어려운 생활상에 관심을 기울이거나, 곤경에 처한 노동자들의 조력 요청에 반응한 여타 사회집단들이 없었기 때문에, 산업선교 엘리트들의 영향력은 더 클 수밖에 없었다. 이와 관련하여 〈인천산업선교회〉 실무자 황영환과 김근태가 보여준 헌신적인 활동모습들을 참고하였다(권진관 2006 : 207~208).

… 그러다가 〈가톨릭노동청년회〉(JOC)를 알게 됐어요. … 신부님이 노동법 얘기를 하시더라고요. … 노동법 얘기를 들으면서 눈이 뜨이고 귀가 열리더군요. … 공장을 보는 눈이 달라졌어요(〈원풍모방〉 박순희).[49]

산업선교 엘리트들은 오히려 노동자들보다 더 사태의 정치화를 경계하는 소심한 모습마저 보였는데, 그 한 예를 〈해태제과〉 여성노동자들의 [법률에 명시되어 있으나 기업 단위에서 부인되었던] '8시간 노동제' 쟁취투쟁에서 확인할 수 있다. 〈영등포산업선교회〉의 중심인물이었던 인명진 목사는 심지어 '8시간 노동제'에 반대한 남성노동자들의 논리['노동시간 감축은 임금저하의 결과를 초래한다', '여성들은 남성들처럼 가계를 책임지는 중요한 위치에 있지 않아 일을 너무 쉽게 생각한다']를 수용하였다.

우리가 이러한 결의를 하고 있을 때, … 인명진 목사님께서는 "아직은 8시간 노동제를 주장할 때가 아니다"라고 하셨다. "회사와 싸움을 할 때는 알아야 할 부분이 있다. 임금문제와 남자들의 문제, 더 어려운 것은 노동청등 기관과 부딪쳐야 하는 문제들이다. 그러므로 아직은 해태의 노동자들이 8시간 노동제로 싸움하기에는 전체적 수준이 안 되어 있으므로 시기가 너무 빠르다"라고 … 말씀하셨다(〈해태제과〉 순점순).[50]

---

49. 최영민(2001 : 65). 〈산업선교회〉나 〈JOC〉, 〈크리스챤아카데미〉 등의 지식인들과 달리, 학생운동을 하다가 아예 노동자가 되어 일반 노동대중들을 계몽하면서 활동한 몇몇 사람들도 경제-조합주의에 머물렀다. 그 예로서 김문수를 들 수 있다. "정치적인 문제는 아예 일체 생각지를 않았습니다. … 오로지 현장에만 충실해야겠다는 … 사고가 내 의식을 꽉 지배하고 있었던 것입니다. 노동자는 밥도 못 먹고 자기 육신 하나 건사하기 어려운 지경인데 정치는 무슨 얼어 죽을 정치냐 … 긴급조치가 나고 그래도 나하고는 상관없는 일로 생각했으니까요"(편집부 1986 : 148).

그러나 여성노동자들은 자신들의 투쟁을 계속 전개하였고, 그 결과로 임금삭감의 효과를 감수하지 않는 '8시간 노동제'를 실현하였다.

〈영등포산업선교회〉의 또 다른 핵심 인물 조지송 목사도 평소 실무자들에게 "영등포 일대의 활동반경을 넘어서지 말 것"을 강조하였다(권진관 2004 : 211).

민주노조운동이 그렇게 자기 목소리를 내면서도 소박한 비전을 추구하는 그룹이었지만, 이들에 대한 자본가들과 국가의 태도는 극도로 비타협적이었다. 권력블록이 볼 때 민주노조운동은 '민족' 내부의 혹은 '회사' 내부의 이질분자들로서 일상적으로 경계·통제해야 할 존재들이었으며, 필요하다고 판단하면 적시에 반공산주의적 선동과 공개적 테러를 동원해서라도 분쇄·제거해야 하는 적들이었다. 그들은 특히 '긴급조치 제9호'가 선포되고 1970년대 후반기로 넘어가는 시점부터 민주노조들의 무력화를 위한 활동들에 한층 강도를 높였다. 따라서 민주노조운동은 그 주체들이 굴복의 요구를 받아들이지 않는 한 사투를 동반하는 과정이 되지 않을 수 없었다(강준만 2002 : 148~169, 227~235; 구해근 2002 : 123~141).

그리고 자본가들과 국가의 적대 및 폭압이 비단 1970년대 노동운동사에서 많이 언급되는 대표적 민주노조들에게만 행해진 것은 아니다.

---

50. 순점순(1984 : 79). 그 때 남성노동자들 중 상당수가 폭력행위들을 불사하면서까지 '8시간 노동제'에 반대하였다. 또 '8시간 노동제'에 대한 견해차를 떠나, 남성노동자들은 자신들의 작업장 안에서 벌어지고 있던 심각한 폭력사태들에 대해 침묵으로 일관하였다. "우리는 보았다. 그 처절한 폭력현장을 …. 우리는 개처럼 두들겨 맞았다. 우리는 우리의 적이 도처에 깔려 있었음도 알았다. 가장 가슴 아픈 적이 있다면 그것은 동료 노동재남재들인 것이다. 잊지 않을 것이다. 〈해태제과〉에서 있었던 8시간 노동제 투쟁과정을…"(*Ibid.* : 12~13).

관련 자료들이 확인해주는 바처럼, 권력블록은 1970년대 상반기 이후 사업장들 곳곳에서 노조결성의 방해와 결성된 노조의 파괴 활동들을 벌였고, 각종 부당노동행위들을 일상화했다. 바꾸어 말하면 그 만큼 노조를 결성하려는 시도와 자율적 노조활동의 유지를 위한 노력이 계속된 패배들 속에서도 포기되지 않았다(박문담 1973; 한국교회산업선교25주년 기념대회자료 편찬위원회 1984; 이옥지 2001 : 176~244). 그러므로 민주노조운동을 박정희 정권기 경제개발의 지지기반 균열의 표지라는 의미에서 범주화한다고 할 때, 그것은 결코 〈동일방직〉, 〈원풍모방〉, 〈YH무역〉, 〈콘트롤데이타〉 등 익히 알려진 상징적 민주노조들 몇몇에 국한되지 않는다. 오히려 1970년대 후반기 강화된 통제와 탄압에도 불구하고 민주노조운동이 상징하는 문제의식들은 노동자들 사이에서 계속 늘어갔다.[51]

민주노조운동은 권력블록의 적대와 폭압에 맞선 힘겨운 과정들이었음에도 불구하고, 해당 공장 단위에서 노동자들의 '자유'를 확대하는 데에 기여하였다. 경제－조합주의적 활동들에 의해 성취된 임금수준 및 여타 노동조건들의 개선은 가족단위의 복지향상에 공헌하였다는 점뿐만 아니라, 무엇보다 노동자 자신들의 '자유'를 증진시켰다는 면에서 중요했다. 그들은 최소한 종전보다는 많은 시간을 휴식과 유흥·취미·학습·종교활동 등에 할애할 수 있게 된 것이다. 그리고 비슷한 맥락

---

51. 관련된 지표로서 〈영등포산업선교회〉를 통해 구성된 소모임 수의 추이를 보면 1974년 70개, 1975년 80개, 1979년 100개로 증가하였으며, 소모임에 참여한 노동자 수의 추이를 보면 1973년 11,536명, 1977년 22,564명, 1979년 62,400명으로 늘어났다(영등포산업선교회 40년사 기획위원회 1998 : 135~137).

에서 자본관계의 확대·심화 와중에 산출된, '가난'의 지속 외에 그것으로 환원되지 않는 문제상황['의미 없는 삶' 또는 '자기 실존에 대한 회의']과 민주노조운동이란 전략 사이의 관련이 확인된다. 당시 민주노조운동이 경제-조합주의적이었던 것은 부인하려야 할 수 없는 일이다.[52] 그러나 민주노조운동은 경제-조합주의라는 통상적 범주화로는 충분히 인식할 수 없는 측면까지 내포하고 있었다. 그것은 노동자들이 민주노조운동을 함으로써 비로소 맛본 "기쁨에 젖어서 좋아했던 그 시기"였다(전순옥 외 2002 : 375).

> 공부하면서 ⋯ 돈이 전부가 아니고 ⋯ 내 삶을 어떻게 살 것인가가 더 중요하다는 것을 알 수 있었어(〈YH무역〉 최순영).[53]

---

52. 최근 몇몇 논자들이 1970년대 민주노조운동에 대해 경제-조합주의로 평가하는 입장을, "근시안적 역사관"과 "가부장주의적 음모"에 사로잡힌 남성 연구자들 및 운동가들의 산물이라고 비판하였다(구해근 2001 : 261~263; 전순옥 2002 : 47~68; 김원 2002 : 241; 강남식 2004 : 215~218). 이들에 의하면 당시의 노동운동을 경제-조합주의로 규정해온 평가들은 1980년대 이후 실현된 노동운동의 발전을, 1970년대에 '여성들'이 주도한 노동운동과 무관한 것으로서, 그리고 그것을 극복한 '남성들'의 성과로서 기록하려는 사관 및 음모의 소산이다. 그러나 그러한 사관과 음모의 실존 여부를 떠나, 적어도 '경제-조합주의'나 '정치적 노동운동'이란 범주화의 유용성을 인정하는 이들이라면, 다음과 같은 점들을 고려하지 않으면 안 된다. 첫째, '경제-조합주의'/'정치적 노동운동' 개념들에 전제된 관심사는 운동의 정치적 효과[광의의 정치 개념]가 아니라 운동 주체들의 의식적 문제설정[협의의 정치 개념]이다. 둘째, 1970년대 후반 민주노조운동은 주목할 만한 정치적 효과를 지닌 것이었지만, 그 효과를 의식적으로 확대시킨 장본인은 자본가들과 국가였다. 셋째, 일상활동 면에서 당시 민주노조들은 연대의 모습을 보여주지 않았다. 다만 간부급 성원들 간의 교류·격려·정보교환 등이 부분적으로 이루어졌는데, 이 사실을 두고 단위노조를 넘어선 운동의 연대였다고 평가할 수는 없다. 넷째, 설령 '정치'와 '경제'에 대한 통상적 개념을 넘어선 눈으로 본다 하여도, 그들의 문제의식과 활동이 전반적으로 단위노조에 갇혀 있었음을 부인하기 어렵다.

53. 박수정(2004 : 99).

언제부턴가 일이 재미있었어요. 전에는 오로지 오빠, 대학을 보내기 위해
서 … 일을 했죠. 아무런 생각도 없었죠. 오로지 열심히 일을 해서 조금이
라도 돈을 더 받고 싶을 뿐 이었어요. 그런데 '소모임' 활동을 [하면서] …
일이 단지 돈 몇 푼 받는 것 그 이상의 의미가 있다는 것을 알게 되었어요
(〈원풍모방〉 ○○○).[54]

순애는 … 여자들이 지부장을 하고 노조를 운영하는[것에 대해] … 무한한
희망과 감격을 느꼈다 … 여자란 시집가서 애나 낳고 … 집 안에 처박혀 일
이나 해야 하는 무기력한 존재라는 상식이 못마땅했던 그녀로서는 노동조
합이] … 멋진 일이 아닐 수 없었다(〈동일방직〉 석정남).[55]

재미있었어요. … 같이 자고 밥해 먹고 … 잠시 짬에 송도유원지도 가고 ….
/ 그렇게 몸으로 싸우는 게 아슬아슬했지만 두려운 게 아니라 신났어요
(〈동일방직〉 이총각).[56]

… 강의를 듣고 토론도 하고 집안 사정, 살아가는 이야기도 하고 기숙사
생활, 현장생활 등에 대해서도 이야기했다. … 난리를 쳐 도넛을 만들면 교
회에 있는 사람들에게 나누어주고 나머지는 … 둘러앉아 먹는다. 그 때쯤
되면 … 우리들 모두의 가슴속에 환한 웃음과 기쁨이 물결쳐 넘친다(〈원풍
모방〉 이옥순).[57]

… 그 때는 노동자라고 했나요? 다 공돌이 공순이라고 했지. … 나는 노조
활동하면서 사람들이 너무 좋았어요(〈삼원섬유〉 김지선).[58]

---

54. 정미숙(1993 : 116).
55. 석정남(1984 : 32).
56. 박수정(2004 : 23, 37).
57. 이옥순(1990 : 59).

비로소 '긍지'라는 것을 알았다. 노동자의 긍지, 일하는 가치 … 우리가 비
굴할 이유는 아무 것도 없다. … 자랑스럽고 떳떳함을 느끼며 가슴이 벅찼
다(〈원풍모방〉 장남수).59

노동조합과 산업선교회 소모임은 민주노조운동의 구성원들에게 그
들만의 '새로운 공동체', 그들이 이루어낸 '새로운 사회관계'로 해석됐다
(유동우 1977b : 213~214). 이 때 '새롭다'는 말은 그것들이 구성되기
전까지만 하여도, 거기에서 경험한 생기와 활력, 서로에 대한 이해와
존중·신뢰, 자기 존재에 대한 확신 등이 민주노조운동의 주체들에게
아주 낯선 것들이었음을 뜻한다. 그러한 측면은 전체적으로 권력블록의
패러다임들에 의해 포위되었고 협소한 조직 단위에 갇혀 있었지만, 자
본축적의 질서인 '잉여-가치화'(surplus-valorization)와 대립하는 '자기
-가치화' (self-valorization)의 계열 속에서 이해될 수 있는 한 경향이
었다.60

그리고 이렇게 민주노조운동이 내포하고 있던 잉여-가치화 질서

---

58. 최영민(2002 : 3).

59. 장남수(1984 : 55). 노동자들은 '저항'을 하기 시작하면서, 특히 노동조합과 산업선교회
    활동들을 통해서 노동자로서의 자기 존재에 대해 긍정을 하고 애정을 갖기 시작하였다.
    그리고 그러한 자기 긍정을 할 때에만 그들의 '저항'은 지속되었다. 그렇지 않을 경우 노
    동자들은 '저항'에 가담한다 해도 잠시일 뿐 다른 전략들로 방향을 선회하였다.

60. '자기-가치화'는 네그리(A. Negri)의 개념이다(조정환 2003 : 69~114). "가치화는 좀 더
    일반적으로[보면] 생산과 잉여가치 추출 속에 자리 잡고 있는 사회전반의 가치구조를 지
    칭[한다] …. 자기-가치화란 이러한 의미에서의 가치화와 대립한다. … 자기-가치화는 잉
    여가치의 생산에 정립되어 있는 것이 아니라 공통체를 생산하는 집단적 필요와 욕구에
    정립되어 있는 대안적인 사회적 가치구조를 지칭한다. … 자기-가치화는 자본주의사회
    내부에서 그것에 대항하여 대안적이고 자율적인 집단적 주체성을 구성하는 사회적 과정
    을 포착하기 위한 더욱 철학적인 틀 속에서 사고되기도 한다"(*Ibid.* : 480).

와의 대립 경향은 최소한 그것의 등장 이전만큼은 권력블록의 개발주
의 프로젝트가 원만하게 구현되지 못하고 있다는 사실을 뜻했다. 이
점은 공장정치(factory politics)란 지형 속에서 좀 더 직접적으로 알
수 있다.

> 중식 거부 딱 첫날, 진짜 기가 막히게 … 점심을 한 명도 안 먹었어. … 그
> 러니까 … 작업도 다운될 수밖에 없지. 100% 조합원들의 단합되는 힘, 이런
> 것들을 그 때 다 봤잖아요. 그러다 보니까 회사도 거기에 상당히 놀랐고
> (〈삼성제약〉 ○○○).61

> [언제부터인가] 회사가 현황 판 하나를 맘대로 못 붙였어요. [하루는] 지난
> 주의 손실액, … 불량 낸 거, 불량 낸 사람, 이런 거 해서 … 현장 입구에 딱
> 갖다 붙여 놨더라구요. [그래서] 저거 당장 떼라구 그랬더니, 왜 떼냐. [그래
> 서] … 일 잘 해 가지고 난 수익, 수출액, 순수익, 부가가치 수익[도 함께] 다
> 써라. 그러면 손실액 그거 우리가 인정하겠다 그랬더니, 2시간만에 뗐잖아
> (〈컨트롤데이타〉 ○○○).62

> 일이 너무 힘드니까 우리도 머리를 쓰지, [일을] 조금 하려고. … 우리가 짠
> 거야. [만약에 할당받은] 30박스 이상을 하면, 그 다음에 [우리한테] 더 많은
> 걸 요구하니까, 30박스씩만 적고 31박스를 하면 한 박스는 남겨 놨다가
> 내일 29박스만 … 하자. … 생산을 … 너무 많이 하면 … 다른 부서로 … 파
> 견을 보내거든요. 그러니까 그런 것도 조절할 겸 … [그렇게 하자 했죠](〈해
> 태제과〉 김미순).63

---


61. 방혜신(1993 : 57).
62. *Ibid.*(86).
63. 전경옥 외(2005 : 261).

1970년대 노동자들이 취한 '저항'의 전략이 노조를 경유하는 형태로만 선택된 것은 아니다. 이미 제도화되어 있던 노조와는 별개의 결사를 통해 추진된 소위 '와일드 캣츠(Wild Cats)형' 쟁의들과 아예 노조가 존재하지 않는 상황에서 시도된 쟁의들이 또한 있었다. 앞에서 언급한 5년여에 걸친 〈해태제과〉 여성노동자들의 8시간 노동제 투쟁(순점순 1984), 〈삼립식품〉과 〈진로〉, 〈방림방적〉, 〈동아염직〉, 〈남영나이론〉 등에서 전개된 노동조건 개선투쟁들이 그러한 예들에 해당한다(이옥지 2001 : 265~311).

1970년대부터 등장한 또 하나의 '저항'으로서 '자살[기도]'을 빼놓을 수 없다. '죽음'이란 극한적 의사표현의 방식을 택한 노동자는 익히 알려진 전태일에 그치지 않았다. 그가 1970년 11월 분신을 결행한 후에도 이상찬[조선호텔], 최재형[조일철강], 정세달[대동신철강공업], 이영옥[태광교통], 임석철[농심라면], 정귀한[삼영정밀] 등이 '죽음'을 통해서 자신들에게 강제된 삶에 저항하고자 하였다(한국교회 산업선교 25주년 기념대회자료 편찬위원회 1984 : 부록2). 그 같은 처절한 결단들은 운동의 형태로서 지니는 한계와 윤리적 성격이란 논제를 떠나, 당대의 지배적 사회관계에 대한 강렬한 의문이 민중들 속에서 제기되고 있음을 상징하는 사건들이었다.

물론 박정희 정권기 노동자들 다수가 '저항'한 것은 아니다. 그렇다고 '저항'하지 않은 이들이 하나같이 '국민윤리'와 '회사윤리', '가족윤리'에 묵묵히 따르기만 했던 것 역시 아니다. '저항'하지 않은 사람들 가운데서도 많은 사람들은 자신들의 일상적 실존을 권력블록이 호명한 그

대로 '조국근대화의 기수'와 동일시하는 '모범근로자'들이 아니었다.[64]

　노동자들은 많은 경우 열심히 일할 때조차 노동자로서의 자기 실존에 대해 긍정하거나 애착을 보이지 않았다. 그들의 근면과 성실은 지긋지긋한 공장생활로부터 '탈출'(Exit)하기 위한 것인 경우가 많았다. '탈출'하려면 우선 '돈'이 필요하다고 생각하였고, 당장 '돈'을 마련할 방도라곤 '탈출'하고픈 업무에 불가피 매달리는 길 말고 없었던 것이다. 그러니까 그것은 혐오하는 대상에서 빨리 벗어나려고 거기에 충실히 임하는 역설적 상황이었다. 여성노동자들에게 '탈출'의 경로들은 대략 두 가지들로 상정되었다. 하나는 '결혼'이었고 다른 하나는 '학업'의 재개를 통해 공장생활에서 벗어나는 것이었다. '돈'은 '좋은 신부감'이 되기 위한 혼수품과 교양습득 비용, '이직'이 요구하는 새로운 기능의 학습과 상급학교 진학을 위한 교육비로 써야 했다.

> 결혼하면 이 생활 종친다. 정말 이게 너무너무 지겨운 거예요. … 결혼하면 때려 친다. 그리고 결혼하고서는 아무도 직장을 계속 다닌다고 한 사람이 없었어요(〈선경물산〉 박남희).[65]

---

64. 한 연구자는 '모범근로자들'의 수기들을 분석하면서 다음과 같이 단서를 달고 있다. 즉 노동자들의 수기들 중 "민주노조운동의 주변에서 생산된 것들"이나 "노동청"이 "수집"하여 "인쇄·배포"하였던 것들이나, 모두가 각각의 "전형성"을 보여주며 "조심스럽게 다루어야 할 문제점들"을 갖고 있다. 그리고 "노동운동에 참여"한 사람들을 전체 노동자들 가운데 "한 극"을 형성한 유형으로 생각할 수 있듯이, "모범근로자 수기에 나오는 노동자들 역시 다른 한 극"을 구성한 유형으로 볼 수 있다(김준 2001 : 72~73). 한편 수기혹은 구술의 첫 번째 유형이 자료로서 가지는 장점을 유념할 필요가 있다. 후자가 '모범근로자'의 모습만을 제시하는 반면, 앞의 것은 대부분이 '저항'하는 노동자, '충성'하는 노동자, 그 양자들 어디에도 속하지 않는 모습들까지 예시한다.

65. 장미경(2004 : 121). 결혼은 중산층 남자를 만나 계급 이동을 하겠다는 계획일 때도 있었고, 어떤 계급의 남자를 만나든 전업 주부가 되어 공장일 만큼은 안 하겠다는 구상일

스스로 돈을 벌어 다시 공부를 하리라 마음먹고 들어간 공장. ⋯ 처음엔 공부한다고 영등포에 있는 학원이라는 학원은 다 다니며 동료들과도 거리를 두었다. ⋯ 박순희는 그 '노동자' 소리가 얼마나 불쾌했는지 모른다(〈원풍모방〉 박순희)[66]

은행으로 예금하러 갔다. 은행원 언니들이 정말 부러웠다. ⋯ 은행원이 되었으면 하는 생각이 간절하다. ⋯ 주산학원 다니면 된다는 것이다. ⋯ 기뻤다. 이제부터 나의 꿈은 은행원이다(재봉사 최순희).[67]

언니. ⋯ 끝내 사직서를⋯ 냈어요. ⋯ 엄마가 날 달래고 해도 전 듣지 않았어요. ⋯ 남이 알면 그 딸 참 교육 못시켰구나 하고 말들 하겠지요. 하지만 난 회사가 지겨웠어요. ⋯ 내가 할 만한 장사는 없을까요? ⋯ 장사를 하고 싶어요(○○공장 이장춘).[68]

이들은 그 현실성 및 실질성 여부를 떠나 자신들에게 '탈출'의 길이 열려 있다고 믿었으며, 추진 중인 계획의 실현이 '탈출'을 의미한다고 생각하였다. 그런데 그들이 갈망한 '탈출'의 지향은 지금껏 감수하여 온 공장노동자로서의 삶에 대한 혐오하리만치 큰 불만 위에서 싹튼 것이다. 그 점에서 그들은 '충성'하는 노동자들과 동일시될 수 없는 사람들이었고 몇 가지 계기들을 매개로 방향 전환을 할 내적 가능성을 가진 이들이었다. 그랬기 때문에 계획된 시도들 끝에 '탈출'이 가능하

---

때도 있었다.

66. 박수정(2004 : 147).
67. 한윤수 편(2005[1979] : 14).
68. 나보순 외(1983 : 69).

지 않다고 결론을 내리는 경우, 그들은 '저항'의 전략으로 궤도를 수정할 수 있었다. 그러한 최종 판단은 '저항'을 구체화하는 필요조건들 중 하나였다.

> 탈피하고 싶은 마음… 노동자로 산다는 게 싫은 마음… [하지맨 길이 없어요. 내가 노동 안 하겠다, 이런 무시 받고 안 살겠다고 해도, 갈 곳이 없잖아요. … 결국은 그 조건에서 극복할 수 있는 방법이 있다면 그걸[노동운동을] 선택하게 되는 거죠(〈삼원섬유〉 김지선).[69]

그것이 필요조건들 중 하나였으므로 유사한 상황에서 노동자들이 하나같이 '저항'을 하지는 않았다. 그러나 또 다른 대안의 모색 여부를 떠나 '탈출'의 노력이 일단 수포로 돌아갔다는 판단은 해당 노동자에게 아주 큰 좌절감을 안겨주었다. 그리고 그 좌절감은 공장생활에서 탈출하고픈 욕망의 강도를 반영하고 있었다. 대구 소재 〈신흥직물〉의 한 노동자는 불어나는 업무량으로 인하여 다니던 '공민학교'를 8개월 만에 그만두지 않을 수 없었는데 당시를 이렇게 술회하였다(박민나 2004 : 127~128).

> 그 때 처음으로 슬럼프에 빠졌어요. 삶의 목표가 없어져 버리니까 살고 싶은 생각도 안 들더라구요. 여섯 살 때부터 그렇게 열심히 다니던 교회도 안 나갔어요. 오로지 공부를 해보겠다는 일념으로 고생을 했는데, 도대체 하느님이 진짜 있는 건가 싶은 원망이 생기더라구요. … 아무것에도

---

69. 전순옥 외(2002 : 375).

의미를 못 느끼고 기계적으로 살고 있는 거예요(〈신흥직물〉·〈YH무역〉
박태연).

노동자들이 선택한, '충성'에서 이탈한 또 하나의 전략으로 '공
상'(Fantasy)이 있다. '공상'은 두 가지 의미들이 중첩적으로 부여된 것
이었다. 네거티브한 측면에서 그것은 의식적으로 환각상태에 빠져드는
심리적 도피 전략이었다. 그것은 작업시간 외의 일상에 판타지를 구성
함으로써, 소외된 노동자로서의 자기 실존을 그때그때 잊어버리고 고통
스러운 현실을 해소하고자 한 방법이었다. 다른 한편 포지티브한 측면
에서 그것은 단지 무엇인가를 망각하려 하기보다, 작업시간의 여파에
의해 제약받는 조건 하에서도 '가족'과 '회사', '조국'이 부여하는 덕목들
과 구별되는 휴식이나 유흥 등 '자기 것'을 추구하고 확보하려는 의지의
표현들이었다.

> 어느 새 환상의 나래를 펴게 하는 아름다운 명시들, 하이네 … 소월 … 윤
> 동주 … [도서관에 있노라면] 나는 모든 것을 잊을 수가 있었다. … 조장도
> 반장도 담임도 잊을 수가 있었고 실 잇기도 걸음마도 별 것이 아니었다.
> … 그렇다. 진정한 내 모습[은] … 바로 지금의 이 행복한 시간과 공간, 이
> 것이다(〈동일방직〉 석정남).[70]

> 친구들과 … 다방에 들어갔다. 장장 세 시간 … 화려하면서도 어두운 조명.
> 아무런 부담 없이 피워대는 젊은이들의 담배연기 … 다방에 앉아 있는 순
> 간만은 나를 잃어버린 느낌이다. 깔깔거리고 갑자기 심각해지고 또 폭소를

---

70. 석정남(1984 : 18).

터뜨리며 … (재봉사 박정화).[71]

노트와 책 한 권정도 끼고 다니고 … 대학생처럼 꾸미고 다니는 거였어요.
… [나는 부업으로] 화장품 장사를 해서 월급의 2배를 벌었어. … 그걸 다
사치하는 데 썼던 거예요. … 그렇게 막 옷을 해 입고 날라리였고 … [왜냐
하면] 사는 의미가 없는 거잖아요? 내 인생이 너무 좌절되고 내세울 게 없
고 그러니까 … 호프집에 가서 희희낙락거리고 … 시내 중심가만 떠도는
거예요(〈컨트롤데이타〉 한명희).[72]

그 때는 남진, 나훈아가 굉장히 인기가 많았어. … 나훈아 쇼 왔다고 하면
나훈아파들이 다 쫙 쇼 구경 가고, 남진 쇼 왔다고 하면 남진파가 쫙 가고
(〈YH무역〉 최순영).[73]

판타지와 현실을 오가는 이 전략 역시, 노동자로서의 자기 실존에
대한 강한 불만과 부정을 전제로 한 것이다. 그리고 그 전략이 의도한
효과는 늘 부분적이며 일시적일 수밖에 없었다. 결국 노동자로서의 실
존, 즉 고통스러운 현실로 복귀하지 않으면 안 되는 실정이 '공상'이란
전략을 선택한 이들의 처지였다.

'충성'과 다른 세 번째 전략으로 '관망'(Calmly Watching)을 범주화
할 수 있다. 전략이란 개념이 내포한 주관적 차원을 생각할 때, 적어도
여기에서 말하는 '관망'은 전략으로서의 위상이 낮다. 그것은 거창하지
않을지라도 자신의 독자적 세계를 확보하고 또 방어하려는 합리적 사

---

71. 한윤수 편(2005[1979] : 205~206).
72. 성공회대학교 사회문화연구소(2002 : 184).
73. 박수정(2004 : 89~91).

고 아래, '충성'과 '저항'을 비롯한 어느 전략들에도 가담하지 않는 그런 식의 '관망'[74]이 아니었다. 그것은 주어진 조건들과 자기 삶의 미래에 대해 이렇다 저렇다 평가하고 판단할 여유 없이 현실 속에 휩쓸려 있는 상태였다.

> 주어진 생활들이 어렵다거나 고통스럽다거나 그런 생각도 못 했다. 하루하루 생각하는 게 아니라 … 살아가야 했으니까. 늘 분주하고 아침이면 아침대로 저녁이면 저녁대로 다른 생각을 할 틈 없이 아주 일상적인 것, 발등에 떨어져서 당장 해결해야 할 일들을 마치면 얼른 자거나 일어나거나 했으니까(신경숙 2001 : 36~37).[75]

> … 〈삼립빵〉을 들어갔어요. … 한 2년 정도 … 진짜 시간이 없더라고 … 거기 다닐 때는 먹고 일하고 자고 그게 전부였어요. 다른 거 생각할 겨를도 없고 … (〈삼립식품〉·〈동일방직〉 이순희).[76]

> 야근하고 나오면 피로하여 아침밥을 먹을 생각도 없이 잠자리에 들어가기 바쁘다. 오후쯤에야 정신을 차린다. 항상 이런 생활이 되풀이된다. … 오후에도 거의 점심을 먹지 않는다. 밀린 빨래를 한다. 또는 목욕을 간다고 수선을 피운다 … (〈S모직〉 참여관찰자 김혜경).[77]

여기에서 우리는 일관된 수동성을 확인할 수 있다. 이 수동성은 하

---

74. 합리주의적 관망자 유형은 Lüdtke(1995)가 나치 시대 독일의 경우를 통해 예시하고 있다.
75. 신경숙(2001)은 본인이 직접 경험한 공장노동자생활을 토대로 집필한 자전적 소설이다.
76. 유경순(2005 : 256~257).
77. 김혜경(1975 : 31~32).

루하루 고단한 일과들을 보내지만, '생산수단으로부터 분리된 근대적 무산자', '무일푼의 프롤레타리아'라는 제약 속에서 그 주어진 일상적 고통들을 회피하거나 완화시킬 별다른 수완을 생각하지 못하는 나약한 노동자들의 모습이었다.[78] 그 점에서 박정희 정권기 노동자들의 '관망'은 자기 일상에 대한 자부와 열정을 함축하는 '충성'의 전략과 명백히 달랐다. 또 그랬기 때문에 당시 '관망'이 지닌 수동성은 현실의 지속에 대해서 뿐만 아니라 현실의 변화에 대해서도 마찬가지로 작용할 수 있는 성질의 것이었다.

사실 박정희 정권기 노동자들의 '근면과 성실'이란 외관은 상당히 중층적인 현상이었다. 거기에서 우리는 지배계급들의 착취 – 훈육체제를 확인할 수 있고, 자신의 상품성을 자본가에게 입증하지 않으면 안 되는 임노동자의 실존적 강제를 읽을 수 있으며, 또 '더 나은 삶'을 향한 자유노동자의 극히 평범하고도 간절한 욕망이 담겨 있음을 간파하게 된다. 만약 이러한 의미의 결들을 단순화하면, '근면과 성실'은 당대 노동자들이 단지 권력블록의 프로젝트에 능동적 – 적극적으로 참여하였다는 증빙자료에 불과하게 될 것이며, 더욱이 개발주의 프로젝트의 주체화 외에 아무런 잠재성과 가능성도 내장하지 않은 '닫혀버린 행태'로만 간주될 것이다. 그러나 노동자들의 '근면과 성실'은 앞에서 본 바처럼 '지독한 불만'과 배타적이기만 하지 않았다. '근면과 성실'은 심지어 '저항'

---

78. 많은 연구자들은 노동자들이 당시 직면한 '강제'의 상황을 국가나 자본가의 폭력과 제도 등 가시적·직접적 형태들에 국한시켜 이해한다. 그러나 '무일푼의 프롤레타리아'가 일단 자본/임노동관계 속에 포섭되는 순간, 그는 그러한 가시적·직접적 형태들의 존재 여부를 떠나 기본적으로 자본/임노동관계 자체에 의해 부과되는 '강제', 이른바 '경제외적 강제'와 대비되는 '경제적 강제' 아래 놓인다(박승호 2004 : 137).

['더 나은 삶'을 갈망하는 또 다른 선택]의 전조일 때도 있었다.

전술한 현상들이 여성노동자들에게 국한되지는 않았을 것이다. 그리고 남성노동자들의 경우 여성노동자들에게서 확인하기 어려웠던 [그러나 일군의 여성노동자들이 역시 선택했으리라 추정되는] '일탈'(Deviation)의 전략을 택한 이들이 있었다. 이 때 '일탈'이란 '회사윤리'나 '국민윤리'에 정면으로 도전하지 않으며 개별적 차원의 행동에 머물지만, 그것들을 "조금씩 비틀거나 지키지 않음"으로써 "복종하기를 거부하는" 방식이었다. 1979년 11월 〈현대중공업〉 사장 이춘림은 노동자들에게 "근무자세 정립을 위한 특별방침"을 통보하면서 문제점들을 지적하였는데, 그 내용을 보면 남성노동자들 일부가 선택한 '일탈'의 실제를 짐작할 수 있다(김준 2004 : 45~46).[79]

가. 지각자 발생 : 1일 평균 2~30명

나. 휴식시간의 문란 : 일과시간 중 불규칙적인 휴식, 작업장 무단이탈, 이동작업 중 외유 등

다. 중식시간 전 조기이탈 : 중식시간을 알리는 사이렌이 취명되기도 전에 작업장을 이탈하여 식당 근처에서 배회하는 사례가 고질적으로 근절되지 않고 있음.

라. 일과 종료시간의 비준수 : 일과시간이 종료되지 않았음에도 불구하고

---

[79] '일탈'은 분명히 '의식적 저항'이 아니며 양자 사이의 관련을 구체적으로 확인하는 것은 쉽지 않다. 그러나 당시 노동자들의 '일탈'이 권력블록의 개발주의 기획에서 어떤 의미를 지니는 것이었던가는 자본가들과 국가가 갈망한 생산적 공동체, 즉 '모든 문제들의 판단 기준을 생산력 증가에 귀일시키는' 국민공동체의 상을 생각하면 자명해진다. '일탈'에 대한 이와 같은 이해와 관련하여, 비록 일제 말기를 논의 대상으로 삼은 것이지만 권명아(2005 : 90~91, 97ff.)를 참고하였다.

일손을 놓고 퇴근을 하거나 작업장을 이탈하여 배회 또는 타임카드 점각기 앞에서 종료시간을 기다리는 행위(『현대중공업』, 1979년 11월호)[80]

〈대우자동차〉의 사례를 논의한 한 연구는 비슷한 맥락에서 1970년대 말부터 자본가 측의 노동규율에 "균열의 조짐"이 나타났음을 지적하였다(정승국 2004a : 114~115).

나두 반장이 되고 나서 제일 많이 두려운 게, 1977년 10월 23일에 들어온 애들이에요. … 즈그 목소리를 내는 거야. 즈이 꺼를. 그러니까 노는 토요일 날 오후에 특근하라고 하면, 즈들끼리 뭉쳐서 나가고, 아 이러는 거야. 벌써 1977년도에 … (〈대우자동차〉 박○○).

국가가 기획하고 주도한 〈공장새마을운동〉의 실상은 전술한 바와 유사한 '일탈'의 또 다른 경우들, 그리고 평범한 노동자들의 '비저항'에 함축되어 있던 의미계열의 중층성을 암시해준다. 〈대한조선공사〉의 경우를 보면, 1976년부터 "생산성 향상 및 새마을정신 함양"을 기한다는 취지 아래 "분임조 활동"이 전개되었지만, 그 제도의 정착은 이루어지지 않았다. 새마을운동 담당과장은 1980년도 부서별 신년설계를 통해 "전사적 분임 토의 1시간만이라도 잡담과 업무지시 또는 눈치껏 담배 피우는 시간으로 끝낸다든지, 서무 머리에서 보고서가 조작되는 일은 없어야겠다"고 밝히고 있다(성공회대학교 사회문화연

---

80. 1970년대 〈현대조선〉과 〈현대중공업〉에서 위와 같은 일탈행위들은 "매우 광범위하고 지속적인 현상"이었다(김준 2004 : 43~47, 69~71). 그리고 그 같은 실정은 1970년대 후반 〈대우자동차〉의 사례에서도 확인된다(정승국 2004b).

구소 2002 : 93). 다른 예로서 여성노동자들이 구성원들 대다수를 차지하였을 〈코오롱상사〉의 경우, 1981년에 발간된 성공사례집에 의거해보면 〈공장새마을운동〉이 1977년 2월부터 추진됐으나, 노동자들이 "노골적으로 반발"하는가 하면 자본가 측은 "일방통행적인 하향지시"로 일관하였다(공장새마을운동추진본부 1981 : 8~9).[81] 좀 더 시사적인 사실은 박정희 정권기 후반에 〈인천제철〉의 예가 〈공장새마을운동〉의 모범으로 선정되어 그 방법과 모델이 새마을지도자연수원에서 교육되기까지 하였는데, 그곳 노동자들이 1980년 상반기 급속히 확산된 노동쟁의들의 와중에 "처음으로 격렬한 파업을 일으켰던 그룹들 중 하나였다"는 것이다(최장집 1988 : 193).

지금까지 살펴 본 노동자들의 전략들이 언제나 상호 배제적이라는 뜻에서 대안들(alternatives)은 아니었다. 그것들은 때때로 한 노동자에게서 공존·접합되었다. 그리고 필자가 미처 찾지 못한 전략들이 몇몇 존재했을 것이다. 여하튼 본 절이 주목하는 점은 어떤 이상적 상태와 대비되는 한계가 아니라, 특정한 경향의 등장과 확대이다. 권력블록의 경제개발 프로젝트는 그것의 성공 추세에 따라, 역설적이게도 민중들 가운데 '모범근로자' 유형의 비중을 축소시키고 있었다. 반면 '못돼 먹고', '행실이 불량하며', '자기 목소리를 내는' 사람들의 수가 늘어갔다. 많은 노동자들이 '생계의 문제'라는 제약 안에서 열심히 일하지 않으면

---

81. 위 사례집에 따르면 전두환 정권기에 비로소 그 성과를 보기 시작하였다는 것이지만, 1980년대 이후 〈새마을운동〉 자체가 점차 사멸해갔다. 1989년 추진본부 측의 자체 평가조차 〈공장새마을운동〉의 현황을 "정부의 일방적인 지도만이 강행"된 실정으로 서술하였다(대한상공회의소·공장새마을운동추진본부 1989 : 19).

안 되었지만, 다른 한편으로 학업과 이직, 결혼 등을 통한 '탈출'의 욕망에 차 있었으며, 또 그때그때 '공상'의 전략에 의존하거나 '일탈'의 시공간을 확보하면서 현실을 인내하였다. 어떤 이들은 매순간 닥친 상황들을 대응하는 데에 급급하여 정신없이 살아갈 따름이었다. 혹자는 이러한 대중적 현상들에 대해 다만 정치적 보수성[체제지지 효과]을 의미하는 것들에 불과하다고 말할지 모른다. 그러나 그 만큼 많은 수의 노동자들이 별다른 '열정'이나 '활력', '긍지'가 없는 일상생활 속에서 '국민윤리'와 '회사윤리', '가족윤리' 등을 종전보다 상대화하고 있었다는 사실, 더 나아가 '자기 것'의 가치와 의미를 깨닫고 추구하는 이들이 늘어갔다는 사실만은 확실했다. 박정희 정권의 몰락 직전과 직후 폭증한 노동쟁의의 빈도는 결코 원인 모를 돌발사태가 아니었던 것이다.

당시 청와대에서 근무하였던 한 관계자의 증언에 의하면, 1979년 '부마사태'가 진압된 직후 경기도 지역 공장들 중 약 70%에 달하는 곳들에서 파업이 진행 중이었다(송호근 2000 : 229). 국가의 공식집계를 보더라도 1980년 초에 '신군부'의 비상계엄이 선포되기 전까지 단 4개월 동안 발생한 노동쟁의 수가 예년 12개월 동안의 그것에 비해 무려 여덟 배 이상 증가하였다[연 100회 내외 → 4개월 간 848회](경제기획원 1980 : 108). 그리고 국가기관인 노동청이 1979년 3월 구로공단 여성노동자 945명을 대상으로 실시한 조사의 결과에 따르면, 당시 그들은 "대체로 기업가에 대하여 … 불만 … 반감적인 인식을 갖고" 있었다(임갑수 1980 : 64).[82]

---

82. 필자가 이 책에서 미처 다루지 못한 1980년대 초중반의 상황을 전술한 경향들의 일관

‘해방8년사’는 ‘분단국가’라는 반민족주의적 결과를 낳았음에도 불구하고, 식민지시대부터 민족주의운동들이 추구하였던 목표들의 상당 부분을 진전시키는 과정이었다. 또한 ‘해방8년사’는 ‘민족’ 외에 ‘국민’이란 정체성을 성립·공존케 하는 국면이었다. 요컨대 그 시기는 종전과 같은 ‘민족해방[반외세] – 민족국가[통일조국]건설 – 반봉건’의 민족주의 형태가 확보할 수 있는 사회 – 정치적 기반의 [소멸은 아니지만 뚜렷한] 약화를 초래한 때였다. 그리고 정전 후 박정희 정권이 성립하는 1960년대 초반 시점에, 한국사회를 가장 크게 규정한 문제상황은 ‘대중적 빈곤’이었으며, 이것은 거시적 사회변동의 방향이 자본주의로 확정되었으면서도 자본관계의 확산은 미진한 이행기적 모순과 관련된 사태였다. 그 같은 상황에서 제도권 중앙정치의 〈자유당〉과 〈민주당〉은 현실 개혁의 의사를 갖고 있지 않았다. 사회운동 진영은 독보적인 도덕성을 갖추었지만 시급한 ‘경제’의 문제를 전략적 판단에서 도외시하거나 차순위의 과제로서만 중요시하였다. 다시 말하면 그들은 과거의 민족주의 형태에 몰두하고 집착하였다. 그러므로 박정희 정권기 권력블록이 추진한 경제개발은 그 만큼 ‘민족적인 것’으로서 대중들의 관심과 기대를 모을 수 있었다.

되고 점진적인 확산이라는 단순한 진화과정으로 파악하는 것은 아니다. 필자는 일례로 앞에서 든 중공업부문 남성노동자들의 ‘근무기강’이 1980년대에 접어들어 대폭 정비된 측면을 간과하지 않는다. 그것은 해당 자본가들이 1970년대 말부터 노동과정에 대한 실질적 지배력을 높이고자 일련의 노동강도 강화작업들을 추진한 결과였다(김준 2004 : 46~47). 정확히 맞아 떨어진다고까지 말할 수야 없겠지만, 전술한 남성노동자들의 일탈이 ‘자본에 의한 노동의 형식적 포섭’을 상징한다면, 그 일탈의 근절을 위한 자본가 측의 부단한 노력들과 이에 따른 ‘근무기강’ 강화는 하나의 계급투쟁으로서 ‘자본에 의한 노동의 실질적 포섭’을 부분적으로 예시한다.

경제개발은 자본축적의 산업적 측면('가치이전'과 대비되는 '가치생산'의 측면을 확대하면서 빠른 속도로 '일자리'를 창출하였다. 그렇게 증가하는 '일자리'는 경제개발이 본격화되기 전, 빈곤과 빈곤이 동반하는 고통들 및 속박들에 시달린 대중들이 기쁘게 환영할만한 사태 변화였다. 그것은 권력블록과 이들이 주도한 개발주의 프로젝트를 계속 존립케 하는 핵심적 기초였다. 이른바 '모범근로자' 유형의 노동자들을 통해 알 수 있듯이, 중간층 이외에 민중부문들의 구성원들도 근면과 절약으로 생활개선을 이루고 자기 존재의 가치를 확인하면서 개발주의 체제에 헌신하고 충성하였다. 그러나 경제개발이 초래한 변화가 그렇게 일면적인 것은 아니었다. 자본축적의 성격 변화는 자본가들 및 국가의 존립이 점점 생산과정의 상태 여하에 종속되어간다는 사실을 뜻하였고, '일자리'의 증가는 그 경향이 더욱 촉진 · 확대되어간다는 것을 의미하였다. 더욱이 '일자리'의 증가는 단순한 취업자 수의 증가가 아니라 자본주의적 임노동관계라는 특수한 사회관계의 일반화 추세였던 것이다. 따라서 경제개발의 가속적 추진은 자본주의 특유의 문제상황을 초래하는 과정이었다. 즉 자본축적의 성격 변화와 임노동관계의 일반화가 자본축적의 노동 의존성을 심화시켰고, 그 만큼 자본가들로 하여금 매순간 소요되는 노동력 비용의 수준과 생산과정 내에서 노동력이 운용 · 관리되는 실태에 대단히 민감하게 반응 · 대처하도록 만들었다. 이것은 경제개발 전반의 노동 의존성 역시 확대되어간다는 사실을 뜻하였다. 비대칭성이 두드러졌던 당시의 노-자관계 속에서, 자본가들과 국가의 그 의존성은 자연스럽게 노동자들을 '회사'와 '국민경제'란 시스템들의 단순한 기능물들처럼 취급하는 태도로 표출되었다.[83] 결국 1970년대 상반기를 경과하면서 민중들 가운데 '모범근로자' 유형의 비중이 점감하고 저항하는 그룹이 출현하는 한편, 저항하지 않으나 권력블록의 담론들을 이전보다 상대화하는 사람들이 증가하기 시작하였다. 자본/임노동관계는 박정희 정권기 권력블록과 이들이 주도한 개발주의 프로젝트를 지탱하는 핵심 기반이었지만, 동시에 그것을 와해시켜 가는 주요 원천이었던 것이다.

거기에서 우리는 두 가지 불일치들을 확인할 수 있다. 하나는 사회 기층 구성원들에게 자각되기 시작한, 당초 기대하였던 '조국근대화 = 민족중흥'과 현실화된 '조국근대화 = 민족중흥' 사이의 괴리 사실이다. 다른 하나는 '조국근대화 = 민족중흥'의 의미를 둘러싸고 드러난 인식상의 사회적 분열이다. '박정희'나 '이병철'의 '조국근대화 = 민족중흥'이 '전태일' 또는 '김경숙'의 그것과 합치될 수 없었던 것이다. '전태일'과 '김경숙'은 당대 권력블록의 민족주의가 만들어낸 민족 내부의 외부인들이요 타자들이었다.


## 제3절 저항엘리트들의 이중성과 역설

박정희 정권기 권력블록이 경제개발과 관련하여 오로지 '생산', 다

---

83. 당시 자본가들과 국가가 보여준 노동자들에 대한 '강압'은 기존 연구들이 당연시하여온 후자에 대한 전자의 '자율성'으로 단편화될 수 없다. 그 '자율성' 내지 '강압'의 이면에는 위에서 언급한 바와 같은 강한 '의존성'이 존재하였다.

시 말해 '원활한 자본축적'의 중요성을 일방적으로 설파한 데에 비해, 저항엘리트들[소위 '재야' 지식인·정치인·종교인들과 학생운동가들]84 은 '생산 = 원활한 자본축적'의 기본 가치를 긍정하면서도 추가로 '민주주의'와 '인권', '분배' 등을 내세웠다. 그 점에서 두 진영들은 달랐으며 또 대립하고 갈등하였다. 실제로 저항엘리트들은 권력블록의 정당성 기반을 훼손시키는 중요한 동인이었다. 통상 그들이 청와대비서실과 중앙정보부를 정점에 둔 국가기관들에 의해 강권력 행사와 이데올로기적 선동의 대상들로 낙인찍혔다는 것, 또한 '유신헌법' 및 '긴급조치' 선포 등과 함께 그 같은 공세가 더욱 강화되어 갔다는 사실은 전술한 저항엘리트들의 위상을 확인하여준다.

그러나 문제는 그 대립 및 갈등이 양측의 공식적 시인 여부와 별개로 상호 공유하는 패러다임들 내부로 한정됨에 따라, 현실적 고통들에서 출발한 '평범한 사람들'의 사고 범위를 특정한 지평 속에 가두어 두는 효과를 낳았다는 것이다. 더욱이 저항엘리트들의 요구사항들 가운데 중요한 하나, 즉 '경제발전'이 진척되자 그들 중 일부가 대립 상대방과의 공통성을 자각하면서 점차 권력블록 측으로 편입해 들어갔다. 또 당

---

84. 물론 '지하혁명당사건들'을 통해 세상에 알려진 민족혁명가그룹들(조희연 1990, 1993) 과 〈신민당〉 및 〈민주통일당〉 등 제도권 야당그룹들(정상호 2005)이 또 다른 저항엘리트들로 분류될 수 있다. 그러나 이들은 필자의 주요 논의대상들에 포함되지 않는다. 대중들과의 관계, 전체 정치지형에 미친 직간접적 영향 등을 고려할 때, 그리고 무엇보다 이 책이 유의하는 '박정희 시대'의 특수한 위생자본/임노동관계의 일반화 국면을 감안할 때, 주목할 만한 급진주의 조류들은 1980년대에야 가시화되기 시작했다는 것이 필자의 판단이다. 그리고 1970년대 야당 정치인들에 대한 기존 연구들의 '평가절하'를 정정하고 당대의 정세 속에서 점하였던 그들의 정치적 의의를 최대치로 해석한다 할지라도, 그 해석이 후술할 저항엘리트들의 속성들 이상의 무엇인가를 말해주지는 못한다는 것이 또한 필자의 생각이다.

시 그들은 민중들을 적극적 의미에서 정치의 주체로 호명하지 않았으며, 민중들의 이해관계들을 '민주회복운동'으로 회수하는 편향과 종교적 상징에 의존하는 도덕주의적 편향을 드러냈다. 그리하여 박정희 정권기 저항엘리트들은 권력블록의 정당성 기반을 약화시키는 경향을 가지면서도, 특히 1970년대에 접어들어 '평범한 사람들의 일상'에서 현재화되기 시작한 경제개발의 지지기반 균열을 일방적으로 재촉하기보다 속도와 내용 면에서 조절하는 역설적 효과를 함께 낳았다.[85]

박정희 정권기 권력블록은 지속적으로 민족주의의 고유한 담론들을 생산·유포하였다. 그들은 그렇게 함으로써 사회구성원들로 하여금 '민족'이란 프리즘을 통해 세상을 해석하고, '민족'이란 관념 안에서 자신들의 이해관계들과 욕구들을 정의·추구하도록 유도하였다. 현실의 경제개발이 낳는 모순들은 그들로 하여금 더욱 더 민족주의 담론들에 의존하게 만들었다.[86]

저항엘리트들은 이러한 상황에서 '또 하나의 민족주의'로 권력블록

---

85. 박정희 정권기 저항엘리트들과 권력블록 간의 공유지점들에 대해 비교적 비중 있게 논의한 예는 김보현(2003, 2005)을 제외하면, 김동춘(1994b)과 양우진(1994)이 그 전부라 해도 과언이 아니다. 그나마 김동춘은 양측의 공유지점들을 '시대적 한계 = 불가피성'으로만 취급하였다. '시대적 한계론'은 기존 연구들을 검토하면서 범주화한 '긍정적 평가론'의 중요한 요소이며, 그러한 관점에서 이해하는 한 박정희 정권기에 대한 논의의 의미는 '과거사 추인' 외에 별달리 찾기 어렵다. 그리고 양우진은 '시대적 한계론'을 넘어선다는 점에서 진일보한 인식을 보여주지만, 저항엘리트들의 발상을 '민족주의 정치경제학'에 국한하여 부분적으로만 다루었다.

86. "민족은 언제나 … 실질적 자유 또는 평등의 결여를 보정하는 가상의 공동체로서 기능할 수 있다"(Anderson, P. 2002 : 22). 이미 말한 바처럼 민족주의는 '민족적인 것'에 최고의 가치를 부여하면서 자신의 본령을 확대·심화할수록, 사회구성원들을 '전체'의 '부분들'로 규범화하는 전체주의 및 기능주의로 경도된다.

과 맞섰다. 저항엘리트들이 권력블록을 비판하고 대중들을 계몽한 논술
들도 민족주의적인 것들이었다. 그들에게 민족주의자로서 "가야 할 길"
은 정언명령이었다. 그 길은 "자기의 개인적인 인간적인 삶, 고달픔과
보람을 민족의 그것과 함께 하는 것"이었다. 그들은 "민족의 생명, 민족
의 존재가 이미 없어져 버릴 때는 민족의 한 사람인 그의 개인적인 인
간적인 생명과 존재조차 없어져 버리는 것"이라고 믿었다(장준하 1985
[1972] : 50).[87]

그들은 민족의 한 사람으로서 '민족적인 것'의 실현에 기여한다면
개인적 삶 자체를 포기하고 죽음을 결의하거나 선택할 수마저 있었다.
학원자유화와 유신헌법철폐를 주장하는 집회에서 할복·자살한 대학생
김상진이 그 같은 경우이다.

> 민족과 역사를 위한 길이고, … 조국의 민주주의를 쟁취하는 길이며, … 사
> 회정의를  구현하는 길이라면 이 보잘것없는 생명, 바치기에 아까움이 없
> 노라(서울대생 김상진, 〈양심선언〉[1975. 4. 11.]).[88]

저항엘리트들은 자신들의 열정과 활동에 대해 일상적으로 '구국'의
의미를 부여하였다. 그리고 꼭 죽음의 결단까지는 아닐지라도, '민족적

---

87. 장준하는 1975년 의문의 죽음을 당하기 전까지 대표적 저항엘리트로 활동했는데, 당시
상황을 "일제시대의 연속선상에서" 파악하며 "망국적이라는 위기의식" 아래 "구국을 위한
자기희생 즉 순국이 불가피하다"고 생각했다(지명관 1995 : 554~555).
88. 한국기독교교회협의회 인권위원회(1987b : 652). '민족'과 '개인'을 동일시하는 민족주의
적 발상의 전형은 파시스트 박정희에게서 다른 형태로 확인된다. 박정희는 쿠데타를 음모
하던 어느 시점부터 사망하기까지 줄곧 자기 개인의 의지와 명령이 곧 민족과 조국의 그
것들이라는 도그마 속에서 살았다.

인 것'을 위한 헌신이나 희생이 숭고한 도덕적 가치임을 대중들과 자신들 스스로에게 되뇌었다. 이러한 대화의 공간과 매체는 특정하게 제한되지 않았다.

1976년 〈3·1민주구국선언〉을 주도하여 수형생활을 하게 된 문익환 목사는 면회를 오는 가족들에게 매번 이렇게 말하였다.

나를 위해 기도하지 말라고 해줘. 나라를 위해 기도해야지. / 민주통일을 내다보고, 우선 민주주의를 회복하고, 그에 대한 신념과 역량을 키우는 것이 필요하다는 것을 알아야 해 … 그러지 않으면 공산통일이 돼! 내 생각을 말고 나라 생각을 하라고 해줘. / 내가 원하는 것은 모두들 민족을 위해 열심히 살아 주십새해는 겟이야 … (김형수 2004 : 515, 521, 535).

그래서 그들이 강조한 민주주의는 흔히 '민족과 국가를 위한' 것들로 규정됐다. 민주주의는 사회구성원들의 구체적 삶 속에서 가지는 의미 못지않게 민족과 국가란 '추상적 전체의 명분' 아래 강조되었다. 저항엘리트들의 담론에서 "독재정권의 쇠사슬"은 "이 민족에게 거듭되는 시련"이었고 "민주주의"는 "우리의 비원"이자 "지상과업"인 "민족통일"의 선결요건이었다. "이 민족", "이 나라"의 대서사를 전제한 거기에서, "우리"가 해야 할 일들은 "무엇이 나라와 겨레를 위해서 좋으냐는 판단"에 따라 결정되어야만 했다.[89]

---

89. 〈민주구국선언서〉 전문과 사건공판에서 문익환이 한 발언을 참고(한국기독교교회협의회 인권위원회 1987b : 685~687, 727~729). 선언서는 이렇게 시작된다. "오늘로 3·1절 쉰일곱 돌을 맞으면서 … 전 세계에 울려 퍼지던 이 민족의 함성, 자주독립을 부르짖던 그 아우성이 쟁쟁히 울려와서 이대로 앉아 있는 것은 구국선열들의 피를 땅에 묻어버리

저항엘리트들의 민족주의가 민주주의를 역설하는 한 권력블록의
그것과 동일할 수 없었다. 그러나 그들은 민족주의적 사유 안에서 벗어
나지 않았고, 때때로 권력블록 이상으로 민족주의적 담론을 내세움에
따라, 대립의 이면에서 중대한 효과 하나를 산출하였다. 그것은 대중들
이 각자의 개인적·집합적 삶과 이해관계를 추상적 전체인 '민족' 또는
'조국'과의 기능주의적 연관 내에서 생각하는 문화의 재생산이었다. 역
설적이게 저항엘리트들은 권력블록과 갈등하는 다른 한편으로, 그러한
문화기반의 재생산기획에 일조하였던 것이다.

> 우리는 하나다 하는 자각이 모든 가치 활동의 근원이 된다. 전체의식 없는
> 것은 도덕인간 정신인간이 아니다. … 그 의식이 없을 때 … 이기주의에 떨
> 어질 수밖에 없고 … 싸움이 일어나고야 만다. 우리 민족은 본래 단일민족
> 이므로 이 전체의식을 가지는 데서는 쉽게 되어 있다. … '우리'라는 생각이
> 지배적으로 되어 있다(함석헌 1985[1972] : 42~43).

권력블록이 수출역량의 배가야말로 민족통일의 긴급한 준비사안이
라고 설파하는 데에 맞서, 저항엘리트들은 민주화가 조만간 맞이해야
할 민족통일의 준비라고 주장하였다. 대중들이 통일을 의문시해서는 안
되는 민족의 지상과제로 받아들인다면, 그것을 향한 도정에서 두 준비
과제들을 꼭 배타적으로만 여길 이유가 없었다.

---

는 죄가 되는 것 같아 … 뜻을 모아 … 선포하고자 한다"(*Ibid.* : 685). 선언서의 기초자인
문익환은 사건공판 도중 선언서 내용의 골자가 민족통일임에도 불구하고 검사의 공소장
은 그에 관하여 한 마디 언급하지 않았음을 지적하였다(*Ibid.* : 710).

국가 경제발전에 피와 땀을 흘려 일해 왔음을 자부하고 있는⋯ 노동자들은⋯ 반공체제의 강화와 경제건설만이 조국통일의 첩경임을 확신하며, 자유롭고 자주적인 민주노조운동이⋯ 이룩될 때⋯ 민주시민의 긍지를 가질 것이다⋯ (한국노동운동 자율화추진 발기인, 〈민주노동운동을 위한 자율화 선언문〉[1975. 3. 10.]).[90]

민주화와 수출역량 증대요구는 현실에서 분명히 대립하는 측면을 지녔음에도 불구하고, 민족주의적 관념 속에선 충분히 상호보완적인 것들로 이해될 수 있었다. 즉 그 둘은 공히 '민족과 조국을 위한' 전략들이라고 생각되는 한에서 대중들에게 양립 불가한 것들로만 받아들여지지 않았다. 여기에는 분쟁국면이 아닌 때만큼은 수출역량 증대를 위해 매진해야 한다는 규범이 함축되어 있었다. 이후 논술들 속에서 한층 명료해지겠지만 바로 대중들을 계몽한 저항엘리트들 자신들이 그랬다.

박정희 정권기 경제개발은 심대한 사회적 고통들과 희생들을 낳았다. 경제개발은 국민경제의 자립화 추세, 자본의 고축적과 사회지배력 확대, 신중간층의 형성 등을 귀결시키는 동시에, 민중들의 고통들과 희생들을 재생산했고 또 새로운 형태로 확장시켰다. 민중들은 빈곤에서 쉽사리 벗어나지 못하였을 뿐 아니라, 과거에 경험하지 못한 '새로운 모순'[일반화되어간 자본/임노동관계] 속에 깊숙이 빨려들어 가고 있었다.

저항엘리트들은 민중들의 반인간적 생활상을 직간접적으로 목격하

---

90. 조승혁(1981 : 163~164).

면서, 권력블록의 '경제제일주의'와 '물질주의'를 비판하였다. 그들은 분배를 확대하고 사문화된 실정법상의 기본권들을 정상화하라고 요구하였다. 그런데 그 직간접적 경험들이 곧바로 '민중들의 발견'으로 이어진 것은 아니다. 1960년대까지 저항엘리트들은 다만 박정희 정권의 정치적 독재[제도권 중앙정치의 경쟁성 제한]를 문제 삼고 권력블록의 그것과 많이 다르지 않은 개발주의 범주 내에서 현실 경제개발의 기술적·절차적 불합리성을 공박할 따름이었다. 이 점은 당시 자유와 민권, 민족이란 이름들 아래 박정희 정권을 비판했던 지식인들의 대표적 공론장 『사상계』를 통해 알 수 있다(김보현 2003).

저항엘리트들의 '새로운 시각'은 노동자 전태일의 분신, 광주대단지 사건 등이 준 외적 충격들을 매개로, 1960년대 말과 1970년대 초경부터 확산되기 시작하였다. 하지만 이 확산 또한 저항엘리트들의 발상과 활동 면에서 대전환은 아니었다. 장준하, 김재준, 함석헌, 천관우, 김승균 등 『사상계』의 편집위원을 역임했거나 직간접적으로 『사상계』와 관계를 맺었던 이들이 1970년대에 접어들어서도 저항진영의 중요한 지위를 점하였다(안철홍 1996). 1970년대 전반기까지 재야 지식인·종교인들, 그리고 대학생들은 교련교육 반대, 선거인단 참여 및 부정선거 규탄, 일본에 의한 재식민화 저지, 민주헌정 수호 및 회복 등의 논제들 이상으로 활동을 하지 않았다. '새로운 시각'의 구현은 공정한 분배와 적정임금, 균형발전 등에 대한 권고들을 정치적 민주화의 사안에 덧붙여서 성명서나 선언문에 올려놓는 식이 대부분이었다.[91] 그리고 인권운

---

91. 한국기독교교회협의회 인권위원회(1987a, b, c, d)의 각종 성명서들 및 선언문들을 참

동은 주로 저항엘리트들에 대한 연행과 수사·재판·행형방식들의 문
제성을 비판하고 개선하려는 노력들이었다.

당시 저항엘리트들의 사회비판은 자본주의는 물론이고 개발주의라
는 특수한 체제 또는 발상을 겨냥하지 않았다. 그들의 비판·극복대상
은 권력블록의 구성원들이 노정한 '반도덕성'으로 집약됐다.


> 광복군 출신자로서 일군장교 출신인 박정희가 주도하는 정권이 이 나라를
> 지배하는 이 세상에서, 참 치욕스럽게 살아 왔다. 그래서 누구보다도 나는
> 박정희를 미워했다(장준하).[92]

> 박정희에 대해서 나는 좋지 않은 감정을 평소에 가지고 있었[다] … 그는 …
> 독립군을 잡으러 다니고 죽이는 것을 일삼았던 일본군 장교였다. … 그는
> … 쿠데타로 정권을 강탈했고 … 탄압하는 수단으로 위수령, 비상사태 선
> 포 … 휴교령, 조기방핵을 동원했으며 … 영구집권을 위한 3선개헌을 …
> 날치기 통과시키고 … 진보적인 인사들을 투옥 … 죽이기까지 했다. 한 마
> 디로 … 민족의 반역자 … 사기꾼, 협잡꾼, 폭력배의 두목 격이었다(김남주
> 1994 : 41~42).

> 오로지 정의를 향한 순수한 열정만이 그 때 학회의 활동을 생동감 있게 만
> 든 게 아니었나 싶습니다. 71년 2학기에 들어와서부터는 오로지 실제적인

---

고. 부의 재분배와 노동기본권 등은 전체 사안들 중 4~5번째 순위로 기입되는 경우가
많았고 7~8번째 마지막 항목에 오른 때도 있었다. '동일방직사건'과 'YH무역사건'처럼
상당히 큰 파장을 일으킨 때를 빼면, 산업선교 활동가들이 아니면서 그 사안들을 중심논
제로 잡아 성명서나 결의문 형태로 발표한 저항엘리트들은 거의 없다. '시대적 불가피론'
을 펴는 예이지만 김대영(2005 : 422)이 1970년대 중반 "반유신 재야운동"의 활동양상을
"성명전"으로 요약한 것만은 적절해 보인다.

92. 장준하 선생 20주기 추모사업회 편(1995 : 598)에서 재인용.

데모 준비와 데모한 것 이외에는 기억이 나지 않습니다(김문수).[93]

'전국민주청년학생총연맹[민청학련] 사건'은 흔히 1970년대 학생운동사와 전체 민주화운동사 속에서 중요한 의의를 가졌던 것으로 평가된다.[94] 그 주역들은 "민중의 생존권 보장"을 "진정한 민주화"의 필요조건으로 생각하면서 자신들의 선언문에 "민중" 개념을 포함시켰다고 말한다. 또 그랬기 때문에 민청학련 사건은 "학생운동이 새로운 각도에서 조명 받게 된 하나의 큰 사건"이었다고 주장한다(이철 1995 : 169). 그러나 이들도 반도덕성 비판의 테두리를 넘어서지 않았다. 민청학련을 주도한 사람들은 민중들의 고통에 대해 종전보다 더 많은 관심을 기울였으나, 그것들의 양산 원인을 독재정권과 소수 기업인들, 관료들의 반도덕성에서 찾았다.

민족자본의 압살과 매판화를 종용하여 수십억 불의 부채를 국민에게 전가시키며 혈세를 가렴하여 절대권력과 폭압정치의 밑천으로 삼고 기간산업을 포함한 주요 경제부문의 족벌사유화를 획책해온 저들 매판족벌이야말로 오늘의 돌이킬 수 없는 참상을 초래케 한 장본인이다. 극소수 특권족벌들은 … 자기 책임을 전가하고 진실을 은폐하기에 급급할 뿐이다. … 국민경제의 전면적 파탄은 … 매판특권체와 부정부패의 여파가 확대 재생산되는 창부경제의 산물이라는 것은 명백한 사실이다(전국민주청년학생총연맹, 〈민중·민족·민주선언〉[1974. 4. 3.] 중).[95]

---

93. 편집부(1986 : 132).
94. 사건의 개황은 민청학련운동계승사업회 편(2004)을 참고.
95. 한국기독교교회협의회 인권위원회(1987a : 356). '민중' 개념을 추가하였다지만 이 선언

사회-정치적으로 극복해야 할 상대세력들을 "깡패집단", "도둑무리", "매국노"로만 생각하는 이들에게 개발주의 비판을 기대한다는 것은 사실상 무리한 일이다. 더욱이 반도덕성을 국민경제의 비생산성과, 이것을 다시 민중들의 고통과 인과적으로 직접 연계시키는 사고가 배어 있다는 점에서, 도리어 그들은 개발주의의 핵심 명제['발전하면 잘 살게 된다']를 수용하고 있었던 것이다. 다만 국민경제의 발전 추세 속에 나타난 긴장과 모순을 "국민경제의 전면적 파탄"으로 오독하는 상황이었기 때문에, 그것이 아직 현재화되지 않은 것이다.

반도덕성 비판의 핵심논리는 '민주수호' 혹은 '민주회복'이었다. 유신체제기에 저항엘리트들은 매번 자신들의 활동을 '민주회복운동'이라 불렀다. 그들은 '회복'되어야 할 무엇인가를 상정했고, 그것 이상의 민주화는 유보하거나 억제 또는 반대하였다. 그들의 입장을 조금 더 호의적으로 해석한다면, '그것 이상의 민주화'는 유신체제기 이전의 민주주의를 '회복'하였을 때 자연스럽게 실현되어 갈 것이라고 생각한 낙관론이었다. 어쨌든 운동의 핵심지향이 제3공화국 헌법으로의 복귀, 그 중에서도 특히 제도권 중앙정치의 경쟁성 회복이었던 것은 분명하다. 그런 상황에서 민중들의 고통들은 한 사회의 엘리트들로서 응당 지녀야 할 윤리적·온정주의적 책임감의 대상에 머물렀고, 민중들의 고통들과 개발주의 체제, 개발주의 발상들 사이의 연관에 대해선 적극적으로 고민하지 않았다. 민중들의 삶은 언제나 소수 불한당들이 저지르는 부정

---

문은 전반적으로 10년 전 그들의 선배들이 〈민족적 민주주의 장례식〉을 거행하면서 낭독한 조사나 선언문(박태순·김동춘 1991 : 188~189)과 내용 면에서 크게 다르지 않다.

부패에서 비롯한다고 여겨졌다.

> 당시 투쟁의 본질적 성격은 유신철폐 민주운동이었다(정윤광 2004 :
> 59~60).[96]

> 현 정부는 … 부정부패가 많기 때문에 … 삼권이 1인 손에 장악되어 있는
> 체제이기 때문에 … 1인의 장기집권[이기 때문에] … 가끔 인간의 기본권이
> 침해를 당하기 때문에 반대[한다] … 이 외에는 … 나의 진정한 뜻에서 나온
> 말이 아니라 타의에 의한 강박에서 나온 것임을 알아주기 바란다(지학순
> 주교, 〈성명서〉[1974. 7. 15.]).[97]

> 빚을 얻어다가 생산적인 산업에 쓰지 않고 정치선전과 부정사업가들의 가
> 로챔에 내맡겨두었기 때문에 외양으로는 건설된듯하나 속으로는 비게 됐
> 다. … 사회가 튼튼할 리가 없다(함석헌 1985[1971] : 75).

1970년대 학생운동사 속에서 가장 큰 의미를 부여받는 것이 앞의 '민청학련사건'이라면, 당시 재야 지식인들과 종교인들, 정치인들이 전개한 민주화 실천들 중에선 1976년에 있었던 '3 · 1민주구국선언사건'이 유사한 경우에 해당한다. 그것이 당시 가장 주목할 만한 일들 중 하나였다면, 또한 1970년대 재야 사회운동들의 내용을 대체적으로 가늠

---

96. 정윤광 뿐만 아니라 '민청학련사건' 전후의 학생운동을 주도한 다른 인물들의 회고적 자기 평가에서도 당시 이들이 가진 문제의식의 대체적 내용을 파악할 수 있다. 그들은 "70년대의 지식인 · 학생운동"이 내용 면에서 "민주화 내지 인권운동의 차원"에 그쳤고 형태면에서 "문제제기 수준의 저항"에 머물렀다거나, "대체로 반군사독재투쟁의 제한된 형태로 그것도 단속적으로 전개되었다"는 사후 평가를 하였다(이해찬 1986 : 228; 서중석 1988 : 68).
97. 한국기독교교회협의회 인권위원회(1987a : 360).

할 수 있는 충분한 준거가 될 것이다.[98] 사건에 대한 이해는 선언 주체
들의 자체 평가로부터 쉽게 끌어낼 수 있다.

> 우리는 성명서를 한 장 낸 것밖에 없습니다. … 대통령 3선 … 그것은 헌법
> 절차에 의해서 선거를 했기 때문에 많은 부정이 있었[지만 … 승복을 했습
> 니다. 우리가 승복하지 않은 것은 법적 절차에 의하지 않은 유신체제를 했
> 기 때문에 승복하지 않은 것입니다(김대중, 사건 공판 진술).[99]

> 의논 끝에 학생들이 많이 형무소에 들어가 있는데 … 그들의 주장을 대변
> 해주고 그들의 석방을 요구하는 성명서를 내는 것이 … 도리라고 생각했
> 다. … 긴급조치는 물론 유신헌법을 철폐하고 민주헌법으로 돌아갈 것, 구
> 속된 학생들·양심수들을 석방할 것을 주장하기로[했다] … (이우정 1998
> : 251).

1970년대 후반기에 들어서 한 가지 변화가 나타났다. 그것은 민주
노조운동에 대한 권력블록의 극단적 탄압들이 행하여지면서, 재야 지식
인·종교인·문인들이 노동자들을 위한 지원활동들을 폈다는 점이다
(조화순 1986 : 85ff.; 전 YH노동조합 외 1984 : 188ff.; 김성수 2001 : 1
47~148). 비록 이들이 공개적 테러에 대한 사후적 대응이란 소극적인
것들이었지만, 종전처럼 주로 도심의 기도회나 집회 등에서 공정한 분
배와 노동기본권의 정상화 요구를 첨부한 성명서를 발표했던 예들에
비하면, 한층 더 민중들에게 다가선 실천들이었다. 이 활동들은 일차적

---

98. 사건의 개황은 3·1민주구국선언 관련자(1998)를 참고.
99. 한국기독교교회협의회 인권위원회(1987b : 723).

으로 개별 쟁의나 탄압과 관련하여 '대책위원회'를 구성하고, 노동자들을 위로·격려·설득하여 자본-국가 측과의 중재를 주선한다든지, 야당에게 협조를 구하는 데에 주안점을 두었다. 그러나 그들의 기대는 항상 좌절됐다. 자본가들과 국가는 협상을 거부하거나 합의사항들을 파기하면서 탄압공세를 강화하였다. 저항엘리트들의 해법은 당시 더욱 격화되고 있던 탄압들의 정세적 함의, 그리고 현실의 개발주의 체제가 지녔던 공고한 계급편향성에 비해 너무도 '순진한 것'이었다.[100]

1970년대 저항엘리트들이 민중들과 원거리를 유지한 채, 혹은 그들의 외곽에서만 활동했던 것은 아니다. 비록 전체 운동들 가운데 부차적 지위를 면치 못하였지만, 민중들의 생활현장 속에서 그들과 고락을 함께 하는 지점까지 나아간 기독교 엘리트들의 실천들이 있었다. 개신교와 가톨릭의 진보그룹들이 공단과 판자촌 등지에서 전개한 사회선교활동들이 그것들이다.

그러면 이들의 생각은 권력블록의 개발주의와 얼마나 달랐을까? 그들은 개발주의 기획의 최대 희생자들인 '민중들과 함께 하며' 당면한 문제들을 풀어가려 했다는 점에서, 1960년대 저항엘리트들의 주류나 반독재투쟁에 몰두한 1970년대 다른 저항엘리트들과는 대비되는 일면이 있었다. 그러나 이 차이가 현실의 비판 및 대안이란 측면에서까지

---

100. 저항엘리트들의 이른바 재야그룹과 학생운동의 주요 문제설정은 1970년대 후반기에도 큰 변화가 없었다. 한완상(1978)은 그러한 판단의 한 근거를 제공한다. 거기에서 비판 대상은 여전히 "부정부패", 즉 "독재정권"과 "독점기업"이 노정한 "절차윤리"의 부재에 국한됐다. 또 현실의 대안으로 제시한 "민중이 주인이 되는 역사"를 "의회민주주의"와 "산업민주주의"가 결합된 상태로 보았는데, 후자는 전자의 보장과 성숙에 뒤따라서 거의 자연스럽게 실현될 수 있는 것처럼 간주했다.

전향적임을 의미하지는 않았다.

도시빈민 선교활동의 경우 "고통 받고 비참하게 살고 있는" 사람들과 "끝까지 함께" 한다는 것, "그저 그들 속에서 한 이웃으로" 사는 것, 그리하여 "가난에 동참하는 것"이 그 위상의 요점이었다. "빈민운동의 대부" 제정구는 자신의 실천에 대해 다음과 같이 간명하게 말했다.

공동체의 취지는 … "함께 살아보자"는 것이 전부였다(제정구를 생각하는 모임 2000 : 174).

그와 함께 공동체 생활을 했던 정일우 신부는 제정구의 "정서적·철학적 배경으로 세 가지를 꼽았다. 첫째는 시골 공동체에 대한 향수, 둘째는 자연에 대한 사랑, 셋째는 빈자의 자유"(김기선 2004b : 5).

그렇다고 빈민운동이 적극적 의미의 로맨티시즘, 즉 반산업주의의 성향을 지녔던 것은 아니다. 빈민운동의 사업들은 야학·소비조합·의료협동조합·사랑방 운영, 철거대책 및 집단이주, 건의 및 청원활동 등이었다. 그것들은 산업도시와의 연계를 유지하면서, '외부'가 제공하는 자선보다는 적극적인 방식으로, 빈민들과 일상을 같이 보내며 실행하는 사실상의 '구빈' 프로그램이었다(제정구를 생각하는 모임 2000 : 3~4장; 조배원 2003). 빈민운동가들은 "민중의 신음소리"가 사회–정치적 요인들에 따른 것이라고 말하면서도, "사회의 제도와 구조를 개혁"한다는 목적은 선교전략들 전체에서 주변에 위치시켰다.[101] 그들은 종종 정권

---

101. 빈민선교연합체 '수도권 특수지역 선교위원회'는 "지역주민조직 중심 선교의 전략"에서 "사회의 제도와 구조" 개혁을 전체 9개 항목들 가운데 9번째로 올려놓았다(한국기독교

의 눈엣가시 같은 존재였으나, 엄밀히 말하면 전반적으로 개발주의 기획의 모순을 국부적 수준에서 조절해주는 역할을 하였다.[102]

빈민운동의 정치화는 오로지 정권의 과잉탄압과 이것을 선교자유의 박탈[교권 침해]로 받아들인 선교자들의 인식에 의해 이루어졌다.

> 가난한 사람들이 스스로 힘을 모아 자기들의 권리로써 주장할 것을 주장하도록 계몽하는 것이 참다운 선교라는 생각이었지요. 가령 부잣집동네 쓰레기는 치워주면서 판자촌 쓰레기는 안 치워주는데, 이걸 치워 달라고 주장하도록 하자 … 동에 찾아가 요구하고 안 해주면 항의하고 … 그런데 … 유신체제가 되니까 … 빨갱이로 모는 거예요. … 꼼짝할 수가 없었어요. 그때 느낀 것은 … 자유가 있어야 기독교적인 사랑도 할 수 있지, 자유가 없으면 사랑도 불가능하다는 것입니다. 그리고 자유를 획득하는 것은 정치적 행동입니다(박형규 목사).[103]

민중들과 고락을 함께 한 엘리트들 중, 현실의 경제개발에 대해 좀 더 비판적인 위상을 지녔던 사람들은 산업선교 활동가들이었다. 그들은 발전의 '역기능'이 초래한다고 생각한 공장지대의 야만적 실상들에 주목하였으며, '인간성'과 배치되는 발전은 의미가 없는 것이라고 주장하였다. 그들은 일차적으로 노동조합의 조직과 운영을 적극적으로 지원했

---

교회협의회 인권위원회 1987e : 77).
102. 제정구가 1977년 봄, 기존 거주지의 철거고지에 따라 경기도 시흥군에 주민들과 함께 집단 이주하여 새로운 '복음자리'를 마련했는데, 그 때 중앙정보부의 한 간부가 큰 도움을 주었다(제정구를 생각하는 모임 2000 : 136~141). 이것은 단순히 해당자의 '인정'과 '선의'로 볼 수 없으며, 빈민선교가 그 만큼 박정희 정권기 개발주의 체제에 역기능하는 측면이 적었음을 시사한다.
103. 김동선(1987 : 391~392).

고, 노동자들이 처해 있는 사회-정치적 조건들과 관련된 교육·토론 프로그램들을 진행시켰다. 그리고 국가기관들과 언론들을 비롯한 각계에 건의·진정·청구 등을 하면서, 민중들의 인간적 삶을 보장하기 위한 조치로서 공정한 분배를 시행할 것과 헌법 및 여타 법률상의 사문화된 기본권사항들을 정상화하라고 요구했다. 이런 활동들은 '발전의 가치를 상대화'하는 효과를 낳았음에 틀림없고, 그 점에서 권력블록의 기획에 대한 하나의 비판으로서 자리했음이 또한 확실하다.

그런데 유의할 점은 산업선교의 입장이 결코 발전의 가치를 상대화하는 효과만 낳지 않았다는 사실이다. 그들은 기본적으로 개발주의의 주요 명제들을 수용하고 있었다. 산업선교 및 민주노조운동의 엘리트들이 비판과 개혁 대상으로 겨냥한 것은 정확히 말해 권력블록의 개발주의적 기조가 아니었다.

경제발전 … 고도성장 … 100억불 수출 모두가 바람직한 일이다. 그러나 …
노동자들이 일한 만큼의 임금을 받고 있는가?(조지송 1978 : 63).

우리 … 는 노동의 신성[함]을 믿어왔고 국가시책에 적극 협조하여 경제발전의 최첨단에서 생산성 향상의 책임을 다하여 왔습니다. 그러기에 우리의 권익을 위한 주장을 우리는 양심의 부끄러움 없이 외칠 수 있는 것입니다. 그러나 오늘날 몸 바쳐 일해 온 우리에게 주어진 결과가 무엇입니까?(한국모방 노조위원장 방용석, 〈조합원총회에 즈음하여〉[1974. 9. 28.]).[104]

---

104. 한국교회산업선교25주년 기념대회자료 편찬위원회 편(1984 : 407).

　"국가시책"에 대한 "적극 협조", "경제발전"을 위한 "생산성 향상의 책임", "몸 바쳐" 하는 노동력 투여 등은 논외로 두고, 사후적으로 "주어진 결과"가 과소하다는 지적을 하는 데에 그쳤던 것이다. 노동에 "신성[성]"을 부여하여 노동력 동원을 극대화하려는 국가이데올로기에도 회의를 표명하지 않았다.[105] 바꾸어 말해서 국민적 생산력의 급속한 증대를 위해 사회기층의 성원들을 동원화한다는 개발주의 프로젝트의 요체, 그리고 사회기층의 성원들은 그 같은 목표 달성을 위해 헌신하여야 한다는 개발주의 프로젝트의 규범이 불문에 부쳐졌다. 그것들의 정당성 여부와 무관하게 분배 및 노동조건의 개선만을 요구한 것이다. 산업선교의 이 같은 입장은 하나의 도덕주의였다고 달리 말할 수 있다.

　　말하자면 남의 품값 … 퇴직금 … 잔업수당을 … 주지 않는 것이 도둑질 아니냐?(인명진 목사, 집회연설[1978. 4. 17]).[106]

　　형제들을 부당하고 억울하게 하는 기업주들 … 의 횡포를 묵인 내지 비호하는 불법을 고발하는 일은 … 하나님의 공의를 천명하고 사회정의를 부르짖는 일이다(한국기독교교회협의회, 〈산업선교신학선언〉[1978. 9. 7.]).[107]

　　산업선교 엘리트들은 누차 노동자들의 비참한 현실이 "구조악"으로

---

105. '에큐메니칼 현대선교협의체'는 1973년 12월에 발표한 "인권선언"을 통해서, 노동자들이 "안정된 생활과 직장을 보장"받아야 하는 이유는 그들이 "국가자원의 확대를 위해 일하는 봉사자"이기 때문이라고 주장했다(조승혁 1981 : 135).
106. 한국교회산업선교25주년 기념대회자료 편찬위원회 편(1984 : 456).
107. 영등포산업선교회 40년사 기획위원회 편(1998 : 219).

부터 비롯된 것이라고 주장했다. 또 그렇게 일반 노동자들에게 교육했다. 그런데 그들이 정작 "구조악"이라 생각한 것은 일부 "악덕" 기업주들의 "행패"와 정부의 "무관심"이었다. 그러므로 노동자들의 반인간적 실태는 "비양심적인 처사"가 낳은 "불법적"이며 "부당"하고 "억울"한 일이었다(한국기독교교회협의회 도시산업선교문제대책위원회 편 1979 : 34). 문제의 핵심은 도둑질과 사기행각이나 다름없는 부정부패요, 생산적 노력 없이 이득을 챙기는 렌트 추구(rent-seeking), 즉 가치이전 행위였다. 그것을 그들은 "수탈"이라 불렀다. 부정부패가 논리적으로 개발주의와 결합하지 못할 이유 없고, 역사적으로도 여타 나라들의 근대사를 통해 그래 왔다. 그러나 양자가 동일 차원의 사안들은 아니다. 그들이 권력블록의 기획에 대립시키며 제시한 발상은 개발주의 비판이라기보다 '부정부패 없는' 개발주의였다.

다음과 같은 측면에서 볼 때에도 분배 및 노동조건의 개선 요구가 곧 개발주의의 지양을 함축한 것은 아니었다. 권력블록의 그것과 동일한 정치경제학의 범주들 속에서 사고하는 한, 분배 및 노동조건의 개선은 생산과 필연적으로 연동되어야 하는 생산 이후의 과정이며, 거기에 상응하는 만큼 '더 많은 생산량', '더 높은 생산성'이란 규범들이 따라붙게 된다. '분배 및 노동조건의 개선'은 그 자체로서 독립적인 가치이기보다, '생산 = 자본축적'과 맺는 기능연관['생산 = 자본축적'에 대한 기여 여부 및 정도]에 따라 제한되어야 하는 종속적 가치로 사고되었다.

선교적 노력은⋯ 희망적인 면을 보여주기 시작했다. 그 한 가지는⋯ 노동운동의 자율성⋯ 다른 한 가지는⋯ 산업평화를 위한 자제와 헌신적 자기 노력 ─ 졸지 않고 일하기 위해 손가락을 깨물기도 했으며, 사보타지나 파업을 하지 않고 평화적으로 투쟁하기 위해 고심했다 ─ 을 보여주었다는 점이다. … 선교사업이 … 부분적으로나마 … 뿌리를 내리게 되었다는 증거로 받아들여진다(조승혁 1981 : 278).[108]

산업선교 활동가들에게 "공장"은 또 다른 "전도의 장소", 즉 "하나님의 진리가 펼쳐지도록 해야" 하는 공간이었는데, 거기에서 "분배" 뿐만 아니라 "생산성"과 "발전"도 "하나님의 진리"였다(조승혁 1981: 267~268). 생산성은 "하나님의 진리"였으므로 당연히 '민족적인 것'이었다. 산업선교의 입장에서 생산성은 불편부당한 중립적 가치로 간주됐으며 이것은 개발주의의 중요한 내용들 중 하나였다.[109]

도덕주의적 비판과 이것에 의해 일견 은폐되어 있던 개발주의적 가정들은 앞서 언급한 민청학련 구성원들을 포함해, 당대 저항엘리트들 대부분이 공유하였다. 박정희 정권기에 정치적 민주화운동의 구심적 인물이자 독실한 가톨릭신자였던 김대중이 후일 다음과 같이 한 발언 또한 유사한 맥락에서 독해된다.

우리나라 기업들은 경제적 원리로 돈 벌려는 것이 아니라, 관권과 결탁해

---

108. 당시 산업선교 엘리트들은 자신들이 "권리 주장과 함께 책임의식을 갖게 하는 직업윤리", 그리고 "산업평화", "국가발전"을 위해 노력했음을 강조하였다(한국기독교교회협의회 도시산업선교문제대책위원회 1979 : 10, 12, 189).
109. '생산성'은 결코 가치중립적일 수 없다. 사회의 이익들은 다양하며 권력관계들에 따라 성층화된다. 특정한 사회관계를 초월한 '생산성'이란 순수이념으로서만 존재 가능하다. 자본가에게 '생산성'은 추상적 의미의 노동시간 절약도 노동력투여 일반의 경제화도 아니다. 그것은 '잉여가치 증식'의 방편이다(Marx 1983[1887] : Part IV; 1984[1894] : 262, 264; Chatterjee 1986 : 14~15).

서 자꾸 긁어모으고 있습니다. … 이것은 관치 하에서 반민중적·부패적·수탈적인 경제로서 자유경제가 아닙니다. / 그러나 내가 박정희 씨에 대해서 단 하나 인정한 것은 그 분의 치적을 통해서 우리가 "하면 된다"는 자신감을 국민에게 심어주는 데 공헌한 것입니다. 그 시절 이래 우리 국민들은 자신감을 갖게 되었습니다.[110]

산업선교 엘리트들의 도덕주의는 이른바 '천부인권'의 관점에서 재차 확인된다.

인권은 하나님이 모든 개인에게 부여한 절대적 권리다. 그러므로 이를 유린하는 자는 반드시 하나님의 심판을 받을 것이다(에큐메니칼 현대 선교협의체, 〈인권선언〉[1973. 12. 10.]).[111]

인권은 다만 '주어진' 절대적 덕목으로 단순화되었으며 그 만큼 인권의 사회화를 저지하는/가능하게 할 조건들이 깊이 있게 사고되지 않았다. 그 때 노동자들이 '상실한' 인권을 되찾는 길은 크게 보아, 권력블록의 구성원들 중 일부를 '양심적이고 건전한' 인물들로 교체하는 것, 또 그들 중 일부가 외적 자극을 매개로 하여 회개하고 성찰하는 것이 된다.[112]

이 도덕주의는 그들이 독실한 기독교인들이라는 사실과 관련된 입

---

110. 여영무(1985 : 190, 193).

111. 조승혁(1981 : 135).

112. 이 인식지평이야말로 산업선교 엘리트들이 당대 중요한 제반 사안들을 '헌법개정→공정선거→정권교체'라는 시나리오에 환원시켰던 여타 저항엘리트들의 '정치적 민주주의론'에 대해 별다른 이견을 제기하지 않은 핵심적 이유이다.

장이었다. 그들은 일상적으로 성경구절들 속에서 자신들의 행동을 '인
도'받았다.

> 망할 것들! / 권력이나 쥐었다고 / 자리에 들면 못된 일만 꾸몄다가 / 아침
> 밝기가 무섭게 해치우고 마는 이 악당들아 / 탐나는 밭이 있으면 빼앗고
> / 탐나는 집을 만나면 제 것으로 만들어 / 그 집과 함께 임자도 종으로 삼
> 고 / 밭과 함께 밭주인도 부려먹는구나(미 2 : 1~2).[113]

여기에 '악'을 양산한 '구조'가 신중하게 분석되고 이 '구조'를 해체
할 방도에 대한 진지한 토론이 개재될 여지는 별로 없다. "다만 구약의
예언자들, 신약의 사도들, 그리스도교 역사상의 증인들과 순교자들, 그
리고 무엇보다 예수 그리스도의 선교활동에서" 자신들의 "삶과 행동의
표본을 보기 때문이다"(한국기독교교회협의회 인권위원회 1987a : 407).
당연히 개발주의 체제와 발상들에 대한 의문이 확산될 단서가 역시 희
박하다. 그 회의의 기반은 오로지 노동자들의 고통스러운 삶 자체로만 존
재하게 된다. 〈인천산업선교회〉의 중심인물이었던 조화순 목사는 당시
자신이 한 활동들을 이렇게 설명한다.

오로지 성경밖에 아는 것이 없고 그 성경하고 삶을 생짜배기로 연결시키

---

113. 김찬국(1980 : 34)에서 재인용. 김찬국은 1978년부터 3년 간 감리교 본부선교국의 산
　　업선교를 위한 자문위원으로 근무하면서 산업선교 실무자들과 긴밀하게 교류하였다(한국
　　여신학자협의회 여신학자연구반 편 1992 : 269). 인용된 '미가서'의 문장들은 〈영등포산업
　　선교회〉의 핵심 인물이었던 인명진 목사가 1978년 4월 한 기도회에서 설교도중 인용했다
　　가 그것을 빌미로 검찰에 의해 구속당하는 계기가 됐던 것들이기도 하다(영등포산업선교
　　회 40년사 기획위원회 1998 : 195).

려고 애쓴 것뿐이다.[114]

조화순 목사의 곁에서 산업선교 실무자 활동을 한 인재근은 다음과 같이 말한다.

그 당시 저는 운동이라고 생각했는데 지금에 와서 정리해 보면 복음전파였어요. … 특히 목사님이 하시는 일은 복음전파였다고 생각해요.[115]

민중들과 고락을 함께 한 기독교 엘리트들은 그들의 빈번한 공언과 달리, 사실상 "성사적"(聖事的 : sacramental) 사고와 실천 범주들에 갇혀 있었다. 그들은 현실의 참상을 인지한 연후, 그것에 대한 윤리적이고 종교적인 항변과 분노를 표하였다. 그들은 집단적 양심의 형태를 띠면서 민중들에게 직접 다가섰고, 민중들의 전쟁 같은 일상들에 참여하면서 함께 공동체를 이루고자 하였다. 그러나 개발주의 체제와 발상의 극복을 위한 최소한의 조건인 "구조"에 대한 "사회분석적" 차원으로까지는 나아가지 않았다.[116]

---

114. 조성혜(2003 : 158). 산업선교 엘리트들은 1980년에 정권의 강화된 탄압과 새로이 등장한 급진주의 경향으로부터 자극 받아, 정체성의 위기감 속에서 자기 성찰적 토론들을 한 바 있는데, 그 와중에 위에서 말한 지점들을 반영하는 문제제기들이 있었다. "단지 임금을 올리고 체불임금을 받아내고 노동시간을 줄이고 어용노조를 민주화하는 것이 투쟁의 최종목적인가"; "사회과학적 분석이나 대처보다는 종교적 온정주의로 흘렀다"; "신학을 공부한 성직자와 뜨거운 복음적 열망만을 가지고는" 앞으로 활동을 지속하고 확대하기 어렵다 등(영등포산업선교회 40년사 기획위원회 1998 : 229~230).
115. 한국여신학자협의회 여신학자연구회 편(1992 : 265).
116. 이러한 평가와 관련하여, 기독교 엘리트들의 사회비판적 실천들이 동일한 "참상"을 "체험"하는 상이한 형태들("감지"인가 "분석"인가에 따라, "성사"의 차원에 그칠 수도 "해방"의 차원으로까지 나아갈 수도 있음을 논의한 레오나르도 보프 · 끌로도비스 보프(1988

그렇다고 그들이 어떤 종교 외적 이론이나 이념과 무관한 '순수한' 운동을 한 것은 결코 아니다. 그들은 반대로 특정한 이론과 이념을 규범들로서 기저에 깔아둔 활동들을 전개하였다. 한 논자는 산업선교 엘리트들의 활동기조와 관련하여, "이념적 색채를 전연 띠지 않은 채 근로기준법과 같은 법적 권리를 내세우고 이것을 매개로 노동자들의 권리의식이나 조직 확산 그리고 투쟁을 북돋았다"고 평가한다(권진관 2004 : 202). 그러나 그들의 활동에서 "근로기준법"이 최고 텍스트였다는 사실이야말로, 그 운동의 특정한 이론적 기초 및 이념적 지향을 잘 웅변한다. 더욱이 그들은 자신들의 운동비전을 잠정적 규범이 아니라, 그 정당성 및 타당성에 대한 대중적 토론과 논쟁의 가능성이 일체 상정될 수 없는 절대적 가치로 간주하였다. 이 같은 입장은 '이론'과 '현실', '이론'과 '실천', '이론'과 '품성'을 배타적으로 대치시키면서 후자에 도덕적 가치를 부여하는 한편, 전자의 무용론을 폈던 태도에서 알 수 있다(한국여신학자협의회 여신학자연구회 편 1992 : 82~83 ; 185; 권진관 2004 : 210).

우리는 '세미나'라는 것을 가장 우습게 생각하는 사람들입니다. … '세미나' [는 … 다 배부른 사람들이 하는 겁니다. … 사회과학이란 얘기를 자꾸 하게 되는데, 그 당시에 노동자의 상황이 사회과학이고 나발이고 없었어요. 18시간 일하는 놈한테 무슨 사회과학이론이 있어요?(〈영등포산업선교회〉

---

: 17~31)를 참고하였다. 박정희 정권기 산업선교 엘리트들에게 공장노동자들과 함께 하는 생활은 3가지 의미들이 중첩적으로 부여된 시공간이었다 : ① 전도 혹은 선교의 장 ② 노동조건 개선활동의 장 ③ 엘리트 자신의 영적 수련을 위한 장.

인명진 목사)[117]

그것은 이론들 일반을 경시하는 입장이 아니었다. 그것은 이미 실천과 결합된 자신들의 이론을 특권화하고, 자신들의 이론에 대한 잠재적·현재적 비판들을 예방·봉쇄하는 태도였다.[118]

박정희 정권기 저항엘리트들은 민중들의 고통과 희생을 대체로 도덕론의 견지에서 이해하고 비판하였다. 그러나 그렇다고 그들의 활동들이 소위 과학적·체계적 분석 및 대안 구상을 완전히 결여했던 것은 아니다. 경제학자 박현채의 '민족경제론'과 정치인 김대중의 '대중경제론' 등이 그 사실을 대표한다. 두 입론들은 분명히 사회혁명 혹은 사회개혁의 문제설정을 포괄하고 있었다.[119] 이들이 저항엘리트들 일반에게서 점한 위상을 정확히 판정하기란 용이하지 않지만, 저항엘리트들 중에서도 '선진적' 성원들이 공유했던 바와 크게 다르지 않은 입장들이었다고 여겨진다. 그리고 그 영향은 학생운동을 비롯한 지식인운동에서뿐

---

117. 권진관(2004 : 210).

118. 이광일(1999 : 81~126)은 그들의 이론 및 운동비전을 '자유주의'로 요약한다. 필자는 그 같은 평가에 이견을 갖고 있지 않다. 그러나 거기에서 그친다면 저항엘리트들이 권력블록과 공유했던 패러다임들은 간과되지 않을 수 없다.

119. 이하에서 '민족경제론'은 박현채가 1967년 이후 발표한 논술들과 조용범(1973)을, '대중경제론'은 김대중이 1971년 대통령선거 출마를 기해 발표한 『대중경제론 100문 100답』과 그의 기타 관련 논술들 및 발언들을 말한다. 주로 1970년대의 것들을 논의 대상으로 삼았으나 일부 1960년대와 1980년대의 것들도 인용하였다. '대중경제론'의 주요 부분들이 '민족경제론'에서 전재된 것들이기 때문에, 둘의 분석들과 주장들은 많은 정도 일치했다. 다만 상대적으로 전자는 국가주의 성향을, 후자가 자유주의 성향을 더 지니고 있었다. 『대중경제론 100문 100답』이 작성된 과정에 대해서는 임동규(2001)를 참고.

만 아니라 민중들의 운동에서도 확인된다.

당시 농민운동의 주요 구성원들은 '현장' 외부에서 추진한 교육프로그램을 통해 배출됐다. 그것은 대표적으로 〈크리스챤아카데미〉 같은 "기구 내로 불러들여 교육을 시킨 후 의식화된 사람들을 농촌에 돌려보내고 그 다음에 관계를 맺어서 조직운동을 하거나 싸움을 하게 하는 식"이었다(서경원 외 1984 : 47~48; 이우재 1991 : 187~226; 조영욱 1998 : 60~75; 장상환 2001). 당시 교육 실무를 맡았던 이에 따르면 프로그램은 "농업문제"가 "자본주의경제의 구조적인 문제"이며 "농민을 수탈하는 저농산물가격 정책"으로 "악화됨을 인식"하도록 운용됐다. 그리고 외부 강사들로 한완상, 리영희, 정영일, 박현채, 김병태 등이 참여하였으며, 교재들로 『후진국경제론』[조용범], 『농업경제학』[박근창], 『농협론신강』[최종식] 등을 사용하였다(장상환 2001 : 83~88). 또 다른 교육 실무자 이우재의 말처럼 "사회과학 공부를 꽤 체계적으로 했던 것"처럼 여겨진다(서경원 외 1984 : 49).

그러나 그들의 '구조'에 대한 이해는 실상 개발주의적 발상들에 의해 지배되었다. 교육자들의 시야는 생산력 사안들 그리고 이들과 밀접히 연계된 논제들로 채워져 있었다. 그 외엔 개발주의 체제 및 발상들과는 다른 수준의 것, 즉 '생산 외적' 과정이자 결과로서의 '부정부패'에 대한 비판이 한 자리를 점하였다.

한국농업을 경제적 측면에서 … 여러 가지로 이야기할 수 있다. 농업생산력의 저위, 영세농경영제, 가족노작적 미맥편중농업, 농업기술수준의 저위, 농가인구의 상대적 과잉, 농가부채의 누적현상, 자본장비율의 저위, 기생

지주제의 재생현상, 농민분해현상 등… (이우재 1979 : 42).

농업이 국내 공업과의 긴밀한 분업관련의 결여로 농업 내적으로는… 소경영양식을 청산하지 못하고… 농업혁명을 수행할 수 없었으며 농업 외적으로는… 적정한 농산물 가격에 의해 농업혁명 및 기술변혁에의 유인을 갖지 못했다… (박현채 1981[1970] : 89).

그들은 농민들의 '빈곤'이 농업의 '낮은 생산력'에서 초래되고 또 농민들의 '빈곤'이 농업의 '생산력 정체'를 지속시키는 순환적 재생산 동학을 문제의 요체라고 여겼다(이우재 ibid. : 43, 45, 63). 그리고 이 악순환의 고리에 대해 실제 가치 이하의 농산물가격을 강요한 독점자본의 부정축재와 이를 용인한 부패관료 사이의 결탁에 의해 심화되는 것으로 파악하였다. 저농산물가격은 부정축재의 한 수단으로서 농민들의 빈곤을 지속케 하는 직접적 요인이었을 뿐더러, 농민들의 생산의욕과 생산성을 저하시켜 그들의 빈곤을 누증하는 심화요인이라고 간주됐다. 요컨대 농업의 생산력 정체가 독점자본과 국가에 의해 의도적으로 조성된 실정이었으며 이로부터 농민들의 빈곤이 귀결됐다는 것이다(ibid. : 49, 50, 55, 60). 현실 진단이 이러할 때 그들의 비판과 대안은 주로 생산력 증강의 방법 또는 시스템을 둘러싼 것들이 되지 않을 수 없다. 빈곤과 생산력 정체의 악순환이란 분석은 "가난한 나라"의 경우 "가난하기 때문에 가난하다"는 전후 초기 개발경제학자 넉시(R. Nurkse)가 한 기술주의적 상황 판단과 흡사한 것으로서, 당면 문제의 해결과 관련하여 '투자의 결정성'을 이면에 전제해둔 인식이었다.[120] 그리고 이로

부터 현상된 비판 및 대안의 형태가 '농업경시론'/'농공병진론'이었는
데, 농업에 더 많은 정책적·재정적 관심을 기울이는 동시에 국민경제
수준에서 농업과 공업의 분업연관을 확대·심화하는 것이 그 요점이
었다.

　그런데 여기에서 저항엘리트들의 균형발전론 또한 국민경제론의
외양 아래 전개된 공업화 중심의 개발전략들 중 하나였다는 사실[121]과,
박정희 정권기에 농업의 생산력이 결코 정체상태에서 헤어나지 못한
것이 아니라는 점을 유의해야 한다.


> 국민경제의 발전에 있어서 농업의 역할은 농업발전이 공업화에서 하는 역
> 할을 뜻한다(박현채 1978[1977]b : 122~125).[122]


　농업부문의 변화는 국민경제라는 '전체'의 기능적 요구들, 정확히
말하자면 공업부문의 원활한 자본축적에 필요한 역할들[저렴하고 충분
한 노동력과 원자재의 재생산 및 공급, 공업제품들의 수요기반 제공,
잠재적 투자재원으로서의 국내저축 형성 및 증대, 농산물 수입대체를
통한 외화절약 등]이란 테두리 안에서 사고됐다(박현채 1978[1977]b :

---

120. 넉시가 제기한 여러 부문들에 대한 '동시적 투자론'의 요점에 대해서는 Nurkse(1953
　　 : 4~31)를 참고.
121. '농공병진론'은 '내포적[내향적] 공업화론'의 하위영역들 중 하나였다(박현채 1978[1977]b,
　　 1981[1970], 1981[1971], 1981[1978]). 국내 연구자들 다수가 오해하는 것과 달리 '동시적 투
　　 자론'이 정확한 의미의 균형발전론은 아니다. 그리고 공업화의 필요조건으로서 농업개발을
　　 중요시하는 관점은 로스토우를 비롯한 불균형발전론자들에 의해서도 제시되어 왔다.
122. '진보적 민족주의' 성향의 한 연구자는 1965년 이후 국가의 농업정책에 대해 "시장으
　　 로서의 농촌, 공업화를 위한 농업이라는 논리가 짙게 깔려 있었다"고 비판한다(오유석
　　 2003 : 397). 이 비판이 적절하다면 그것은 '박현채-민족경제론'에 대해서도 유효하다.

122~125; 김병태 1982[1978]a : 13~14). 따라서 이들이 농민들의 생존권과 자율성을 강조하는 만큼은 권력블록과 달랐지만, 중립적 가치로 상정한 국민적 생산력의 차원으로 그것들을 귀속시키는 경향을 띠는 한에서는 농업의 생산력 및 기능성 여하에 연동되어, 오히려 권력블록과 유화적인 입장으로 변모해갈 잠재성의 보유자들이었다. 그들이 규범화한 농업의 기능성은 당초 그들이 머릿속에서 그리던 경로와 다르게도 이루어질 수 있는 것이었고 실제로 1970년대를 통해 일정 정도 진전되었다.[123]

한편 농민운동의 실상은 아주 소박했다. 그것은 "대부분이 지역에서 일선 행정부나 일선 관료와의 싸움이었다"(천주교정의구현전국사제단 편 1985 : 260ff.; 이우재 1991 : 245~246; 김태일 1991 : 115~118).[124] 1970년대 농민운동과 관련하여 가장 큰 사건으로 언급되곤 하는 '함평고구마사건' 역시 마찬가지였다. 이 사건은 1976년산 고구마를 농업협동조합이 전량 수매하겠다는 공약을 해놓고 지키지 않은 데서 비롯된 일이

---

123. 당시 저항엘리트들은 농민들의 영세한 경영규모가 생산성을 제약하고 이것이 그들의 빈곤으로 이어진다는 논리 아래서 '협업을 통한 대경영화' 방안을 주장하였다(김병태 1982[1970], 1982[1974]; 박현채 1981[1975]). 그런데 현실은 생산성이 경영규모 이외의 조건들에 의해서도 크게 좌우된다는 것을 보여주었다. 농업부문은 박정희 정권기 동안 점증한 내수기반의 한 축이었고 노동비용 및 물가 억제의 기능을 상당정도 감수해냄으로써 '원활하고 신속한 공업화'에 기여하였다. 이 같은 기능적 연관은 농업부문에서 소경영양식을 탈피하지 못했음에도 불구하고 영농기술 및 장비와 경지현황, 치수설비, 운송·통신·전기와 같은 기반설비 등의 개선; 농민들의 개별적·집합적 생산성 증대; 주곡생산의 자립; 이중곡가제 실시; 이상의 조건들을 토대로 한 상업농의 진전 등이 이루어진 데에 힘입은 것이다(이영기 1992 : 43~58; 조영탁 1993 : 66~126; 박진도·한도현 1999 : 55~57).

124. 그랬기 때문에 〈새마을운동〉에 대한 본격적 비판은 행해지지 않았다. 농민운동이 문제 삼은 대상은 〈새마을운동〉의 기본 이념과 체제보다, 주로 그것의 실제 운용상 나타나는 비합리성이었다.

었다(서경원 외 1984 : 39~42; 노금노 1986 : 247ff.).

규모가 아니라 지향에 주목한다면 그러한 상황의 조건들을 농민운동 주체들의 낮은 의식수준에 귀속시킬 수만도 없다. 왜냐하면 농민운동의 주요 활동가들을 교육한, 농민들의 생활상을 이른바 '구조'의 문제로 파악했다는 엘리트들의 사회비판에 이미 그 같은 운동의 추세를 규정한 중요한 요소가 있었기 때문이다. 그것은 '생산력 정체론'과 함께 비판의 중심축을 이루었던 '부정부패론'이었다.

> 관료가 부패했을 때는 국가의 장래나 민족의 이해에 관계없이 매국적 부정부패를 저지르며 농업을 수탈하는 것이다. … 관료조직은 그 산하에 각종 농업단체들을 가지고 있어 이들 농업단체를 통하여 자기 정책을 실현하고 있는 것이다. … 오늘의 농협은 "독점자본의 농민수탈을 위한 파이프 역할을 한다"고 비난받는 것도 이런 데 있는 것이다(이우재 1979 : 60).

부정부패론은 생산력의 변화에 유의하지 않은/못한 저항엘리트들이 권력블록과 대립선을 유지하는 중요한 형태였다. 그러나 그것이 엄밀한 의미에서 개발주의 비판은 아니었다.[125] 오히려 그것은 '진정한' 생산력 **증강의 방도**, 즉 또 다른 개발주의 기획을 전제해둔 담론이었다. 논리적

---

125. 농민운동가 권종대는 1970년대 중반부터 "사회정치적 관계에서 농민문제를 바라봐야 한다"는 것을 깨달았다고 한다. 특히 1976년 한 행사에서 〈가톨릭농민회〉 교육부장의 발표를 듣고 "아, 저거다!" 하는 생각이 들었다는 것이다. 그런데 "신선한 충격"이었던 그 내용은 "직접 쌀 생산비를 조사한 결과를 제시하면서 정부가 그런 객관적인 근거를 무시하고 일방적으로 수매가를 책정"한다는 비판이었다(김기선 2004a : 4~5; 안상학 2004 : 98~102). 이 비판의 함의는 노동자들의 정기적 임금인상 요구와 유사한 문제의식, 즉 '생산성 기여에 상응'하는 가격보상 요구였다. 그나마 이러한 운동은 농민들 사이에서 활력 있게 진행되지 않았다(서경원 외 1984 : 27~31).

으로 거기에서 부당한 형식 및 절차를 통한 [비생산적]'수탈'이 배제되지만, 적법하고 합리화된 [생산적]노동력 착취와 훈육체제 등은 문제시되지 않는다.[126]

이렇게 농민운동의 현황에서 어느 정도 확인되듯이, 민족경제론과 대중경제론은 '생산력혁명'이란 발상이 여타의 문제설정들을 지배한 개발주의 기획의 또 다른 버전들이었다. 따라서 두 입론들의 현실 비판들 또한 개발주의 체제 및 발상들을 겨냥하기보다 '도덕주의적 수탈론'에 의존하고 있었다. 이 같은 특징들은 그것들이 민족과 더불어 민족의 핵심 구성원들로서 중요시한 '민중'/'대중'에 대한 이해에서부터 드러난다.

민족경제론에서 민중은 인류역사의 핵심 주체이다. 거기에서 인류역사는 "사회적 생산력의 진보"과정이며 그 과정의 가장 능동적이고 변혁적인 요소인 노동을 담당한 이가 민중이기 때문이다. 바꾸어 말하면 민중은 "사회적 생산력의 진보"를 성취하는 근간이다(박현채 1978[1974]). 반면 대중경제론이 말하는 대중은 직접적 생산자로서의 민중보다 더 넓은, 다분히 네거티브한 개념이다. 소수 특권층을 제외한 모든 이들을 대중으로 보는 것이다. 그런데 그 중에서도 "근로대중"은 "사회의 실질적 생산력"이란 측면에서 주목되고 있다(김대중 1989[1971] : 192, 196). 민족경제론과 대중경제론이 "민중에의 보다 많은 경제잉여의 귀속"이나 "계층 간의

---

126. 국가는 농산물 수입개방의 정책기조를 1970년대 말경에 확정하고 1980년대부터 본격화하였는데, 이것이 이후 저항엘리트들의 발상에 '생명력'을 불어넣는 매개로 작용한다. 그러나 '공업자본의 원활한 축적'을 중심에 둔 기능주의적 문제설정을 벗어나지 않는 한 농산물 수입개방은 불가피한 것으로 간주될 수 있었다.

배분의 조정", "사회보장제도의 확충" 등을 강조할 때, 그 이면에 바로 저와 같은 관점을 깔아두고 있었다. 그러므로 "생존권"과 "복지"는 우선 의당 받아야 하나 소수 특권층이 갈취해간 노동력 투여의 대가를 사후적으로 보전한다는 뜻이었다. 또한 그것들은 그 자체로서의 고유한 의의 못지 않게 '국민적 생산력의 토대'라는 차원에서, '국민적 생산력 증대에 미치는 효과'라는 차원에서 중시되었다. 그런 만큼 '더 많은 생산량'과 '더 높은 생산성'이란 반대급부의 윤리들을 함축하는 것들이었다.

> 대중경제체제 하에서는 … 생산력 발전에의 공헌에 상응하는 배분을 받을 수 있도록 조치되어야 한다(김대중 1989[1970] : 41).

> 여러분! 독일 사람이 … 근면하고 … 열심히 일하고 … 그것 옛날 얘기야. … 어떻게 게을러졌는지 … 일을 안 한다 말이에요. 작년에 독일 경제성장률이 2%밖에 안 돼요(김대중 1989[1972] : 119).

민족경제론과 대중경제론은 한 마디로 '저발전의 정치경제학'이었다. 두 입론들은 박정희 정권기 민중들이 겪고 있던 고통들과 희생들을 '가난'으로 요약·단순화하면서, 이 상태를 초래한 결정적 동인이 국민경제의 후진성이라고 보았다. 물론 그 후진성은 사회적 생산력의 정체 내지 저위를 의미하였다. 국민경제에 대한 '외세'의 규정성, 국민경제의 종속 심화란 논제 역시 동일한 맥락에서 논의되었다.

> 경제개발계획은 … 국민경제의 재생산과정에서 시장 및 소재를 해외에 의존하게[했고] … 그것은 … 기초산업의 정체, 기업 간 및 산업 간의 분업관

련 결여, 생산재생산 공업의 결여를 가져오고 경제잉여의 일상적인 '누출 메커니즘'을 정착화(했다). … 한국경제의 종속적 구조는 … 자본의 축적과 정에서 경제외적인 소득이전을 일반화시킴으로써 '자본의 관료독점적 성향'을 강화하고 … 중소기업의 빈사상태 속에서 독점기업은 사회적 생산력의 발전이 없는 저급한 독점자본을 확대강화하면서 소득이전에의 기생성, 외국자본에의 종속성을 심화시켜 왔을 뿐이다. 그리고 이와 같은 독점현상은 국민경제의 재생산에 있어서 외부적 조건을 주요 결정요인으로 만들었고 외국자본에 의한 국민경제의 관제(管制)산업 장악을 결과하였다. 따라서 굳건한 국민경제구조가 실현되지 못했고, 국민경제의 구조에 있어서 성장의 결과가 '국민적 확산'으로 곧바로 연계되는 메커니즘의 결여로 말미암아 사회적 불균형이 확대되었던 것이다(박현채 1981 : 292~293).

사실상 "종속적 구조"와 이것의 핵심적 표지인 "분업관련의 결여"는 국민적 생산력의 저위 내지 정체와 동의어들이었다. 그것들은 국민적 생산력의 저위와 정체를 초래한 직접적 원인들이라는 점에서 문제시됐기 때문이다. 그리고 민중들의 빈곤은 양자 간의 인과관계[종속 → 생산력의 저위 및 정체]와 그 부수 효과들에서 연역·사고됐다. "독점자본"은 국민경제의 종속성이 심화시킨 "경제외적" 축적양식, 즉 생산적 활동과 무관한 렌트 추구의 문제로 이해됐다. 그리하여 그것은 자본가들의 비생산적 소비[생산적 자본투자의 과소]와 직결되는 한편, "사회의 실질적 생산력"인 민중들의 빈곤[노동의욕 저하에 따른 생산적 노동력 투여의 과소]을 매개로, 국민경제의 생산력 저위 및 정체를 초래한다는 점에서 비판됐다. 국내에서 생산된 경제잉여의 "누출"[부등가교환, 원리금상환, 로열티지급 등]이 지적된 이유 역시 국민적 생산력의 차원이었는데, 그것은 누출정도에 비례하는 만큼 국내 자본들이 생산적 투자/재투자의 여력을 상실한다는 판단이었다. 민중들에 대한 이른바 "초과착취"는 이처럼 취약한 국내 자본들의 생산력기반이 직접적으로 낳는 산물이라고 이해됐다.[127]

결국 "자립경제"라 일컬어진 대안의 요체는 국민적 생산력의 내실화였다. 민족경제론과 대중경제론이 주장한 "재생산의 내포화", 즉 "분업관련"의 확보는 국민적 생산력 증강과 내실화를 위한 필수적 요구사항 외에 다른 것이 아니었다. 민중들의 빈곤 탈피 가능성도 자연스럽게 그로부터 도출됐다(ibid. : 300). 민족경제론과 대중경제론의 주요 논점들은, 첫째로 권력블록의 주장과 달리 현실의 경제개발이 국민적 생산력의 저위와 정체를 지속시키는 프로젝트라는 점이며, 둘째로는 자신들의 구상들이야말로 '진정한' 국민적 생산력 증강의 길이란 것이었다. 그리고 이 주장들은 '국민적 생산력의 실태'와 '민중들의 생활상태' 사이의 직접적 연관을 전제해 두고 있었다.[128]

그러나 국민경제 수준의 생산성 향상과 생산력 내실화에도 불구하고, 특정한 사회구성원들의 혹독한 생활고와 비자율성은 자본의 자립화나 중간층의 형성이 이루어지는 다른 한편에서 지속될 수 있다. 그것은

---

127. 이 같은 생산력주의적 발상은 1980년대 중반 이후 전개된 '사회구성체논쟁'을 통해, '종속의 심화'가 '개량의 물적 토대를 취약하게' 만들고 '정치체제의 테러독재화'를 추동한다는 논리로 다듬어진다(서관모 1988; 한국정치연구회 1989).

128. 민족경제론과 대중경제론에 의하면 민중들의 '가난'을 초래한 원인들은 ① 국민경제 수준의 생산력 낙후와 ② 민중들의 '생산성' 만큼 정당한 대가를 지급하지 않는 특권층의 '도둑질'행위였다. 이 때 '도둑질'은 국민경제의 생산력 낙후를 표시하는 지배적 자본분파[매판·독점자본]의 상업적 축적방식과 여기에 기생하는 관료들 간의 결탁['정경유착' 또는 '부정부패']의 한 양상이자, 국민경제의 생산력 낙후를 더욱 심화하는 요인이었다.

기본적으로 사회관계의 함수이지 국민적 생산력의 상태 여하에 따라 직접적으로 결정되는 일이 아니다. 실제로 박정희 정권기 상황이 바로 그러한 유형이었다['저발전의 양상'이 아니라 '발전의 모순'!!].

저항엘리트들은 그 입장들을 재고하지 않는 한, 그리고 그들의 당초 진단과 달리 국민경제의 자립화·발전 추세가 이어지는 한, 점차 권력블록과 서로 수렴해 나아갈 위치에 있었던 것이다. 이 점과 관련하여 현실의 경제개발에 대한 민족경제론의 아래와 같은 평가를 주의 깊게 볼 필요가 있다. 민족경제론의 '창안자' 박현채는 1970년대 중반 이후 경제개발의 실상을 계속 비판하였으나 결코 부정적으로만 생각하지 않았다. 그의 평가는 이처럼 일견 이율배반적이리만큼 상당히 긍정적일 때도 있었다.[129]

> 먼저 그것은 밖으로 경제적 민족주의를 기초지우고 안으로 경제적 자유를 확대할 수 있는… 기반을 조성했다… 국부는 증대했으며… 국민생산 또한 증대한 것이다. … 더욱이 … 외자도입과 수출을 주축으로 한 경제성장[이] … 귀결할 것으로 전망했던 국제수지 격차[가] … 1976년에는 4억7천4백만 달라 수준의 경상수지 적자를 실현할 뿐 1980년대에 균형 … 전망을 갖게 한 것은 긍정적이다 …. 둘째로 … 민족의 … 잠재력을 크게 과시[했다 … 6·25동란의 폐허 속에서 국민경제의 기반을 조성했을 뿐만 아니라 … 국민경제의 총체적 구조를 … 자기 나름으로 조성했다. 그리고 … 새로운 기술 … 경영능력의 습득으로 근대적 경제활동의 기반을 구축 … 경제

---

129. 박현채[민족경제론]의 생산력주의적 측면에 대한 인식은 그에게 큰 영향을 준 오오츠카히사오(大塚久雄)의 사유내용을 확인함으로써 보완될 수 있다. 최근 번역·출간된 나카노도시오(2005[2001] : 51~82)가 유용하다. 나카노는 오오츠카의 전시·전후 사상에서 "생산력"과 "국가"가 일관된 핵심들이었음을 보여준다.

발전을 위한 제 조건의 토착화를 어느 정도 달성한 것[이다] … 더욱이 … 세계적 불황을 중요한 파국 없이 경과할 수 있었다 …. 셋째로 … 제도적 기구로서의 경제계획이 유용한 것이었음을 제시해주었다. … 계획적 유도는 … 경제의 성장을 큰 것으로 했으며, … 경제의 자립을 위한 방향에서 민족적 이해에 기초한  현상의 추구를 보장하는 것이었다(박현채  1978[1977]c : 200~202).[130]

대중경제론은 민족경제론처럼 대안으로 "내포적[내향적] 공업화"를 제기하면서도 그것과 달리, "민주주의의 기간부대"이나 "한국적 특수성"으로 인하여 아직 양적·질적으로 성숙하지 못한 "중산계층의 육성 확대가 근간이 되는 경제"의 실현을 공약했다(김대중 1989[1970] : 42, 1989[1971] : 171~192). 박정희 정권기 동안 개발의 수혜자들로서 신중간층이 등장하고 비농 구중간층이 증가하였다는 사실(서관모 1986 : 92, 95; 조돈문 1994 : 28)을 고려하면, 대중경제론의 '중간층 육성론'이 또한 저항엘리트들과 권력블록의 점진적 수렴 경향을 예상케 하는 지점이었다.

민족경제론과 대중경제론의 생산력주의적 편향은 그것들이 덧붙인

---

130. 1970년대 초에 "소망스런 근대화의 유형"을 "민족혁명형"이라 칭하고 그 방향을 "내포적[내향적] 공업화"로 제시한 변형윤도 이후 로스토우의 인식-방법론에 기대어, "한국경제"가 "도약단계"에 진입했으며 "산업구조 면에서도 순수한 저개발국형이 갖는 특징들과 같이 그렇게 비참한 것은 아니다"라는 긍정적 평가를 내린 바 있다(변형윤 1980[1971], 1977). 저항엘리트들의 '국민경제 파탄론'은 1979~80년의 공황국면과 뒤이은 외채위기를 통해 다시 강화된다. 그러나 1980년대 중반 '3저호황'을 경과하면서 한국경제가 국제수지 흑자국면으로 진입하자, 그들의 태도는 선회하기 시작한다. 인용된 박현채와 변형윤의 평가들은 박정희 정권기를 지나서도 민족경제론류의 입장을 계속 견지하였던 저항엘리트들이 취한 행보 변화의 전조로도 파악되는 부분이다.

민주주의관에서도 읽혀진다. 민주주의는 그 구체적 제도 형태를 떠나 국민경제의 생산성 향상을 위한 '도구', 국민경제의 생산력 증강을 위해 사회기층 성원들을 동원화하는 하나의 '방편'으로까지 사고됐다.

> 경제자립화에의 노력은 민주주의의 실현을 전제로 … [한다]. "… '관료국가 자본주의' … 그것은 결코 경제발전의 길을 신속하게 그리고 성과 있는 것 으로 앞당겨 … [주지 않는다]. 그것은 대중을 동원할 수 없기 때문[이다] …"(박현채 1981 : 303).[131]

> 산업민주주의의 실현[은] … 생산성의 향상을 위한 협력에도 큰 의의를 둔 다. … 대기업 … 에 있어서 노동조합의 경영참여, 종업원 지주제도를 법제 화할 것이다(김대중 1989[1970] : 44).[132]

이러한 생각은 '유신체제'를 '생산적 정치'라고 주장한 권력블록과 일면 대립하는 입장이었지만, 권력블록과 다르지 않게 '국민적[민족적] 가 치'로서 전제한 생산성과 생산력을 상위에 둔 기능주의적 사고였다는 점에서, 그것들의 실제 동향 여하에 따라 스스로 민주주의를 제한 · 유보할 수

---

131. 박현채는 베틀랭(C. Bettelheim)이 1961년 파리에서 한 강연을 인용하였다. 베틀랭은 박현채가 인용한 부분 조금 앞에서 다음과 같이 말하였다. "일국 주민들의 노력을 최대 한 추진(推進)할 수 있는 것은 관료주의가 아니다. … 주민들은 중요한 생산력이다. … 문 제는 주민들의 이니셔티브를 촉진 · 배가시키고 발전의 의미를 그들에게 납득시키는 일 이다"(シャルル · ベトウレイム 1969 : 85).
132. 산업민주주의의 적용 대상을 대기업에 한정한 데에서도 생산력주의적 편향의 일면을 발견할 수 있다. 1980년대 중반 한 월간지에 기고한 김대중의 글이 동일한 논지를 보여준 다. "기업인이 외부적 간섭이나 압력 … 없이 … 국제무대에서의 경쟁에 승리할 성과의 창 출에만 헌신하도록 해야 한다. 또한 … 공정한 대화와 근로조건의 개선을 통해서 생산성 향상의 의욕에 찬 근로재[개] … 우수제품을 보다 많이 만들어내도록 여건을 향상시켜야 한다. … 이러한 의미에서도 민주회복은 … 급선무라 할 것이다"(김대중 1989[1985] : 345).

있는 가능성을 내포한 것이었다. 또한 그러한 입장은 민주주의를 '민족의 미래와 번영'이라는 명분 아래 사회기층 성원들에게 지속적인 내핍과 희생의 감내, 추가적 노동력 투여 등을 '적법하게' 요구하는 기제로 전락시키고, 그 제도적 외피들 이면에서 민주주의의 실질성을 내파(內波)할 수 있는 논리였다.[133]

〈그림6-1〉 민족경제론/대중경제론의 현실분석[요약]

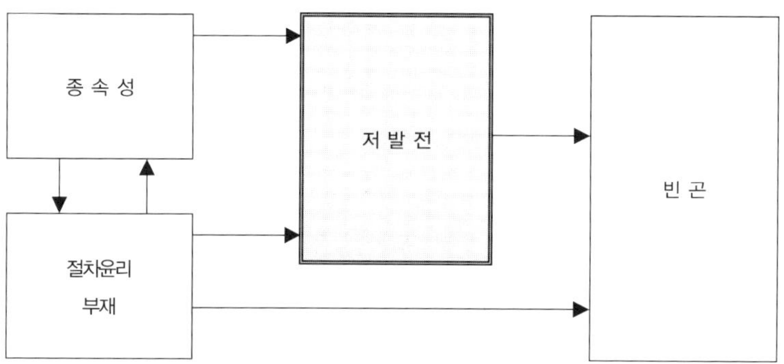


① 종속성 비판. 개발재원 및 상품시장의 대외의존성과 부문들 간 분업연관의 결여가 '저발전'[생산력의 저위 및 정체]으로, 또 '저발전'은 민중들의 '빈곤'으로 연결된다고 파악.

---

133. 민족경제론과 대중경제론은 자본계급의 한 분파['민족자본']를 중심 주체로 상정한, 그리고 자본관계 안에서 그들을 부양·육성하는 경제개발 구상들이었다는 점(조용범 1973 : 289~300; 김대중 1989[1971] : 191~192)을 잊어서는 안 된다. 그러한 컨텍스트를 염두에 둘 때에만 저항엘리트들이 '민족적인 것'으로 당연시한 생산력과 생산성, 민주주의 등의 위상과 의미가 구체적으로 파악된다.

② 절차윤리의 부재[부정부패] 비판. 정치적 독재, 경제적 독과점, 정경유착, 생산성 임금[또는 적정 농산물가]의 미지급 등이 직접 민중들의 '빈곤'을 유발하거나, '저발전'으로 이어져 역시 민중들의 '빈곤'을 가중한다고 파악.

③ 따라서 현실 대안의 요체는 a)내향적 공업화를 통한 '경제발전'과 b)'절차윤리의 제도화'.


한편 저항엘리트들은 박정희 정권기 내내, 권력블록의 악의적 규정과 달리 자신들이 결코 공산주의자들이 아님을 강조하였다. 이와 관련된 저항엘리트들의 담론은 많은 경우, 마치 법정에서 피의자가 기소 사실을 부인하는 형태를 띠었다. 그런데 여기에는 자신들이 공산주의자들이 아닐 뿐더러 반공산주의의 정당성을 승인한다는 의사가 포함되어 있었다. 저항엘리트들은 소극적으로 권력블록의 '중상모략'에 반발하는 데만 그치지 않았다. 그들 중 다수가 자신들이야말로 투철한 반공산주의자들임을 적극적으로 주장했다.


반공의 최선봉에 선 성직자들을 공산주의 혁명전략에 동조하는 자인 듯 날조하여 국론을 분열하고 반공전선을 흐트러트리는 것이 과연 국가를 위한 것인지 … 귀하의 애국심과 신앙양심에 묻고 싶은 것입니다(한국도시산업연합선교회, 서울시경 제2부국장 김재국 장로에게 드리는 공개장 [1976. 8.]).[134]

---

134. 한국교회산업선교25주년 기념대회자료 편찬위원회 편(1984 : 278). 여기에서 그들이 '국민총화' 개념을 기본적으로 수용하였다는 사실에도 주의를 요한다. '국민총화' 아래서는 양

박정희 정권기에 저항엘리트들이 투철한 반공산주의자들임을 스스로 선언한 것은 현실의 공산주의[사회주의]에 대한 반대의사를 밝히는 것 이상의 의미들을 지니고 있었다. 첫째로 저항엘리트들의 핵심 화두인 민주화와 인권보장의 범주를 그들 자신들이 협소하게 만들었다. 둘째로 권력블록의 개발주의 기획을 밑받침하는 중요한 논리들 가운데 하나인 '체제경쟁'과 이를 위한 사회-정치적 동원화를 승인한 것이다.

반공산주의는 단순히 공산주의에 대한 반대를 뜻하지 않는다. 역사적으로 그 주체들이 자신들의 것과 다른 생각들 일반을 실존하는 공산주의로 일원화하여 낙인찍는, 그리하여 사회에서 격리 · 교화하고 심지어 소거해야 할 인자들로 간주하는 체제이자 규범이 바로 반공산주의였다. 이른바 양심의 자유, 표현의 자유 등이 반공산주의 체제 하에서 극도로 제한 · 유린된 연유가 바로 거기에 있다. 지배체제가 반공산주의적인 것일 때, 민족주의-개발주의 패러다임에 대한 회의들을 포함하여 현실의 공산주의로 환원되지 않는 다양한 사회비판적 문제의식들이 '공산주의'로 규정될 수 있음은 물론이다. 이럴 때 대중들은 국가 강권에 의한 처벌이 두려워서든 실존 공산주의가 싫어서든, 항상 사고의 내용과 범위를 스스로 검열하고 제한하게 된다. 그리고 그것은 명백히 체제지지 효과를 낳는다.

북한정권의 위협이 강조되는 상황 속에서는 처음부터 오해받을 구실을 스스로 만들 필요가 없다. 즉 자유, 평등 및 민족주체성을 강조하는 가운데

---

심의 자유 및 표현의 자유 등이 온전히 보장될 수 없으며, 사회적 약자들의 결사와 정치활동 등이 제약되기 십상이다. '국민총화'는 경향적으로 민주주의나 인권과 반대편에 위치한다.

북한 공산독재체제의 이익에 도움 될 수 있다고 오해받을 가능성은 가급적 제거해버려야 한다(한완상 1978 : 124).

그럼에도 불구하고 저항엘리트들은 자신들이 반공산주의자들이라는 사실을 세상에 반복하여 천명하면서 권력블록과 대립하였다. 그들이 비판한 지점은 위와 같은 문제성을 염두에 둔 반공산주의의 정당성 여부가 아니라, 자신들의 사고 및 행동이 반공산주의의 타당한 규준들 안에 있음에도 불구하고 억지를 부리는 권력블록의 부당한 태도였다. 그래서 저항엘리트들은 민주노조운동에 대한 탄압들이 "국민의 일체감을 손상하며 반공투쟁에서 국력을 약화시키는 반국가적 행위가 되지 않겠는가 염려"하였으며(조지송 1978 : 64), 언론·출판·집회·결사의 자유를 요구하면서도 '반공법'과 '국가보안법'에 대한 문제제기를 크게 하지 않았다.

저항엘리트들은 두 법률들의 적용을 받는 피해자들이 속출하는 상황에서도, 그들이 반공법과 국가보안법의 적용 대상들은 아니라고 항의할 뿐[법운용의 개선 요구] 그 법률들의 존립 근거를 부정하지 않았다. 1971년 8월 〈민주수호청년협의회〉가 국가보안법과 관련된 공청회를 개최한 후 '악법적 요소 개정'이란 취지의 성명서를 발표한 것과, 1977년 3월 〈교회사회선교협의회〉가 주최한 기도회 참석자들이 선언문을 통해 국가보안법 철폐를 주장한 것 외에는, 저항엘리트들이 집단적·본격적으로 반공법과 국가보안법을 문제 삼은 바 없다.

그들이 '인민혁명당재건위사건' 관련자들에 대한 구명운동을 폈던 것도 관련자들이 억울한 누명을 썼다는 확신, 그리고 이를 밑받침하는 사법적 심판과 행형상의 형식적·절차적 하자들이 명백하다는 판단 때문이었지, 그 외의 다른 이유에 기인한 점은 없었다(천주교정의구현 전국사제단 2001[1975]). 저항엘리트들은 권력블록과 대비되는 자신들의 입장과 관련해서는 다원주의를 표방했으나, 자신들과 대비되는 다른 입장들의 존재 가능성, 존재 가치와 관련해서는 그다지 다원주의적이지 않았다.

1970년대 전 기간 동안 저항엘리트로서 활동한 언론인 천관우의 일화는 그 시대의 이른바 재야인사들이 견지했던 반공산주의의 일단을 보여준다. 1974년 봄 '인혁당재건위사건'의 발표가 있은 지 얼마 후, 천관우는 당시 〈민주수호국민협의회〉 경북지부 대변인이었고 1979년 '남조선민족해방전선[남민전]사건'의 핵심 인물로 지목·구속되는 이재문과 같은 술자리에 있게 되었다. 그런데 그 때 천관우가 이재문에게 "인혁당 사람들이 빨갱이들인 모양이지요. 민주화운동 한다고 빨갱이가 날뛰게 할 수는 없지요"라고 말하여 술자리를 파장에 이르게 했다는 것이다(안철홍 1996 : 161).

그들은 민주주의와 인권담론을 내세움으로써 권력블록의 반공산주의를 어느 정도 제약하였으나, 자신들의 입장을 넘어선다고 판단하는 한에선 여타 다양한 사회비판적 문제의식들을 '공산주의'의 단서들로 규정할 수 있었다. 저항엘리트들은 권력블록과 마찬가지로 반공산주의의 문제설정 안에서 활동함으로써, 사회적 수준에서 오히려 민주화와 인권담론을 제한하는 효과를 초래했다.

1970년대 말에 〈영등포산업선교회〉의 교육간사로 활동한 신철영은 아래와 같이 당시 자신들이 했던 실천들을 평가한다.

특히 중요한 것은 노동운동을 이념적인 좌익으로 몰아서 공격하는 정권
에 대하여 일정 정도 안전막 역할을 하였다는 것이다. … 이런 활동이 …
어려운 시대의 노동운동의 정통성을 지키는 역할을 한 것이다(신철영
2003 : 187).

그러나 그가 말한 "안전막 역할"은 저항엘리트들이 그 만큼 반공산
주의 패러다임 안에서 사고하고 활동하였음을 상징한다. 그들의 "안전
막 역할"은 운동의 특정 흐름을 보호함으로써 그것이 "정통성"을 획
득·유지하게 했는지 모르나, 반대로 운동의 탈냉전주의적 분화 및 전
환 가능성은 억제한 것이다. "안전막 역할"은 오히려 운동 엘리트들의
반공산주의적 성향의 강도를 시사한다. 왜냐하면 당시 이념논쟁이 전술
한 바처럼 상이한 가치관들의 공존 권리나 그 범위가 아니라, 주로 '저
항엘리트들이 공산주의자들/반공산주의자들이다'라는 주장의 진위를
밝히는 차원에 한정된 것이었기 때문이다. 민주노조 간부급 성원들의
양성에 큰 역할을 한 것으로 알려진 〈크리스챤아카데미〉의 간사였던
이광택은 이렇게 말한다.

크리스챤아카데미는 좋은 보호막이었다. … 상당히 절제된 교육이랄까, 가
능하면 책 안 잡히는 … (허상수 외 2002 : 358).[135]

---

135. 당시 민주노조운동의 최고 텍스트가 '근로기준법'이었다는 사실은 바로 위와 같은 상
   황과 분리시켜 생각할 수 없다.

저항엘리트들이 반공산주의의 테두리 안에 있었다는 점에서, 그것
의 또 다른 요체인 실존 공산주의와의 '체제경쟁'을 필요하고도 바람직
한 과제라 생각한 것은 이상한 일이 아니었다. 이와 관련된 그들의 입
장은 '진정한 반공'이었다. 그들에 따르면 권력블록의 반공과 이를 위한
국민총화는 '가짜'였다. 민주화와 인권보장이야말로 반공과 국민총화의
길인데, 권력블록은 독재를 하면서 인권을 제한하고 유린함으로써 도리
어 공산주의와 닮은꼴을 하고 있다고 보았기 때문이다. 그러니까 저항
엘리트들은 민주화와 인권보장을 체제대결, 냉전의 수단들로까지 생각
한 것이다.

> 공산 북괴와의 대화와 상호작용에 있어서 ⋯ 한반도가 공산주의 체제로 기
> 울어지느냐 혹은 민주사회 체제로 확립이 되느냐 ⋯ 그것은 ⋯ 남한 ⋯ 영
> 세대중의 자유민주주의에 대한 신뢰도와 주권의식 및 민권투쟁의 역량 여
> 하에 달려 있다 ⋯ 한반도의 적화를 방지하려는 권력자나 지도자는 ⋯ 대
> 중의 저항력과 창조력을 육성하는 데 전력을 다해야 할 것이다(박형규
> 1971 : 46~48).

> 노동운동을 마치 무슨 좌익운동이나 되는 듯이 취급하거나 노동운동가를
> 용공분자로 모는 사태를 더 이상 절대로 용납하지 않겠다 ⋯ 누구보다도 반
> 공을 큰 과제로 하고 있는 크리스챤의 입장에서 ⋯ 노동자들에게 정당한 권
> 리를 주지 않고 따뜻하게 포용하지 않고서는 우리가 지상목표로 하는 반
> 공·국가안보·총화체제가 달성될 수 없다는 것입니다(지학순 1983[1977] :
> 248~249).

그런데 박정희 정권기 경제개발은 자본/임노동관계를 일반화하는

경제민족주의-개발주의 기획이었을 뿐만 아니라, 현실 공산주의와의 체제경쟁을 의도한, 또 중장기적 전망 아래 경쟁상대를 흡수·통합하려는 냉전주의의 특수한 지역적 양상이었다. 그것은 아이젠하워(Dwight D. Eisenhower) 정권 2기 이후 미국 정부가 구체화시킨 제3세계전략['건전한 경제'의 육성을 통한 '냉전']과 조응하는 기획이었다. 그리고 그것은 자본주의와 공산주의[사회주의]의 대립을 '민족적인 것'과 '반민족적인 것'의 경합으로 독해한 세력들의 민족통합구상과 맞물려 있었다. 권력블록은 이 두 측면들을 종합하여 "승공통일"이라 명명했다. 그들에게 경제발전은 "승공"의 왕도, "통일"의 첩경이었다(박정희 1971 : 120).

즉 저항엘리트들과 권력블록의 갈등은 동일한 목표를 실현하는 방법론을 둘러싼 것이었다.[136] 이 방법론의 차이는 당대의 정치지형 속에서 중요한 의미를 지니는 것이었다. 그러나 저항엘리트들이 권력블록을 공격하면서도 이들의 '체제경쟁' 논리를 승인한 사실은, 다른 한편에서 그 만큼 경제개발을 포함한 '체제경쟁'의 제반 전략들에 대해 정당성 기반을 허용해주었음을 의미한다. 더욱이 양자의 방법론적 대립선은 '발전[개발] 대 민주화'가 아니라 '독재 대 민주화'였다. 저항엘리트들은 "경제발전이란 미명 하에" 민주화를 저지하거나 인권을 제약하지 말라고 주장했지, 경제발전이 '체제경쟁'의 중요한 방편이라는 생각을 부정했던

---

136. 김대중은 1976년 '민주구국선언사건' 공판 때 이렇게 진술하였다. "자꾸 국론통일, 국론통일 이야기가 나오는데 우리 국론이 분열된 것이 없습니다. … 대한민국 같이 국론통일이 잘 된 나라가 없습니다. 국론은 민주주의입니다. 또 민주주의 하기 위해서 국토가 이렇게 되었기 때문에 반공도 국론입니다. 안보 잘 하고 있는 것도 국론입니다. 국민 잘 살게 하는 것[경제개발]도 국론입니다. … 안보를 어떻게 할 것이냐, 반공을 어떻게 할 것이냐, 건설[경제개발]을 어떻게 할 것이냐, 이것은 정책이지 국론이 아닙니다"(한국기독교교회협의회 인권위원회 1987b : 811).

것은 아니다. 그리고 실제로 경제발전은 저항엘리트들의 부정에도 불구하고 진척되고 있었다.

> 이 민족의 염원은 … 자유민주적 민족사회를 형성하는 것[으로] … 통일의 염원과 직결되어 있다. … 정세로나 … 현실로 보아 무력적 통일을 하게 되어 있지는 않다. 그러므로 정부도 … 평화적 통일을 과제로 하고 있다. 평화적 통일을 위해서는 국력의 배양이 배경이 되어야 한다는 주장도 옳은 것이다. … 정부는 공산 침공을 막을 수 있는 군사력 확보와 그리고 경제력의 신장을 말한다. … [이에 대해] 반대할 까닭이 없으며 그럴 입장에 있지도 않다. 그런데 … 무력적인 통일을 원치 않는 현실이고 보면, 남은 것은 공산체제에 대한 민주체제의 우월성을 현실로 구현하는 일이다. … 그런 사회에서 훈련되고 의식화된 국민이 될 때, 남북통일이란 막연한 의식에서 이북 민중의 해방을 위한 주체의식으로 바뀌어 질 것이다(안병무 1976 : 50).

이렇게 양자가 동일 패러다임 내에서 서로의 '진정한 반공론'을 펴고 논쟁·갈등하는 상황은 대중들이 자신들의 이성과 감성을 통하여 반공산주의의 정당성에 대해 재고하고 의문시할 기회를 그 만큼 제약하고 있었던 것이다.

박정희 정권기 저항엘리트들은 대체로 권력블록과 공유하는 패러다임들[민족주의·개발주의·반공산주의] 안에서 대립하고 갈등하였다. 그랬기 때문에 그들은 비판 대상의 사회-정치적 존립기반을 약화·균열시키면서도, 그 속도를 지연시키고 또 그 균열의 폭을 제한하는 모순적 역할을 하였다. 우선 고통스러운 삶의 현실에서 출발한 민중들의 문제의식을 앞의 세 가지 한계선들 안에 가두어 두는 효과를 발휘했다는 점에서 그렇다. 저항엘리트들이 '의문시할 수 없는 것들'로 간주한 앞의 세 패러다임들은 권력블록이 주도한 경제개발의 중대한 존속 지반들이었다. 그들의 사회비판과 대중계몽은 민족주의와 개발주의, 반공산주의 등의 테두리들 안에서, 주로 '절차윤리의 부재'와 '저발전의 실상'을 문제시하는 식으로 행해졌다.

따라서 그들 중 일부는 대립 상대와의 공통성을 자각하는 가운데 점차 권력블록 측으로 편입해 들어갔다. 이러한 편입 경향은 저항엘리트들의 애초 진단과 달리, 박정희 정권기 경제개발이 부정부패의 지속과 심각한 공황국면의 경과에도 불구하고, '저발전 = 종속의 심화'가 아니라 '발전 = 자립의 진전'을 귀결시키고 있었다는 사실과 연계된 현상이었다.[137] 개발주의의 문제설정 위에서 박정희 정권기 '발전이 낳는 모순들'을 '저발전의 양상들'로 이해하다가 동일한 인식지평 속에서 발전의 추세를 깨달았을 때, 그들의 '전향'은 크게 부자연스러운 일일 수 없었다.[138]

---

137. 오늘날 '선진자본주의'라 지칭되는 국민경제들의 발전사가 공황국면들에 대한 경험을 포함하고 있다는 사실은 새삼 강조할 필요조차 없다. 그리고 그 구체적 조건들이 여전히 쟁점으로 남아 있으나, '서구'와 '비서구'의 경험들을 통틀어 볼 때 '부정부패'는 자본축적의 관점에서 정의된 생산성 향상과 최소한 양립할 수 있다(김해동 1993; Khan 2000).
138. 이른바 '4·19세대'와 '6·3세대'로 지칭되는 부류들의 경우, 권력블록으로의 흡수·통합이 박정희 정권기에 이미 가시화됐다. 또 '민청학련세대'와 '긴급조치세대'라 일컬어지는 이들의 경우, 그것은 1980년대부터 현재화됐다. 1980년대 이후까지 권력블록과 대립의 각을 계속 유지한 이들 중에서도 상당수는 '정치적 자유화'나 '관치경제의 해소' 등에만 관심을 쏟았다.

기존 발상을 근본적으로 재고하지 않는 한, 저항엘리트들이 비판의 대오를 지탱할 수 있는 자원들은 두 가지였다. 그 하나는 이상과 현실의 격차였다. 즉 현실의 경제개발이 국민경제의 발전과 자립 추세를 낳고 있었다 하더라도, 그 추세가 저항엘리트들의 이념형과 정확히 일치할 수는 없었다. 따라서 저항엘리트들은 그 괴리를 기초로 삼아 아직 권력블록과 대립·갈등할 수 있었다. 또 하나는 이른바 정경유착을 포함한 부정부패와 민중부문의 고통이 공존하는 상황이었다. 이 상황은 후자를 전자의 산물로 규정하며 해왔던 저항엘리트들의 기존 활동들에 타성을 제공해주었다.[139] 물론 그 같은 비판과 대항이 개발주의 체제 및 발상의 극복을 의도한 노력들은 아니었다. 그리고 박정희 정권기 저항엘리트들이 안고 있던 문제성은 계속되는 사회기층 구성원들의 고통스러운 삶과 함께 이후 '새로운 운동들'의 출현을 자극하는 중요한 동인이 됐다.

'새로운 운동들'의 최초 사례는 1980년 5월에 조직된 〈전국민주노동자연맹〉[전민노련]의 활동이었다. 1978년경부터 기울여진 노력들의 산물이었던 전민노련은 비록 전두환 정권기 초반의 엄혹한 정세 속에

---

139. 박정희 정권기처럼 자본주의적 발전이 급속히 이루어지는 국면의 사회-정치적 문제상황들을 '대중적 빈곤'과 '부정부패'로 단순화·환원하는 도덕주의 경향은, 서구나 남미 등 다른 지역들의 사례들과 비교할 때 '민중주의'(populism)와 흡사하다. 프루동(P. J. Proudhon) 이래 민중주의자들은 대중적 빈곤과 부의 소수독점을 '도둑질'의 결과로 파악하였다["Property is Theft"]. 때문에 '분배'를 핵심 논제이자 윤리 차원의 사안으로 제기하였다. 그들의 이상향은 '적정한 소유와 경쟁'이 지배하는 사회였다. 흥미로운 사실은 민중주의자들의 도덕주의가 점차 '생산성' 담론에 통합되어 갔다는 것이다. 박정희 정권기 저항엘리트들의 민중주의 성향은 역시 그들의 이념들이었던 기독교윤리·자유주의·민족주의 등과 접합됨으로써 더욱 강하게 표출될 수 있었다. 필자가 주목하는 민중주의의 특징에 대해서는 Kitching(1982 : 19ff.)과 안윤모(1998)를 참고.

서 단 1년여 만에 와해되었으나, 종전의 산업선교회 노선과는 다른 "맑스주의적 발상을 운동에 공식화시킨 자생적인 최초의 조직이었다". 전민노련은 이태복을 중심으로 한 지식인 그룹에 의해 주도되었지만, 유동위[삼원섬유]와 양승조[청계피복], 박태연[YH무역] 등 1970년대 민주노조운동의 주역들 일부가 함께 참여한 조직이었다(이태복 1994).[140]

---

140. 기존 운동에 대한 '반정립'은 특히 계급론의 등장 및 확산에서 확인된다. 그러나 그것이 운동의 민족주의-개발주의적 측면을 극복한다는 '보증서'는 아니었다. '새로운 운동들'에 대한 본격적 논술은 이 책의 과제범위를 넘어선다.

제7장

결론

# 결론

박정희 정권기 경제개발은 하나의 민족주의 기획이었다. 그것은 담론 수준에서 보나 정책 수준에서 보나 민족주의 기획이었다. 국민경제의 생산력과 부문들 사이의 기능연관을 중요시하는 관점에서 보아도, 박정희 정권기 경제개발이 하나의 민족주의 기획이었음을 부인하기 어렵다. 민족주의 연구자 그린펠트(L. Greenfeld)는 미국을 포함한 유럽 민족국가들의 경제발전과 민족주의 사이의 관계를 논술하는 가운데, 베버(M. Weber)의 표현을 빌어서 민족주의는 "자본주의의 정신"이라고 요약한 바 있다(Greenfeld 2001). 역사에 대한 유물론적 인식과 유심론적 인식 간의 대립이란 지점을 논외로 둔다면, 그녀의 명제는 한국 근대사에도 적용된다. 박정희 정권기 권력블록의 민족주의는 한국자본주의의 발전과 자립을 진전시킨 주요 추진력이었기 때문이다.[1]

---

1. 박정희 정권기 한국사회를 '종속심화'로 평가해온 연구자들은 박정희 정권기 이전에 대

그러나 박정희 정권기에 이루어진 경제발전과 경제자립의 진전이 그 자체로서 '좋은 것'은 아니었다. 발전 및 자립의 진전은 민족주의 엘리트들이 흔히 표방하는 실체로서의 '민족이익'을 구현한 과정이 결코 아니었다. 그 과정은 유독이 일정한 사회구성원들에게 가혹한 고통들과 희생들을 부과하는 현실이었다. 요컨대 박정희 정권기 경제개발은 특정한 당파성을 중요한 내용으로 가지는 헤게모니적 구성물이었다.

혹자들은 통상 '나쁘다'고 간주되는 사회관계들[억압과 착취·차별·부정부패 등]을 민족주의와 무관하다고 믿는다. 그리고 근대화 와중에 그러한 관계들이 존재하는 상황을 서구와 대비하여 '비정상'과 '왜곡', '굴절' 등으로 이해한다. 그러나 민족주의와 서구에 대한 그들의 생각은 허구적 신념이다. 역사적으로 확인되는바 서구의 경우들을 포함한 민족주의 및 근대화의 많은 선례들은 전술한 사회관계들을 수반하거나 그 사회관계들과 양립·공존하였다. 또 논리적으로 볼 때 민족주의와 근대화는 대외적 배타성뿐만 아니라 대내적 규율과 억압, 배제 등의 경향들을 내장한다.

일찍이 맑스(K. Marx)는 스스로가 자본주의의 성립 및 발전의 '고전적 사례'로 지칭하였고, 후대의 많은 사람들이 근대화의 '정상적 패턴'으로 평가하여온 '영국적 상황'에 대해서, 특히 자본/임노동관계가 일반화되기 시작한 본원적 축적기의 식민지경영, 민중들에 대한 극심한 착취,

---

해서도 그 후에 대해서도 '종속심화'라고 진단하였다. 그들의 말대로라면 지금 한국경제는 최소한 식민지적 상황에서 헤어나지 못한 형편이어야 한다. 이것은 실제와 너무나 다를 뿐만 아니라, 해당 논자 자신까지 포함한 민족주의자들이 기간에 기울여온 노력들의 사회-정치적 위상을 스스로 부정하는 아이러닉한 평가이다.

각종 부정행위들, 야만적 국가폭력 등을 언급한 후 이렇게 말하였다.

> 자본은 머리에서 발끝까지 모든 털구멍들로 피와 오물을 뚝뚝뚝 흘리며 태어난다(Marx 1983[1887] : 760).

그 점에서 서구 근대사에 대한 아래의 통찰은 매우 타당하며 한국 근대사를 이해하는 데에도 중요한 준거를 제공한다.

> 민주적 정치의 가능성들은 '근대화'의 승리보다 '근대화'의 모순들에서, 부르주아가 성공하는 하나의 조건으로서가 아니라 부르주아의 성공이 낳은 새로운 적대들로부터 주어졌다(Eley 1984 : 81).

박정희 정권기 경제개발이 하나의 민족주의 기획이었다고 한다면, 우리는 당대 민중들이 그 와중에 경험한 고통들과 희생들을 반민족주의가 아니라 민족주의의 소산들이었다고 보아야 한다. 그리고 이 때 그것이 담론과 정책 차원들에서 지녔던 민족주의적 특징들[전체주의·기능주의·생산력주의·정신혁명론, 그리고 국내 자본의 보호·육성론과 위광효과에 대한 집착 등]을 상기할 필요가 있다.

당시 경제개발은 '고통과 희생'의 양산에도 불구하고, 애초에 간과할 수 없는 수준의 상당한 헤게모니를 확보한 프로젝트였다. 그것은 '해방8년사'의 귀결들과 '빈곤 극복'이란 대중적 열망이 경제개발에 따른 자본축적의 성격 변화 및 임노동기회['일자리']의 빠른 증가와 결합되어 낳은 결과였다. 이 점은 '모범근로자' 유형 노동자들의 일상적 삶들이 잘 보여준다. 권력블록의 담론들이나 국가의 산업화정책들이 지녔던 주체-구성 및 사회-구성의 효과들은 그 같은 조건과 기반을 고려할 때만이 충분히 이해될 수 있다.

그러나 상황은 그렇게 일면적이지 않았다. '일자리'의 증가가 바로 자본/임노동관계라는 '새로운 사회관계'의 일반화였기 때문이다. 경제개발이 동반한 자본축적의 성격 변화와 자본/임노동관계의 일반화는 자본축적의 노동 의존성을, 더 나아가 경제개발기획 전체의 노동 의존성을 현격히 제고시켰다. 이에 따라 자본가들과 국가는 자신들이 압도적 우위에 있는 기존 관계들 속에서 노동자들을 기계의 단순 부품들처럼 취급하였으며, 노동자들은 좀처럼 넘어서기 어려웠던 빈곤뿐만 아니라 그것으로 환원될 수 없는 '새로운 문제상황'[육체적·정신적 고갈 속에서 자각된 '의미 없는 삶'] 안에 놓이게 되었다. 그들은 단지 돈을 벌기 위하여, 그것도 자기 자신의 것이 아닌 '가족의 가치', '자본의 가치', '조국의 가치'를 실현하고자 극히 피로하고 단조로운 일과를 감내하는 상황에서, 문득문득 '존재론적 위기'에 빠지곤 하였다. 결국 그들 가운데 저항의 길을 택하는 그룹이 새롭게 등장하였고, 저항하지는 않지만 권력블록의 담론들을 종전보다 상대화하는 사람들이 증가하게 되었다. 바꾸어 말하면 민중들 중에서 '모범근로자' 유형의 비중은 1970년대 어느 시점부터 감소 추세에 들어갔다. 박정희 정권의 몰락 전후로 급증한 노동쟁의, 파시스트 체제의 재정비 하에서 감행된 1985년 '구로동맹파업'과 '대우자동차파업', 1987년 '7~8월 노동자대투쟁' 등은 바로 그 같은 경향의 귀결물들이었다.

앞에서 언급하였듯이 박정희 정권기 권력블록의 민족주의-개발주의는 한국사회에서 자본주의의 발전을 가속화하고 전면화한 핵심 동력이었다. 그런데 이 결과로 일반화되어간 자본/임노동관계는 단지 결과에만 머물지 않았다. 급속히 확산된 자본/임노동관계는 점차 그 고유한 모순과 문제상황을 산출하여 권력블록의 민족주의-개발주의를 역규정하는 컨텍스트로서 자리 잡았으며, 이 모순 및 문제상황은 권력블록의 민족주의-개발주의가 가지는 내용들의 또 다른 핵심이 되었다. 박정희 정권기 경제개발을 자본주의의 문제로 보아야 한다는 필자의 입장은 바로 이상과 같은 분석과 고찰의 결과들에 토대를 둔 것이다.

우리가 박정희 정권기 경제개발에 대해 논하면서, 시야를 담론이나 정책 수준들에 고립시키지 않고 사회관계 수준으로까지 확장한다고 할 때, 당시 저항엘리트들이 노정한 이중성과 역설을 간과하지 말아야 한다. 기존 논자들은 대부분 저항엘리트들과 권력블록 사이의 대립 및 갈등에만 몰두한 나머지, 양측의 공통성과 이것이 미쳤던 영향 등을 인식하지 못하고 있다.[2] 저항엘리트들이 비록 억압적·이데올로기적 국가기구들을 점유한 권력블록에 비해 열악한 입지 속에서 활동하였다지만, '하루하루 생각하는 게 아니라 살아가야 했던', '매일매일 전쟁 같은 일과와 대결해야 했던' 평범한 민중들과 동일한 반열 위에 놓고 평가할만한 이들은 결코 아니다.

---

2. 그 '영향'은 결코 과거의 것만이 아니다. 당시의 저항엘리트들은 현재 더 이상 권력블록과 대항관계에 있지 않고, 도리어 권력블록을 구성하는 주요 분파들의 일원이다. 최근 '국민의 정부'와 '참여정부'가 추진해온 '신자유주의적 사회편성'은 결코 '예기치 못한 드라마'(최장집 2006)가 아니었다.

　박정희 정권기 저항엘리트들은 경제개발의 주도자들을 비판하였으나 언제나 특정한 한계선들 및 방식들 안에서 하였다. 그리하여 그들은 특히 1970년대에 접어들어 '아래로부터' 현재화되기 시작한 경제개발의 지지기반 균열을 일방적으로 재촉하기보다 속도와 내용 면에서 조절하는 역할을 함께 하였다. 당시 저항엘리트들은 '민주회복'과 '인권' 등을 화두로 삼으면서 권력블록과 대립·갈등하였다. 그들은 분명히 권력블록의 정당성 기반을 약화시키는 중요한 동인이었다. 그러나 저항엘리트들은 권력블록과 서로 공유하는 패러다임들인 민족주의와 개발주의, 반공산주의 안에서 대립하고 갈등하였다. 또한 민중들을 적극적 의미에서 정치의 주체로 호명하지 않았고, 그들의 이해관계들을 '민주회복운동'으로 회수하는 편향까지 보였다.

　필자와 달리 민족주의자들에게는 박정희 정권기 경제개발을 하나의 민족주의 기획으로 인정한다는 것이 곧 그 기획에 대한 규범적 긍정 그리고 더 나아가 높은 평가를 의미한다. 근년에 이른바 '진보적' 혹은 '비판적' 논자들로 불려오던 몇몇 연구자들이 보여준 입장 선회를 역시 같은 맥락에서 이해할 수 있다. 그들은 과거와 달리 박정희 정권기 경제개발을 민족주의적인 것으로 파악하면서 그것이 갖고 있던 긍정성을 인정해야 한다고 주장한다. 심지어 자신들이 강조하는 긍정성에 대해 이견을 가진 사람들을 한데 묶어서 '극단적 냉전 좌파'로 혹은 '몰주체적 자학사관'의 소유자로 명명한다. 이들이 예전이나 지금이나 민족주의자들이요 근대주의자들임은 두말할 나위 없지만, 입장의 선회는 박정희 정권기의 '발전'에 대한 뒤늦은 자각과, '전지구적 자본주의'라는 탈냉전의 실상에 대한 그들 나름의 평가를 토대로 현재화된 것이다.

박정희 정권기 경제개발에 대한 그들의 긍정적 재고는 대략 세 가지 형태들로 개진된다. 하나는 '경제'와 '정치'를 별개의 공간들과 논리들로 분할하면서 혹은 현실을 '비용'[수단]과 '결과'로 구분하면서, 여타의 문제점들을 비판할지언정 '경제'에서 거둔 '결과' 만큼은 '성공'이었다고 긍정해야 한다는 것이다. 다른 하나는 앞에서 언급한 부정적 사회관계들이 1970년대까지 이어진 점은 문제였지만 그야말로 산업화 초기[낮은 생산력 단계]인 1960년대까지로 한정하자면 많은 부분 불가피했다는 것이다. 세 번째 형태는 오늘날 잔존하는 박정희 정권기의 유산들만을 문제시함으로써 사실상 당시의 경제개발에 대해선 '면죄부'를 부여하는 또 다른 '시대적 불가피론'이다.

이들의 입장은 보수주의적 논자들의 '긍정적 평가론'과 질적으로 큰 차이가 없으며, 더욱이 박정희 정권기 권력블록의 담론을 사후적으로 재연하는 측면까지 지닌다. 그들이 말하는 '성공한 경제'는 바로 공공연한 '정치적 독재'와 '냉전─반공산주의', 민중들에 대한 가혹한 '인권 유린'이란 토대 위에서 성취된 것이므로, 후자를 비판하면서 전자를 긍정적으로 평가하는 입장은 실질적으로 성립할 수 없다. 이 같은 입장은 기간의 궤적을 계속 따르는 한 앞으로 그 이율배반을 탈각하면서 더욱더 '긍정적 평가론'에 흡수·통합되어 갈 것이다. 그리고 '시한부적 불가피성'이야말로 당시 지배계급들이 민중들의 고통들과 희생들을 정당화하고자 빈번히 쏟아낸 담론의 요지였다. 그러나 주지하듯이 의미 있는 변화는 결코 경제발전[생산력 제고] 추세에 발맞추어 자연스럽게 도래하지 않았다.

그들은 필자와 같은 이들에게 냉전주의적 극단론에서 벗어나라고 권고하지만, 실은 그들이야말로 냉전의 이원론 속에서 안주하고 있다. 그들은 대립의 한 진영에 대한 규범적 판단['사회주의의 실패']을 대립의 다른 한 진영에 대한 규범적 판단['자본주의의 승리']으로 직결시키는 논법을 채택하기 때문이다. 그리하여 더 이상 자본주의에 대한 비판은 의미가 없으며 그러한 문제설정 안에서 박정희 정권기를 평가하는 사람들에게 '극단적 좌파'(ultra-leftism)라는 혐오 섞인 딱지를 붙여버리는 것이다. 바로 이 점에서도 최근 '비판적' 혹은 '진보적' 연구자들 일부가 보여준 박정희 정권기 경제개발에 대한 재고는 현재의 '긍정적 평가론'이나 과거 권력블록의 이데올로그들이 설파한 그것과 상통하는 발상이다.


특정한 사회구성원들에게 집중된 죽음을 포함한 심대한 고통들과 희생들을 염두에 둘 때, 박정희 정권기 경제개발에 대한 민족주의-근대주의자들의 평가는 보편적 타당성을 인정받을 수 없다. 그 고통들과 희생들이 민족주의와 자본주의적 근대화의 정상적 상태(normality)였다는 점에서, 오히려 민족주의와 자본주의적 근대화 자체가 비판적 논구의 대상들이 되지 않으면 안 된다. 어느 누구에게도 당대의 고통들과 희생들을 '민족과 역사의 요청'에 부응한 불가피한 사태들이었다고 강변할 권한은 없다. 그리고 오늘날 우리가 영유하는, 적어도 당시와 동일시될 수 없는 삶의 사회-정치적 조건들은 '박정희 시대'의 문제상황과 대결하면서 현실에 변화를 가져오려 한 수다한 노력들의 인위적 결과인 것이다[변화의 긍정성에 주목하든 그 한계에 주목하든]. 따라서 반대로 박정희 정권기 경제개발에 대한 규범적 긍정과 높은 평가는 주어진 환경이 전과 같지 않기에 비록 동일한 형태는 아닐지라도, 역시 민족주의-개발주의의 계열 내에서 사고하고 행동하겠다는 의사를 함축한다. 박정희 정권기 경제개발을 높이 평가하는 이들은 그 기획에 대한 다양한 비판들을 '산업화가 성숙된 시점'에나 적용할 수 있는 발상들로 박정희 정권을 단죄하는 비현실적 입장들이라고 주장하지만, 국민적 생산력이 고도화된 현 시기의 제반 사안들과 관련해서도 여전히 '성장제일주의'를 고수하는 사람들이 또한 그들이다.[3]

물론 민족주의자가 아닌 사람들에게는 박정희 정권기 경제개발을 민족주의의 한 형태로 규정함이 곧 그 기획에 대한 규범적 긍정일 수 없다. 특히 민족주의 비판론자들의 경우가 그렇다고 하겠는데, 공교롭게 민족주의 비판의 문제설정 속에서 개진된 기존 논의들은 당초 의도

---

3. 박정희 정권기 경제개발에 대한 국내 근대화론자들[민족주의자들]의 긍정적·절충적 평가들이 도달하는 논리적 귀결점과 관련하여, 1960년대 중반 경 외국 학계의 근대화론자들이 보여준 파시즘에 대한 평가의 "전환"을 참고할 만하다. 그들은 당초 파시즘을 "전(前)산업적 … 봉기, 따라서 비합리적인 '반(反)근대주의'로서 이해" 하고 비판하였으나, 점차 그것이 근대화의 진전을 낳았다는 사실에 주목하면서 파시즘에 대해 오히려 "산업적 진보의 집행자"라는 상반된 평가를 하기 시작하였다. 파시즘은 폭력적이었지만 불가피하였던 비상시기에 "진보"를 관철시킨 주체였다는 것이다. 이 같은 논리의 연장선상에서면, 파시즘에 대한 저항이 아니라 "파시즘과의 협력이야말로 … 진보를 분만시키는 조산행위"이자 "파시즘의 초기 국면에 불가피적으로 요구되는 폭력행위를 가능한 한 빨리 불필요한 것으로 만드는 … 행위가 된다"(라인하르트 오피츠 1987[1974] : 145~149). 그 같은 입장의 대표적 텍스트로서는 랄프 다렌도르프(1986[1969])를 참고.

와 대비하여 볼 때 아주 역설적인 효과를 낳았다.

가장 최근의 케이스가 '합의독재론' 또는 '대중독재론'이라는 이름들 아래 제출된 논의들이다. 이들은 '저항하는 민중상'의 재고를 모토로 삼은 가운데, 전술한 이들과 다른 식의 접근 속에서 박정희 정권기 경제개발을 민족주의의 한 형태로 포착한다. 그들은 권력블록의 담론정치 및 상징동원과 민중들의 일상사에 주의를 기울이면서, 민중들이 권력블록의 프로젝트에 협조하고 충성하였던 실상을 강조한다. 이 때 민중들은 권력블록이 담론 수준에서 호명한 '조국근대화의 기수들', 즉 권력블록의 프로젝트를 능동적으로 수행한 '주체들'이며, 더 나아가 권력블록의 '공모자들'이었다고 지칭된다.

박정희 정권기 민중들을 권력블록의 프로젝트에 저항한 유형과, 동조하였으되 수동적으로 어쩔 수 없이 협력한 유형으로만 묘사하고, 또 비슷한 맥락에서 당시 권력블록이 향유한 지배체제가 오로지 물리적 강권과 이데올로기적 조작에 의존함으로써만 유지될 만큼 허약했다고 생각한다면, 이것은 아주 심한 일면화요 오해임에 틀림없다. 아마도 그랬다면 단적으로 18년간이나 박정희 정권이 유지될 수는 없었을 것이다. 그러나 '저항하는 민중상'의 이데올로기성을 비판하려는 최근의 작업들은 당초 의도와 별개로, 비판 대상들과 반대편에서 동질의 오류를 낳고 있다(조희연 2005; 권명아 2005 : 128~131). 그들의 논술은 전적으로 '충성 그룹'을 부각시키는 데에 할애되기 때문이다. 따라서 당대의 현실은 또 다시 단순화되고 나아가 종전의 '긍정적 평가론'이나 '절충적 평가론'을 뒷받침하는 효과마저 지닌다. 요컨대 그들이 말하는 '박정희 시대' 속에는 '모순'이 없다. 그렇기에 거기에서 변화의 가능성을 발견할 수 없으며, 우리가 이미 경험한 변화를 전혀 납득할 수 없다.[4] 그 같은 역사 인식에서 현재와 미래의 변화를 전망할 수 없음은 물론이다. '충성'하는 이들이 민중들의 대부분이었다면 '박정희 시대'는 종언을 고할 리 없었을 것이다. 그리고 우리는 지금 적어도 '박정희 시대'와 동일한 세상에서 살지 않는다.

'합의독재론' 또는 '대중독재론'의 일면성은 그들이 국가의 담론정치 및 상징동원이나 민중들의 생활상을 '자본주의'라는 새로운 사회관계의 일반화 및 변동과 분리된 차원에서 논할 뿐만 아니라, '모범근로자'[또는 '새마을 부녀회장'] 유형에 한정된 인물들 몇몇의 회고들로 환원하는 데서 기인한다. 그 스스로가 동일한 방법론에 많이 의존하면서도 독일 나치체제에 대한 일상사적 접근과 관련하여 아래와 같이 지적한, 포이케르트(D. Peukert)의 말은 한국학계의 합의독재론자들/대중독재론자들에게 역시 유효한 것으로 보인다.

사람들의 일상적 경험에 접근하는 것만으로는 충분치 않다. ⋯ 그것은 그 시대의 경제적·사회적·정치적·문화적 역사에 대한 이론적이고 체계적인 고도의 해석과 연결되어야 한다. 체계적인 개념화 작업과 판단력 및 분

---

4. 논리적 차원에서 볼 때, 권력블록이 민중들을 인위적으로 훈육·통제하고자 부단히 노력한다는 사실은 그러한 시도들의 이면에 권력블록의 기획에서 이탈하거나 부유하는 사람들이 실재한다는 것을 뜻한다. 이들의 존재야말로 훈육과 통제를 필요케 하는 일차적 요인이기 때문이다. 그리고 실제로도 박정희 정권기에는 권력블록이 개발주의 프로젝트의 원활한 실행에 중대한 장애 요소들로서 작용한다고 판단한, 그리하여 일상적 훈육 및 통제 기제들은 물론이고 극한적 테러와 반공산주의적 선동 등을 동원하여서라도 '정화'하려 한 집단들과 인물들이 있었다.

석을 '학문의 계몽적 오만'으로 비난하면서 폐기해버리고 … 일상적 회고에
집중하는 역사학은 나치즘의 강력한 선전구호 몇 개를 재생산하는 데에
그치고 만다. … 나치즘은 산업사회의 현실을 정지시킬 수 없었다(데틀레
프 포이케르트 2003[1982] : 380).[5]

노동자 전태일은 분신을 결행하기 1년 전, 대통령 박정희에게 보낼
작정으로 쓴 진정서 하나를 남겨 놓았다. 이 '부치지 않은 편지'에서 그
는 자신이 매일매일 경험하고 목격해야 했던 야만적 실상들에 대해 "나
라의 경제발전을 위해서는 어쩔 수 없는 것이냐'고 물었다. 그리고 그
는 결국 시위를 통해서, 죽음을 통해서 이 물음을 세상 사람들 모두에
게 던졌다. 그 같은 실태는 정녕 운명이거나 혹은 법칙과도 같은 것이냐
고. 박정희 정권기 경제개발에 대한 기존 연구들과 논쟁들은 바로 35년
전의 그 질문에 대한 답변들이었으며, 필자의 이 책 역시 예외가 아니
다. 필자는 '박정희 시대'를, 그 이후 지속되었고 또 지속될 이른바 '국
민경제[민족경제]의 발전'이 자본주의를 비롯한 모순적 사회관계들 속에
서 어떠한 의미를 지니는 것인지, 현 시기의 우리에게 묻고 또 묻는 출
발점으로 삼고자 하였다.

'박정희 시대'가 한국사회의 현재 및 미래와 관련하여 제기하는 바
는 지금까지 '보수'와 '진보'를 떠나 논자들 대부분이 공유하였던 문제설
정들인 '발전이냐 저발전이냐[개발주의], '민족이냐 반민족이냐[민족주
의]와 같은 것들이 아니다. 그것은 오히려 실체로서의 '민족[국민]이익'을 전
제해둔 '발전' 관념 자체에 대한 회의이다. 당대에 발전은 분명한 현실이었

---

5. '대중독재론'에 대한 좀 더 본격적인 필자의 비판은 김보현(2006a, b)을 참고.

으나 발전이 사회구성원들에게 중립적 위상의 실제가 아니었다는 것 또한 명백하다. 당시의 발전이 자본/임노동관계를 일반화하고 가부장주의를 변용하면서 유독 사회기층의 특정 구성원들에게 가혹한 고통과 희생을 부과하는 과정이었음은 이미 논술한 바와 같다. 그러므로 '박정희 시대'를 둘러싸고 우리가 쟁론에 붙여야 할 것은 발전의 진전 여부 또는 발전을 추동한 민족주의의 성패 여부가 아니라, 실현되어간 발전과 민족주의의 사회-정치적 문제성이다. 바로 이것이 '박정희 시대'라는 하나의 역사를 '현재의 관점'에서 재-전유(re-appropriation)하고자 하는 필자의 핵심 논점이자, 여타 논자들과 대립하는 주요 지점이다. 다시 강조하지만 박정희 정권기 경제개발의 와중에 나타난 '고통과 희생'은 저발전 또는 민족주의의 좌절이 낳은 산물들이 아니라 발전과 자립의 진전, 민족주의적 과제의 실현 속에서 초래된 결과들이었다. 여기에서 사회관계로서의 자본주의가 점하였던 위상에 주목하지 않으면 안 된다. 자본주의는 일차적으로 경제개발 프로젝트라는 형태로 구현된 민족주의의 결과물이었다. 또한 자본주의는 그 특유의 모순을 산출하면서 민족주의를 역규정하고 재규정한 컨텍스트이자 민족주의의 내용을 구체화한 핵심 요인이었다.

:: 참고문헌


## 1. 한국어 문헌


강남식(2004), 「여성사 연구방법론의 쟁점과 방향: 6, 70년대 한국 여성노동사
　　　연구방법을 모색하며」, 『성공회대학논총』, 제19호.
강인철(1999), 「한국전쟁과 사회의식 및 문화의 변화」, 한국정신문화연구원 편,
　　　『한국전쟁과 사회구조의 변화』, 서울: 백산서당.
강준만(2002), 『한국현대사 산책: 1970년대 편』, 제3권, 서울: 인물과사상사.
＿＿＿(2004), 『한국현대사 산책: 1960년대 편』, 제1권, 서울: 인물과사상사.
경제기획원(1964a), 『경제백서』.
＿＿＿(1964b), 『제1차 경제개발 5개년계획: 보완계획』.
＿＿＿(1965), 『경제백서』.
＿＿＿(1967), 『한국의 경제개발모형과 지역경제』.
＿＿＿(1973), 『우리경제의 장기전망: 1972~1981』.
＿＿＿(1980), 『노동관계자료』.
＿＿＿(1981a), 『외국인투자백서』.
＿＿＿(1981b), 『한국의 사회지표』.
＿＿＿(1982), 『개발연대의 경제정책: 경제기획원 20년사』.
고광헌(1988), 『스포츠와 정치』, 서울: 푸른나무.
고성국(1990), 「4월혁명의 이념」, 사월혁명연구소 편, 『한국 사회변혁운동과 4
　　　월혁명』, 제1권, 서울: 한길사.
고자카이도시아키(2003), 『민족은 없다』, 서울: 뿌리와이파리[小坂井敏晶(2002),
　　　『民族という虛構』, 東京: 東京大出版會].
공장새마을운동추진본부(1981), 『공장새마을운동 우수성공사례』.

공제욱(1989), 「1950년대 한국사회의 계급구성」, 『경제와 사회』, 제3호.

______(1992), 『1950년대 한국 자본가의 형성과정』, 서울대학교 사회학과 박사
　　　학위논문.

______(1999), 「부정축재자 처벌과 재벌」, 한국정신문화연구원 편, 『1960년대의
　　　정치사회변동』, 서울 : 백산서당.

______(2005), 「박정희 정권 초기 외부의존형 성장모델의 형성과정과 재벌」,
　　　『민주사회와 정책연구』, 통권 제8호.

공제욱·노중기(1990), 「농지개혁과 원조경제」, 사월혁명연구소 편, 『한국 사
　　　회변혁운동과 4월혁명』, 제1권, 서울 : 한길사.

구해근(2001), 『한국 노동계급의 형성』, 서울 : 창작과비평사.

권명아(2005), 『역사적 파시즘』, 서울 : 책세상.

권진관(2004), 「1970년대 산업선교 지도자들의 입장과 활동의 특징들에 대한
　　　연구」, 이종구 외, 『1960~70년대 노동자의 생활세계와 정체성』, 파주 :
　　　한울아카데미.

______(2006), 「1970년대 산업선교 활동과 특징 : 2세대 산업선교 실무자들을
　　　중심으로」, 이종구 외, 『1960~70년대 노동자의 작업장문화와 정체성』,
　　　파주 : 한울아카데미.

기미야다다시[木宮正史](1991), 『한국의 내포적 공업화전략의 좌절』, 고려대학교
　　　정치외교학과 박사학위논문.

김광수(1984), 『중상주의』, 서울 : 민음사.

김경원(1977), 「평화외교의 방향과 전망」, 현대정치연구회 편, 『자주성 확립과
　　　민족중흥』, 서울 : 광명출판사.

김경자(1977), 「삼백만 원 저축이 되기까지」, 『노동』, 제11권, 제5호.

김경희(2006), 「여성노동자의 작업장생활과 성별분업 : 1970년대 제조업을 중심
　　　으로」, 이종구 외, 『1960~70년대 노동자의 작업장문화와 정체성』, 파주
　　　: 한울아카데미.

김광모(1988), 『한국의 산업발전과 중화학공업화정책』, 서울 : 지구문화사.

김금수 외(1994), 「좌담 : 한국노동운동의 전망과 과제」, 한국민주노동자연합
　　　편, 『1970년대 이후 한국노동운동사』, 서울 : 동녘.

김귀옥(2004), 「1960~70년대 의류봉제업 노동자 형성과정 : 반도상사의 사례를
　　　중심으로」, 이종구 외, 『1960~70년대 한국의 산업화와 노동자 정체성』,
　　　파주 : 한울아카데미.

김기봉(2000), 『'역사란 무엇인가'를 넘어서』, 서울 : 푸른역사.

김기선(2004a), 「농민운동의 큰 일꾼, 권종대2」, 『희망세상』, 2월호.

______(2004b), 「가짐 없는 큰 자유, 제정구2」, 『희망세상』, 4월호.

김낙년(1999), 「1960년대 한국의 공업화와 그 특징」, 한국정신문화연구원 편, 『1960년대 한국의 공업화와 경제구조』, 서울 : 백산서당.

김남주(1994), 『불씨 하나가 광야를 태우리라』, 서울 : 시와 사회사.

김대중(1989[1970]a), 「개발독재에서 대중시대로」, 김대중 전집 편찬위원회 편, 『김대중 전집』, 제4권, 서울 : 동광출판사.

______(1989[1970]b), 「70년대의 비젼」, 김대중 전집 편찬위원회 편, 『김대중 전집』, 제1권, 서울 : 동광출판사.

______(1989[1971]), 「대중경제론 100문 100답」, 김대중 전집 편찬위원회 편, 『김대중 전집』, 제2권, 서울 : 동광출판사.

______(1989[1972]), 「희망을 갖고 살자」, 김대중 전집 편찬위원회 편, 『김대중 전집』, 제4권, 서울 : 동광출판사.

______(1989[1985]), 「나의 조국, 나의 포부」, 김대중 전집 편찬위원회 편, 『김대중 전집』, 제3권, 서울 : 동광출판사.

김대환(1976), 「새마을운동, 그 본질과 과제」, 한국유신학술원 편, 『유신의 참뜻』.

______(1977), 「새마을정신의 지표」, 현대정치연구회 편, 『자주성 확립과 민족 중흥』, 서울 : 광명출판사.

김대환(1981), 「1950년대 한국경제의 연구」, 진덕규 외, 『1950년대의 인식』, 서울 : 한길사.

______(1993a), 「박정희 경제개발정책의 현재적 조명」, 『역사비평』, 제21호.

______(1993b), 「박정희 정권의 경제개발 : 신화와 현실」, 『역사비평』, 제23호.

김대환 외(1990), 「좌담 : 4월혁명의 현재적 의의」, 사월혁명연구소 편, 『한국 사회변혁운동과 4월혁명』, 제1권, 서울 : 한길사.

김동선(1987), 「인터뷰 / 박형규 목사―종교는 정치를 외면할 수 없다」, 『월간 조선』, 4월호.

김동춘(1994a), 「'국제화'와 한국의 민족주의」, 역사문제연구소 편, 『대토론회 '국제화시대의 민족주의와 민족문화' 자료집』, 9월 24일.

______(1994b), 「1960, 70년대 민주화운동세력의 대항이데올로기」, 역사문제연구 소 편, 『한국정치의 지배이데올로기와 대항이데올로기』, 서울 : 역사비평사.

______(1998), 「1950년대 한국농촌에서의 가족과 국가」, 역사문제연구소 편, 『1950년대 남북한의 선택과 굴절』, 서울 : 역사비평사.

김명윤(1967), 『한국재정의 구조』, 서울 : 고려대학교출판부.

김민기(1986[1978]), 「공장의 불빛」, 김창남 편, 『김민기』, 서울 : 한울.

김민철(2000), 「'민족주의 비판론'에 대한 몇 가지 노트」, 『역사문제연구』, 제4호.

김병태(1982[1970]), 「한국농업의 소생산자적 경영방식의 발생과 소멸」, 『한국
　　　농업경제론』, 서울 : 비봉출판사.

______(1982[1974]), 「농지제도와 농업생산」, 『한국농업경제론』, 서울 : 비봉출
　　　판사.

김병태 외(1981), 『한국경제의 전개과정』, 서울 : 돌베개.

김보현(2003), 「'사상계'의 경제개발론, 박정희 정권과 얼마나 달랐나?」, 『정치
　　　비평』, 제3호.

______(2005), 「박정희 정권기 저항엘리트들의 이중성과 역설」, 『사회과학연구』,
　　　제13집, 제1호.

______(2006a), 「대중독재론, 오해와 역설에서 벗어나라」, 『경희대 대학원보』,
　　　제145호.

______(2006b), 「대중독재론의 균열과 역설, 그리고 딜레마」, 장문석・임지현
　　　편, 『근대의 경계에서 독재를 읽는다』, 서울 : 그린비.

김상조(1993), 『설비자금의 동원 및 배분체계에 관한 연구』, 서울대학교 경제학
　　　과 박사학위논문.

김세중(1996), 「박정희의 통치이념과 민족주의」, 유병용 외, 『한국현대사와 민
　　　족주의』, 서울 : 집문당.

______(2005), 「5・16 : 산업화 민족주의혁명」, 정성화 편, 『박정희 시대 연구의
　　　쟁점과 과제』, 서울 : 선인.

김성수(2001), 『함석헌 평전』, 서울 : 삼인.

김수진(1996), 「제2공화국의 정당과 정당정치」, 백영철 편, 『제2공화국과 한국
　　　민주주의』, 서울 : 나남출판.

김수행 외(2002), 「1970년대 이후 장기불황과 자본의 대응」, 서울대학교 경제연
　　　구소 편, 『경제논집』, 제41권, 제3호.

김순규(1988), 『신국제정치론』, 서울 : 박영사.

김승석(1992), 『한국에 있어서 국가자본의 역할에 관한 연구 : 한국산업은행을
　　　중심으로』, 서울대학교 경제학과 박사학위논문.

김양화(1991), 「1950년대 제조업 대자본의 자본축적에 대한 일 고찰」, 『경제와
　　　사회』, 제9호.

______(1995), 「1945~59년 시기 한국의 경제성장전략」, 『동향과 전망』, 제28호.

김영곤(2005), 「1970년대 민중운동과 민중지향」, 안병욱 외, 『유신과 반유신』,

민주화운동기념사업회.

김영호(1998), 「동아시아와 케난의 딜레마」, 『한국과 국제정치』, 제14권, 제2호.

김용복(1991), 「전자산업의 자본축적과정과 외국인투자」, 양우진·홍장표 외, 『한국자본주의 분석』, 서울: 일빛.

______(1995), 『한국전자산업의 발전메카니즘에 관한 연구』, 서울대학교 경제학과 박사학위논문.

김용환(2002), 『회고록: 임자, 자네가 사령관 아닌가』, 서울: 매일경제신문사.

김운태(1976), 『한국현대정치사』, 제2권, 서울: 성문각.

김원태(1968), 『국가발전과 정신개발: 제2경제의 이론체계』, 서울: 정무담당 무임소장관실.

김은실(2002), 「한국근대화 프로젝트의 문화논리와 성별정치학」, 한국여성연구원 편, 『동아시아 근대성과 성의 정치학』, 서울: 푸른사상.

김인걸 외(1998), 『한국현대사 강의』, 서울: 돌베개.

김일영(1991), 『이승만 통치기 정치체제의 성격에 관한 연구』, 성균관대학교 정치외교학과 박사학위논문.

______(1995), 「박정희 체제 18년: 발전과정에 대한 분석과 평가」, 『한국정치학회보』, 제29집, 제2호.

______(1996), 「한국의 정치·경제적 발전경험과 그 세계사적 위상」, 이우진·김성주 편, 『현대 한국정치론』, 서울: 나남.

______(1999), 「1960년대 정치지형의 변화」, 한국정신문화연구원 편, 『1960년대의 정치사회변동』, 서울: 백산서당.

______(2000), 「한국의 근대성과 발전국가」, 『사회과학』, 제39권, 제1호.

______(2004), 『건국과 부국』, 서울: 생각의나무.

김용삼(1999), 「김입삼 전경련 상임고문의 경제개발 비사」, 『월간 조선』, 4월호.

김재영 편(1978), 『박정희 대통령 국민과의 대화집』, 서울: 자유문화사.

김재훈(1992), 『한국자본주의에서의 산업순환과 국가개입에 관한 연구』, 성균관대학교 경제학과 박사학위논문.

김정렴(1995), 『회고록: 한국경제정책 30년사』, 서울: 중앙일보사.

김정원(1985), 『분단한국사』, 서울: 동녘.

김정현(1991), 「1960년대 근대화노선의 도입과 확산」, 한국역사연구회 편, 『한국현대사』, 제3권, 서울: 풀빛.

김정훈(1999), 『남북한 지배담론의 민족주의 비교연구』, 연세대학교 사회학과 박사학위논문.

김정훈·조희연(2003), 「지배담론으로서의 반공주의와 그 변화」, 조희연 편, 『한국의 정치사회적 지배담론과 민주주의 동학』, 서울 : 함께읽는책.

김주철(1986), 「오랜 세월의 빗방울이 바위를 뚫듯이」, 이태호 편, 『최근 노동운동기록』, 서울 : 청사.

김　준(1986[1975]), 「새마을운동과 정신혁명」, 『은혜로 마음 밭을 갈며』, 서울 : 흥사단출판부.

김　준(1993), 『아시아 권위주의 국가의 노동정치와 노동운동 : 한국과 대만의 비교연구』, 서울대학교 사회학과 박사학위논문.

______(2001), 「70년대 여성노동자의 일상생활과 의식 : 이른바 '모범근로자'를 중심으로」, 한양대 아·태지역연구센터/역사학연구소, 『학술대회 '한국노동자계급의 의식과 문화' 자료집』, 6월 1일~2일.

______(2004), 「1970년대 조선산업의 노동자 형성 : 울산 현대조선을 중심으로」, 이종구 외, 『1960~70년대 한국의 산업화와 노동자 정체성』, 파주 : 한울아카데미.

김지하(2002a), 「회고록 : 4·19에서 10·26까지①」, 『월간 중앙』, 7월호.

______(2002b), 「회고록 : 4·19에서 10·26까지②」, 『월간 중앙』, 8월호.

______(2002c), 「회고록 : 4·19에서 10·26까지③」, 『월간 중앙』, 9월호.

김지형(2000), 「4월민중항쟁 직후 민족자주통일협의회의 노선과 활동」, 한국역사연구회 편, 『4·19와 남북관계』, 서울 : 민연.

김창남·와타나베토시오[渡邊利夫](1997), 『현대 한국경제발전론』, 서울 : 유풍출판사.

김찬국(1980), 「약자를 해방시키는 하느님」, 김찬국 외, 『다시 하는 강의』, 서울 : 새밭.

김태일(1990), 「국가의 지배와 농민」, 한국농어촌사회연구소·한국가톨릭농민회 편, 『지역사회 지배구조와 농민』, 서울 : 연구사.

______(1991), 『한국 농민운동과 국가』, 고려대학교 정치외교학과 박사학위논문.

김택현(2003), 「역사와 비교 그리고 차이」, 『서발턴과 역사학 비판』, 서울 : 박종철출판사.

김해동(1993), 「근대화와 관료부패의 관계에 관한 연구」, 『한국행정학회보』, 제31권, 제2호.

김형기(1988), 『한국의 독점자본과 임노동』, 서울 : 까치.

김형수(2004), 『문익환 평전』, 서울 : 실천문학사.

김형아(2005), 『유신과 중화학공업 : 박정희의 양날의 선택』, 일조각.

김혜경(1975), 『참여관찰에 의한 종업원 행동에 관한 연구』, 영남대학교 석사
    학위논문.
김혜숙(1979), 「오늘이 있기까지」, 『노동』, 제13권, 제1호.
김　호(2000), 「정부주도형 불균형공업화정책의 성과와 문제점」, 『지역개발연구』,
    제32권, 제1호.
김호기(1985), 「경제개발과 국가의 역할에 관한 연구」, 최장집 편, 『한국자본주
    의와 국가』, 서울 : 한울.
______(1995), 「국제분업의 구조적 변동과 동아시아 신흥공업국의 산업화」, 『현
    대자본주의와 한국사회』, 서울 : 사회비평사.
______(1998), 「박정희 시대와 근대성의 명암」, 『창작과 비평』, 제26권, 제1호.
______(2003), 「'2만 불 시대'를 향한 모델 찾기」, 『경향신문』, 7월 24일.
김호선(1978), 「누가 영자에게 돌을 던지랴」, 조선일보사 편집국 편, 『젊은이의
    발언』, 조선일보사.
김흥기 편(1999), 『비사 경제기획원 33년, 영욕의 한국경제』, 서울 : 매일경제
    신문사.
나보순 외(1983), 『우리들 가진 것 비록 적어도 : 근로자들의 글모음』, 서울 :
    돌베개.
나카노도시오(2005[2001]), 『오쓰카히사오와 마루야마마사오 : 일본의 총력전 체
    제와 전후 민주주의 사상』, 서울 : 삼인[中野敏男(2001), 『大塚久雄と丸山
    眞男 ― 動員, 主體, 戰爭責任』, 東京 : 靑土社].
나카무라사토루[中村哲](1991), 『세계자본주의와 이행의 이론 : 동아시아를 중심
    으로』, 서울 : 비봉출판사.
내무부(1980a), 『새마을운동 10년사』, 제1권.
______(1980b), 『새마을운동 10년사 : 자료편』, 제2권.
니시카와나가오(2002), 『'국민'이라는 괴물』, 서울 : 소명출판[四川長夫(1998),
    『國民國家論の射程』, 東京 : 柏書房].
노금노(1986), 『땅의 아들』, 제1권, 서울 : 돌베개.
노동부(2004), 『노동통계연감』.
노동청 부녀소년담당관실(1974), 「앙케이트 분석 : 공업단지 여성근로자들은 어
    떤 생각을 갖고 있나?」, 『노동』, 제8권, 제4호.
노중선(1972), 「르뽀 : 체불임금과 근로자–경성공작 주식회사의 경우」, 고려대
    학교 노동문제연구소 편, 『노동문제』, 제5권.
다케시마젠야(2004), 『아담 스미스』, 서울 : 소화[高島善哉(1968), 『アダム・ス

ミス』, 東京 : 岩波書店].

대통령비서실 편(1973), 『박정희 대통령 연설문집』.

______(1974), 『박정희 대통령 연설문집』.

______(1978), 『새마을운동 : 박정희 대통령 연설문집』.

대한금융단(1978), 『한국금융 30년사』.

대한민국정부(1962), 『제1차 경제개발 5개년 계획 : 1962~1966』.

______(1966), 『제2차 경제개발 5개년계획 : 1967~1971』.

______(1971), 『제3차 경제개발 5개년계획 : 1972~1976』.

대한상공회의소(1975), 『중화학공업건설과 자본동원』.

______(1982), 『한국경제 20년의 회고와 반성』.

대한상공회의소 · 공장새마을운동추진본부(1989), 『90년대 공장새마을운동 : 새
    로운 추진방향』.

데틀레프 포이케르트(2003), 『나치시대의 일상사 : 순응, 저항, 인종주의』, 서울 :
    개마고원[Peukert, D.(1982), *Volksgenossen und Gemeinschaftsfremde* :
    *Anpassung, Ausmerze und Aufbegehren unter dem Nationalsozialismus*,
    Köln : Bund-Verlag GmbH].

동일방직 복직투쟁위원회(1985), 『동일방직 노동조합운동사』, 서울 : 돌베개.

디이터 젱하스(1990), 『유럽의 교훈과 제3세계』, 서울 : 나남[Senghaas,
    D.(1982), *Von Europa lernen*, Frankfurt/M. : Suhrkamp].

라인하르트 오피츠(1987), 「독점자본과 파시즘」, 김세균 편역, 『자본주의의 위
    기와 파시즘』, 서울 : 돌베개[Opitz, R.(1974), "Über die Entstehung und
    Verhinderung von Faschismus", *Das Argument*, Nr. 87].

랄프 다렌도르프(1986), 『분단독일의 정치사회학』, 서울 : 한길사 [Dahrendorf,
    R.(1969), *Society and Democracy in Germany*, Garden City : Doubleday].

레오나르도 보프 · 끌로도비스 보프(1988), 『해방신학의 이론과 실천』, 서울 : 논
    쟁[Leonardo and Clodovis Boff(1984), *Salvation and Liberation*,
    Quezon City : Claretian Publications].

로저 프라이스(2001), 『혁명과 반동의 프랑스사』, 서울 : 개마고원 [Price,
    R.(1993), *A Concise History of France*, Cambridge : Cambridge
    University Press].

류달영(1973), 「조국의 미래상」, 박종홍 · 류달영 편, 『국민윤리』, 서울 : 삼화출
    판사.

류동민(2001), 「민족경제론의 형성과정」, 한국사회경제학회 하계학술대회 발표

문, 7월 6일~7일.

류상영(1996), 「박정희 정권의 산업화전략 선택과 국제정치경제적 맥락」, 『한국
　　　정치학회보』, 제30집, 제1호.

______(2002), 「한국의 경제개발과 1960년대 한미관계」, 『한국정치학회보』, 제
　　　36집, 제3호.

매일경제신문사 편(1977), 『박정희 대통령의 지도이념과 행동철학』.

무라카미야스스케(1994), 『반고전의 정치경제학』, 상권·하권, 서울: 도서출판
　　　삼성 [村上泰亮(1993), 『反古典の政治經濟學』, 上卷·下卷, 東京: 中央公
　　　論社].

문성열(1986), 「실연의 상처를 딛고」, 이태호 편, 『노동현장의 진실』, 서울: 금
　　　문당.

문팔룡 외(1981), 『한국의 농촌개발』, 서울: 한국개발연구원.

문한영(1990), 「60년대의 민족자주통일운동: 민자통을 중심으로 한 증언」, 사월
　　　혁명연구소 편, 『한국사회변혁운동과 4월혁명』, 제2권, 서울: 한길사.

문화공보부(1972), 『새마을운동: 그 이론과 전개』.

미구엘 조린·존 마르츠(1985), 「민족주의적 민중주의: 브라질과 아르헨티나」,
　　　이지세 편역, 『제3세계 정치운동과 이데올로기』, 서울: 풀빛[in Jorrin,
　　　M. & Martz, J.(1970), *Latin American Political Thought and Ideology*,
　　　Chapel Hill: University of North Carolina Press].

미셸 보(1987), 『자본주의의 역사』, 서울: 창작새[Beaud, M.(1981), *Histoire du
　　　capitalisme: 1500~1980*, Paris: Éditions du Seuil].

미 의회 하원 국제관계위원회 국제기구소위원회(1986), 『프레이저 보고서』, 서
　　　울: 실천문학새[Subcommittee on International Organization(1978),
　　　*Investigation of Korean-American Relations*, Washington: U.S. Government
　　　Printing Office].

민병천(1977), 「평화정착과 평화통일」, 현대정치연구회 편, 『자주성 확립과 민
　　　족중흥』, 서울: 광명출판사.

민청학련운동계승사업회 편(2004), 『실록 민청학련, 1974년 4월』, 제2권, 서울:
　　　학민사.

박광주(1992), 「지도자본주의론」, 『한국 권위주의 국가론』, 서울: 인간사랑.

박경희(1974), 「퇴근길」, 『노동』, 제8권, 제5호.

박기남(1988), 『여성노동자들의 의식변화 과정에 관한 연구: 1970년대부터
　　　1980년대 중반까지』, 연세대학교 사회학과 석사학위논문.

박동철(1993), 『한국에서 ‘국가주도적’ 자본주의 발전방식의 형성과정』, 서울대
학교 경제학과 박사학위논문.
박명림(1994), 『한국전쟁의 발발과 기원』, 고려대학교 정치외교학과 박사학위
논문.
______(1996a), 「현대 한국민족주의의 특성과 이해 : ‘근대성’과 ‘민중성’의 비교
적 관찰」, 역사문제연구소 편, 『연구소 창립기념 심포지엄 ‘한국의 근대
와 근대성’ 자료집』, 5월 18일.
______(1996b), 「제2공화국 정치균열의 구조와 변화」, 백영철 편, 『제2공화국과
한국민주주의』, 나남출판.
______(1998), 「1950년대 한국의 민주주의와 권위주의」, 역사문제연구소 편,
『1950년대 남북한의 선택과 굴절』, 서울 : 역사비평사.
박문담(1973), 「우리는 이렇게 노동조합을 만들었다!」, 『노동문제』, 제8권.
박민나(2004), 『가시철망 위의 넝쿨장미』, 서울 : 지식의 날개.
박세길(1993), 「인간 박정희」, 『역사비평』, 제21호.
박수정(2004), 『숨겨진 한국여성의 역사』, 서울 : 아름다운 사람들.
박승옥(2002), 「새로운 삶이 거기 있었지요 : 동일방직 추송례 씨를 찾아서」,
『기억과 전망』, 창간호.
박승호(2004), 『좌파 현대자본주의론의 비판적 재구성』, 파주 : 한울아카데미.
박영호(1995), 「역사적 맥락에서 본 민족경제론」, 정윤형 외, 『민족경제론과 한
국경제』, 서울 : 창작과비평사.
박의경(1995), 「자유주의적 민족주의 : ‘자유’이념과 ‘민족’가치의 조화」, 『국제정
치논총』, 제35집, 제1호.
박정희(1962), 『우리 민족의 나아갈 길』, 서울 : 동아출판사.
______(1997[1963]), 『국가와 혁명과 나』, 서울 : 지구촌.
______(1971), 『민족의 저력』, 서울 : 광명출판사.
______(1978), 『민족중흥의 길』, 서울 : 광명출판사.
박종민(1994), 「새마을운동의 정신적 지주 : 김준」, 이종범 편, 『전환시대의 행
정가』, 서울 : 나남출판.
박종철(1987), 『한국의 산업화정책과 국가의 역할 : 1공화국과 3공화국의 비교
연구』, 고려대학교 정치외교학과 박사학위논문.
박종홍(1972), 『자각과 의욕』, 서울 : 박영사.
박진도(1994), 『한국자본주의와 농업구조』, 서울 : 한길사.
박진도·한도현(1999), 「새마을운동과 유신체제」, 『역사비평』, 제47호.

박충훈(1988), 『이당 회고록』, 서울 : 박영사.

박태균(2000), 『1956~1964년 한국 경제개발계획의 성립과정』, 서울대학교 국사학과 박사학위논문.

______(2002), 「1950·60년대 경제개발 신화의 형성과 확산」, 『동향과 전망』, 제55호.

______(2004), 「1970·80년대 경제정책 주체의 변화와 새로운 경제담론」, 유철규 편, 『박정희 모델과 신자유주의 사이에서』, 서울 : 함께읽는책.

박태순·김동춘(1991), 『1960년대의 사회운동』, 서울 : 까치.

박형규(1971), 「한반도의 미래와 교회의 선교자세」, 『기독교사상』, 9월호.

박현채(1978), 『민중과 경제』, 서울 : 정우사.

______(1978[1974]), 「민중과 경제」, 『민족경제론』, 서울 : 한길사.

______(1978[1977]a), 「산업사회에 있어서의 경제적 자유」, 『민족경제론』, 서울 : 한길사.

______(1978[1977]b), 「경제발전과 농업발전의 제문제」, 『민족경제론』, 서울 : 한길사.

______(1978[1977]c), 「경제개발 15년의 득과 실」, 『민족경제론』, 서울 : 한길사.

______(1981[1970]), 「농공병진이란 무엇인가」, 『한국농업의 구상』, 서울 : 한길사.

______(1981[1971]), 「농산물가격과 경제발전」, 『한국농업의 구상』, 서울 : 한길사.

______(1981[1975]), 「농지제도 개혁론에 대하여」, 『한국농업의 구상』, 서울 : 한길사.

______(1981[1979]), 「농민의 입장에서 본 경제정책」, 『한국농업의 구상』, 서울 : 한길사.

______(1981), 「자립경제의 실현을 위한 모색」, 김병태 외, 『한국경제의 전개과정』, 서울 : 돌베개.

______(1982[1969]), 「계층 조화의 조건」, 『한국경제의 구조와 논리』, 서울 : 풀빛.

______(1988), 『민족경제와 민중운동』, 서울 : 창작과비평사.

박호성(1997), 『남북한 민족주의 비교연구』, 서울 : 당대.

박희범(1961), 「후진국에 있어서의 경제계획」, 『사상계』, 3월호.

______(1962a), 「경제자립을 위한 외자도입」, 『최고회의보』, 제4호.

______(1962b), 「후진국에 있어서의 자본의 조달과 산업별 배분」, 『경제논집 별책』, 제1권, 제1호.

______(1967), 「한국 정당과 경제정책」, 『정경연구』, 5월호.

______(1968), 『한국경제성장론』, 서울 : 고려대학교출판부.

방혜신(1993), 『70년대 여성노동운동에서 여성특수과제의 실현조건에 관한 연구』, 서강대학교 사회학과 석사학위논문.

백기완(1993), 「민족주의자 장준하의 생애」, 김삼웅 편, 『민족주의자의 죽음』, 서울 : 학민사.

백낙청(2005), 「박정희 시대를 어떻게 생각할까」, 『창작과 비평』, 제33권, 제2호.

백영철(1996), 「제2공화국의 의회정치」, 백영철 편, 『제2공화국과 한국민주주의』, 서울 : 나남출판.

백욱인(1993), 「대중의 삶과 한국사회 변화의 요체」, 나라정책연구회 편, 『한국 사회운동의 혁신을 위하여』, 서울 : 백산서당.

변형윤(1977), 「한국경제의 성장단계」, 김윤환·변형윤 편, 『한국경제론』, 서울 : 유풍출판사.

______(1980[1971]), 「민족혁명형 개발정책에로의 전환」, 『한국경제의 진단과 반성』, 서울 : 지식산업사.

볼튼 킹(1980), 『마찌니 평전 : 민족통일의 사상과 행동』, 서울 : 한길사 [King, B.(1911), *The Life of Mazzini*, London : J. M. Dent & Sons].

블라디미르 I. 레닌(1988[1902]), 『무엇을 할 것인가?』, 서울 : 백두 [Lenin, V. I.(1961), "What Is To Be Done?", *Collected Works*, Vol. 5, Moscow : Progress Publishers].

사공일·존스(1981), 『경제개발과 정부 및 기업가의 역할』, 서울 : 한국개발연구원.

사월혁명연구소 편(1990), 『한국사회변혁운동과 4월혁명』, 제2권, 서울 : 한길사.

3·1민주구국선언 관련자(1998), 『새롭게 타오르는 3·1민주구국선언』, 서울 : 사계절.

서경원 외(1984), 「좌담 : 한국농민운동의 반성과 과제」, 한국기독교사회문제연구원 편, 『농촌현실과 농민운동』, 서울 : 민중사.

서관모(1986), 「한국사회 계급구성의 사회통계적 연구」, 『산업사회연구』, 제1집.

______(1988), 「식민지반봉건사회론과 신식민지국가독점자본주의론의 계급분석」, 『현실과 과학』, 제2호.

서석준(1985[1971]), 「불황의 실상」, 『경제개발을 향한 외길 20년』, 서울 : 일조각.

서울사회과학연구소(1991), 『한국에서의 자본주의 발전』, 서울 : 새길.

서중석(1988), 「3선개헌 반대, 민청학련 투쟁, 반유신 투쟁」, 『역사비평』, 계간 제1호.

______(1997), 「분단체제 타파에 몸 던진 장준하」, 『역사비평』, 제38호.

______(2004), 『배반당한 한국민족주의』, 서울: 성균관대학교출판부.

서중석 외(1993), 「토론: 박정희 정권을 재평가한다」, 『역사비평』, 제23호.

석정남(1976a), 「어느 여공의 일기: 인간답게 살고 싶다」, 『대화』, 11월호.

______(1976b), 「어느 여공의 일기: 불타는 눈물」, 『대화』, 12월호.

______(1984), 『공장의 불빛』, 서울: 일월서각.

성공회대학교 사회문화연구소(2002), 『1970년대 산업화 초기 한국노동사 연구』, 서울: 노동부.

손호철(1993), 「박정희 정권의 정치적 성격」, 『역사비평』, 제23호.

송호근(2000), 「박정희 정권의 국가와 노동」, 『사회와 역사』, 제58집.

송효순(1982), 『서울로 가는 길』, 서울: 형성사.

순점순(1984), 『8시간 노동을 위하여: 해태제과 여성노동자들의 투쟁기록』, 서울: 풀빛.

스즈키기시[鈴木義嗣](1985), 「50년대 한국경제의 성장과 공업화」, 가지무라히데키[梶村秀樹] 외, 『한국경제의 구조』, 서울: 학민사.

스티븐 해거드(1994), 『주변부로부터의 오솔길: 신흥공업국의 정치경제학』, 서울: 문학과 지성새[Haggard, S.(1990), *Pathways from the Periphery: The Politics of Growth in the Newly Industrializing Countries*, Ithaca: Cornell University Press].

신병식(1992), 『한국의 토지개혁에 관한 정치경제적 연구』, 서울대학교 정치학과 박사학위논문.

신용옥(2000), 「박정희 정권기 경제성장의 올바른 이해를 위하여」, 강만길 편, 『한국자본주의의 역사』, 서울: 역사비평사.

신인령(1987), 『노동법과 노동운동』, 서울: 일월서각.

신상초(1976), 「북괴대남전략」, 한국유신학술원 편, 『유신의 참뜻』.

신원철(2004), 「경쟁양식과 노동자 정체성: 1960~70년대 기계산업 노동자를 중심으로」, 이종구 외, 『1960~70년대 한국의 산업화와 노동자 정체성』, 파주: 한울아카데미.

신정완(2006), 「프리드리히 리스트의 경제학 주체화 전략에 대한 비판적 검토」, 『민주사회와 정책연구』, 통권 제9호.

신채호(1981[1925]), 「조선상고사 총론」, 이민수 외 편역, 『한국의 근대사상』, 서울: 삼성출판사.

______(1981[192?]), 「도덕」, 이민수 외 편역, 『한국의 근대사상』, 서울: 삼성출판사.

신철영(2003), 「영등포산업선교회-70~80년대 노동자들의 보금자리」, 『기억과
　　　전망』, 제5호.
심융택 편(1972), 『자립에의 의지 : 박정희 대통령 어록』, 서울 : 한림출판사.
심지연(1990), 「민주당 정권의 본질」, 사월혁명연구소 편, 『한국사회변혁운동과
　　　4월혁명』, 제1권, 서울 : 한길사.
아담 스미스(1992[1776]a), 『국부론』, 상권, 서울 : 범우사.
　　　(1992[1776]b), 『국부론』, 하권, 서울 : 범우사.
안병무(1976), 「민족적 과제와 교회」, 『기독교사상』, 1월호.
안병직(1989), 「중진자본주의로서의 한국경제」, 『사상문예운동』, 제2호.
안상학(2004), 『권종대 : 통일걷이를 꿈꾼 농투성이』, 서울 : 민주화운동기념사
　　　업회.
안윤모(1998), 「민중주의」, 김영한 편, 『서양의 지적 운동』, 제2권, 서울 : 지식
　　　산업사.
안재구·안영민(2003), 『아버지, 당신은 산입니다』, 서울 : 아름다운사람들.
안철홍(1996), 「70, 80년대 재야운동 야사① : 민수협에서 개헌청원 서명운동까
　　　지」, 『월간 말』, 4월호.
알랑 리피에츠(1991), 『기적과 환상 : ‘레규라시옹’ 학파의 세계경제론』, 서울 : 한
　　　울[Lipietz, A.(1985), *Mirages and Miracles : Problèmes de l'industrialisation
　　　dans le Tiers Monde*, La Déouvrte].
양우진(1994), 『현대 한국자본주의 발전과정 연구』, 서울대학교 경제학과 박사
　　　학위논문.
　　　(1996), 「한국경제론의 대상과 방법에 관한 소고」, 『사회경제평론』, 제9
　　　권, 제9호.
양우진·홍장표(1991), 『한국 자본주의 분석』, 서울 : 일빛.
엔서니 스미스(1986), 『제3세계의 국가와 민족』, 서울 : 삼영새[Smith,
　　　Anthony(1983), *State and Nation in the Third World*, Wheatsheaf
　　　Books Ltd.].
앨리스 암스덴(1990), 『아시아의 다음 거인 : 한국의 후발 공업화』, 서울 : 시사
　　　영어새[Amsden, A.(1989), *Asia's Next Giant : South Korea and Late
　　　Industrialization*, New York : Oxford University Press].
여영무(1985), 「대담 / 김대중-지금은 정권쟁취의 단계 아니다」, 『신동아』,
　　　4월호.
역사문제연구소 편(2003), 『학술대회 ‘박정희시대의 역사성’ 자료집』, 9월 27일.

염재호(1994), 「과학기술의 전도사 : 최형섭론」, 이종범 편, 『전환시대의 행정가』, 서울 : 나남.

영등포 산업선교회40년사 기획위원회(1998), 『영등포 산업선교회 40년사』, 대한 예수교장로회 영등포산업선교회.

오명석(1998), 「1960~70년대의 문화정책과 민족문화담론」, 『비교문화연구』, 제4호.

오원철(1995), 『한국형 경제건설 : 엔지니어링 어프로치』, 제1권, 서울 : 기아경 제연구소.

______(1996), 『한국형 경제건설 : 엔지니어링 어프로치』, 제3권, 서울 : 기아경 제연구소.

______(1999), 「수출전략의 입안자가 쓴 20세기 한국의 위대한 세대 : 여공찬가」, 『월간 조선』, 12월호.

오유석(1996), 「1950년대 남한에서의 민족주의」, 유병용 외, 『한국 현대사와 민 족주의』, 서울 : 집문당.

______(1998), 「서울의 과잉도시화 과정 : 성격과 특징」, 역사문제연구소 편, 『1950년대 남북한의 선택과 굴절』, 서울 : 역사비평사.

______(2003), 「농촌 근대화전략과 새마을운동」, 유철규 편, 『한국자본주의 발 전모델의 역사와 위기』, 제1권, 서울 : 함께 읽는 책.

원풍모방 해고노동자 복직투쟁위원회(1988), 『민주노조10년 : 원풍모방 노동조 합활동과 투쟁』, 서울 : 풀빛.

월트 위트먼 로스토우(1965), 「한국의 경제개발과 그 문제점」, 『박정희 대통령 방미기 : 우의와 신의의 가교』, 서울 : 동아출판사.

유경순(2005), 「농민의 '딸', 방직공장 '여성노동자'가 되다」, 한미옥 외, 『굽은 어깨, 거칠어진 손』, 서울 : 소화.

유동우(1977a), 「어느 돌맹이의 외침 : 노동자의 생활체험 수기(상)」, 『대화』, 1월호.

______(1977b), 「어느 돌맹이의 외침 : 노동자의 생활체험 수기(중)」, 『대화』, 2월호.

______(1977c), 「어느 돌맹이의 외침 : 노동자의 생활체험 수기(하)」, 『대화』, 3월호.

유병용 외(1996), 『한국 현대사와 민족주의』, 서울 : 집문당.

유병용·최봉대·오유석(2001), 『근대화전략과 새마을운동』, 서울 : 백산서당.

유아사다케오(1981), 『제3세계의 경제구조』, 서울 : 풀빛[湯淺趙男(1976), 『第三

世界の經濟構造』, 東京 : 新評論社].

______(1984),『민족문제의 사적 구조』, 서울 : 한울[湯淺赳男(1973),『民族問題
　　　の史的構造』, 東京 : 現代評論社].

유원식(1987),『5・16비록 : 혁명은 어디로 갔나』, 서울 : 인물연구소.

유철규・이경미(2001),「축적체제의 제도적 창출과 발전 : 1970년대」, 김진업
　　　편, 『한국자본주의 발전모델의 형성과 해체』, 서울 : 나눔의집.

윤명분(1978),「먹구름 뒤에 찬란한 햇살이」,『노동』, 제12권, 제4호.

윤상우(2002),「동아시아 발전국가의 위기와 재편」, 고려대학교 사회학과 박사
　　　학위논문.

이광일(1992),『한국에서의 파시즘 형성에 관한 연구』, 성균관대학교 정치외교
　　　학과 석사학위논문.

______(1999),『한국의 민주주의와 노동정치』, 성균관대학교 정치외교학과 박사
　　　학위논문.

이경숙(1987),「한국 농지개혁과정에 관한 재검토」, 김석민 외,『한국 자본주의
　　　와 농업문제』, 서울 : 아침.

이경의(1995),「민족경제론과 중소기업」, 정윤형 외,『민족경제론과 한국경제』,
　　　서울 : 창작과 비평사.

이국영(1992),「수출지향산업화의 정치경제학적 고찰 : 한국과 대만의 비교연구」,
　　　『사회과학』, 제35호.

______(1995),「민주주의의 좌절과 5・16쿠데타」, 한국정치학회 편,『한국 현대
　　　정치사』, 서울 : 법문사.

이규호(1976),「민족주체론」, 한국유신학술원 편,『유신의 참뜻』.

______(1977),「자주정신의 좌표」, 현대정치연구회 편,『자주성 확립의 좌표』,
　　　서울 : 광명출판사.

이　균(1990),『리스트 보호무역론 연구』, 성균관대학교 무역학과 박사학위논문.

이기홍(1999),『경제근대화의 숨은 이야기』, 서울 : 보이스사.

이대근(1987),『한국전쟁과 1950년대 자본축적』, 서울 : 까치.

______(2002),『해방후~1950년대의 경제』, 서울 : 삼성경제연구소.

이만갑(1981),『한국 농촌사회 연구』, 서울 : 다락원.

이매뉴얼 월러스틴(1999),『근대 세계체제 Ⅲ』, 까치[Wallerstein, I. (1989),
　　　*The Modern World-System Ⅲ*, San Diego : Academic Press, Inc.].

이미현(1986),「여공생활 10년」, 이태호 편,『노동현장의 진실』, 서울 : 금문당.

이병천(1987),「전후 한국자본주의 발전의 기초과정」, 지방사회연구회 편,『지

역사회와 민족운동』, 서울 : 한길사.

______(1989), 「한국사회성격론 및 변혁론 연구의 새로운 전진을 위하여」, 박현채·조희연 편, 『한국사회구성체 논쟁』, 제1권, 서울 : 죽산.

______(1995), 「냉전분단체제, 권위주의정권, 자본주의산업화」, 『동향과 전망』, 제28호.

______(1998), 「한국의 발전국가 자본주의와 발전 딜레마」, 『창작과 비평』, 제26권, 제3호.

______(1999), 「박정희 정권과 발전국가 모형의 형성」, 『경제발전연구』, 제5권, 제2호.

______(2001), 「다시 민족경제론을 생각한다」, 『동향과 전망』, 제48호.

______(2003), 「개발독재의 정치경제학과 한국의 경험」, 이병천 편, 『개발독재와 박정희 시대』, 서울 : 창비.

______(2005a), 「전환시대의 한국자본주의론 : '61년 체제'와 '87년 체제'의 시험대」, 『역사비평』, 제71호.

______(2005b), 「개발독재와 돌진적 산업화 : '한강의 기적'과 그 딜레마」, 참여사회연구소 편, 『해방60주년기념 심포지엄 '다시 대한민국을 묻는다' 자료집』, 10월 20일.

이병천 편(2003), 『개발독재와 박정희시대』, 서울 : 창비.

이병철(1986), 『호암 자전』, 서울 : 중앙일보사.

이병화(1983), 『한국 경제입법 연구』, 서울 : 평민사.

이봉우(1986), 「노동자는 뺑뺑이가 아니다」, 이태호 편, 『최근 노동운동 기록』, 서울 : 청사.

이상철(2004), 「1979~80년 경제위기와 산업정책의 변모」, 유철규 편, 『박정희 모델과 신자유주의 사이에서』, 서울 : 함께 읽는 책.

이선근(1973), 「역사와 민족」, 박종홍·류달영 편, 『국민윤리』, 서울 : 삼화출판사.

______(1979), 「한국의 민족문화 : 그 전통과 현대성」, 한국정신문화연구원 편, 『한국의 민족문화 : 그 전통과 현대성』.

이선희(1973), 「수필 : 저축하는 보람으로」, 『산업과 노동』, 제7권, 제4·5호.

이성형(1985), 「국가, 계급 및 자본축적 : 8·3조치를 중심으로」, 최장집 편, 『한국자본주의와 국가』, 서울 : 한울.

______(2000), 「경제통합과 민족정체성 : 멕시코 사례를 중심으로」, 『이베로아메리카 연구』, 제11호.

이승구(1987), 「비화 : 제1차 5개년 계획의 산고」, 『월간 경향』, 2월호.

이옥순(1990), 『나 이제 주인 되어』, 서울: 녹두.

이완범(1999), 「경제개발 5개년계획의 입안과 미국의 역할, 1960~1965」, 한국 정신문화연구원 편, 『1960년대의 사회정치변동』, 서울: 백산서당.

______(2006), 『박정희와 한강의 기적: 1차 5개년계획과 무역입국』, 서울: 선인.

이영기(1992), 『한국 농업의 구조변화에 관한 연구』, 서울대학교 농경제학과 박사학위논문.

이영석(2003), 「19세기 런던의 두 얼굴」, 『역사가가 그린 근대의 풍경』, 푸른역사.

이영훈(2005), 「20세기 한국경제사·사상사와 박정희」, 명지대학교 국제한국학연구소 편, 『국제학술대회 '박정희 시대와 한국현대사' 자료집』, 12월 9~10일.

이영희(1988), 『역정: 나의 청년시대』, 창작과비평사.

이옥지(2001), 『한국 여성노동자 운동사』, 제1권, 서울: 한울아카데미.

이용기(2003), 「1940~50년대 농촌의 마을질서와 국가」, 『역사문제연구』, 제10호.

이우영(1990), 「박정희 민족주의의 반민족성」, 『역사비평』, 제10호.

______(1991), 『박정희 통치이념의 지식사회학적 연구』, 연세대학교 사회학과 박사학위논문.

이우재(1979), 「한국 농업문제의 본질」, 변형윤 외, 『한국 농업경제와 농민현실』, 서울: 관악서당.

______(1991), 『한국농민운동사 연구』, 서울: 한울.

이우정(1998), 「3·1민주구국선언 사건의 부스러기 이야기들」, 3·1민주구국선언 관련자, 『새롭게 타오르는 3·1민주구국선언』, 서울: 사계절.

이인순(1977), 「작은 꿈이 꽃 필 때」, 『노동』, 제11권, 제6호.

이재희(1990), 『한국의 독점자본 형성에 관한 연구』, 서울대학교 경제학과 박사학위논문.

______(1999), 「1970년대 후반기의 경제정책과 산업구조의 변화」, 한국정신문화연구원 편, 『1970년대 후반기의 정치사회변동』, 서울: 백산서당.

이정식(1976), 「한국민주주의론」, 한국유신학술원 편, 『유신의 참뜻』.

이제민(1995), 「전후 세계체제와 한국의 수출지향적 산업화」, 안병직 편, 『한국경제: 쟁점과 전망』, 서울: 지식산업사.

______(1996), 「한국 유치산업의 성숙과 성장: 실증적 증거와 그 해석」, 『연세경제연구』, 제3권, 제2호.

이종도(1986), 「비바람과 눈보라를 이겨내자」, 이태호 편, 『최근 노동운동기록』,
　　　서울 : 청사.
이종오(1990), 「5·16의 본질과 한국자본주의 문제」, 사월혁명연구소 편, 『한국
　　　사회 변혁운동과 4월혁명』, 서울 : 한길사.
이종재(1993), 『재벌이력서』, 서울 : 한국일보사.
이준식(2002), 「박정희 시대 지배이데올로기의 형성 : 역사적 기원을 중심으로」,
　　　홍석률 외, 『박정희 시대 연구』, 서울 : 백산서당.
이진경(1997), 「푸코의 미시정치학에서 저항과 적대의 문제」, 이구표·이진경,
　　　『프랑스철학과 우리』, 제3권, 서울 : 당대.
＿＿＿(2004), 『자본을 넘어선 자본』, 서울 : 그린비.
이태복(1994), 「노동운동 투신 동기와 민노련·민학련 사건」, 『역사비평』, 여
　　　름호.
이태호(1982[1976]), 「직업병 인정 못 받는 결핵 근로자들」, 『70년대 현장』, 서
　　　울 : 한마당.
이학선(1997), 『프리드리히 리스트의 국제관계론 연구』, 서울대학교 외교학과
　　　석사학위논문.
이한순(1978), 「한 알의 밀알이 썩으면」, 『노동』, 제12권, 제3호.
이항녕(1976), 「정신혁명론」, 한국유신학술원 편, 『유신의 참뜻』.
이해찬(1986), 「70년대 지식인·학생의 민주화운동」, 박현채·한상진 외, 『해방
　　　40년의 재인식』, 제2권, 서울 : 돌베개.
이혁구(1993), 「민족주의의 재조명 : 민족, 국가 그리고 계급」, 『사회과학』, 제32
　　　권, 제2호.
이희숙(1973), 「꿀벌은 슬퍼하지 않는다」, 『산업과 노동』, 제7권, 제4·5호.
임갑수(1980), 「상담실에서 본 공단 여성근로자의 문제점과 대책」, 『노동』, 제
　　　14권, 제3호.
임대식(2000), 「종속적 근대화와 민족문제」, 『역사문제연구』, 제4호.
임동규(2001), 「4월혁명에서 남민전, 민주노동당까지 민중해방의 한 길」, 『이론
　　　과 실천 창간준비 1호』.
임방현(1973), 『근대화와 지식인』, 서울 : 지식산업사.
임지현(1994), 「민족주의」, 김영한 편, 『서양의 지적 운동』, 제1권, 서울 : 지식
　　　산업사.
＿＿＿(2000), 「파시즘의 진지전과 '합의독재'」, 『당대비평』, 제12호.
＿＿＿(2001), 「한반도 민족주의와 권력담론 : 비교사적 문제제기」, 『이념의 속

살』, 서울 : 삼인.

______(2002), 「다시, 민족주의는 반역이다」, 『창작과 비평』, 제30권, 제3호.

______(2004), 「한반도 민족주의와 권력담론 : 김일성과 박정희」, 『적대적 공범자들』, 서울 : 소나무.

임지현·이상록(2004), 「'대중독재'와 '포스트파시즘'」, 『역사비평』, 제68호.

임현진·송호근(1994), 「박정희체제의 지배이데올로기」, 역사문제연구소 편, 『한국정치의 지배이데올로기와 대항이데올로기』, 서울 : 역사비평사.

장남수(1984), 『빼앗긴 일터』, 서울 : 창작과비평사.

장미경(2004), 「근대화와 1960~70년대 여성노동자」, 『경제와 사회』, 제61호.

장상환(2001), 「1970년대 사회운동과 크리스챤아카데미 교육」, 『이론과 실천』, 11월호.

장시원(1995), 「지주제 해체와 자작농체제 성립의 역사적 의의」, 한국학술진흥재단 편, 『광복 50주년 기념 논문집』, 제3권.

장임순(1979), 「개미처럼 살리라」, 『노동』, 제13권, 제4호.

장준하(1985[1972]), 「민족주의자의 길」, 『장준하 문집』, 제1권, 서울 : 사상계.

장준하 선생 20주기 추모사업회(1995), 『장준하 선생 20주기 기념 학술토론회』.

장하원(1999), 「1960년대 한국의 개발전략과 산업정책의 형성」, 한국정신문화연구원 편, 『1960년대 한국의 공업화와 경제구조』, 서울 : 백산서당.

재무부(1978), 『재정금융 30년사』.

______(1979), 『한국의 금융정책』.

______(1982), 『재정투융자백서』.

재무부 경제협력국(1991), 『외국인투자제도 연혁집』.

전경련 10년사 편찬위(1971), 『전경련 10년』, 서울 : 전국경제인엽합회.

전경옥 외(2005), 『한국여성 인물사』, 제2권, 서울 : 숙명여대 아시아여성연구소.

전순옥 외(2002), 「좌담 : 노동운동과 나」, 성공회대학교 사회문화연구소, 『1970년대 산업화 초기 한국노동사 연구』, 서울 : 노동부.

전우용 외(2000), 「종합토론 : 왜 민족주의가 문제인가」, 『역사문제연구』, 제4호.

전재호(1997), 『박정희 체제의 민족주의 연구』, 서강대학교 정치외교학과 박사학위논문.

______(2000), 『반동적 근대주의자 박정희』, 서울 : 책세상.

전철환(1985), 「4월혁명의 사회경제적 배경」, 한완상 외 편, 『4월혁명론』, 제1권, 일월서각.

전 YH노동조합 외(1988), 『YH노동조합사』, 서울 : 형성사.

전태일(1988), 『내 죽음을 헛되이 말라』, 서울 : 돌베개.

______(1988[1969]), 「인간으로서의 최소한의 요구입니다」, 『내 죽음을 헛되이 말라』, 서울 : 돌베개.

전택수(1999), 「1960년대 한미경제관계」, 한국정신문화연구원 편, 『1960년대의 대외관계와 남북문제』, 서울 : 백산서당.

정건화(1995), 「한국의 자본축적과 노동력 재생산구조 변화」, 정윤형 회, 『민족경제론과 한국경제』, 서울 : 창작과비평사.

정기영(1990), 「4월혁명의 주도세력」, 사월혁명연구소 편, 『한국사회변혁운동과 4월혁명』, 제1권, 서울 : 한길사.

정대용(1988), 「재야 민주노동운동의 전개과정과 현황」, 한국기독교산업개발원 편, 『한국노동운동의 이념』, 서울 : 정암사.

정미숙(1993), 『70년대 여성노동운동의 활성화에 관한 경험세계적 연구』, 이화여대 여성학과 석사학위논문.

정상호(2005), 「반유신 야당운동의 성과와 한계」, 안병욱 외, 『유신과 반유신』, 서울 : 민주화운동기념사업회.

정성진(1985), 「민족경제론의 제 문제」, 『산업사회연구』, 제1집.

______(1987), 「한국자본주의의 재생산구조 분석시론」, 『현단계』, 제1집.

______(1990), 『한국경제에서의 마르크스 비율의 분석』, 서울대학교 경제학과 박사학위논문.

정수복(1994a), 「노동자들의 의미세계와 경제성장」, 『의미세계와 사회운동』, 서울 : 민영사.

______(1994b), 「노동자들의 의식화과정과 민주노조형성」, 『의미세계와 사회운동』, 서울 : 민영사.

정수산(1991), 『제2공화국의 붕괴과정에 관한 연구』, 서울대학교 정치학과 박사학위논문.

정승국(2004a), 「1970년대 자동차산업의 노동형성 : A자동차를 중심으로」, 이종구 외, 『1960~70년대 한국의 산업화와 노동자정체성』, 파주 : 한울아카데미.

______(2004b), 「1970년대 자동차기업의 작업장 저항에 대한 연구」, 『산업노동연구』, 제10권, 제2호.

정연순(1998), 『1970년대 노동교육 사례연구 : 크리스챤아카데미 산업사회 중간집단 교육』, 서울대학교 교육학과 석사학위논문.

정영태(2004), 「개발연대의 노동자계급 형성 : 인천지역 노동자를 중심으로」, 이종구 외, 『1960~70년대 한국의 산업화와 노동자정체성』, 파주: 한울아카데미.

정윤광(2004), 「반유신투쟁의 전개과정」, 민청학련운동계승사업회 편, 『실록 민청학련, 1974년 4월』, 제2권, 서울: 학민사.

정윤형(1974), 「리스트의 국민주의에 대한 비판」, 『창작과 비평』, 제9권, 제1호.

정진상(1994), 「한국전쟁과 계급구조의 변동: 경남 진양군 두 마을 사례연구」, 한국산업사회연구회 편, 『계급과 한국사회』, 서울: 한울.

정태영(1991), 『조봉암과 진보당』, 서울: 한길사.

정해구(1995), 『남북한 분단정권 수립과정 연구』, 고려대학교 정치외교학과 박사학위논문.

정현백(1985), 「여성노동자의 의식과 노동세계: 1970년대의 노동자 수기 분석을 중심으로」, 『여성』, 제1집.

제정구를 생각하는 모임(2000), 『가짐 없는 큰 자유: 빈민의 벗, 제정구의 삶』, 서울: 학고재.

조돈문(1994), 「한국사회 계급구조의 변화: 1960~1990」, 『한국사회학』, 제28집.

조배원(2003), 「바람에 눕는 풀: 도시빈민운동의 대모 김혜경」, 『기억과 전망』, 제5호.

조봉암(1985[1957]), 「나의 정치백서」, 권대복 편, 『진보당: 당의 활동과 사건 관계 자료집』, 서울: 지양사.

조석곤(2001), 「민족경제론 형성의 사회경제적 배경과 그 이론화 과정」, 『동향과 전망』, 제48호.

조성식(2004), 「'개발독재 선봉' 남덕우 전 총리」, 『신동아』, 10월호.

조성혜(2003), 「대담 / 해방의 영성으로 가득 찬 조화순 목사」, 『기억과 전망』, 제5호.

조세희(1976), 「난장이가 쏘아 올린 작은 공」, 『문학과 지성』, 제26호.

조승혁(1981), 『도시산업선교의 인식』, 서울: 민중사.

조영욱(1998), 『1970년대 함평 농민운동의 연결망과 의미 구성과정에 대한 연구』, 서울대학교 언론정보학과 석사학위논문.

조영탁(1991), 「1950년대 이후 농업정책의 전개과정」, 양우진·홍장표 편, 『한국자본주의 분석』, 서울: 일빛.

＿＿＿(1993), 『1960년대 이후 양곡관리정책의 변화와 그 성격에 관한 연구』, 서울대학교 경제학과 박사학위논문.

조인원(1998), 『국가와 선택』, 서울: 나남.

조정환(2002), 『지구제국』, 서울 : 갈무리.

______(2003), 『아우또노미아 : 다중의 자율을 향한 항해』, 서울 : 갈무리.

______(2004), 「탈근대와 맑스의 포섭론」, 『제국기계 비판』, 서울 : 갈무리.

______(2006), 「카이로스의 시간과 삶문학」, 『카이로스의 문학』, 서울 : 갈무리.

조지송(1978), 「산업선교와 노동자의 현실」, 『씨알의 소리』, 11월호.

조화순(1986), 「민중의 딸들과 함께」, 이태호 편, 『최근 노동운동 기록』, 서울 : 청사.

조희연(1990), 「50·60·70년대 민족민주운동의 전개과정에 관한 연구」, 조희연 편, 『한국사회운동사』, 죽산.

______(1993), 『한국사회운동과 조직』, 서울 : 한울.

______(1999), 「한국의 경제성장과 정치변동」, 『성공회대학논총』, 제13호.

______(2003), 「동아시아의 자본주의 발전과 국가 변화」, 김대환·조희연 편, 『동아시아 경제변화와 국가의 역할 전환』, 서울 : 한울.

______(2004a), 「박정희 시대의 강압과 동의 : 지배·전통·강압과 동의의 관계를 다시 생각한다」, 『역사비평』, 제67호.

______(2004b), 「'반공규율사회'형 자본주의 발전과정에서의 노동자계급의 '구성'적 출현」, 이종구 외, 『1960~70년대 노동자의 생활세계와 정체성』, 파주 : 한울아카데미.

______(2005), 「박정희 체제의 복합성과 모순성」, 『역사비평』, 제70호.

중앙선거관리위원회(1964), 『대한민국선거사』.

______(1981), 『대한민국정당사』, 제1집.

중앙일보 특별취재팀(1998), 『실록 박정희』, 서울 : 중앙M&B.

중화학공업추진위원회 기획단(1973a), 『중화학공업화 선언에 따른 공업구조개편론』.

______(1973b), 『중화학공업육성계획』.

______(1979a), 『한국공업화 발전에 관한 조사 연구 : 중화학공업 발달사』, 제1권.

______(1979b), 『한국공업화 발전에 관한 조사 연구 : 중화학공업 정책사』, 제2권.

______(1979c), 『한국공업화 발전에 관한 조사 연구 : 정책결정의 이면사』, 제3권.

지명관(1995), 「구국과 혁명의 언론」, 장준하 선생 20주기 추모사업회, 『장준하 선생 20주기 기념 학술토론회』.

지학순(1983), 『정의가 강물처럼』, 서울 : 형성사.

진덕규(1992), 「현대 한국정치 변동과 민족주의의 변용에 대한 연구 서설」, 『한국 문화연구원 논총』, 제50집.

차문석(2000), 「생산성의 정치와 노동의 동원」, 홉스봄 외, 『노동의 세기 : 실패한 프로젝트?』, 서울 : 삼인.

천병규(1988), 『천마 초원에 놀다』, 동백 천병규 고희 자전간행위원회.

천주교정의구현전국사제단(1985), 『한국 천주교회의 위상』, 왜관 : 분도출판사.

______(2001[1975]), 「인혁당사건의 진실을 밝힌다」, 천주교인권위원회 편, 『사법살인 : 1975년 4월의 학살』, 서울 : 학민사.

최상오(2005), 「한국의 경제개발과 미국, 1948~1965」, 『미국학 논집』, 제37집, 제3호.

최영민(2001), 「대담 / 원풍모방 노동조합과 박순희 당기위원」, 『이론과 실천』, 10월호.

______(2002), 「대담 / 80년대 초반의 노동운동과 5·3인천항쟁-민주노동당 중앙위원 김지선」, 『이론과 실천』, 6월호.

최우석(1969), 「10년 진통의 해산 이력서」, 『주간 한국』, 12월 9일.

최원자(1971), 「여성근로자 생활수기」, 『산업과 노동』, 제5권, 제4호.

최장집(1988), 『한국의 노동운동과 국가』, 서울 : 열음사.

______(1989), 「군부권위주의 체제의 내부모순과 변화의 동학, 1972~1986」, 『한국현대정치의 구조와 변화』, 서울 : 까치.

______(1996a), 『한국민주주의의 조건과 전망』, 서울 : 나남.

______(1996b), 「제2공화국 하에서의 민주주의의 등장과 실패」, 백영철 편, 『제2공화국과 한국민주주의』, 나남출판.

______(2002), 『민주화 이후의 민주주의』, 서울 : 후마니타스.

______(2006), 『민주주의의 민주화』, 서울 : 후마니타스

최주철(1976), 『새마을운동의 이론과 철학』, 서울 : 집문당.

추송례(2001), 「어김없이 봄은 오는가」, 『실업일기』, 서울 : 작은 책.

탁희준·이정재(1961), 「대구사회의 동태」, 『사상계』, 5월호.

편집부(1986), 「어느 실천적 지식인의 자기반성 : 노동현장 속의 지식인-김문수」, 『현장』, 제6집.

편집위원회(2001), 「대담 / 민청학련, 서울지하철노동조합 투쟁과 정윤광 위원장」, 『이론과 실천 창간 준비호』, 제3호 [http ://web.org/~kdlp2001/zboard/vie w.php?id=tp0104&page].

폴 망뚜(1987), 『산업혁혁명사』, 상권, 서울 : 창작새[Mantoux, P.(1927), *The Industrial Revolution in the Eighteenth Century*, Macmilan Company].

풀빛 편집부(1988), 『경제학사전』, 서울 : 풀빛.

프라풀 비드와이(2002), 「간디, 노동자들에겐 히틀러였나?」, 『한겨레21』, 제
　　1414호.
칼 마르크스(1988[1891]), 「임금노동과 자본」, 김재기 편역, 『마르크스 · 엥겔스
　　저작선』, 서울 : 거름.
한국개발연구원(1995), 『한국경제 반세기 : 정책자료집』.
한국교회산업선교25주년 기념대회자료 편찬위원회(1984), 『1970년대 노동현장
　　과 증언』, 서울 : 풀빛.
한국기독교교회협의회 도시산업선교문제대책위원회(1979), 『도시산업선교문제
　　조사보고서』.
한국기독교교회협의회 인권위원회(1987a), 『1970년대 민주화운동』, 제1권, 서울
　　: 동광출판사.
＿＿＿＿(1987b), 『1970년대 민주화운동』, 제2권, 서울 : 동광출판사.
＿＿＿＿(1987c), 『1970년대 민주화운동』, 제3권, 서울 : 동광출판사.
＿＿＿＿(1987d), 『1970년대 민주화운동』, 제4권, 서울 : 동광출판사.
＿＿＿＿(1987e), 『폭력을 이기는 자유의 행진』, 서울 : 민중사.
한국기독교사회문제연구원(1984), 『농촌현실과 농민운동』, 서울 : 민중사.
한국기독학생회총연맹(1998), 『한국기독학생회총연맹 50년사』, 서울 : 다락원.
한국여신학자협의회 여신학자연구회 편(1992), 『고난의 현장에서 사랑의 불꽃으
　　로 : 조화순 목사의 삶과 신학』, 서울 : 대한기독교서회.
한국역사연구회(1995), 『한국역사입문』, 제3권, 서울 : 풀빛.
한국역사연구회 현대사증언반(1996), 『끝나지 않은 여정 : 한국현대사 증언록』,
　　서울 : 대동.
한국은행(1966, 1970, 1982), 『경제통계연감』.
한국은행 조사부(1962), 『긴급통화조치 종합보고서(1962. 6.)』
한국일보사(1981), 『재계회고 : 역대 경제부처장관 편』, 제7권.
한국정치연구회(1989), 「신식민지파시즘의 이론구조」, 학술단체협의회 편, 『1980
　　년대 한국사회와 지배구조』, 서울 : 풀빛.
한도현(1988), 「1970년대 농업 · 농촌 정책의 전개과정을 통해서 본 국가의 성격」,
　　한국산업사회연구회 편, 『오늘의 한국자본주의와 국가』, 서울 : 한길사.
＿＿＿＿(1998), 「1950년대 농촌사회와 농촌 피폐화」, 한국정신문화연구원 편,
　　『한국 현대사의 재인식』, 제4권, 서울 : 오름.
＿＿＿＿(1999), 「1960년대 농촌사회의 구조와 변화」, 한국정신문화연구원 편,
　　『1960년대 사회변화 연구』, 서울 : 백산서당.

한상구(1995), 「1948~1950년 평화적 통일론의 구조」, 역사문제연구소 편, 『분단50년과 통일시대의 과제』, 서울 : 역사비평사.

한승주(1983), 『제2공화국과 한국의 민주주의』, 서울 : 종로서적.

한완상(1978), 『민중과 지식인』, 서울 : 정우사.

한윤수 편(2005[1980]), 『비바람 속에 피어난 꽃 : 노동자의 일기와 생활고백』, 서울 : 마음향기.

한태연(1973), 『헌법학』, 서울 : 법문사.

______(1976), 「유신헌법」, 한국유신학술원 편, 『유신의 참뜻』.

함석헌(1985[1971]), 「비상사태에 대하는 우리의 각오」, 『함석헌 전집』, 제14권, 서울 : 한길사.

______(1985[1972]), 「평화운동을 일으키자」, 『함석헌 전집』, 제14권, 서울 : 한길사.

허상수 외(2002), 「좌담 : 1970년대 노동운동사를 어떻게 볼 것인가」, 성공회대학교 사회문화연구소, 『1970년대 산업화 초기 한국노동사 연구』, 노동부.

허  은(2003), 「재건국민운동 : ‘반동적 근대주의자’들의 접합과 분화」, 역사문제연구소 편, 『학술대회 ‘박정희시대의 역사성’ 자료집』, 9월 27일.

현대정치연구회(1975), 『민족국가 형성과 자본주의 정신』.

______(1976), 『유신정치의 지도이념』, 서울 : 광명출판사.

홍석률(1997), 『1953~61년 통일논의의 전개와 성격』, 서울대학교 국사학과 박사학위논문.

홍성유(1965), 『한국경제의 자본축적과정』, 서울 : 고려대학교 아세아문제연구소

홍장표(1991), 「1970년대 이후 대자본의 중소자본 지배구조의 변화」, 양우진 · 홍장표 외, 『한국자본주의 분석』, 서울 : 일빛.

______(1993), 『한국에서의 하청계열화에 관한 연구』, 서울대학교 경제학과 박사학위논문.

황  건(1990), 「민통련과 민족통일운동」, 사월혁명연구소 편, 『한국사회변혁운동과 4월혁명』, 제2권, 서울 : 한길사.

황명숙(1980), 「억순이의 변」, 『노동』, 제14권, 제7호.

황병덕(1992), 『대전환기의 세계사회 : 자본주의의 위기와 현존 사회주의의 몰락』, 서울 : 한울.

황병주(2000), 「박정희 시대의 국가와 ‘민중’」, 『당대비평』, 제12호.

______(2002), 「박정희 시대 축구와 민족주의」, 『당대비평』, 제19호.

______(2004a), 「박정희체제의 지배담론과 대중의 국민화」, 임지현 · 김용우 편,

『대중독재』, 서울: 책세상.

______(2004b), 「박정희와 근대의 꿈」, 『당대비평』, 제28호

황순재(1986), 「고무공장의 한심한 인권유린 현장」, 이태호 편, 『노동현장의 진실』, 서울: 금문당.


## 2. 일본어 문헌


足立文彦(1994), 「外資導入と産業發展」, 中兼和津次 編, 『講座現代アジア2: 近代化と構造變動』, 東京: 東京大出版會.

今岡日出紀・大野幸一(1985), 「韓國・臺灣の工業發展: 複線型成長パターンの檢證」, 今岡日出紀 外 編, 『中進國の工業發展: 複線型成長の論理と實證』, 東京: アジア經濟研究所.

李種元(1993), 「東アジアにおける冷戰と地域主義」, 『講座世紀間の世界政治3』, 東京: 日本評論社.

______(1996), 『東アジアにおける冷戰と韓米日關係』, 東京: 東京大出版會.

繪所秀紀(1991), 『開發經濟學』, 東京: 法政大學出版局.

大塚久雄(1969), 「資本主義の發達: 總說」, 『大塚久雄著作集』, 第四卷, 東京: 岩波書店.

______(1973), 「總說: 後進資本主義とその諸類型」, 大塚久雄 編, 『後進資本主義の展開過程』, 東京: アジア經濟研究所.

神武庸四郎(1991), 『經濟思想とナショナリズム』, 東京: 靑木書店.

河野健二(1995), 『日本の近代と知識人』, 東京: 岩波書店.

工藤光一(1998), 「國民國家と'傳統'の創出: 一八七〇〜一九一四年, フランスの事例から」, 樺山紘一 編, 『世界歷史18: 工業化と國民形成』, 東京: 岩波書店.

シャルル・ベトウレイム[Bettelheim, C.](1969), 『經濟開發と計劃』, 京都: 雄渾社.

末廣昭(1994), 「アジア開發獨裁論」, 中兼和津次 編, 『講座現代アジア2: 近代化と構造變動』, 東京: 東京大出版會.

西川潤(2000), 『人間のための經濟學』, 東京: 岩波書店.

辻忠夫(1987), 『國家と世界經濟』, 東京: 御茶の水書房.

藤原歸一(1998), 「ナツョナリズム・冷戰・開發: 戰後東南アジアにおける國民國家の理念と制度」, 東京大學社會科學研究所 編, 『20世紀システム4:

開發主義』, 東京 : 東京大學出版會.

原洋之介(2002), 『開發經濟論』, 東京 : 岩波書店.

福井憲彦(1998), 「ヨ-ロッパの世紀」, 樺山紘一 編, 『世界歷史18 : 工業化と國民形成』, 東京 : 岩波書店.


## 3. 영어 문헌


Althusser, L.(1984), "Ideology and Ideological State Apparatuses", *Essays on Ideology*, London : Verso.

Amsden, A.(1985), "The State and Taiwan's Economic Development", Evans, P., Rueschemeyer, D. and Skocpol, T., eds., *Bringing the State Back In*, New York : Cambridge University Press.

______(1994), "The Specter of Anglo-Saxonization is Haunting South Korea", Lee-Jay, Cho, et al., *Korea's Political Economy*, Boulder : Westview Press.

Anderson, B.(1991), *Imagined Communities*, London : Verso.

Anderson, P.(2002), "Internationalism : A Breviary", *New Left Review*, No. 14, March-April.

Balibar, E.(1991a), "Racism and Nationalism", Balibar & Wallerstein, eds., *Race, Nation, Class*, London : Verso.

______(1991b), "The Nation Form", Balibar & Wallerstein, eds., *Race, Nation, Class*, London : Verso.

Baran, P.(1957), *The Political Economy of Growth*, New York : Monthly Review Press.

Benner, E.(2001), "Is There a Core National Doctrine?", *Nations and Nationalism*, Vol. 7, No. 2.

Bonefeld, W.(1995), "Monetarism and Crisis", Bonefeld, W. & Holloway, J., eds., *Global Capital, National State and the Politics of Money*, New York : St. Martin's Press.

______(2000), "The Spectre of Globalization", Bonefeld & Psychopedis, eds., *The Politics of Change*, London : Palgrave.

Bernstein, H.(1979), "Sociology of Underdevelopment vs. Sociology of

Development", Lehmann, D., ed., *Development Theory: Four Critical Studies*, Totowa: Biblio Distributors.

Braverman, H.(1998[1974]), *Labor and Monopoly Capital*, New York: Monthly Review Press.

Brenner, R.(1977), "The Origins of Capitalist Development: A Critique of Neo-Smithian Marxism", *New Left Review*, No. 104.

Breuilly, J.(1982), *Nationalism and the State*, New York: St. Martin's Press.

Brezis, E. S.(1995), "Foreign Capital Flows in the Century of British Industrial Revolution", *Economic History Review*, No. 48.

Burawoy, M.(1985), *The Politics of Production*, London: Verso.

Burnell, P.(1986), *Economic Nationalism in the Third World*, Boulder: Westview Press.

Calhoun, C.(1997), *Nationalism*, Minneapolis: University of Minnesota Press.

Cammack, P.(1997), *Capitalism and Democracy in the Third World*, London: Leicester University Press.

Cardos, F. & Faletto, E.(1979), *Dependency and Development in Latin America*, Berkely: University of California Press.

Certeau, M.(1988), *The Practice of Everyday Life*, Berkely: University of California Press.

Chatterjee, P.(1986), *Nationalist Thought and the Colonial World*, Minneapolis: University of Minnesota Press.

______(1993), *The Nation and It's Fragments*, Princeton: Princeton University Press.

______(2000), "Development Planning and the Indian State", Corbridge, S., ed., *Development: Critical Concepts in the Social Sciences*, London: Routledge.

Chong-hyun, Nam(1981), "Trade and Industrial Policies, and the Structure of Protection in Korea", Wontack & Krause, eds., *Trade and Growth of the Advanced Developing Countries in the Pacific Basin*, Seoul: KDI.

Cole, D. C. & Young-woo, Nam(1969), "The Pattern and Significance of Economic Planning in Korea", Adelman, I., ed., *Practical Approaches to Economic Planning: Korea's Second Five-Year Plan*,

Baltimore : Johns Hopkins Press.

Cole, D. C. & Lyman, P. N.(1971), *Korean Development : The Interplay of Politics and Economics*, Cambridge : Harvard University Press.

Cox, R.(1987), *Production, Power and World Order*, New York : Columbia University Press.

Crane, G.(1998), "Economic Nationalism : Bringing the Nation Back In", *Millenium*, Vol. 27, No. 1.

Crouzet, F.(1996), "France", Teich & Porter, eds., *The Industrial Revolution in National Context : Europe and the USA*, Cambridge : Cambridge University Press.

Deane, P.(1996), "The British Industrial Revolution", Teich & Porter, eds., *The Industrial Revolution in National Context : Europe and the USA*, Cambridge : Cambridge University Press.

Diamond, L.(1992), "Economic Development and Democracy Reconsidered", Marks, G. & Diamond, L., eds., *Reexamining Democracy Essays in Honor of Seymour Martin Lipset*, Newbury Park : SAGE publications.

Eley, G.(1984), "The British Model and the German Road", Blackbourn, D. & Eley, G., *The Peculiarities of Germany History*, Oxford : Oxford University Press.

En-mee, Kim(1997), *Big Business, Strong State : Collusion and Conflict in South Korean Development, 1960~1990*, Albany : State University of New York Press.

Evans, P.(1979), *Dependent Development*, Princeton : Princeton University Press.

Foucault, M.(1980), "Truth and Power", *Power/Knowledge : Selected Interviews and Other Writings, 1972~77*, New York : Pantheon Books.

Gellner, E.(1983), *Nations and Nationalism*, Oxford : Basil Blackwell.

Gerschenkron, A.(1962[1946]), *Economic Backwardness in Historical Perspective*, Cambridge : Harvard University Press.

Giddens, A.(1985), *The Nation-State and Violence*, Berkeley : University of California Press.

Gilpin, R.(1987), *The Political Economy of International Relations*, Princeton

: Princeton University Press.

Gramsci, A.(1983), *Selections from the Prison Notebooks*, New York : International Publishers.

Greenfeld, L.(1992), *Nationalism* : *Five Paths to Modernity*, Cambridge : Harvard University Press.

______(2001), *The Spirit of Capitalism* : *Nationalism and Economic Growth*, Cambridge : Harvard University Press.

Guha, R.(1982), "On Some Aspects of the Historiography of Colonial India", Guha, R., ed., *Subaltern Studies I* : *Writings on South Asian History and Society*, Delhi : Oxford University.

Haggard & Tun-jen(1987), "State and Foreign Capital in the East Asian NICs", Deyo, F., ed., *The Political Economy of the New Asian Industrialism*, Ithaca : Cornell University Press.

Hamilton, C.(1983), *Capitalist Industrialization in the Third World* : *Revelations from South Korea*, Ph. D. dissertation, University of Sussex.

Hirschman, A.(1958), *The Strategy of Economic Development*, New Haven : Yale University Press.

______(1968), "The Political Economy of Import-Substituting Industrialization in Latin America", *The Quarterly Journal of Economics*, Vol. 82, No. 1.

______(1970), *Exit, Voice, and Loyalty*, Cambridge : Harvard University Press.

Hobsbawm, E. J.(1990[1968]), *Industry and Empire*, London : Penguin Books.

______(1983), "Introduction : Inventing Traditions", Hobsbawm & Ranger(eds.)(1983), *The Invention of Tradition*, Cambridge : Cambridge University Press.

______(1992), *Nations and Nationalism since 1780*, Cambridge : Cambridge University Press.

Holloway, J.(1995), "Global Capital and the National State", Bonefeld, W. & Holloway, J., eds., *Global Capital, National State and the Politics of Money*, New York : St. Martin's Press.

House of Representatives(1978), *Investigation of Korean- American Relations* : *Hearings before the Subcommittee on International Relations,*

Ninety-Fifth Session, Part 6, July 19 and August 2, Washington : U.S. Government Printing Office.

Hyun-chin, Lim(1985), *Dependent Development in Korea : 1963~1979*, Seoul : Seoul National University Press.

Johnson, C.(1982), *MITI and Japanese Miracle*, Stanford : Stanford University Press.

______(1987), "Political Institutions and Economic Performance : The Government-Business Relationship in Japan, South Korea and Taiwan", Deyo, F., ed., *The Political Economy of the New Asian Industrialism*, Ithaca : Cornell University Press.

______(1995), "The Foundations of Japan's Wealth and Power and Why They Baffle the United States", Johnson, C., ed., *Japan, Who Governs? : The Rise of Developmental State*, New York : W. W. Norton & Co.

Jung-en, Woo(1991), *Race to the Swift : State and Finance in Korean Industrialization*, New York : Columbia University Press.

Kautsky, J.(1962), "Nationalism", Kautsky, J., ed., *Political Change in Underdeveloped Countries*, New York : John Wiely and Sons, Inc.

Khan, M.(2000), "The Efficiency Implications of Corruptions", Corbridge, S., ed., *Development : Critical Concepts in the Social Sciences*, London : Routledge.

Kiely, R.(1995) *Sociology and Development : The Impasse and Beyond*, London : UCL Press.

Kitching, G.(1982), *Development and Underdevelopment in Historical Perspective : Populism, Nationalism and Industrialization*, London : Methuen.

______(1987) "The Role of a National Bourgeoisie in the Current Phase of Capitalist Development : Some Reflections", Lubeck, P., ed., *The African Bourgeoisie : Capitalist Development in Nigeria, Kenya and the Ivory Coast*, Boulder : Lynne Rienner.

Krueger, A. O.(1979), *The Developmental Role of the Foreign Sector and Aid*, Cambridge : Cambridge University Press.

Kymlicka, W.(1999), "Misunderstanding Nationalism", Beiner, R., ed., *Theorizing Nationalism*, Albany : State University of New York

Press.

Levi-Faur, D.(1997), "Economic Nationalism : from Friedrich List to Robert Reich", *Review of International Studies*, No. 23.

Levinger, M. & Lytle, P.(2001), "Myth and Mobilization : the Triadic Structure of Nationalist Rhetoric", *Nations and Nationalism*, Vol. 7, No. 2.

Lipset, S.(1994), "The Social Requisites of Democracy Revisited", *American Sociological Review*, Vol. 59.

List, F.(1999[1885]a), *National System of Political Economy*, Vol. II, Roseville : Dry Bones Press.

______(1999[1885]b), *National System of Political Economy*, Vol. III, Roseville : Dry Bones Press.

Little, D.(1991), *Varieties of Social Explanation*, Boulder : Westview Press.

Llobera, J.(1994), *The God of Modernity : The Development of Nationalism in Western Europe*, Oxford : BERG.

Lüdtke, A.(1995), "What Happened to the 'Fiery Red Glow'? : Workers' Experiences and German Fascism", Lüdtke, A., ed., *The History of Everyday Life*, Princeton : Princeton University Press.

Macdonald, D. S.(1992), *U.S.-Korean Relations from Liberation to Self-Reliance*, Boulder : Westview Press.

Marx, K.(1975[1845]), "Draft of an Article on Friedrich List's Book : Das Nationale System der Politischen Oekonomie", *Marx & Engels Collected Works*, Vol. 4, Moscow : Progress Publishers [http ://www.marxists.org/archive/marx /works/1845/03/list.html].

______(1963[1847]), *The Poverty of Philosophy*, New York : International Publishers.

______(1983[1887]), *Capital*, Vol. 1, New York : International Publishers.

______(1984[1894]), *Capital*, Vol. 3, London : Lawrence & Wishart[].

Marx & Engels(1978[1848]), "Manifesto of the Communist Party", Tucker, R. C., ed., *The Marx-Engels Reader*, New York : W. W. Norton & Company.

Matossian, M.(1962), "Ideologies of 'Delayed Industrialization' : Some Tensions and Ambiguities", Kautsky, J., ed., *Political Change in*

*Underdeveloped Countries*, New York : John Wiely and Sons, Inc.

McCraw, T. K.(1986), "Mercantilism and the Market : Antecedents of American 'Industrial Policy", Barfield, C. & Schambra, W., eds., *The Politics of Industrial Policy*, Washington, D. C. : American Enterprise Institute for Public Policy Research.

Michie, R. C.(1994), "Introduction", Michie, R. C., ed., *The Industrial Revolutions : Commercial and Financial Services*, Vol. 2, Oxford : Blackwell.

Nairn, T.(1975), "The Modern Janus", *New Left Review*, No. 94.

Negri, A.(1994), "Labor in the Constitution", *Labor of Dionysus : A Critique of the State-Form*, Minneapolis : University of Minneapolis Press.

Nikolas, M.(1999), "False Opposites in Nationalism : An Examination of the Dichotomy of Civic Nationalism and Ethnic Nationalism in Modern Europe"
[http ://www.nationallismproject.org/articles/nikolas/title.html].

Nurkse, R.(1953), *Problems of Capital Formation in Underdeveloped Countries*, Oxford : Basil Blackwell.

O'Brien, P.(1993), "Introduction : Modern Conceptions of the Industrial Revolution", O'Brien, P. & Quinault, R., eds., *The Industrial Revolution and British Society*, Cambridge : Cambridge University Press.

Özkirimli, U.(2000), *Theories of Nationalism*, New York : Palgrave.

______(2005), *Contemporary Debates on Nationalism*, New York : Palgrave.

Pye, L.(1990), "Political Science and The Crisis of Authoritarianism", *American Political Science Review*, Vol. 84., No. 1.

Poulantzas, N.(1978), *Political Power and Social Classes*, London : Verso.

______(1980), *State, Power, Socialism*, London : Verso.

Rostow, W. W.(1960), *The Stages of Economic Growth*, Cambridge : Cambridge University Press.

Renan, E.(1996[1882]), "What is a Nation?", Woolf, S., ed., *Nationalism in Europe, 1815 to the Present : A Reader*, London : Routledge.

Ruccio, D. F.(2003), "State, Class, and Transition in Nicaragua", Chilcote R. H., *Development in Theory and Practice : Latin American Perspectives*,

Lanham : Rowman & Littlefield Publishers.

Smith, Anthony(1991), "The Nation : Invented, Imagined, Reconstructed?", *Millenium*, Vol. 20., No. 3.

______(1995), *Nations and Nationalism in a Global Era*, Cambridge : Polity Press.

______(1998), *Nationalism and Modernism*, London : Routledge.

Soon-ok, Chun(2000), *They Are Not Machines : Korean Women Workers and Their Fight for Democratic Trade Unionism in the 1970's*, Ph. D. dissertation, University of Warwick.

Stern, J. J., et al.(1995), *Industrialization and the State : The Korean Heavy and Chemical Industry Drive*, Cambridge : Harvard Institute for International Development.

Streeten, P.(1959) "Unbalanced Growth", *Oxford Economic Papers*, Vol. 11, No. 2.

______(1979), "Development Ideas in Historical Perspective", Hirschman, A., et al., *Toward A New Strategy for Development*, New York : Pergman Press.

Thompson, E. P.(1978), "The Peculiarities of the English", *The Poverty of Theory & Other Essays*, New York : Monthly Review Press.

Thomas, B.(1982), "Food Supply in the United Kingdom during the Industrial Revolution", *Agricultural History*, No. 56.

Tilly, C.(1990), *Coercion, Capital, and European States : AD. 990~1992*, Cambridge : Blackwell.

Wade, R.(1990), *Governing the Market*, Princeton : Princeton University Press.

Wallerstein, I.(1984a), "Dependence in An Interdependent World", *The Capitalist World-Economy*, Cambridge : Cambridge University Press.

______(1984b), "Socialist States : Mercantilist Strategies and Revolutionary Objectives", *The Politics of the World-Economy*, Cambridge : Cambridge University Press.

______(1991), "Development : Lodestar or Illusion?", *Unthinking Social Science*, Cambridge : Polity Press.

______(1992), "The Concept of National Development, 1917~1989 : Elegy and Requiem", Marks, G. & Diamond, L., eds., *Reexamining Democracy: Essays in Honor of Seymour Martin Lipset*, Newbury Park : SAGE Publications.

Warren, B.(1979), "The Postwar Economic Experience of the Third World", Hirschman, A., et al., *Toward a New Strategy for Development*, New York : Pergaman Press.

Weber, M.(1978[1922]), *Economy and Society*, Vol. 2, Berkely : University of California.

______(1994[1895]), "The Nation State and Economic Policy", Lassman & Speirs, eds., *Weber: Political Writings*, Cambridge : Cambridge University Press.

Wright, J. F.(1997), "The Contribution of Overseas Savings to the Funded National Debt of Great Britain, 1750~1815", *Economic History Review*, No. 50.

Yack, B.(1999), "The Myth of the Civic Nation", Beiner, R., ed., *Theorizing Nationalism*, Albany : State University of New York Press.

# ::찾아보기

근대화　18, 19, 23, 27, 40, 45, 59, 61, 65, 67, 69, 69, 70, 71, 92, 93, 113, 126~131, 133~135, 138, 140, 144, 146, 149, 153~156, 159, 161, 162, 165, 170, 187, 194, 222, 236, 248, 251, 272, 285, 320, 338, 339, 344~346

근대화론　23, 128, 154, 154, 345, 345

근로기준법　262, 308, 327

근로자　139, 156, 238, 254, 321

근면　128, 142, 148, 149, 209, 272, 278, 284, 316

금리　95, 96, 102, 150, 197~199

금리현실화　197~199

금욕　113, 157, 254

긍정적 평가론　343, 344, 346

기간산업(기초공업)　186~188, 193, 201, 204, 205, 210, 211, 294

기능연관　55, 142, 228, 303, 337

기능주의　19, 122, 163~165, 191, 287, 290, 315, 321, 339

기독교　81, 90, 239, 248, 263, 288, 289, 292, 294, 296~300, 302, 304~307, 329, 332

기본권　292, 293, 296, 297, 301

기술능력　116, 227, 228

긴급조치　264, 265, 286, 297, 331

긴급통화·금융조치　176, 179, 197, 203, 205, 213

긴장　16, 23, 31, 54, 116, 135, 160, 163, 175, 180, 295

김경숙　259, 285

김구　80

김규식　80

김근태　263

김대중　23, 66, 136, 137, 297, 304, 309, 315, 316, 320~322, 329

김문수　264, 294

김상진　288

김승균　292

김약수　80

김용환　198, 201, 218

김재준　292

김지하　110

김찬국　306

김호선　100

ㄴ

나라　35, 37, 44, 48, 63, 107, 110, 123, 128, 129, 136, 139, 140, 160, 197, 200, 208, 227, 229, 289, 293, 303, 311, 329

나치체제　347

남성문화　261

남성성　241, 242

남조선노동당(남로당)　83

남조선민족해방전선(남민전)사건　326

남한　108, 158, 328, 34, 37, 79, 80, 83, 85, 86, 88, 92

내자　21, 42, 124, 150, 150, 170, 173, 174, 176, 178, 180, 181, 182, 184, 185, 192, 193, 196~199, 203, 212, 214, 218, 224, 227, 229

내자동원　150, 170, 174, 178, 180~182, 184, 185, 193, 197, 199, 203, 229

내전　18

내핍　55, 149, 150, 322

내향적 공업화　41~48, 66, 172, 180, 238, 323

내향적 균형발전전략　170, 172, 186

내포적 축적(생산)　116, 250

냉전　18, 20, 33, 34, 35, 36, 58, 59, 70, 84, 87, 135, 136, 157, 160, 166, 175, 180, 327~329, 342~344

냉전주의　20, 33, 34, 36, 59, 87, 157, 166, 175, 327, 329, 344

넉시(R. Nurkse)　311, 312

노동　22, 56, 62, 63, 66, 67, 115, 116, 143, 147, 148, 149, 155~157, 174, 189, 201~206, 225, 227, 230, 235, 237, 238, 240, 246, 250, 250, 252, 257, 258, 261, 263~265, 267, 272, 274, 278, 280, 283, 284, 293, 297, 301, 302, 304, 307, 312, 313, 315~317, 322, 327, 327, 328, 340

노동3권　263

노동강도　116, 249, 250, 283

노동법　264

노동자　19, 22, 62, 63, 93, 114, 156, 157, 236~239, 242, 243, 245~253, 256, 257, 259~261, 263~269, 271~282, 284, 285, 292, 297, 298, 301~303, 305, 306, 308, 314, 339, 340

노동자대투쟁　340

반상관계  85, 86
발전  8, 9, 14, 15, 17, 21, 32, 33, 36, 42, 45,
  48~50, 56, 58, 59, 62~64, 81, 117, 129, 139,
  142, 143, 145, 146, 151, 152, 156, 162, 170,
  172, 187, 188, 190, 194, 201, 202, 210, 212,
  213, 220, 222, 223, 228, 248, 267, 295, 300,
  301, 312, 316, 317, 321, 331, 332, 337, 338,
  341, 348, 349
배제  35, 37, 49, 51, 73, 84, 98, 100, 107, 111,
  127, 129, 171, 281, 315, 338
법  27, 34, 41, 56, 83, 127, 133, 146, 152, 158,
  176, 183, 184, 199, 228, 262, 263, 297,
  301, 308, 321, 323, 325, 348
베버(M. Weber)  132, 337
베틀랭(C. Bettelheim)  321
변화  16, 23, 27, 29, 50, 51, 62, 63, 70, 72, 73,
  85, 90, 91, 93, 99, 102, 109, 114~116, 145,
  146, 170, 171, 188, 194, 196, 201, 202, 204,
  210, 215, 216, 223, 234, 237, 238, 250, 260,
  278, 284, 297, 298, 312, 314, 320, 339, 340,
  344, 345, 347
보수주의  58, 67, 343
보호무역론  40, 47~49
보호주의  43
본원적 축적  111, 112, 338
봉건적 사회관계 18, 86, 92, 93, 112
봉건성  86
봉건주의  85
부분  122, 165, 287
부정부패  95, 102, 112, 233, 294, 295, 296,
  298, 303, 310, 314, 318, 323, 331, 332, 338
북한  34, 36, 80, 108, 134, 136, 158~162, 164,
  175, 325
분단국가  18, 33, 34, 78~81, 83, 84, 87, 92,
  157, 283
분배  55, 56, 91, 96, 139, 150, 223, 292, 297,
  301~303
분업  15, 41, 42, 56, 59, 60, 69, 70, 71, 98,
  108, 226, 227, 229, 311, 312, 316, 317,
  318, 322
분업연관  15, 41, 42, 60, 69, 70, 71, 226, 312,
  322
불가피론  65, 66, 293, 343,
불가피성  81, 287, 343,

불균형  21, 41, 43, 44, 56, 145, 146, 170, 172,
  174, 175, 190~193, 202, 220, 229, 312, 317
불균형발전  41, 43, 145, 146, 170, 172, 174,
  175, 190~193, 202, 220, 312
불균형발전전략  21, 146, 170, 172, 175, 193
불만  84, 171, 178, 236, 259, 273, 276, 278,
  282
비교우위  187, 188, 205, 213
비판  9, 14~17, 18, 38, 41, 42, 45, 47, 48, 51,
  55~61, 63, 65~72, 83, 84, 100, 103, 106,
  110, 133, 145, 147, 160, 169, 171, 173, 174,
  179, 196, 213, 214, 219, 267, 288, 292~295,
  298, 300, 301, 303, 304, 307, 309~315, 317,
  319, 322~326, 330, 331, 332, 342~346, 348
비판적 평가 A  55~57, 59~61, 63, 70, 72, 169
비판적 평가 B  55~57, 60, 61, 68, 70, 72
빈곤  19, 22, 88, 92, 96, 100, 108, 111, 113,
  116, 126, 131, 140, 161, 181, 191, 194, 252,
  283, 284, 291, 311, 313, 317, 318, 322, 323,
  332, 339, 340
빈농층  91, 236
빈민운동  299, 300
빨갱이  85, 191, 300, 326


ㅅ

4대국 부전보장론 137
4대핵심공장  212, 218~220
사상계  292
4·19시위    19, 99, 104
4·19정세  45, 80, 100, 107, 109~111
사회관계  8, 9, 13~15, 18, 27, 32, 51, 54, 72,
  78, 86, 87, 92, 93, 112, 117, 234, 236, 252,
  269, 271, 284, 304, 319, 338, 340, 341, 343,
  347~349
사회대중당  5, 46, 106
사회주의  9, 34, 36, 37, 70, 80, 85, 86, 158,
  175, 324, 329, 344
산업개발공사  177, 201
산업개발위원회  99, 104
산업선교  263, 269, 271, 293, 300, 301, 302,
  304~308, 333
산업역군  156

## :: 갈무리 신서

1. **오늘의 세계경제 : 위기와 전망**

   크리스 하먼 지음 / 이원영 편역

   1990년대에 자본주의 세계경제가 직면한 위기의 성격과 그 내적 동력을 이론적·실증적으로 해부한 경제 분석서.

2. **동유럽에서의 계급투쟁 : 1945~1983**

   크리스 하먼 지음 / 김형주 옮김

   1945~1983년에 걸쳐 스딸린주의 관료정권에 대항하는 동유럽 노동자계급의 투쟁이 어떻게 전개되어 왔는가를 실증적으로 분석한 역사서.

7. **소련의 해체와 그 이후의 동유럽**

   크리스 하먼·마이크 헤인즈 지음 / 이원영 편역

   소련 해체 과정의 저변에서 작용하고 있는 사회적 동력을 분석하고 그 이후 동유럽 사회가 처해 있는 심각한 위기와 그 성격을 해부한 역사 분석서.

8. **현대 철학의 두 가지 전통과 마르크스주의**

   알렉스 캘리니코스 지음 / 정남영 옮김

   현대 철학의 역사에 대한 비판적 분석을 통해 철학에서 마르크스주의의 역할은 무엇인가를 집중적으로 탐구한 철학개론서.

9. **현대 프랑스 철학의 성격 논쟁**

   알렉스 캘리니코스 외 지음 / 이원영 편역·해제

   알뛰세의 구조주의 철학과 포스트구조주의의 성격 문제를 둘러싸고 영국의 국제사회주의자들 내부에서 벌어졌던 논쟁을 묶은 책.

11. **안토니오 그람시의 단층들**

    페리 앤더슨·칼 보그 외 지음 / 김현우·신진욱·허준석 편역

    마르크스주의 내에서 그리고 밖에서 그람시에게 미친 지적 영향의 다양성을 강조하면서 정치적 위기들과 대격변들, 숨가쁘게 변화하는 상황에 대한 그람시의 개입을 다각도로 탐구하고 있는 책.

12. **배반당한 혁명**

    레온 뜨로츠키 지음 / 김성훈 옮김

    혁명적 마르크스주의의 입장에서 통계수치와 신문기사 등 구체적인 자료를 바탕으로 소련 사회와 스딸린주의 정치 체제의 성격을 파헤치고 그 미래를 전망한 뜨로츠키의 대표적 정치분석서.

14. 포스트모더니즘 이후의 정치와 문화

마이클 라이언 지음 / 나병철 · 이경훈 옮김

마르크스주의와 해체론의 연계문제를 다양한 현대사상의 문맥에서 보다 확장시키는 한편, 실제의 정치와 문화에 구체적으로 적용시키는 철학적 문화 분석서.

15. 디오니소스의 노동 · I

안토니오 네그리 · 마이클 하트 지음 / 이원영 옮김

'시간에 의한 사물들의 형성'이자 '살아 있는 형식부여적 불'로서의 '디오니소스의 노동', 즉 '기쁨의 실천'을 서술한 책.

16. 디오니소스의 노동 · II

안토니오 네그리 · 마이클 하트 지음 / 이원영 옮김

이딸리아 아우또노미아 운동의 지도적 이론가였으며 『제국』의 저자인 안또니오 네그리와 그의 제자이자 가장 긴밀한 협력자이면서 듀크대학 교수인 마이클 하트가 공동집필한 정치철학서.

17. 이딸리아 자율주의 정치철학 · 1

쎄르지오 볼로냐 · 안또니오 네그리 외 지음 / 이원영 편역

이딸리아 아우또노미아 운동의 이론적 표현물 중의 하나인 자율주의 정치철학이 형성된 역사적 배경과 맑스주의 전통 속에서 자율주의 철학의 독특성 및 그것의 발전적 성과를 집약한 책.

19. 사빠띠스따

해리 클리버 지음 / 이원영 · 서창현 옮김

미국의 대표적인 자율주의적 맑스주의자이며 사빠띠스따 행동위원회의 활동적 일원인 해리 클리버 교수(미국 텍사스 대학 정치경제학 교수)의 진지하면서도 읽기 쉬운 정치논문 모음집.

20. 신자유주의와 화폐의 정치

워너 본펠드 · 존 홀러웨이 편저 / 이원영 옮김

사회 관계의 한 형식으로서의, 계급투쟁의 한 형식으로서의 화폐에 대한 탐구, 이 책 전체에 중심적인 것은, 화폐적 불안정성의 이면은 노동의 불복종적 권력이라는 것을 이해하는 것이다.

21. 정보시대의 노동전략 : 슘페터 추종자의 자본전략을 넘어서

이상락 지음

슘페터 추종자들의 자본주의 발전전략을 정치적으로 해석하여 자본의 전략을 좀더 밀도있게 노동의 관점에서 분석하고 또 이로부터 자본주의를 넘어서려는 새로운 노동전략을 추출해 낸다.

22. 미래로 돌아가다

안또니오 네그리 · 펠릭스 가따리 지음 / 조정환 편역

1968년 이후 등장한 새로운 집단적 주체와 전복적 정치 그리고 연합의 새로운 노선을 제시한 철학 · 정치학 입문서.